本书研究得到

广州市文物保护专项资金资助

广州传统建筑壁画

（上）

广州市文物考古研究院　编著

文物出版社

图书在版编目（CIP）数据

广州传统建筑壁画 / 广州市文物考古研究院编著. -- 北京：文物出版社, 2021.5

ISBN 978-7-5010-5530-2

Ⅰ. ①广… Ⅱ. ①广… Ⅲ. ①古建筑—壁画—介绍—广州 Ⅳ. ①K879.41

中国版本图书馆CIP数据核字（2021）第060379号

广州传统建筑壁画

编　　著：广州市文物考古研究院

封面设计：程星涛
责任印制：苏　林
责任编辑：蔡　敏

出版发行：文物出版社
社　　址：北京东直门内北小街2号楼
邮　　编：100007
网　　址：http：//www.wenwu.com
经　　销：新华书店
印　　刷：河北鹏润印刷有限公司
开　　本：965mm × 1270mm　1/16
印　　张：43
版　　次：2021年5月第1版
印　　次：2021年5月第1次印刷
书　　号：ISBN 978-7-5010-5530-2
定　　价：980.00元（全二册）

编 委 会

凡 例

一、《广州传统建筑壁画》(以下称“本书”)收录清末至民国广州传统建筑墙壁上的壁画，不包括木雕、砖雕、石雕、灰塑和门板画等。

二、本书所收录的壁画及其所在建筑以广州历次文物普查成果为主，兼及2016年年底之前调查、拍摄过程中的新发现。

三、本书所选传统建筑及其壁画须具有一定历史价值、艺术价值、科学价值。为显示壁画所附建筑种类（祠堂、庙宇、民居、门楼等）丰富或顾及广州各区都有壁画，有些虽然保存状况或质量不佳，也在此次收录范围。

四、本书分上下两册。上册以壁画、位置示意图及所在建筑为主要内容，按辖区分区介绍；下册以图录为主，精选广州所辖11个区壁画，按人物、山水、花鸟、诗词书法各类给予展示，同时，选取祠堂、庙宇各一个代表性建筑及其壁画，全面展示。

五、本书壁画条目一般包括名称、作者、年代、款识、尺寸、位置等内容，使用规范汉字。其中年代统一使用公元纪年；信息不明的标注“不详”；部分文字模糊不清，释文用“□”或省略号标识。错别字和衍字保留原字，用“（ ）”标识正字或做说明；增补的文字用“[ ]”标识。

六、本书尽量避免重复已出版的《广府传统建筑壁画》《广州传统建筑壁画选录》《番禺古建壁画》《花都祠堂壁画》当中收录的壁画，但照片质量或拍摄角度好的除外。

七、根据各类壁画现存数量，人物画类别数量最大，加上内容丰富，故事性强，可读性强，相应精选人物画类壁画最多。

上册目录

六　黄埔区

七　花都区

八　番禺区

九　南沙区

十　从化区

十一　增城区

概　述

广州是国务院公布的首批历史文化名城，自2003年至2015年，广州在以往三次文物普查（1956~1958年、1982~1984年、1999年）之后，又先后接连进行了广州市第四次文物普查和广州市第三次全国文物普查、广州市第五次文物普查（又名广州文化遗产普查），成果丰硕，[1]进一步支撑了广州这座历史文化名城的丰富内涵。

在广州历次文物普查成果中，祠堂、民居、庙宇等传统建筑的数量为大宗。仅以祠堂为例，《广州市文物普查汇编》（14卷）总条目有4334条，其中祠堂就有1259条。这些祠堂、民居、庙宇等不少保留有清季，以迄民国时期的壁画。

一

关于壁画，有学者给出定义：泛指用绘制、雕刻和其他造型、工艺手段，在天然或人工壁面（主要是建筑物内外表面）上，制作的各种绘画形式。[2]人类在穴居生活时代就已经开始壁画的绘制与创作活动，然而当时的绘画活动绝不是有目的的艺术创作活动，而是为人们记载生活及生存的方式。[3]

广东地区早期岩画，均采用凿刻技法，有珠海宝镜湾岩画（新石器时代晚期）、连湾山岩画（商周时期）、罗定横桥岩画（年代尚未确定）、分会坑口岩画（初定汉代）等。[4]

1983年发现的广州西汉南越王墓墓室壁画，是迄今为止广州最早的墓室壁画，也是广东地区最早的建筑壁画。西汉南越王墓前室周壁及顶部施朱、墨两色彩绘云纹图案作装饰的壁画，云纹圆转流畅，工致中富于自由的变化，运笔流畅、自如，风格华美、雄健。这种仅以几何图案为壁画唯一题材，并且以黑色为主色的方式，有研究者认为反映出南越国在艺术上对秦国传统的继承，是艺术上的“汉承秦制”。[5]1953年在广州先烈路龙生岗发现的东汉木椁墓，椁室依坑形以大木条垒筑成前低后高的两级，前级又以厚板横隔成前室、器物室。前室周壁原有彩画，已剥落，残留一小块红、蓝两色的卷云纹图案。[6]

广东寺庙壁画，根据文献记载，最早的为广州宝庄严寺（即六榕寺的前身）的壁画。唐初大诗人王勃在《广州宝庄严寺舍利塔碑》中提到“其粉画之妙、丹青之要，璇基岌其六峙，琱关纷其四照”塔壁华丽的粉彩壁画，可惜今日早已不存。

狭义而言，中国古代壁画指在宫殿、官厅、神庙、寺观、陵墓等建筑物墙壁上手绘的壁画。咸阳出土公元前3世纪的秦代咸阳宫壁画残片，是目前现存最早的手绘壁画真迹。

---

[1] 截至2021年2月，广州市有全国重点文物保护单位33处、广东省文物保护单位49处、广州市文物保护单位342处、区级文物保护单位306处。
广州市列入不可移动文物名录共计有3623处，其中古遗址47处、古墓葬462处、古建筑2219处、石窟石刻64处、近现代重要史迹及代表性建筑831处。本数据以广州市第三次全国文物普查登记数字为准。参见广东省文物局编：《广东文化遗产·不可移动文物名录》，北京：科学出版社，2013年11月版，第8页。

[2] 李化吉：《壁画概念与源流》，《美术研究》1987年第2期，第34页。

[3] 朱丹、朱小平编著：《中国建筑艺术简史》，北京：清华大学出版社，2015年5月版，第182页。

[4] 参见广东省文物局编：《广东文化遗产·石刻卷》，北京：科学出版社，2013年8月版，第246~249页。

[5] 李公明：《广东美术史》，广州：广东人民出版社，2008年10月版，第166、167页。

[6]《广州市文物志》编委会编著：《广州市文物志》，广州：岭南美术出版社，1990年2月版，第111页。

从仅有的一些文献中，可知至少在清乾隆以前，广州传统建筑壁画（以下简称“广州壁画”）一直有延续。“广州城内的房子一般都是泥造，不用木柱，泥砖建造的墙壁，支撑屋顶的横梁。外墙饰以壁画，但一般只在靠近门楣之处才有壁画。穷人则以木框搭建竹棚，竹棚糊泥，遮蔽风雨，禽畜与人杂居。”[7]此处主要着眼于民居而言。

清季至民国时期，广州壁画，即祠堂、民居、庙宇等传统建筑上的壁画，数量可观，主要以人物、山水、花鸟、诗词书法为主要内容，也有不少装饰性花纹。

有研究者认为：“在建筑装饰上，岭南壁画并不如三雕二塑（指砖雕、木雕、石雕、灰塑、陶塑——引者注）那么突出和具有独特的地方风格，其原因除了岭南画坛历来并不兴旺之外，更主要的是岭南气候潮湿，不利于壁画的长期保存，不像三雕二塑那样适于气候特点。不过，在清代，受江南建筑影响，墙头壁画也盛行起来，壁画位置多在建筑的易受人注目之墙面，如门廊、山墙、屏门、侧壁等。描绘内容，除了戏曲故事、历史典故之外，也不乏岭南佳果、山水兰竹、花鸟虫鱼。壁画颜色较着重于清淡素雅，不追求大红大绿。”[8]与广州传统的“三雕二塑”等相较，整体而言，广州壁画整体艺术水平不高，这是其以往常被忽略的一个重要原因。对于砖雕、木雕、灰塑、陶塑的研究，迄今已有不少个案或综合的研究成果，而广州壁画不大为人注意，甚或被遗忘。现在广州已有“三雕二塑”各工艺非物质文化遗产传承人，唯独壁画还没有。历史文献中有关广州壁画的历史信息和图像资料甚少，以往历史研究、岭南文化研究、民俗研究、艺术史研究少有关注，致使广州壁画价值不得彰显。陈泽泓《岭南建筑志》述及“岭南建筑工艺特色”时，简要介绍广东壁画，[9]为我们了解壁画大致情况提供不少信息，可惜过于简略。

壁画能否留存，说到底还是受制于所依附的传统建筑是否留存。现今要在广州找到清以前“原汁原味”的传统建筑，并不容易。广东省目前登记最早的祠堂建筑（宋代珠三角已有祠堂）为元代，仅有两座。有研究者认为，这两座所谓最早的祠堂，构件都属于清代早期，未见完整保存的元代建筑整体，也未见哪怕是少许元代的建筑局部或者构件。在广东省第三次全国文物普查登记的范围内，“广东省已经没有元代及以前祠堂建筑实物的存在”。[10]广东省文物普查登记的具有明代建筑的局部或者构件实物的祠堂建筑，应有500座左右，而清代的祠堂建筑有6000余座，占登记总量的80%以上。[11]广州明代传统建筑，如从化区广裕祠、海珠区卫氏大宗祠、荔湾区东漖郭氏大宗祠，等等，其最初是否有壁画，我们难知其详，而这些明代建筑后来又大都经过多次重修，给广州壁画溯源研究带来一定难度。而今，现存广州壁画多集中于清季至民国时期。

近年广东，尤其是广州、佛山等地日益重视传统建筑壁画，相继有不少成果，如2014年广东省文物局编著的《广府传统建筑壁画》，此为广东第一本研究壁画的专书。该书收录广州、佛山、中山、江门、东莞、深圳、肇庆、高要等地传统建筑，尤其是祠堂、民居、庙宇壁画，共计150余幅（其中广州76幅，占总数一半有余）。书中所录壁画的绘制时间，最早为道光七年（1827），最晚为民国二十六年（1937）。

随着城市建设飞速发展，受人为影响，加上自然条件的侵蚀，广州壁画大多面临濒危境地，保护迫在眉睫。有鉴于此，时任广州市市长陈建华提出，深化广州文物普查成果时，要保护广州壁画这一珍贵的历史文化遗产，对广州壁画数量、分布和保存状况调查清楚，做到心中有数，为保护与研究提供参考。2014年7月，广州市文化广电新闻出版局随即向全市各区印发《广州市文化遗产普查办公室关于在文化遗产普查过程中开展壁画专项普查的通知》（穗文物〔2014〕717号），发动全市力量，

---

［7］张渠：《粤东闻见录》（乾隆三年［1738］刻本），程明校点，广州：广东高等教育出版社，1990年版，第49、52页。

［8］陈泽泓：《岭南建筑志》，广州：广东人民出版社，1999年9月版，第72页。

［9］陈泽泓：《岭南建筑志》，广州：广东人民出版社，1999年9月版，第70~72页。

［10］广东省文物局编：《广东文化遗产·古代祠堂卷》，“概述”，北京：科学出版社，2013年12月版，第2页。

［11］广东省文物局编：《广东文化遗产·古代祠堂卷》，“概述”，北京：科学出版社，2013年12月版，第3页。

专门进行壁画普查。经初步调查，广州市所辖11个区文物普查登录的古建筑和近现代重要史迹及代表性建筑中的146个祠堂、庙宇和民居等建筑，涉及壁画553幅。在此基础上，经过梳理，广州市文化广电新闻出版局、广州市文物考古研究院选择约200幅壁画，编辑《广州传统建筑壁画选录》，于2015年由广州出版社正式出版，作为广州文物普查工作一个阶段性成果。

与此同时，广州市花都区洪秀全纪念馆、番禺区番禺区文物管理委员会办公室也在各自原来壁画普查基础上，先后编辑出版了《花都祠堂壁画》《番禺古建壁画》。一些历史文化爱好者或摄影家，也投入到广州壁画保护与宣传队伍中来，如2015年刘兆江将花都区镇街祠堂壁画摄影并编著出版《广州祠堂壁画》。该书内容以花都区为主，且与《花都祠堂壁画》多有重复。

以上关于广州壁画研究成果，主要以图录为主，对于增加民众的历史认知，扩大宣传，无疑有积极的引导作用。近年，也有文史专家参与讨论、研究广州壁画，可惜为数不多。更加广泛、深入的广州壁画研究，还需假以时日，有待更多专家学者关注与参与。

二

上述所编的几种图录中的广州壁画，基本来自广州各区壁画普查时的上报材料。囿于当时调查技术手段和人力等因素限制，无论在壁画照片质量、信息提取以及数量上，都留下诸多遗憾。对广州现存清季至民国时期壁画遗产的保护，仍亟须作抢救性调查、登记、摄录，这也是抢救和保护文化遗产题中应有之义。

经过进一步梳理，可发现，广州各区普查上报的壁画材料不足以反映广州壁画现存全貌。根据广州文物普查汇编、增编中提供的壁画信息，以及现场调研，广州壁画所在的祠堂、庙宇和传统民居等实际数字不止各区上报的数字（146个建筑，壁画553幅），尚不包括那些建筑状况差，甚至岌岌可危的建筑（其实这些建筑中的壁画反倒保持较多“原汁原味”）。由此可见，广州现存壁画还有许多待深入调查、补充。另外，之前各区非专业拍摄，因而提供的广州传统建筑壁画照片，在拍摄角度、清晰度、选取内容方面还不够完善。为留下清晰、丰富翔实的历史、文物资料，广州市文物考古研究院联合有关专业团队进一步补充调查，进行专业拍摄，为深入保护和研究夯实基础。

由于广州壁画分散在广州所辖11个区广大街镇的众多传统建筑之中，这些传统建筑保存状况不一，有的因近年修葺，原貌改变，给收集、辨识、整理带来相当难度。为加快工作进度，提高效率，广州市文物考古研究院于2015年委托三家专业摄影团队，进行高质量拍摄，力求全面掌握广州传统建筑壁画数量、分布及其保存状况，尽可能发现还未列入统计记录的广州壁画。

为使调查、拍摄深入而富有成效，广州市文物考古研究院专门编制《广州市壁画调查范围、年代、定名、单位、信息采集规范》《广州市壁画登记表》等，在进行专业拍摄的同时，力求对其所附传统建筑、现状环境一并进行细致登记。另外，对于壁画及其所附传统建筑保存较好的，制作平面示意图和录制为时3~10分钟视频，以记录历史及其现状，为以后广州壁画数据库的制作，提供丰富信息。对壁画的保存现状、破坏情况及其原因进行记录、分析，为下一步壁画病因分析、保护建议提供一手资料；对壁画绘制年代、民间画匠等信息进行记录、分析，为下一步壁画的价值评估、专业研究，做好资料储备工作。

广州壁画调查范围涉及广州市越秀区、海珠区、荔湾区、天河区、白云区、黄埔区、花都区、番禺区、南沙区、从化区、增城区等11个行政区。因壁画所在的建筑为数不少尚未核定为文物保护单位，有的甚至不在文物普查登记名录之中，为抢救历史信息，工作实施过程中，主张调查、摄影广州壁画“宜宽不宜窄”。因受人为、自然破坏，致使画面发黑发暗，原色彩已黯淡无光，但画幅结构基本尚存，画题款识可辨的；或因历史原因被灰水部分覆盖的，画题或画面仍能依稀可见的，等等，均在收录范围。

在此次调查过程中，以往普查登录的广州传统建筑，有的已经被拆除，其上所附壁画，自然随之灰飞烟灭，殊为可惜。如位于白云区的谢愿亮、谢愿俊兄弟民宅，黄埔区的三锡家塾，花都区的嘉儒卢公祠和毓畦邓公祠等。现实再次证明，广州壁画亟须抢救保护，时不我待。

经过历时一年的调查与拍摄，广州壁画的“家底”基本呈现。

广州所辖 11 个区，涉及广州壁画的祠堂、庙宇、书室、民居等传统建筑共计 438 个（实际现场调查不止此数，500 多个），壁画数量总计 4603 幅，其中旧壁画 2683 幅（以 1949 年之前的为标准）。保存较好的壁画计有 1000 余幅，画幅保存完整，笔墨清晰，色彩基本保存，画面面积受损不超过 10%，具有一定历史、艺术、科学价值。为显示广州壁画在传统建筑所在位置，制作 CAD 平面示意图，共 231 个，并取得视频数据共 313 个（按传统建筑数量计）。见下表。

序号	广州辖区	建筑数量（个）	照片数量（幅）	壁画类型	数量（幅）	视频数量（个）	绘制 CAD 建筑数量[3]（个）
1	白云区	78	572	新壁画[2]	192	33	33
				旧壁画[1]	380		
2	海珠区	21	107	新壁画	20	13	13
				旧壁画	87		
3	黄埔区	38	293	新壁画	206	5	5
				旧壁画	87		
	原萝岗区[4]	39	211	新壁画	104	14	14
				旧壁画	107		
4	天河区	19	257	新壁画	240	10	5
				旧壁画	17		
5	荔湾区	1	1	新壁画	0	0	0
				旧壁画	1		
6	越秀区	7	98	新壁画	93	5	1
				旧壁画	5		
7	花都区	118	1746	新壁画	441	117	88
				旧壁画	1305		
8	南沙区	4	52	新壁画	51	4	1
				旧壁画	1		
9	番禺区	29	522	新壁画	314	28	20
				旧壁画	208		
10	增城区	34	345	新壁画	135	34	18
				旧壁画	210		
11	从化区	50	399	新壁画	124	50	33
				旧壁画	275		
	合计	438	4603	新壁画	1920	313	231
				旧壁画	2683		

说明：

1. “旧壁画”为 1949 年以前绘制的壁画。有的经过后人在原来基础上重绘或修整，如保留了地仗层直接在其上重绘的，皆归类为旧壁画。
2. “新壁画”为 1949 年之后绘制的壁画，或是 1949 年之后在原来基础上重绘，但重绘面积达 90% 以上，且原画面貌已不存在的，皆归类为新壁画。
3. 平面图 CAD 绘制，主要针对有旧壁画的传统建筑。
4. 数据采集时，萝岗区与黄埔区尚未合并，故依旧分两栏。

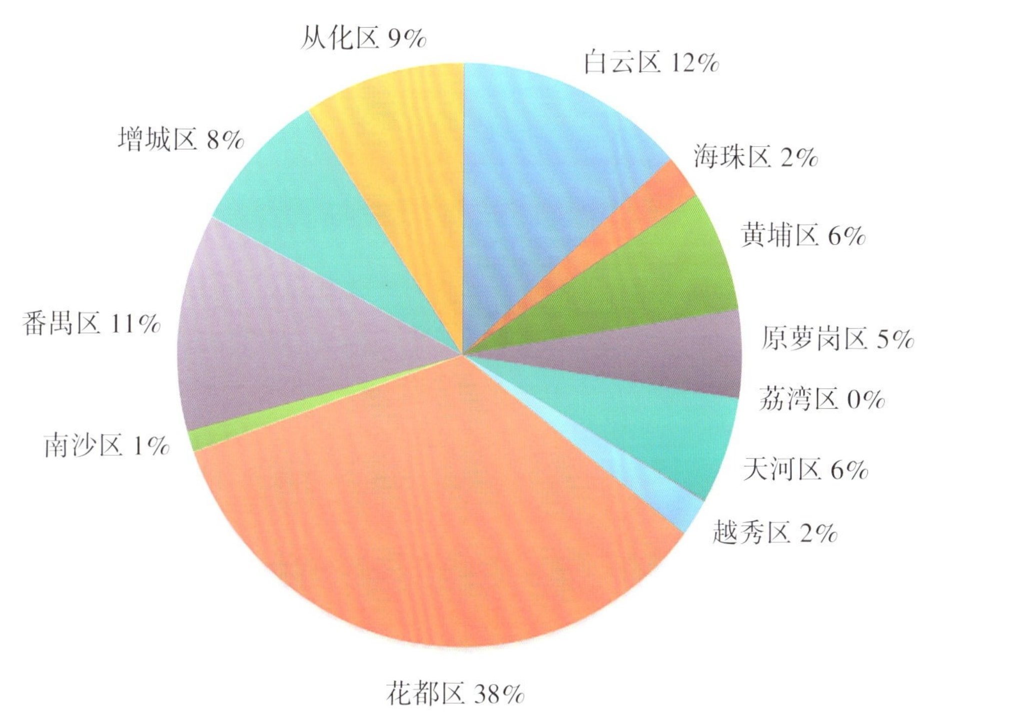

广州市现存壁画分布图（2016年调查）

为历史留下一份记录，我们就部分重绘的壁画（新壁画）也进行了基本登记，共计1382幅，其中比较好的有400多幅。虽然技艺、质量上参差不齐，但是从中仍约略可见，当今壁画从业者对于传统壁画取材、手法、工艺借鉴或延续的一面。

在城乡飞速发展中，传统建筑数量在不断锐减。受制于传统建筑保存状况的壁画，其本身材质也受自然、人为等因素影响，极其脆弱。迄今为止，清代道光之前的广州壁画已基本绝迹，现存道光以后的壁画亦因自然风化、人为破坏、年久失修等造成不同程度的空鼓、龟裂、脱落、裂隙、划痕、褪色、水渍、烟熏、变色、粉尘覆盖、灰沙覆盖症状，甚至缺失。有的遭受雨水侵蚀，濒临灭绝，而这些壁画往往因为“有碍观瞻”，难登图录，给予展示。

整体而言，广州壁画保存状况较差，其原因不外乎人为破坏与自然侵蚀。具体而言，主要是许多传统建筑随着岁月流逝，无人打理或过度干预，致使许多壁画保存情况较差，画幅保存不完整，笔墨模糊难辨，色彩脱落。有的保存看似完整，超50%面积、甚至全部画面为重绘，为今人“作品”所覆盖。保存情况很差的，画幅保存极不完整，笔墨模糊不可辨，地仗层起翘、脱落面积达60%以上。有的被完全覆盖，已无法看到壁画原貌。

关于各区数量及分布，城市和乡村相较，广州壁画大多附着在乡村传统建筑之上，乡村大多延续着农耕文化的历史基因，更多显示出传统文化中“耕读传家”、祈望福禄寿、子孙绵延等传统文化主题。这也是今天广州市花都区等区域壁画保存较多、较好的原因之一。

广州中心旧城区壁画较少，与城市建设、不断修缮改造不无关系。20世纪80年代，广州文物普查时，文物工作者在越秀区已发现一些祠堂或书室的壁画被损毁。后来随着建筑的被拆毁，壁画不复存在。

就全国而言，虽然广州壁画与闻名国内外的甘肃敦煌壁画、陕西和河南墓葬壁画、山西庙宇壁画等不可同日而语，但在珠三角地区，广州壁画遗存较多、分布较广，具有鲜明世俗化特征，从艺术角度再现了民间社会鲜活的历史、文化、民俗等风貌，内涵丰富，具有重要的历史、艺术、科学和社会价值。

各区旧壁画保存状况统计（2016年调查）

区域		白云区	海珠区	黄埔区	萝岗区	总计
壁画类型		旧壁画	旧壁画	旧壁画	旧壁画	
壁画建筑点个数		33	13	5	14	65
壁画数量（幅）	好	162	37	19	55	273
	较好	111	15	21	15	162
	一般	70	19	33	27	149
	差	37	16	14	10	77
壁画数量合计		380	87	87	107	661
区域		天河区	花都区	荔湾区	越秀区	总计
壁画类型		旧壁画	旧壁画	旧壁画	旧壁画	
壁画建筑点个数		5	88	1	1	95
壁画数量（幅）	好	0	0	0	0	0
	较好	9	152	0	0	161
	一般	6	908	1	5	921
	差	2	245	0	0	247
壁画数量合计		17	1305	1	5	1328
区域		南沙区	番禺区	增城区	从化区	总计
壁画类型		旧壁画	旧壁画	旧壁画	旧壁画	
壁画建筑点个数		1	20	21	33	75
壁画数量（幅）	好	1		2	0	3
	较好	0	9	10	12	31
	一般	0	111	90	119	320
	差	0	88	108	144	340
壁画数量合计		1	208	210	275	694

说明：为避免重复统计，对于传统建筑中新旧壁画并存的，归旧壁画统计。

各区新壁画保存状况统计（2016年调查）

区域		白云区	海珠区	黄埔区	萝岗区	总计
壁画类型		新壁画	新壁画	新壁画	新壁画	
壁画建筑点个数		42	6	31	24	103
壁画数量（幅）	好	151	12	160	53	376
	较好	19	0	22	1	42
	一般	18	0	16	24	58
	差	4	8	8	26	46
壁画数量合计		192	20	206	104	522
区域		天河区	花都区	荔湾区	越秀区	总计
壁画类型		新壁画	新壁画	新壁画	新壁画	
壁画建筑点个数		13	20	0	5	38
壁画数量（幅）	好	193	233	0	46	472
	较好	47	202	0	42	291
	一般	0	6	0	5	11
	差	0	0	0	0	0
壁画数量合计		240	441	0	93	774
区域		南沙区	番禺区	增城区	从化区	总计
壁画类型		新壁画	新壁画	新壁画	新壁画	
壁画建筑点个数		2	5	4	7	18
壁画数量（幅）	好		46	86		132
	较好	36	45	25	45	151
	一般	15	201	21	63	300
	差		22	3	16	41
壁画数量合计		51	314	135	124	624

三

广东壁画作者大多名不见经传，但又不能说没有大家。迄今为止，有文献记载的为建筑作画的岭南画家，知名于世的，首推唐代南海人张洵。北宋郭若虚《图画见闻志》卷第二“纪艺上”载：“张洵，南海人。避地居蜀，善画吴山楚岫、枯松怪石。中和间，尝于昭觉寺大悲堂后画三壁山川：一壁早景、一壁午景、一壁晚景，谓之《三时山》，人所称异也。”北宋黄休复《益州名画录》述及此事，谓“画毕之日，遇僖宗驾幸兹寺，尽日叹赏”。虽然其创作不在广州，但此为广州壁画家的最早音讯。

名画家为建筑作壁画，在唐代蔚为风气，最为著名的莫过于画史上被誉为“百代画圣”的吴道子。而张洵是现今所知广东画家第一人，画技高超，又擅于壁画，推知当时岭南建筑也有绘制壁画之风。广东唐代壁画实物，现今所见为韶关罗源洞的张九龄墓（开元二十九年，即公元741年）甬道左壁《仕女蟠桃图》，画面高2.2米、宽2.6米，以墨、朱、绿色绘制，原画大部分已剥落，残存部分，可看出在两位仕女之间有蟠桃数只。人物形象塑造出色，风格与中唐墓壁画仕女像无异。画法工意笔结合，在线描技法上，用笔缠绵紧劲，运转灵活熟练。三只蟠桃及叶子纯用色彩没骨晕染，突出人物形象，手法奔放、大胆，是珍贵的唐代人物画，虽残缺不全，仍可窥唐代岭南壁画之一斑。

佛教壁画自汉以后，迅速发展起来，从公元5世纪开始，壁画成了一种社会需求量极大的艺术形式。从前的无名画工，开始受到尊重，壁画家成为这一时代美术史上的代表人物，绘制水平到盛唐达到顶峰。公元9世纪“会昌灭法”，在这次规模最大的全国性“灭佛”运动中，佛教受到极大打击的同时，壁画真迹被拆毁殆尽。五代时期社会动乱，使壁画队伍再一次改组，社会地位又降到公元5世纪以前的状况，壁画绘制再次成为画工们的职业，被社会所轻蔑，画家们不肯再画壁画。宋代邓椿解释李公麟不从事壁画（“大画”）创作的原因时说：“非不能也，恐其近众工之事。”到公元12世纪，元代夏文彦在画史著作《图绘宝鉴》中记述当代画家，列入壁画家名单的仅有5人。社会地位的下降，自然要影响壁画作品的数量和艺术水平。从公元11世纪以后，壁画基本上是因循传统，缺乏创新和变化。[12]

关于宋元明时期广州建筑壁画，记载极少，至今未见实物遗存。仅仅从零星史料可知，南宋有一名叫白玉蟾[13]的道士精于书画。《图绘宝鉴》记鄂州城隍庙壁画“竹林”为白玉蟾真迹，是宋代岭南人有作壁画之佐证。[14]可惜其创作也不在广州。至于宋元明各代岭南壁画家在珠三角绘制壁画的情形，现难觅踪迹。汪宗衍《岭南画人疑年录》：“吾粤画家独具风格，而僻处岭南，性不好标榜，故怀绝艺者多湮没无闻。”[15]更遑论一般的民间画匠。

历代制作壁画的民间艺人，大部分是城市美术作坊和农村的画工，十四五岁时拜师做童工，和京剧行业的科班差不多，注重师承关系，规矩极为严格。在技艺上，使用“粉本”，背诵“口诀”，保存着历代流传下来的一套“诀窍”，其中包含着一些可贵的传统技法。[16]广州壁画民间画匠概莫能外。而广州壁画的兴盛，赖于传统建筑的建设，尤其是清代祠堂建造兴盛，“竞尚奢华，各自为其祖先大兴土木，将祠堂建得富丽堂皇，饰以木雕、石雕、砖雕、灰塑、壁画等，一方面显其家庭的经济实力，竭力追求新奇的心理和情趣；另一方面也显示其先祖的官阶地位，将自己的思想感情、文化修养都融入其中。这一切都体现了丰富深邃的文化内涵和鲜明强烈的地域特色”。[17]

---

[12] 李化吉：《壁画概念与源流》，《美术研究》1987年第2期，第37页。

[13] 白玉蟾（1134~1222），原名葛长庚，祖籍福建，生于琼州（今海南），随母改嫁至雷州白氏家，后入罗浮山学道，又至武夷山、武当山访秘经真传，嘉定年间应召至开封，主持太乙宫，封紫清明道真人，擅画梅、竹。

[14] 陈泽泓：《岭南建筑志》，广州：广东人民出版社，1999年9月版，第72页。

[15] 转引袁钟仁：《岭南文化》，沈阳：辽宁教育出版社，1998年6月版，第223页。

[16] 刘凌沧：《传统壁画的制作和技法》，《美术研究》1984年第1期，第30页。

[17] 何志丰：《精雕巧塑见匠心——释读沙湾民间工艺雕塑壁画的文化内涵和艺术价值》，广州市番禺区政协文史资料委员会编《番禺民间艺术集锦》（番禺文史资料第17期），2004年12月，内部印刷。第95页。

清季至民国，广东有众多民间画匠参与广州壁画制作。如，陈蒲石、李春秾、黎宏、黎文泉、黎安、王寿泉、王雪舫、关通（号后素轩主人、联镳居士）、关勇、关潘、云泉、关砚林、关孝、关钻（号竹桥居士）、周恒山、黎蒲生（青萝峰居士）、韩兆轩、靳耀生等。韩柱石（青萝峰居士）、韩炽山、韩兆轩曾在今天河区不少祠堂、庙宇绘有多幅壁画。梁锦轩（半墨子）在今白云区作有不少壁画，并有自题诗多首，或引用前人，或“二度创作”。

这些民间画匠大都来自珠三角（南海、番禺、顺德），自小耳濡目染，渐成兴趣，自学成才。绘制壁画也成为他们一谋生手段，足迹并非固守一隅。如钟瑞轩（青萝峰居士、半醉山人）在今海珠区（黄埔村禄贤梁公祠）、黄埔区（萝岗云谷祖祠），以及佛山、顺德等地绘有多幅壁画。

其中不少民间画匠，多才多艺，壁画只是其一门技艺。如陈家祠灰塑装饰工程由番禺“灰批状元”靳耀生、南海布镜泉、布锦庭、布根泉、关勇、关恒、关均和等完成。[18]其中就有擅绘壁画的南海关氏。

有研究者经过十多年调研，认为清咸丰、同治至民国初的一段时期，在沙湾一带曾出现一批名不见经传而有真才实学的能工巧匠，番禺境内及毗连县境各地的许多建筑物上的壁画和灰塑、石雕、砖雕、泥塑，都出自这批民间艺术大师之手。在封建时代被视为“匠作”中的佼佼者，首推咸同年间番禺沙湾的黎文源。[19]他擅长壁画、砖雕、木雕、灰塑，尤其精于壁画。据说慈禧太后大修颐和园，他即赴京作壁画《采桑女》，被留任清宫“内廷供奉”之职从事壁画工作。其壁画被评作魁首派，壁画作品有《兰亭修禊》《魏犨伏貘》（沙湾东门外龙庙山门额上，已毁）《风雨归舟》等。还有番禺沙湾人黎蒲生，黎文源从侄，号青萝峰居士，擅长壁画、砖雕、灰塑。壁画作品有《五桂联芳》《风尘三侠》《天孙乞巧》《水墨龙》等。陈家祠主脊“五羊开泰”等灰塑及余荫山房内的工艺皆出自黎蒲生之手。黎蒲生传技于其子黎启玉（名麟书）等人。可惜后来的传承人事迹语焉不详。

在广州众多民间画匠中，相较而言，生平史事较为清晰的为番禺沙湾紫坭乡人杨瑞石(1836~1908)。杨氏祖辈数代以建筑谋生，故他自小随父习艺。对壁画绘制甚为钟爱，常停下手中活计去观摩棚架上的画工挥毫，心摹手追、锲而不舍。后师从黎文源，画艺益精，遂舍弃别艺，专于壁画。其所绘人物神态自然生动，衣纹勾勒尤见古风。晚年，黎文源的技艺传给了杨瑞石、黎蒲生兄弟，他们都是专擅壁画、灰塑、砖雕、石雕的能工巧匠。早年广东四大名园、广州陈家祠等建筑上，都有这些人的作品。现基本无存。1908 年，番禺市桥白鹤社重修社坛，聘请时已 72 岁的杨瑞石绘画。由于年老体弱，在完成壁画《柳燕》的时候，他从两米多高的工作架上跌下来，因伤致病而逝世。[20]如今，在黄埔、番禺、南沙、顺德等地都可以见到杨瑞石的作品，有《秋饮黄花酒》（或名《赏菊图》）《端砚图》《爱莲图》《知章访道》《五桂联芳》《天孙乞巧》《水墨龙》《风尘三侠》《饮中八仙》《竹林七贤》（或《嵇琴阮啸》）《三星图》《教子朝天图》《滕王阁》《夜宴桃李》等。黄埔区金花古庙内保存较好的多幅壁画即为杨瑞石所作。

中国壁画基本上都是干壁画(在中国传统绘画中属重彩画)。值得注意的是干壁画连同墙壁制法、颜料选用等技术，直到近代还在使用，两千多年来没有重大改变，成为中国传统绘制壁画最基本的形式。[21]

在传统的农耕经济背景下，手工艺行业的发展非常稳定，手工艺人知识的传承也有条不紊地进行。

---

[18] 罗雨林：《陈氏书院及其建筑艺术》，中国人民政治协商会议广东省委员会文史资料研究委员会编《广东文史资料》第 73 辑，广州：广东人民出版社，1993 年 10 月版，第 16、17 页。

[19] 何品端：《寻觅沙湾黎文源等能工巧匠——浅谈壁画、砖雕、灰塑、木雕》，广州市番禺区政协文史资料委员会编《番禺民间艺术集锦》（番禺文史资料第 17 期），2004 年 12 月，内部印刷，第 66、67 页。

[20] 石泠：《市桥壁画艺人杨瑞石》，广州市番禺区政协文史资料委员会编《番禺民间艺术集锦》（番禺文史资料第 17 期），2004 年 12 月，内部印刷，第 70 页。关于杨瑞石籍贯、生卒年，已有研究者提出质疑。详参黄利平：《杨瑞石其人其画》，广州市文化广电新闻出版局、广州市文物博物馆学会编《广州文博》（8），北京：文物出版社，2015 年 8 月版，第 210~215 页。

[21] 李化吉：《壁画概念与源流》，《美术研究》1987 年第 2 期，第 37 页。

工匠艺人需要世代相承，守住前辈的成果。这也可以理解为什么很多工艺出现“千年旧样子”的现象。[22]由于政治运动、“文革”时期“破四旧”，广州壁画一度遭到厄运。这自然影响到民间画匠的技艺传承，有的为维持生计被迫改行。其后出现断层，自在情理之中。这也是我们如今难以知晓上述众多广州壁画民间艺人生平事迹的历史缘由。广州壁画及其制作工艺等也因而被低估。20 世纪 70 年代，在番禺区石碁镇小龙村的曾氏大宗祠东庑廊内，人们还可看到一幅大型壁画《曹操大宴铜雀台》。此画取材于《三国演义》第 56 回。画中人物不下数百，面目姿态各异，是番禺境内不可多见的大型壁画。[23]而今已难以见到，徒叹奈何。

四

广州壁画以传说、神话、历史故事、花鸟瑞兽、山水等为主要内容，传达诸如仁义礼智信、“修身、齐家、治国、平天下”等儒家理念和“福禄寿”等良好意愿。作为中国传统文化，尤其是农耕文化的载体，广州壁画承载一定教化功能，可为当前社会主义核心价值观的培育提供一定精神资源，尤其是良好家风的培育，对于“孝”的推崇，有助于和谐社会的营造。保护利用好广州壁画具有重要的现实意义。

广州壁画属于综合艺术，需要建筑、历史、民俗、艺术、文物保护、人类学等多学科参与，进行综合研究。通过全面、深入研究广州壁画内容、题材、壁画制作过程、民间画匠、壁画保存状况等等方面，为保护与利用打下坚实的基础。

或引导民众，尤其是青少年实地参观广州壁画；或举办专题展览，到社区、广场、学校等地展出，增加民众认知度，提高民众壁画保护意识、鼓励建言献策；或通过制作广州壁画专题片，借助互联网和微信等技术平台，发挥“互联网+”优势，加大广州壁画宣传力度，提高公众参与度，真正逐步落实“文物保护人人参与，文化成果人人共享”的理念。

---

[22] 孙发成：《“守旧”与“纳新”——非遗保护中传统手工艺人知识体系的重构》，《中国社会科学报》（北京），2016 年 6 月 16 日，第 8 版。

[23] 何品端：《寻觅沙湾黎文源等能工巧匠——浅谈壁画、砖雕、灰塑、木雕》，广州市番禺区政协文史资料委员会编《番禺民间艺术集锦》（番禺文史资料第 17 期），2004 年 12 月，内部印刷，第 66 页。

一　越秀区

越秀区，北依白云山，南临珠江水，因越秀山得名。在广州城两千多年的发展变化中，越秀一直作为城市的中心。

走进越秀，仿佛置身于“没有围墙的博物馆”。现区境内有各级文物保护单位 121 处，其中国家级 19 处，省级 13 处，市级 81 处，区级 8 处，此外还有各类登记不可移动文物 59 处（截至 2021 年 2 月）。珍珠般散布在中心城区的历代文物古迹，浓缩、记载和见证了千古羊城的沧桑变迁，传承着广州深厚的历史文脉。

1. 杨匏安旧居

杨匏安旧居位于广州市越秀区越华路。清末建筑。该祠坐北朝南，原是珠海北山杨氏家族在广州设立的宗族祠，曾作中国共产党早期优秀理论家和革命活动家杨匏安的旧居。现仅存头门，面阔三间 12.9 米，进深 10.6 米。青砖外墙，硬山顶，辘筒瓦面。2019 年 4 月，公布为广东省文物保护单位。现存壁画位于门口凹斗门顶端，共 5 幅。

位置示意图

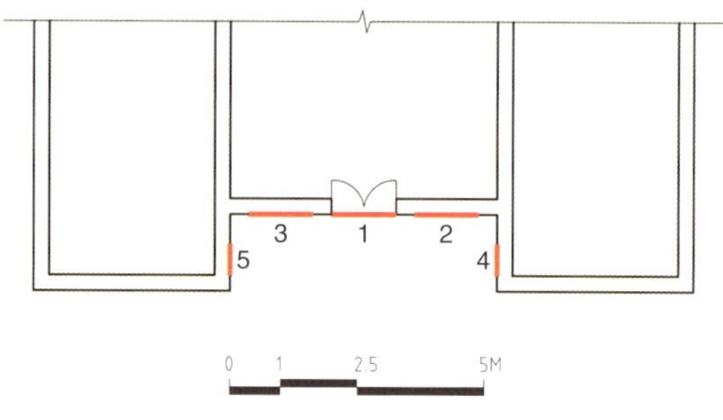

壁画名称	尺寸
1：雁塔题名	170×140cm
2：东波（坡）笠屐	164×140cm
3：兄贤弟孝	164×140cm
4：花鸟画	127×140cm
5：花鸟画	127×140cm

1	
3	2
5	4

二　海珠区

海珠区是一个风光秀丽、气候宜人的岛区，享有“海上明珠”之美誉。它为珠江前后航道所环绕，四面环水，与荔湾、越秀、天河、黄埔、番禺区隔江相望。

海珠区历史悠久，人杰地灵。现区境内有各级文物保护单位 38 处，其中国家级 1 处，省级 6 处，市级 25 处，区级 6 处，此外还有各类登记不可移动文物 128 处。（截至 2021 年 2 月）

海珠区的祠堂、古民居大多是清代建筑，有不少是手工精细、用料上乘的遗构，其风格尽显岭南特点。因年代久远，现存古建筑的保存状况参差各异，建筑壁画保存至今的更是弥足珍贵。

1. 景祥梁公祠

景祥梁公祠位于华洲街道土华社区。清末建筑。坐北朝南，三间两进，总面阔8.5米，总进深19.1米。建筑硬山顶，人字山墙，镬筒瓦面，青砖石脚。2012年8月，公布为海珠区登记保护文物单位。现存壁画位于头门，共有壁画3幅。壁画保存现状一般。

位置示意图

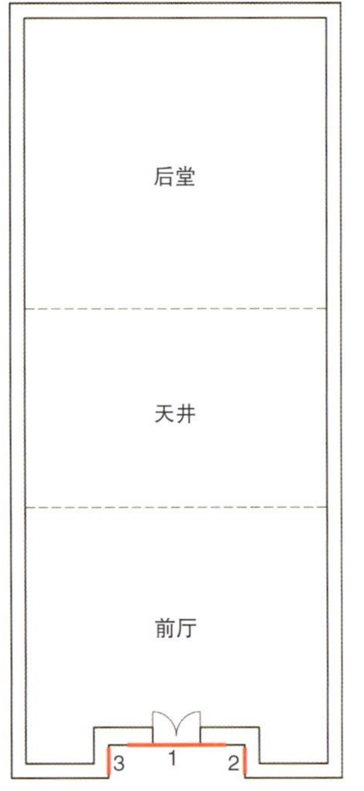

壁画名称	尺寸
1：人物画	358×87cm
2：雁塔题名	50×87cm
3：钱江春景	50×87cm

1	
3	2

2. 裔兴谭公祠

裔兴谭公祠位于华洲街道土华社区。始建年代不详，清乾隆五十二年（1787）重修。坐北朝南，三间三进。总面阔 12.1 米，总进深 34.8 米。建筑为硬山顶，灰塑龙船脊，辘筒瓦面，青砖石脚。2011 年 10 月，公布为海珠区登记保护文物单位。现存壁画位于二进天井，共有壁画 2 幅。壁画保存现状一般。

位置示意图

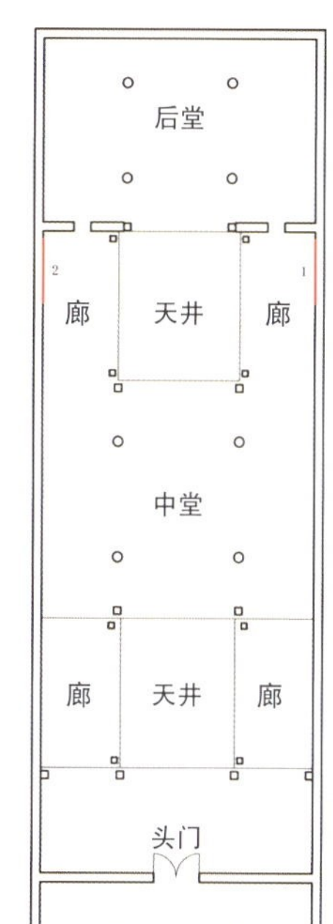

壁画名称	尺寸
1：山水画	286×40cm
2：山水画	286×40cm

1
2

3. 云隐冯公祠

云隐冯公祠位于琶洲街道黄埔南社区。建于清康熙四十三年（1704），道光九年（1829）重建。建筑坐东朝西，三间三进，南北两侧有衬祠。祠堂总面阔 32.5 米，总进深 47.9 米。主体建筑为硬山顶，人字封火山墙，辘筒瓦面，青砖花岗石脚墙。2002 年 7 月，作为“黄埔古港遗址及黄埔村早期建筑”的组成部分，公布为广州市文物保护单位。

现存壁画位于后堂、侧廊、衬祠，共有壁画 7 幅。其中，左衬祠门口壁画由靳如轩所绘；祠堂后堂“伏女传经”图有落款：民国元年（1912），作者为李鉴泉。其余壁画款识缺失或不可辨识，从建筑年代和壁画风格，推测其绘制年代为清末。壁画保存现状一般。

位置示意图

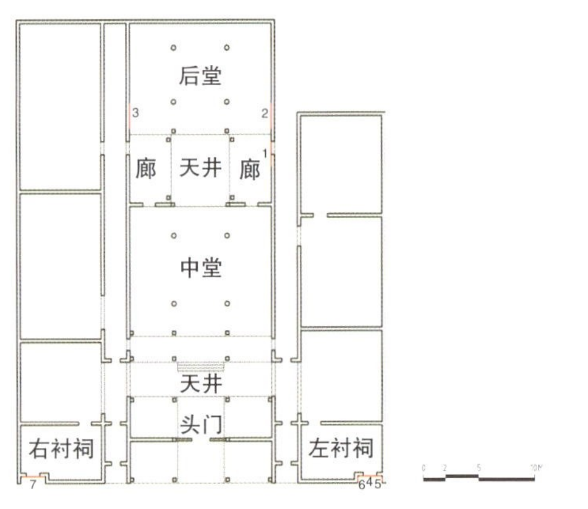

壁画名称	尺寸
1：伏女传经	222×47cm
2：人物画	205×80cm
3：人物画	205×80cm
4：人物画	175×61cm
5：山水画	29×74cm
6：山水画	29×74cm
7：人物画	175×61cm

1	
3	2
6	4	5
7	

4. 梁氏宗祠（黄埔村）

黄埔村梁氏宗祠位于琶洲街道黄埔南社区。清代建筑。坐西朝东，面阔三间，尚存头门及天井。头门面阔 14.7 米，深 7.1 米，天井 10 米。建筑为硬山顶，龙船脊，辘筒瓦面。2002 年 7 月，梁氏宗祠（头门）作为“黄埔古港遗址及黄埔村早期建筑”的组成部分，公布为广州市文物保护单位。现存壁画位于头门，共有壁画 4 幅。壁画作者为乐善子等。壁画保存现状一般。

位置示意图

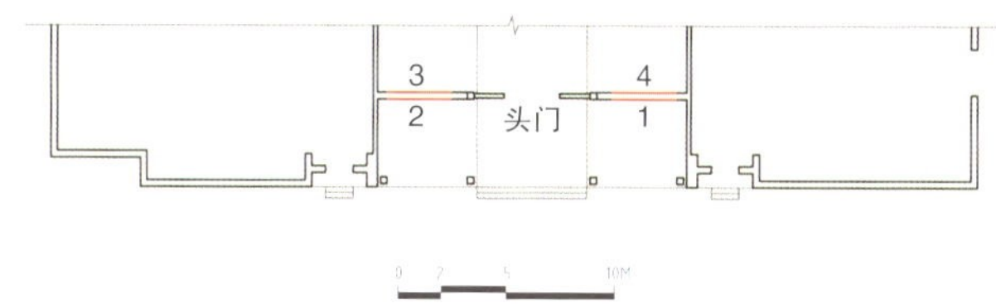

壁画名称	尺寸
1：山水画	300×50cm
2：山水画	300×50cm
3：山水画	300×50cm
4：山水画	300×50cm

2	1
4	3

5. 禄贤梁公祠

禄贤梁公祠位于琶洲街道黄埔南社区。三间两进，总面阔 12.0 米，总进深 17.0 米。建筑为硬山顶，人字封火山墙，辘筒瓦面，青砖花岗石脚墙。2002 年 7 月，作为“黄埔古港遗址及黄埔村早期建筑”的组成部分，公布为广州市文物保护单位。

现存壁画位于头门，共有壁画 7 幅。根据壁画上的落款：庚申年，壁画绘制于 1920 年，壁画作者为钟瑞轩等。壁画保存现状较好。

位置示意图

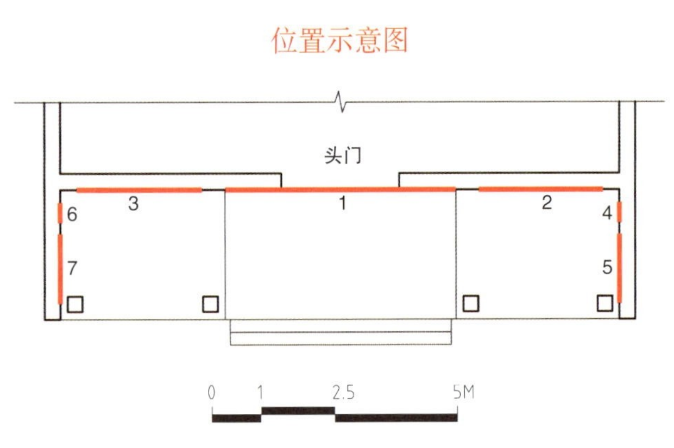

壁画名称	尺寸
1：组合画	470×105cm
2：竹林七贤	255×105cm
3：醉里洞天	255×105cm
4：书法画	40×105cm
5：山水画	137×105cm
6：书法画	40×105cm
7：山水画	137×105cm

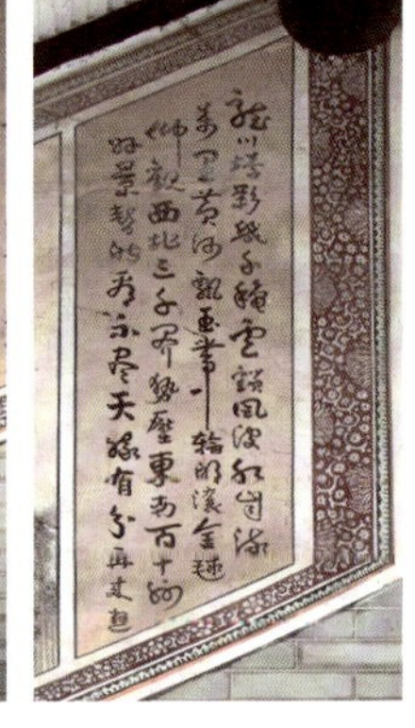

1			
3		2	
7	6	4	5

6. 紫霞居

紫霞居位于琶洲街道黄埔南社区。三间两进，总面阔14.2米，总进深26.3米。建筑为硬山顶，人字封火山墙，辘筒瓦面，青砖花岗石脚墙。2002年7月，作为“黄埔古港遗址及黄埔村早期建筑”的组成部分，公布为广州市文物保护单位。现存壁画位于大门墙楣，共有壁画3幅。壁画作者为梁子楠、仙崖居士等。壁画保存现状较好。

位置示意图

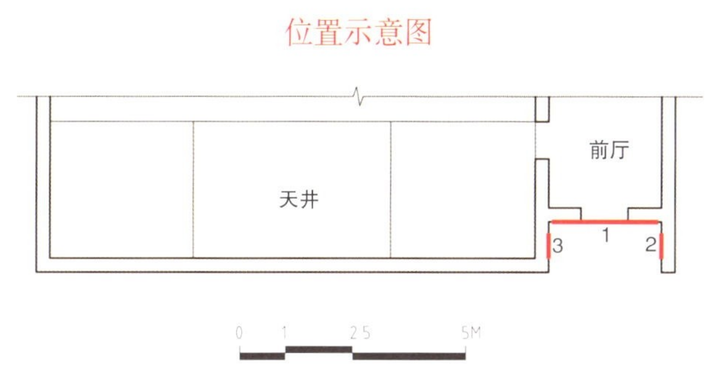

壁画名称	尺寸
1：雁塔题名颂九如	237×64cm
2：天香国色魏紫姚黄	57×64cm
3：桃红柳绿燕侣莺俦	57×64cm

1

3 2

7. 三圣宫

沙溪村三圣宫位于凤阳街道金马社区。建于清同治十一年（1872）。坐南朝北，前亭后殿，总面阔5米，总进深7.9米，总建筑面积约39.5平方米。建筑为硬山顶，辘筒瓦面，绿琉璃瓦当、滴水，花卉木雕封檐。2011年6月，公布为海珠区文物保护单位。

现存壁画位于头门，共有壁画5幅。根据壁画上的落款：民国己未，壁画绘制于1919年，作者为韩柱石。壁画保存现状一般。

位置示意图

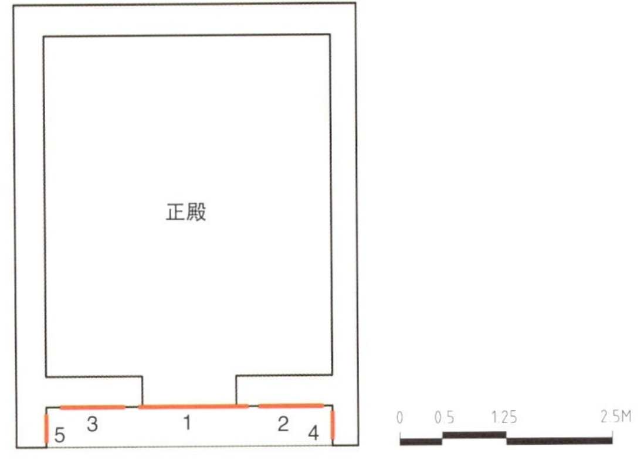

壁画名称	尺寸
1：花鸟画	164×30cm
2：人物画	70×100cm
3：叱石成羊	70×100cm
4：花鸟画	40×97cm
5：花鸟画	40×97cm

1			
3	2	5	4

8. 观荫李公祠

观荫李公祠位于江海街道大塘社区。始建年代为清，民国3年（1914）重修，2003年维修。坐东北朝西南，三间三进，广三路。总面阔25.1米，总进深51.2米。主体建筑为镬耳封火山墙，辘灰筒瓦，青砖石脚。2012年8月，公布为海珠区登记保护文物单位。

现存壁画位于头门，共有壁画5幅。根据壁画上的落款：民国三年，壁画绘制于1914年，作者为韩柱石等。壁画保存现状一般，有重描。

位置示意图

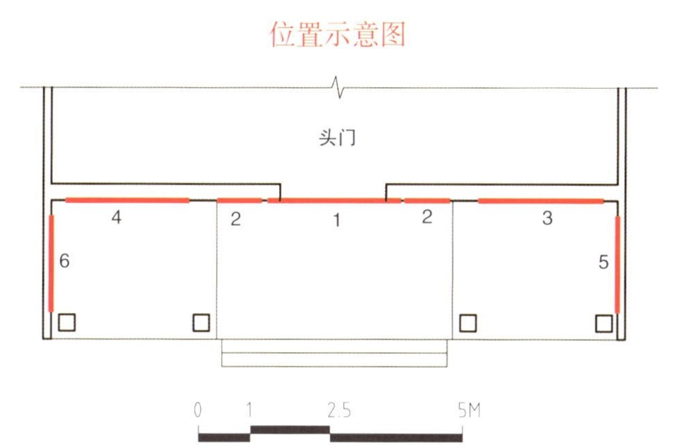

壁画名称	尺寸
1：棋友乐	250×85cm
2：书法画	70×85cm
3：知章访友	255×85cm
4：三仙耍乐	255×85cm
5：诸仙祝寿图	195×100cm
6：花鸟画	195×100cm

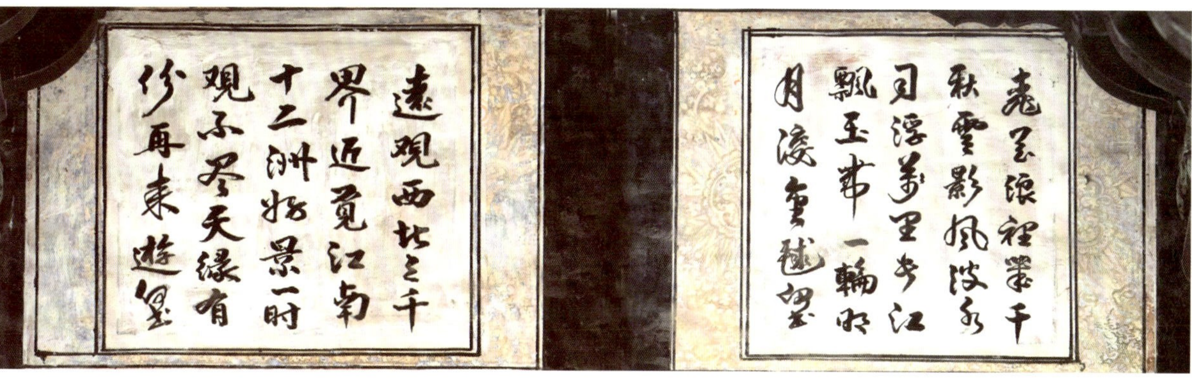

1	
2	
4	3
6	5

9. 林氏宗祠

大塘林氏宗祠位于江海街道大塘社区。清代建筑。坐西朝东，三间三进。总面阔 10.9 米，总进深 26.8 米。建筑为硬山顶，人字封火山墙，镬筒瓦面，青砖石脚。此祠做工精细，用材粗大。2012 年 8 月，公布为海珠区登记保护文物单位。现存壁画位于头门，共有壁画 5 幅。根据壁画题记“辛巳桐月书”，绘制年代为光绪七年（1881）。壁画作者为罗昊等。壁画工艺精美，保存现状较好。

位置示意图

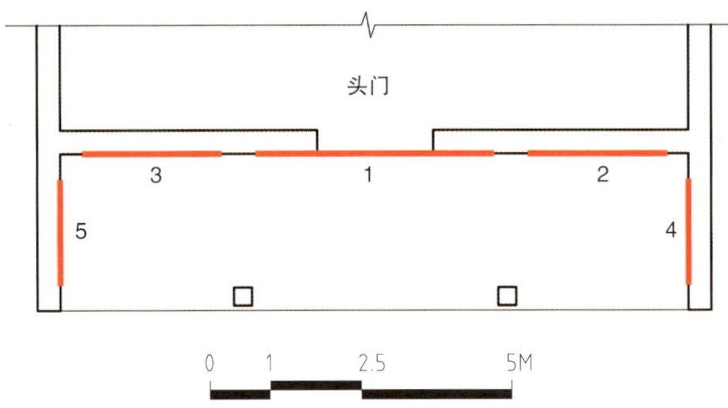

壁画名称	尺寸
1：秋山□瀑图	374×105cm
2：八仙之四	202×105cm
3：八仙之四	202×105cm
4：教子朝天图	205×120cm
5：虬首仙	205×120cm

1	
3	2
5	4

10. 梁氏宗祠（上涌村）

上涌村梁氏宗祠位于南洲街道桥南社区。建于清同治年间，中华民国 2 年（1913）重修。建筑坐北朝南，三间两进，总面阔 11.2 米，总进深 24.8 米。建筑为硬山顶，人字形封火山墙，辘筒瓦面，青砖石脚。2012 年 8 月，公布为海珠区登记保护文物单位。

现存壁画位于头门，共有壁画 9 幅。根据壁画上的落款：癸丑年，壁画绘制于 1913 年，作者为梁锦轩等。壁画保存现状较好。

位置示意图

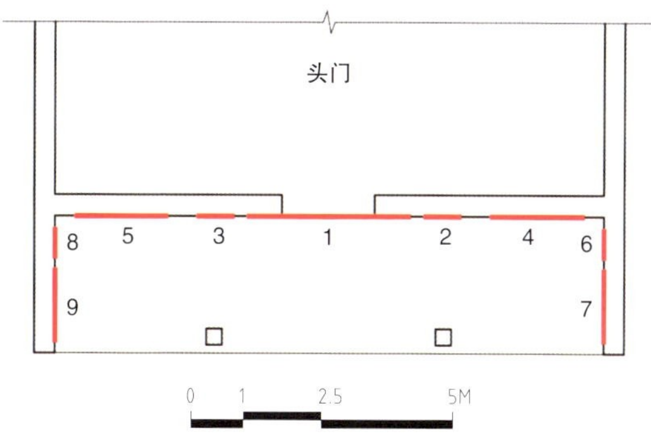

壁画名称	尺寸
1：福禄寿	396×78cm
2：书法画	55×78cm
3：书法画	55×78cm
4：蓬莱仙境	233×98cm
5：瑶池醉乐	233×98cm
6：书法画	75×140cm
7：山水画	225×140cm
8：书法画	75×140cm
9：山水画	225×140cm

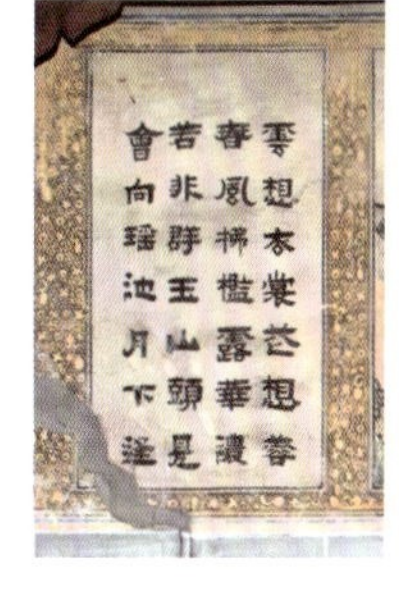

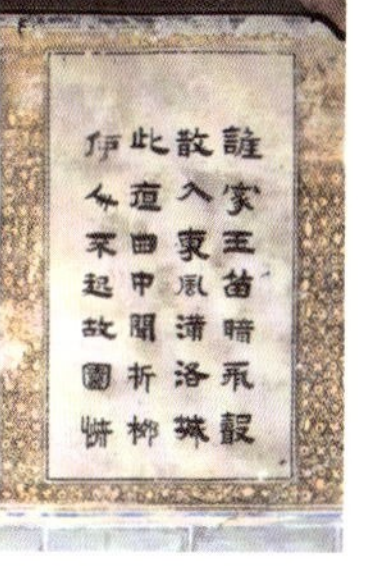

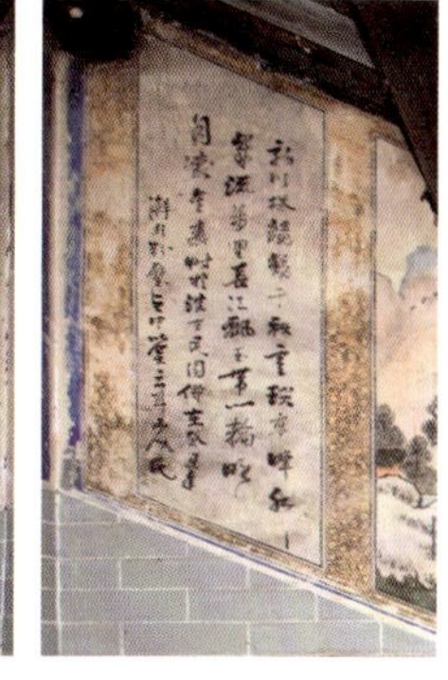

3	1	2	
5		4	
9	8	6	7

11. 简氏宗祠

简氏宗祠位于官洲街道赤沙社区。始建于清道光十九年（1839），1995 年维修，2007 年再次重修。坐北朝南，面阔 11.6 米，进深 22.1 米。两路两进，有衬祠。硬山顶，人字封火山墙。龙船正脊灰塑花卉，垂脊有翘角，辘筒瓦面。2012 年 8 月，公布为海珠区登记保护文物单位。头门墙楣上有壁画，绘山水人物、古诗词书画等，作者为带龙子，1996 年重描。壁画保存现状较好。

1	
3	2
4	

三　荔湾区

荔湾区位于广州老城区西南部，区内河涌交错，水网交织，水资源十分丰富。珠江从区内奔流而过，形成城区的一江两岸，沿江码头遍布。

走过了2000多年历史的荔湾，今天仍以其浓郁的岭南民俗风情，深蕴的历史人文文化，向世人展示着她的魅力。现区境内有各级文物保护单位60处，其中国家级3处，省级5处，市级44处，区级8处，此外还有各类登记不可移动文物129处。（截至2021年2月）

荔湾区现存的传统建筑，因其所独有的地域特点，充分反映了荔湾地区各个时代的历史、经济、文化，特别是以西关大屋、竹筒屋、骑楼、洋房及小别墅等为代表的清末民初建筑，更显出荔湾在近代广州城市发展中的重要地位。

1. 广安钱庄旧址

广安钱庄旧址位于梯云东路188号，始建于中华民国17年（1928）。坐北朝南，为混凝土结构四层楼房，平面略呈梯形，东狭西长，总面宽5.54米，总进深18.376米，总占地面积约101.8平方米。建筑外墙水洗石米，水平划线勾缝，正立面两侧施爱奥尼柱，半外挑阳台围栏雕刻细致。阳台顶部施精美雕花图案。2008年12月，公布为广州市文物保护单位。现存壁画1幅，位于建筑中部楼梯间。壁画的绘制年代为民国年间。

壁画名称	尺寸
1：山水画	65×108cm

1

四　天河区

天河区位于广州老城区东部，是快速发展的广州新城市中心区。地势由北向南倾斜，形成低山丘陵、台地、冲积平原三级台地。

天河区现境内有各级文物保护单位 96 处，其中国家级 1 处，省级 4 处，市级 18 处，区级 73 处，此外还有各类登记不可移动文物 141 处。（截至 2021 年 2 月）

区内庙宇和祠堂众多。各村均有大宗祠，也有分支祠堂。此外，厅、家塾、书室等实际上也是祠堂，都供奉祖先的灵位。

棠下村的龙葵钟公祠，因毛泽东到此视察，故将毛泽东与村民座谈的祠堂辟为纪念馆，保存毛泽东到田间视察时所戴的竹帽（斗笠）。岑村的运耕公祠，周恩来总理陪同外宾视察岑村，人们也将周恩来听取村干部汇报时的祠堂辟为纪念室。

1. 龙葵钟公祠

龙葵钟公祠位于棠下街道棠下村。建于明代，清咸丰十年（1860）、1994 年、2003 年重修。坐西朝东。三进五间，总面阔 21 米，总进深 48.7 米。占地面积约 1022.7 平方米。硬山顶，龙船脊，镬耳封火山墙。石脚青砖墙。1956 年，该祠作为棠下农业生产合作社的种子仓库，1958 年 4 月 30 日，毛泽东同志视察棠下时，进入祠内检查种子贮存情况。2002 年 7 月，公布为广州市文物保护单位，定名为毛泽东视察棠下农业生产合作社旧址。

现存壁画位于头门，共 3 幅。根据壁画上的落款“写于庚申邓平石作”，可知其绘制于咸丰十年（1860），作者为邓平石。壁画局部有褪色、变色等状况，整体保存较好。

位置示意图

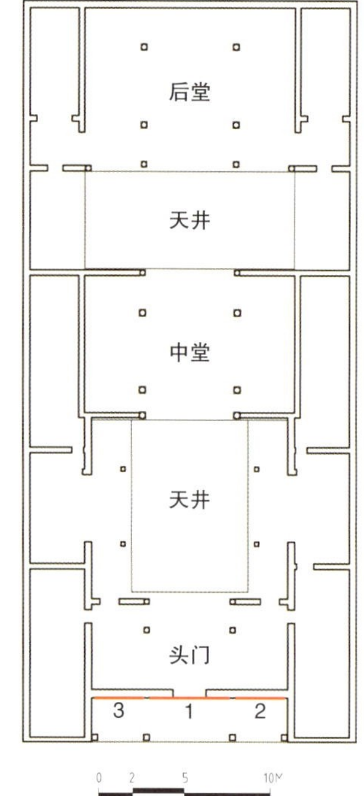

壁画名称	尺寸
1：组合画	427×64cm
2：赏枝图	194×82cm
3：三多吉庆	194×82cm

	1
3	2

2. 远耕公祠

远耕公祠位于长兴街道岑村南街。始建于清代，2000年重修。坐东北朝西南。三间两进，总面阔11.98米，总进深21.87米，面积约262.0平方米。硬山顶，龙船脊，人字形封火山墙，青砖墙，花岗石勒脚。1972年4月7日，周恩来总理陪同马耳他总理多米尼克·明托夫，到岑村视察，在祠内听取村党支部书记介绍大队生产情况及远景规划。2008年12月，公布为广州市文物保护单位，定名为周总理视察岑村纪念旧址。

现存壁画位于头门，共5幅。根据壁画上的落款“时于光绪□□岁次甲申□月下浣之日 杨瑞石”，可知其绘制于光绪十年（1884），作者为杨瑞石。壁画局部有褪色、划痕、灰水覆盖等状况，整体保存一般。

位置示意图

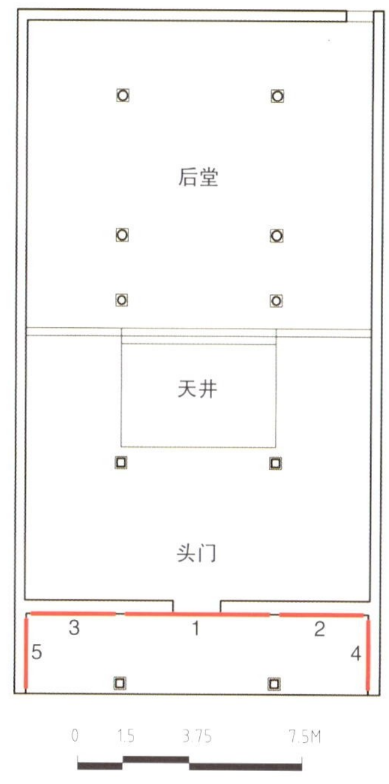

壁画名称	尺寸
1：组合画	454×89cm
2：端砚图	243×89cm
3：秋饮黄花酒	243×89cm
4：组合画	196×100cm
5：组合画	196×100cm

1	
3	2

5 4

3. 珠村农民协会旧址

珠村农民协会旧址位于珠吉街道珠村。此处原为潘氏族人的公事厅，建于清末。坐西朝东。两进一天井，面阔6.98米，进深15.58米，占地面积约109平方米。硬山顶，龙船脊，人字形封火山墙，青砖墙，花岗岩勒脚。凹斗门，中间偏左处开大门。1924年12月，珠村农民协会在此成立，是大革命时期广州市郊农民运动的旧址之一。2012年10月，公布为天河区文物保护单位。

现存壁画位于头门，共2幅。壁画绘制年代推测为清末，整体损毁严重，保存较差。

位置示意图

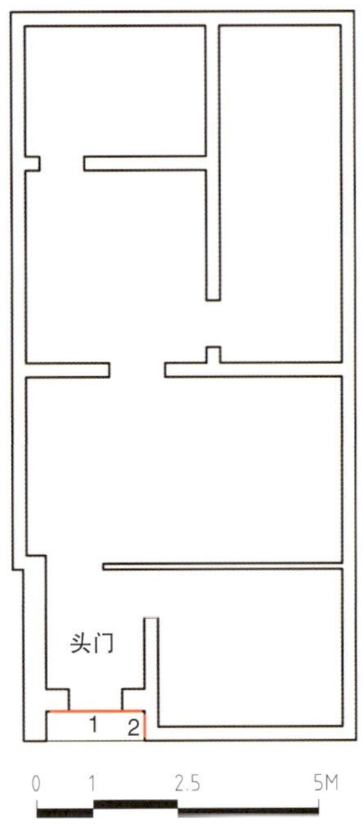

壁画名称	尺寸
1：□□花会	147×70cm
2：山水画	34×74cm

1 2

4. 以良潘公祠

以良潘公祠位于珠吉街道珠村。建于清康熙十二年（1673），清嘉庆十三年（1808）、中华民国32年（1943）重修。坐北朝南。正祠三间两进，右边有厨房、客厅等附属建筑。总面阔16.94米，总进深22.12米，占地面积约374.7平方米。人字形封火山墙，龙船脊，青砖墙，红砂岩石脚。2012年10月，公布为天河区文物保护单位。

现存壁画位于头门，共4幅。壁画绘制年代推测为清末民初，局部存在裂隙、褪色、灰尘覆盖等状况，整体保存一般。

位置示意图

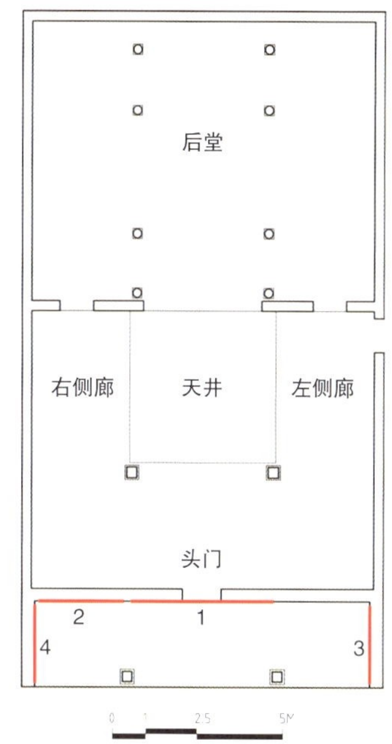

壁画名称	尺寸
1：人物画	189×45cm
2：山水画	122×95cm
3：组合画	191×40cm
4：组合画	191×40cm

1	2
4	3

5. 享芬家塾

享芬家塾位于黄村街道黄村。建于清宣统元年（1909），中华民国3年（1914）重修。坐北朝南。三间两进。总面阔6米，总进深12米，建筑占地面积约72平方米。硬山顶，灰直脊，青砖墙，红砂岩勒脚。2012年7月，公布为天河区登记保护文物单位。

现存壁画位于头门，共3幅。根据壁画上的落款“宣统元年雪月下浣郑松山”，可知其绘制于宣统元年（1909），作者为郑松山。壁画局部有褪色、划痕以及大块灰水覆盖等状况，整体保存较差。

位置示意图

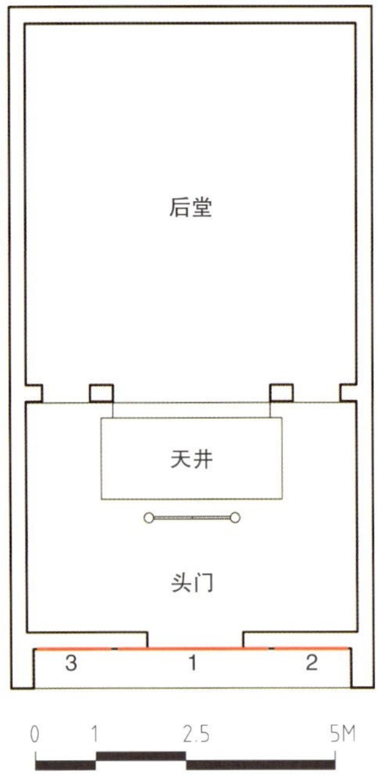

壁画名称	尺寸
1：三多图	99×27cm
2：白鹅换字	80×27cm
3：人物图	80×27cm

1	
3	2

五　白云区

白云区位于广州市中心的北面，因境内有白云山而得名。现区境内有各级文物保护单位 44 处，其中国家级 1 处，省级 4 处，市级 39 处，此外还有各类登记不可移动文物 586 处。（截至 2021 年 2 月）

白云区内有广府祠堂和客家祠堂，在布局、功能、建筑材料上都有明显的差异。广府祠堂均独立兴建；而客家宗祠则多与族人住宅同时兴建，宗祠居中，住宅在两侧，围成一处方形的围屋。各村各姓宗祠在规模、形制上也有较大的差异。一般大村大姓的宗祠规模都比较大，规制也比较高，反之亦然。大祠堂中往往都有精美的石雕、砖雕、木雕装饰，有的还有石栏杆、石拱门、石鼓和护祠石狮。而小村小姓的宗祠仅一路两进，用料较粗，略显简单。

1. 东庄黎公祠

东庄黎公祠又称咏芬堂，位于均禾街道石马德圣居委。该村黎姓族人为祀六世祖东庄而建。始建时间不详，据门额记载，清咸丰十一年（1861）重修。坐西北朝东南。三间两进，面阔11.4米，总进深17.81米。硬山顶，船形瓦脊，青砖墙石脚。祠堂木雕、砖雕、石雕、壁画精致，具有较高的艺术价值。2010年11月，公布为白云区登记保护文物单位。

东庄黎公祠现存壁画共有9幅，皆位于头门。根据建筑风格，壁画绘制于清末，作者不详。壁画保存较为完整，绘有“松脂益寿”“瑶池宴乐”等几幅壁画。

位置示意图

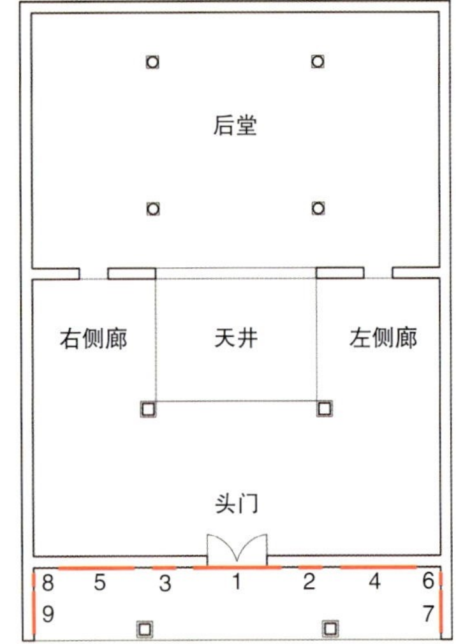

壁画名称	尺寸
1：瑶池宴乐	238×60cm
2：花鸟画	65×60cm
3：花鸟画	65×60cm
4：福禄寿	205×60cm
5：松脂益寿	205×60cm
6：书法画	37×70cm
7：山水画	112×70cm
8：书法画	37×70cm
9：山水画	112×70cm

1	
3	2

4	
5	
6	7
8	9

2. 黄氏宗祠（两上村）

两上村黄氏宗祠又称昌盛堂，位于江高镇两上村。始建年代不详，据祠内碑刻所记，于清光绪二十年（1894）、1995 年、2000 年分别进行过重修。坐东南朝西北。二路二进，总面阔 17.57 米，总进深 23.05 米。主路面阔三间 11.8 米。硬山顶，人字山墙，灰塑博古脊，青砖墙石脚。天井铺花岗岩条石，地面铺阶砖。该祠总体保存完整，前檐柱上石雕挑头、雀替以及石栏板雕刻精细。2010 年 8 月，公布为白云区登记保护文物单位。

两上村黄氏宗祠现存壁画共有 43 幅。根据壁画上的落款：乙未元宵，壁画绘制于光绪乙未年（1895），作者王雪舫等。壁画保存较为完整，绘有“酒国有长春”“教子朝天”“书中有金玉”等壁画。

位置示意图

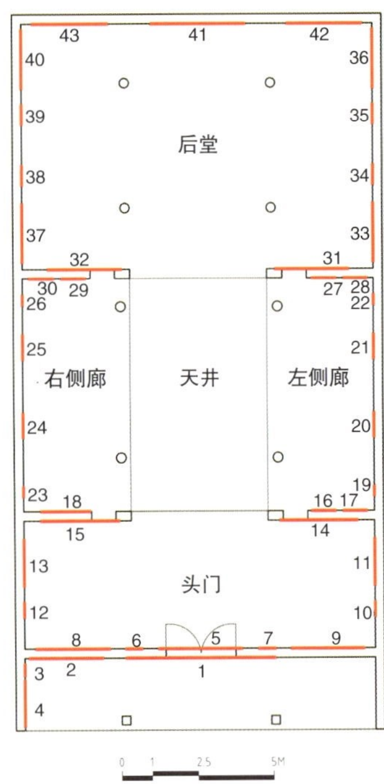

壁画名称	尺寸
1：组合图	495×100cm
2：传经授道	245×100cm
3：书法画	45×97cm
4：山水画	154×97cm
5：教子朝天	280×60cm
6：书法画	60×60cm
7：书法画	60×60cm
8：和气生财	245×65cm
9：酒国有长春	245×65cm
10：书法画	54×74cm
11：闲居自述	156×74cm
12：书法画	54×74cm
13：花鸟画	156×74cm
14：青诵春秋	260×65cm
15：松脂益寿	260×65cm
16：吟诗一首后人永识	82×73cm
17：二十一子离别诗	82×73cm
18：峭山公遗嘱	164×73cm

壁画名称	尺寸
19：秋景	38×73cm
20：吴氏夫人诗	86×73cm
21：郑氏夫人诗	86×73cm
22：冬景	38×73cm
23：春景	38×73cm
24：云诗	86×73cm
25：官氏夫人诗	86×73cm
26：夏景	38×73cm
27：吴夫人遗诗	83×73cm
28：郑夫人命语	83×73cm
29：黄氏妣祖诗	83×73cm
30：黄氏族内诗	83×73cm
31：醉乡常驻太和春	245×65cm
32：书中有金玉	245×65cm
33：花鸟画	195×73cm
34：登鹳雀楼	70×73cm
35：咏华山	70×73cm
36：花鸟画	195×73cm
37：百子高官	195×73cm
38：春晓	70×73cm
39：神童诗	70×73cm
40：花鸟画	195×73cm
41：组合画	444×60cm
42：知章仿术	250×60cm
43：人物画	250×60cm

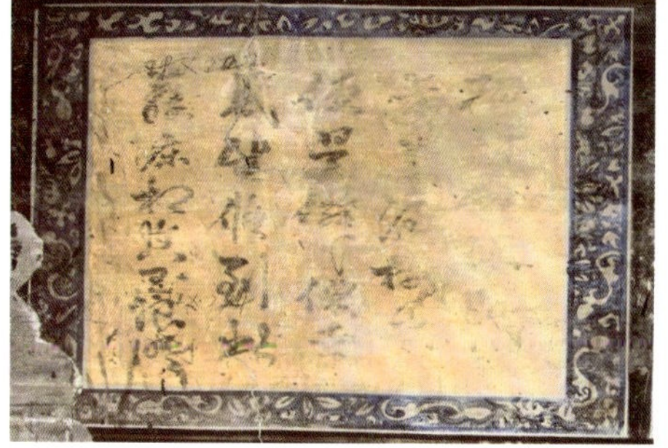

1

2 3

5

4

6 7

8

9	
10	11
12	13
14	
15	

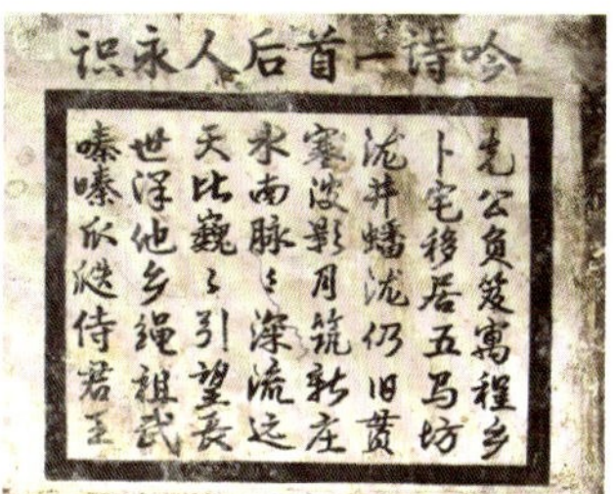

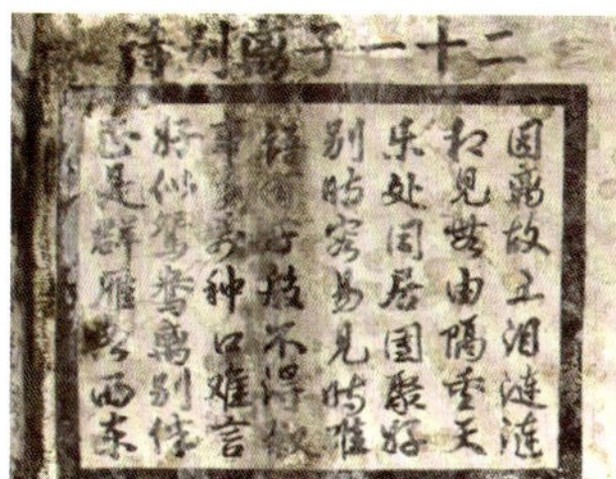

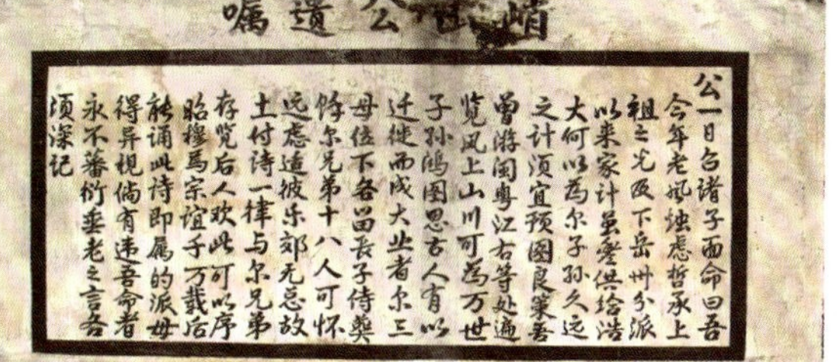

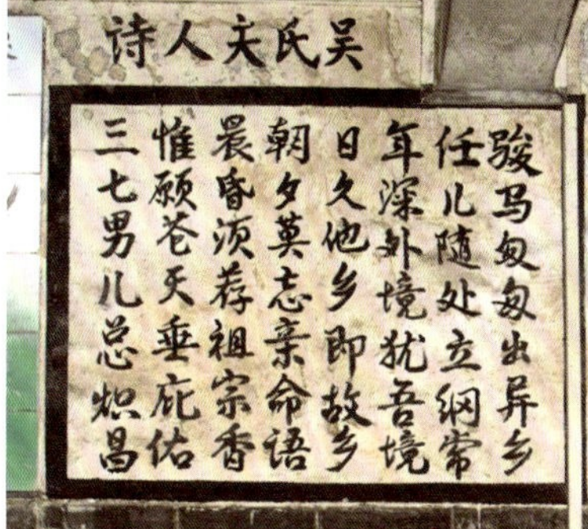

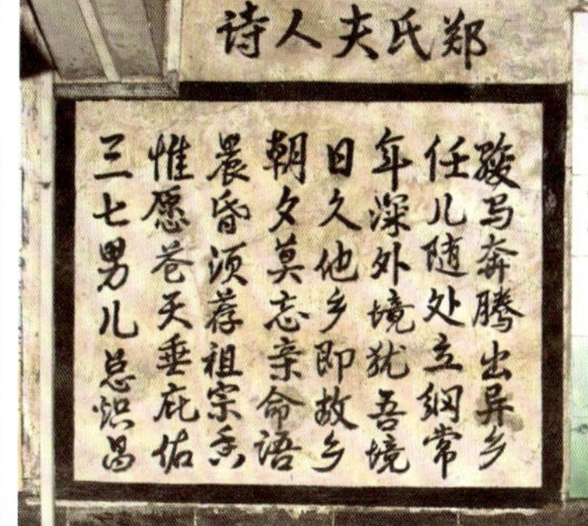

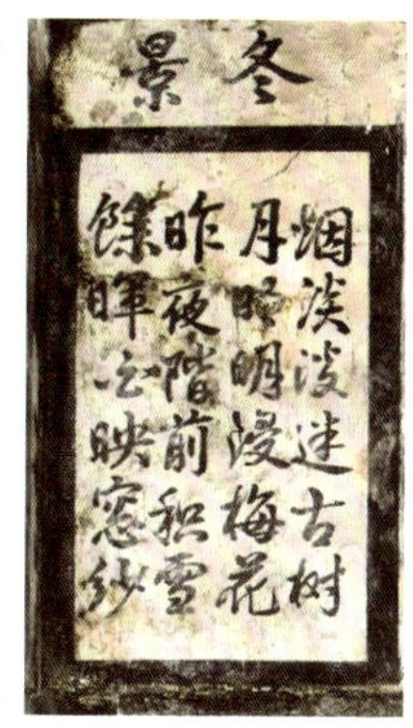

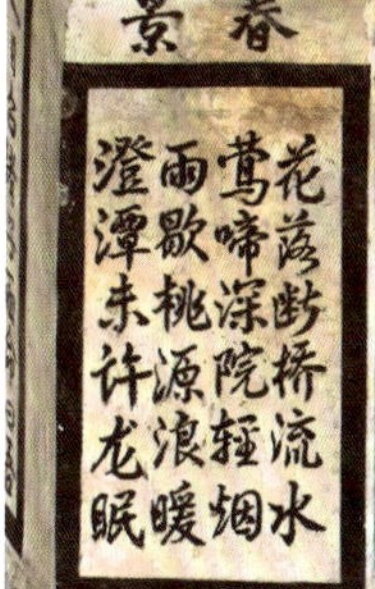

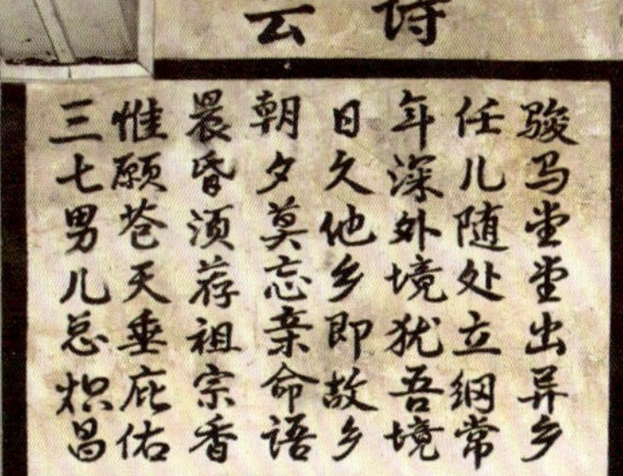

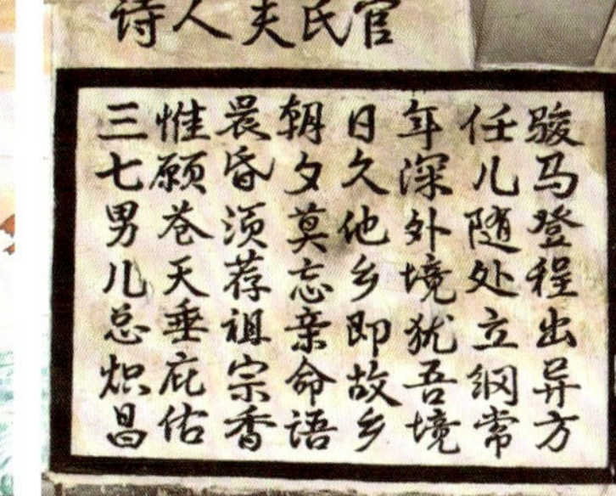

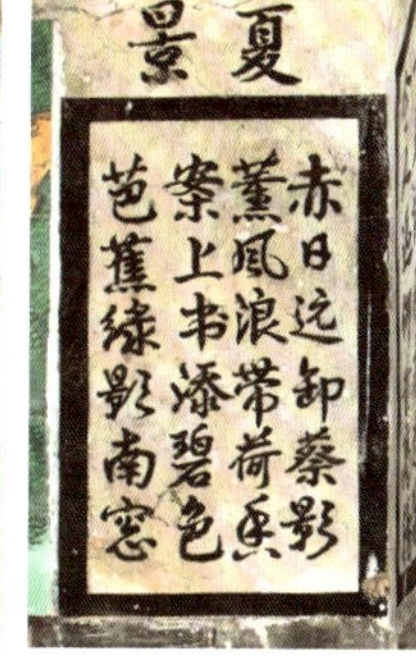

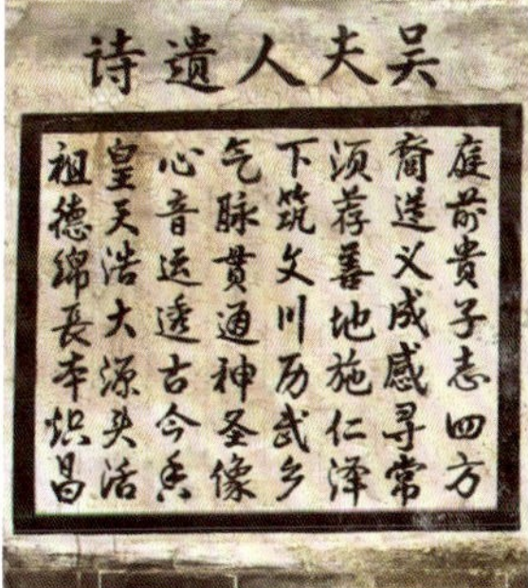

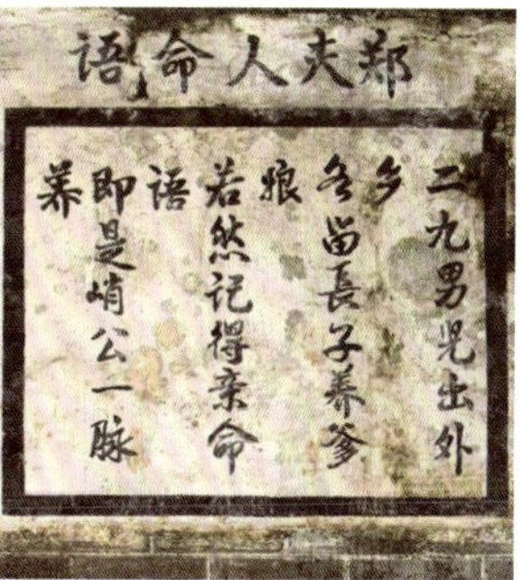

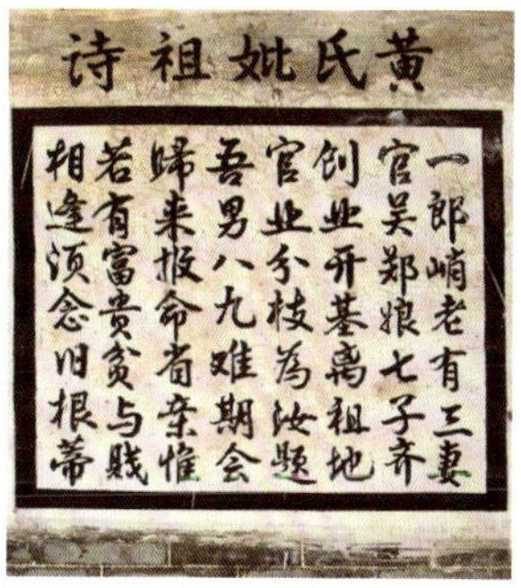

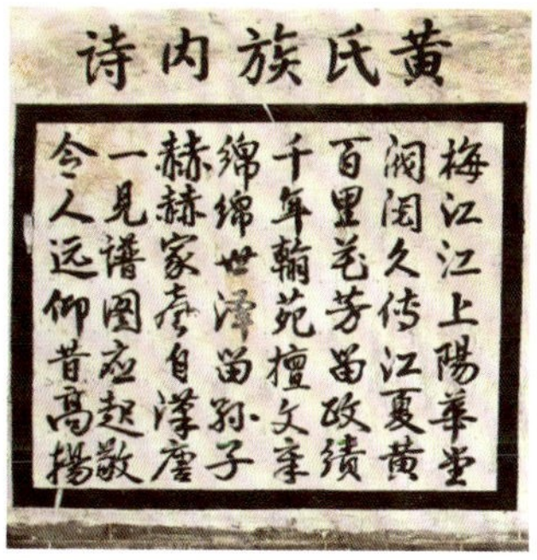

黄氏妣祖诗

黄氏族内诗

白云区

16	17	18	
19	20	21	22
23	24	25	26
27	28	29	30
31			

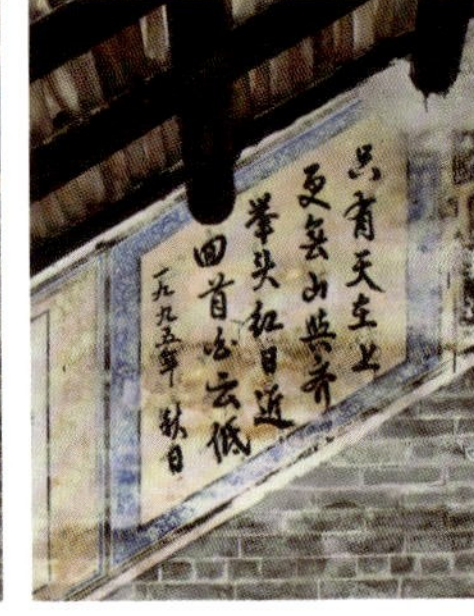

32			
33	34	35	36
37	38	39	40
41			
42			
43			

3. 平和大押

平和大押位于均禾街道均禾居委。建于中华民国初年，耗资3万多银圆。坐东朝西。平和大押旧址由营业铺面、后座当楼以及南北侧院、东面后院组成。其中绘有壁画的是营业铺面。营业铺面面阔三间13.5米，进深三间16米。明间为营业柜台位置，接着是天井、铺面大厅。两次间下层为会客厅，上层为木料搭建的老板和账房先生的工作室。2008年12月，公布为广州市文物保护单位。

平和大押现存壁画共有3幅。根据壁画上的落款"丁巳秋月"及建筑形式，壁画绘制年代应为民国6年（1917）丁巳秋月，作者陈星南等。壁画保存较为完整，主要内容为花鸟画等。

位置示意图

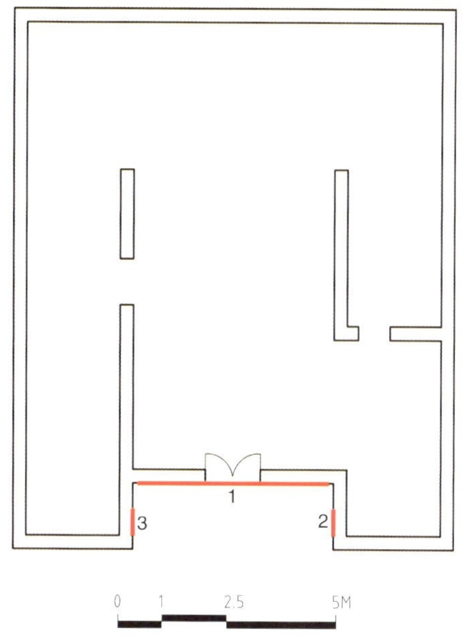

壁画名称	尺寸
1：组合画	435×100cm
2：花鸟画	62×85cm
3：花鸟画	62×85cm

1	
3	2

4. 灿然家塾

灿然家塾位于均禾街。三间两进，总面阔 11.4 米，总进深 9.5 米。硬山顶，人字山墙，青砖墙石脚。

灿然家塾现存壁画共有 4 幅，皆绘于头门。根据壁画上的落款：辛酉满月，该建筑壁画应绘制于民国 9 年（1920），作者不详。壁画保存较为完整，主要内容为花鸟画等。

位置示意图

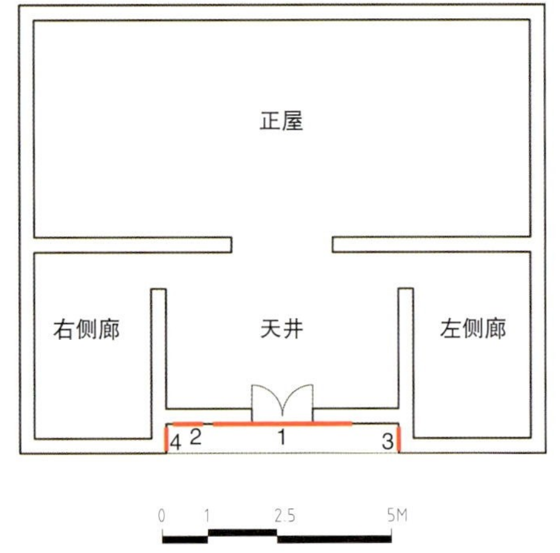

壁画名称	尺寸
1：组合画	246×45cm
2：叱石成羊图	100×78cm
3：花鸟画	42×81cm
4：花鸟画	42×81cm

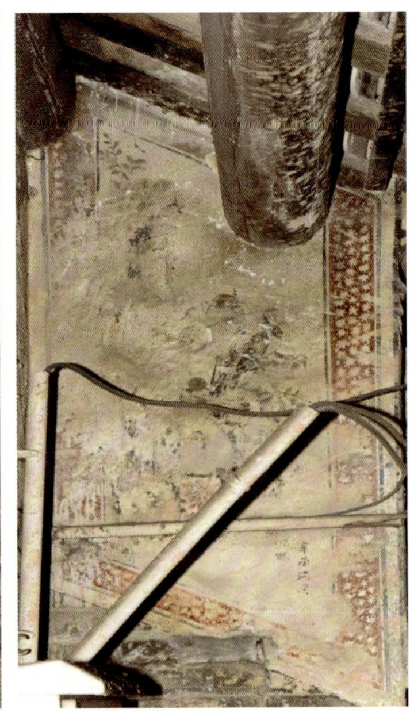

		1
4	3	2

5. 应祥书舍

应祥书舍位于均禾街。三间两进，总面阔 11.7 米，总进深 20.1 米。硬山顶，人字山墙，青砖墙石脚。

应祥书舍现存壁画共有 5 幅。根据壁画落款：时在于丁巳春，该建筑壁画应绘制于民国 6 年（1917），作者不详。壁画保存状况较差，壁画内容主要有“醉酒图”“和气生财”等。

位置示意图

头门

5 3 1 2 4

0 1 2.5 5M

壁画名称	尺寸
1：组合画	225×38cm
2：和气生财	107×70cm
3：醉酒图	107×70cm
4：□乐图	45×69cm
5：花鸟画	45×69cm

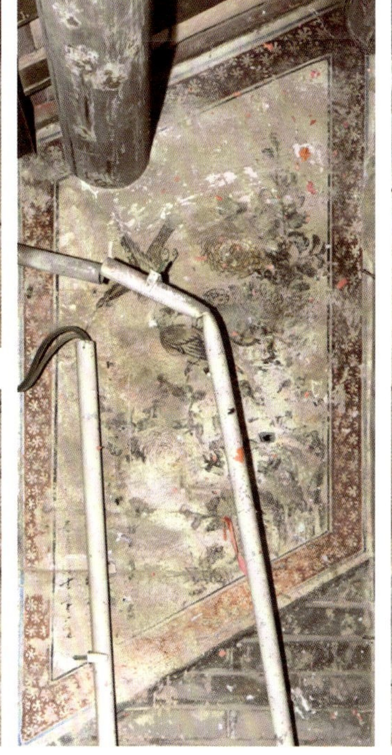

1		
2	5	4
3		

6. 元辅书社

元辅书社位于均禾街。三间两进，总面阔 11.4 米，总进深 10.8 米。硬山顶，人字山墙，青砖墙石脚。

元辅书社现存壁画共有 4 幅，皆绘于头门。根据壁画落款：宣统庚戌，该建筑壁画应绘制于宣统庚戌年（1910），作者不详。壁画保存状况较差，壁画内容主要有"烂柯图"等。

位置示意图

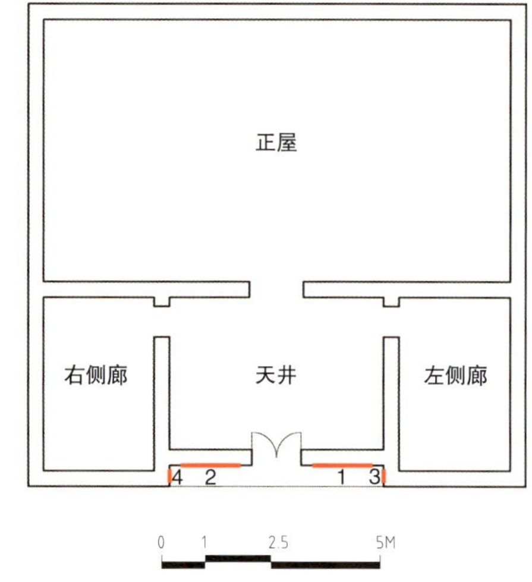

壁画名称	尺寸
1：人物画	102×48cm
2：烂柯图	102×48cm
3：花鸟画	23×57cm
4：花鸟画	23×57cm

1	2
4	3

7. 二帝古庙

二帝古庙位于石井朝阳村。三间两进，总面阔 10 米，总进深 12 米。硬山顶，人字山墙，灰塑博古脊，青砖墙石脚。

二帝古庙现存壁画共有 7 幅。根据壁画落款：岁次辛未，该建筑壁画应绘制于民国 20 年（1931），作者为曹雀鹏等。壁画保存状况一般，壁画内容主要有“山水相逢”“和气生财”等。

位置示意图

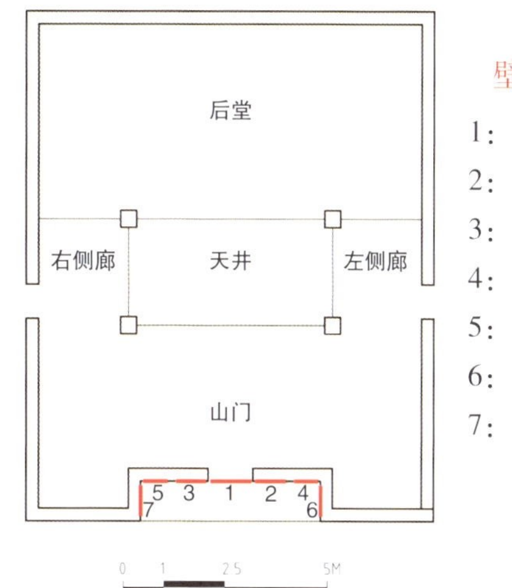

壁画名称	尺寸
1：和气生财	92×40cm
2：书法画	50×40cm
3：书法画	50×40cm
4：书中有金玉	47×52cm
5：福自天来	47×52cm
6：花鸟画	65×57cm
7：山水相逢	65×57cm

3	1	2
5	4	
7	6	

8. 福祥谢公祠

福祥谢公祠又称世德堂，位于石井街道大朗居委。根据门额记载，建于清代乾隆元年（1736），乾隆五十一年（1786）、道光十八年（1838）重修。坐东南朝西北。三间两进，面阔 12.0 米，总进深 16.8 米。硬山顶，镬耳封火山墙，灰塑龙船脊，青砖墙体，红砂岩石墙脚，方砖铺地。2011 年 4 月，公布为白云区登记保护文物单位。

福祥谢公祠现存壁画共有 9 幅。根据建筑重修年份及壁画落款：道光戊戌年，该建筑壁画绘制于道光十八年（1838），作者为一峰居士等。壁画保存状况一般，壁画内容主要有“焚梅图”“四仙醉酒”等。

位置示意图

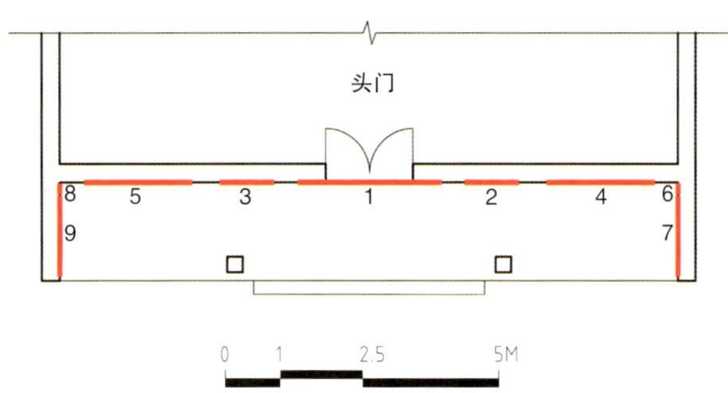

壁画名称	尺寸
1：山水画	179×30cm
2：焚梅图	90×66cm
3：烂柯图	90×66cm
4：四仙醉酒	224×66cm
5：□仙酒乐	224×66cm
6：书法画	20×108cm
7：山水画	145×108cm
8：书法画	20×108cm
9：山水画	145×108cm

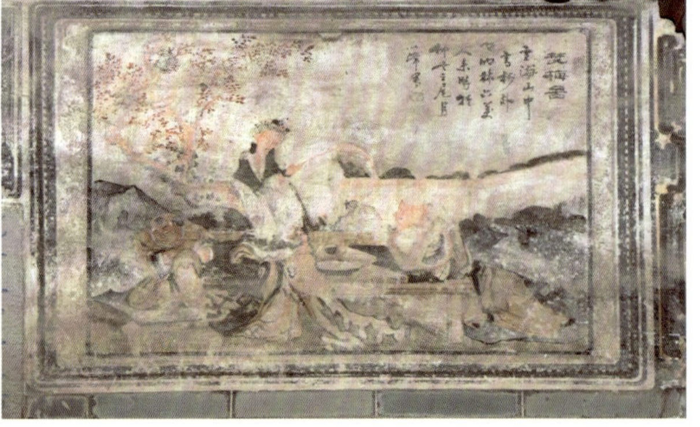

1	
3	2
5	4

9 8 6 7

9. 黄氏大宗祠

黄氏大宗祠又称延庆堂，位于石井街道大朗居委。据碑记所载，始建于清康熙三十六年（1697），历乾隆、嘉庆、咸丰、同治、光绪、1991 年六次重修。坐西南朝东北。一路三进，面阔三间 11.8 米，总进深 29.0 米。硬山顶，人字山墙，灰塑博古脊，青砖墙石脚，方砖墁地。2011 年 4 月，公布为白云区登记保护文物单位。

黄氏大宗祠现存壁画共有 9 幅。根据壁画落款：光绪岁次丙午，该建筑壁画绘制于光绪三十二年（1906），作者为韩炽山。壁画保存状况一般，壁画内容主要有“葫公弄术”“携柑送酒”等。

位置示意图

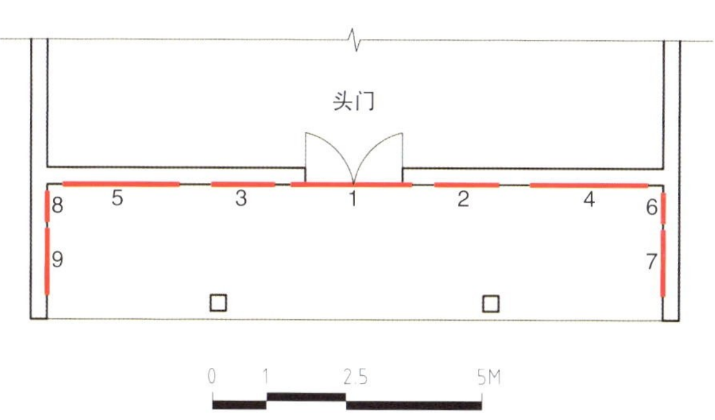

壁画名称	尺寸
1：七贤图	250×70cm
2：山水画	75×70cm
3：山水画	75×70cm
4：携柑送酒	245×70cm
5：葫公弄术	245×70cm
6：送春	40×85cm
7：花鸟画	138×85cm
8：画中游	40×85cm
9：花鸟画	138×85cm

3 1 2

2		3	
4		5	
9	8	6	7

10. 刘氏大宗祠

大朗刘氏大宗祠位于石井街道大朗居委。根据门额记载，重建于中华民国 36 年（1947）。为祀先祖刘开七而建。坐西北朝东南。三路三进，总面阔 26.6 米，总进深 47.82 米。主路面阔三间 13.8 米。硬山顶，灰塑博古脊，青砖墙石脚，方砖墁地。堂内柱子均为花岗岩石打造，钢筋混凝土梁架。祠堂的木雕、砖雕、石雕十分精致，曾号称“禺北第一大祠堂”。2011 年 4 月，公布为白云区登记保护文物单位。

大朗刘氏大宗祠现存壁画共有 31 幅。根据壁画落款：民国三十七年岁次戊子，该建筑壁画绘制于 1948 年，作者为关钧和等。壁画保存状况一般，壁画内容主要有“竹林七贤”“背魏投西”等。

位置示意图

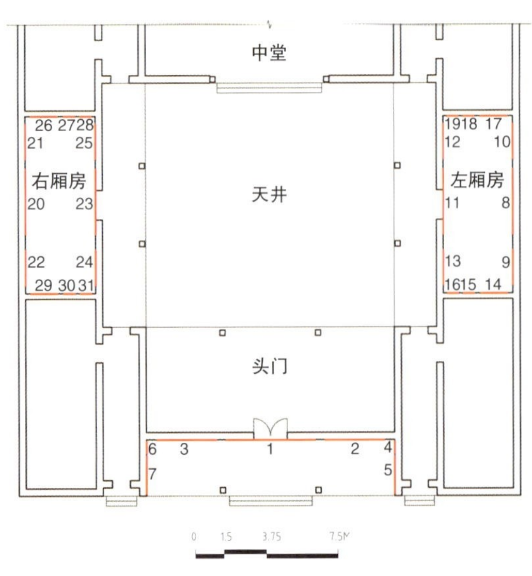

壁画名称	尺寸	壁画名称	尺寸
1：背魏投西	473×150cm	17：花鸟画	228×49cm
2：瑶池宴乐	320×128cm	18：书法画	50×60cm
3：竹林七贤	320×128cm	19：花鸟画	44×56cm
4：书法画	69×170cm	20：组合画	343×62cm
5：花鸟画	200×170cm	21：三多吉庆	192×56cm
6：书法画	69×170cm	22：渊明归去	192×56cm
7：花鸟画	200×170cm	23：组合画	343×62cm
8：组合画	343×62cm	24：花鸟画	192×56cm
9：渔樵问答	192×56cm	25：花鸟画	192×56cm
10：青莲醉酒	192×56cm	26：花鸟画	228×49cm
11：组合画	343×62cm	27：书法画	50×60cm
12：花鸟画	192×56cm	28：花鸟画	44×56cm
13：花鸟画	192×56cm	29：花鸟画	228×49cm
14：花鸟画	228×49cm	30：书法画	50×60cm
15：书法画	50×60cm	31：花鸟画	44×56cm
16：花鸟画	44×56cm		

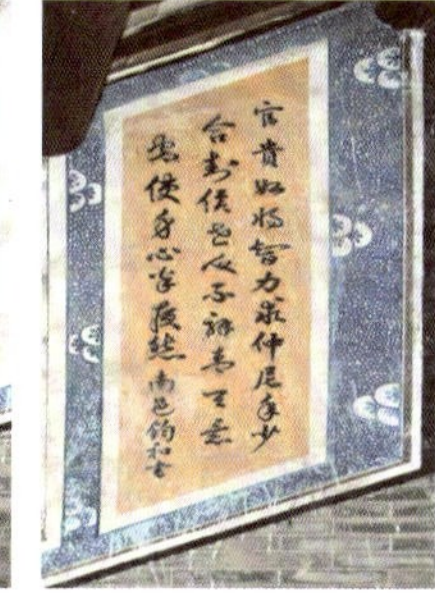

1
3 2
7 6 4 5
8
10 9
11
13 12

16	15	14
17	18	19
20		
22	21	
23		

25	24	
26	27	28
31	30	29

11. 正祥公厅

正祥公厅位于白云区石井街大朗村。推测该建筑建于清末。总面阔9.7米，总进深13.9米，建筑占地135.6平方米。青砖、木、花岗岩石结构，硬山顶，辘灰筒瓦，饰有封檐板。建筑为三开间，青砖石脚，石门框。壁画主要存在于头门。

正祥公厅现存壁画共有5幅。根据壁画落款：民国壬戌年，该建筑壁画绘制于民国11年（1922），作者为韩柱石等。壁画保存状况一般，壁画内容主要有“七贤图”等。

位置示意图

壁画名称	尺寸
1：七贤图	203×66cm
2：山水画	58×66cm
3：山水画	58×66cm
4：花鸟画	46×66cm
5：花鸟画	46×66cm

1			
3	2	5	4

12. 何氏宗祠

何氏宗祠位于石井街道唐阁居委。据门额记载，始建于清光绪十年（1884）。坐东朝西，三路二进，总面阔18.1米，总进深18.5米，主路头门面阔三间10米。硬山顶，人字山墙，灰沙平脊，青砖墙石脚。天井铺花岗岩条石，地面铺阶砖。2011年4月，公布为白云区登记保护文物单位。

何氏宗祠现存壁画共有7幅。根据壁画落款、建筑形式和保存现在，该建筑壁画应绘制于光绪十年（1884），作者为郭耀石。壁画保存状况较差，壁画内容主要有“三多吉庆”“青莲醉酒”等。

位置示意图

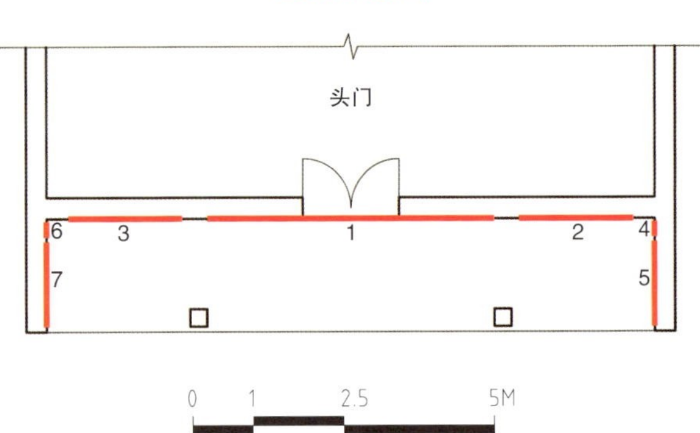

壁画名称	尺寸
1：组合画	435×85cm
2：青莲醉酒	190×85cm
3：传经图	190×85cm
4：书法画	66×128cm
5：花鸟画	168×128cm
6：书法画	66×128cm
7：花鸟画	168×128cm

1

3 2

7 6 4 5

13. 萧氏大宗祠

鸦岗萧氏大宗祠位于石井街道鸦岗北居委。据祠内碑刻所载，始建于清嘉庆十五年（1810），道光二十八年（1848）增建右衬祠，光绪二十年（1894）增建左衬祠，2008年再次重修。坐东朝西，三路三进，由正祠、衬祠、青云巷等组成。总面阔25.3米，总进深40.6米，建筑占地面积约1027平方米。硬山顶，镬耳封火山墙，灰塑博古脊，青砖墙石脚。2011年4月，公布为白云区登记保护文物单位。

鸦岗萧氏大宗祠现存壁画共有7幅。根据壁画落款：光绪甲午年，该建筑壁画绘制于光绪二十年（1894），作者为梁锦轩。壁画保存状况较好，壁画内容主要有“白鹅焕诗图”“甘酒听黄鹊图”等。

位置示意图

头门

6 3 1 2 4
7 5

0 1.5 3.75 7.5M

壁画名称	尺寸
1：组合画	410×110cm
2：甘酒听黄鹂图	235×110cm
3：白鹅焕（换）诗图	235×110cm
4：书法画	45×110cm
5：山水画	140×110cm
6：书法画	45×110cm
7：山水画	140×110cm

1			
3		2	
7	6	4	5

14. 水月宫

水月宫位于石井街道朝阳居委。据碑文记载，始建于明嘉靖三年（1524），清朝乾隆甲辰年（1784）重修，道光戊申年（1848）重建，2001 年进行重修。坐东南朝西北，一路二进，总面阔 4.7 米，总进深 17.9 米，硬山顶，人字山墙。石湾陶脊上加装鳌鱼、宝珠装饰。青砖墙石脚。水月宫保存完好，对研究当地历史文化及其信仰提供实物依据。2011 年 4 月，公布为白云区登记保护文物单位。

水月宫现存壁画共有 5 幅。根据壁画落款：戊申霞月，该建筑壁画应绘制于道光廿八年（1848），作者为锦澜。壁画保存状况较好，壁画内容主要有“福禄寿”等。

位置示意图

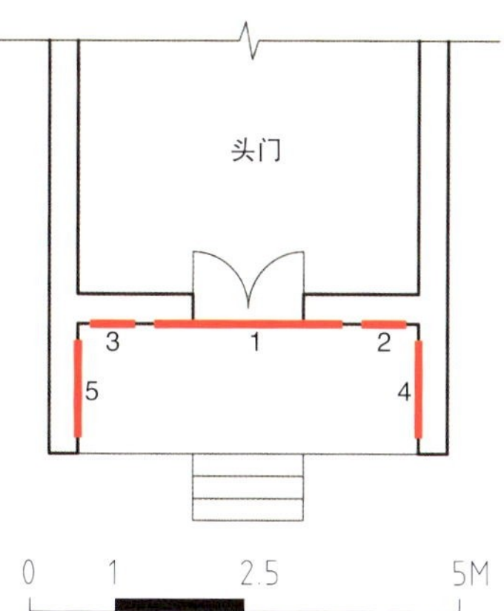

0 1 2.5 5M

壁画名称	尺寸
1：福禄寿	220×76cm
2：书法画	60×76cm
3：书法画	60×76cm
4：花鸟画	108×75cm
5：花鸟画	108×75cm

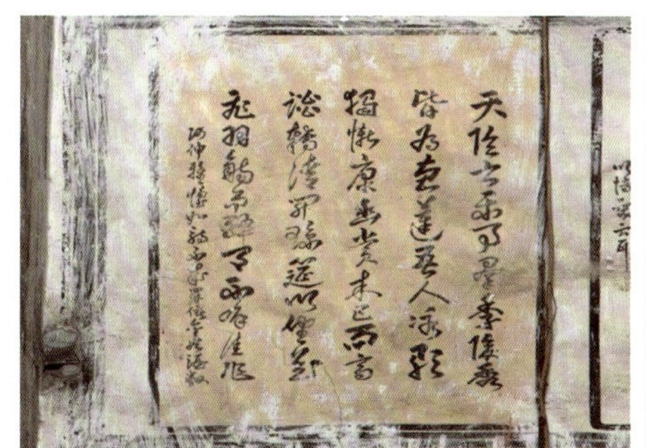

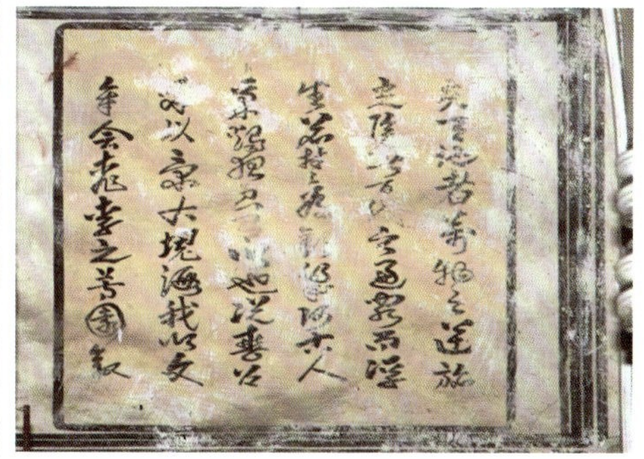

1	
3	2
5	4

15. 乡约

朝阳乡约位于石井街道朝阳居委。是当时维护治安、调解纠纷、维护乡规民约场所的地方。据当地老人讲述，始建于清咸丰三年（1853），2001年重修。坐东南朝西北，正门口朝北开，一路三进，由头门、天井、中堂、后堂组成。总面阔5.5米，总进深25米。硬山顶，人字山墙，灰沙平脊，青砖墙石脚。2011年4月，朝阳乡约公布为白云区登记保护文物单位。

朝阳乡约现存壁画共有4幅。根据壁画落款：道光戊申年，该建筑壁画绘制于道光二十八年（1848），作者为苏任远。壁画保存状况较好，壁画内容主要有“百子图”等。

位置示意图

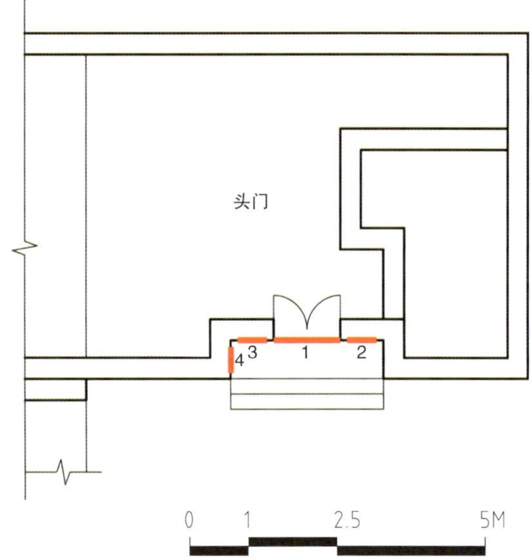

壁画名称	尺寸
1：饮中八仙歌	112×17cm
2：人物画	45×78cm
3：百子图	45×78cm
4：花鸟画	50×80cm

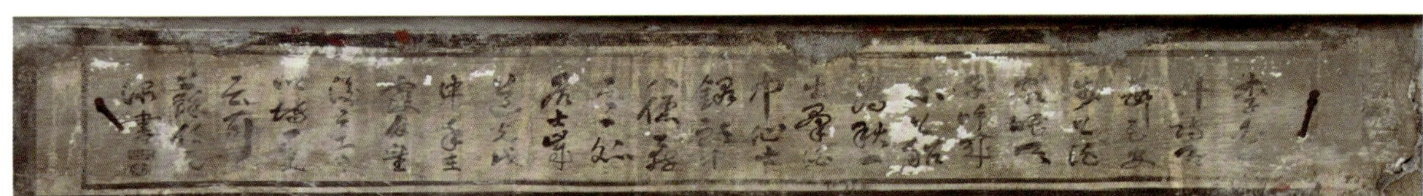

	1	
3	2	4

16. 洪圣古庙

洪圣古庙位于均禾街道石马德圣居委。始建年代不详，曾于清道光十七年（1837）、光绪十年（1884）重修，1948年粉饰翻新，2004年重修。坐西北朝东南。三路两进，总面阔19.1米，总进深18.51米，主路三间面阔11.2米。硬山顶，灰塑博古脊，青砖墙石脚。建庙用材讲究，选料上乘，其木雕十分精美，未受损坏。2010年11月，洪圣古庙公布为白云区登记保护文物单位。

洪圣古庙现存壁画共有15幅。根据壁画落款：乙酉仲秋，该建筑壁画绘制于光绪十一年（1885），作者为江玉洲（玉舟、爱石）等。壁画保存状况一般，壁画内容主要有“乘槎进宝”“坐地升官”等。

位置示意图

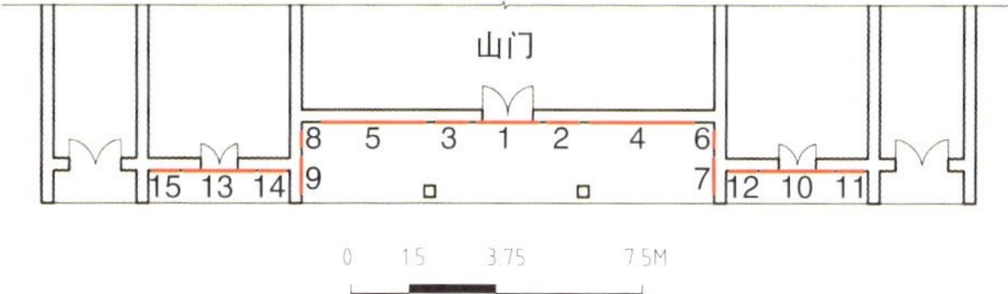

壁画名称	尺寸
1：乘槎进宝	162×75cm
2：书法画	88×75cm
3：书法画	88×75cm
4：坐地升官	270×95cm
5：东坡赏荔	270×95cm
6：书法画	45×100cm
7：书法画	95×100cm
8：书法画	45×100cm
9：山水画	95×100cm
10：□好来龙图	190×58cm
11：书法画	72×78cm
12：书法画	72×78cm
13：山水画	190×58cm
14：书法画	72×78cm
15：书法画	72×78cm

1	
2	4

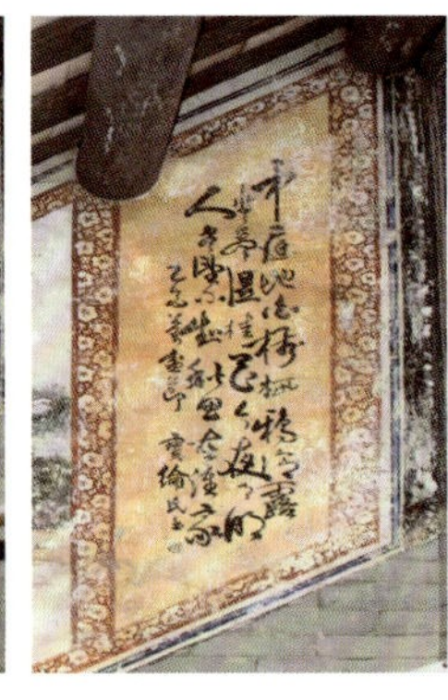

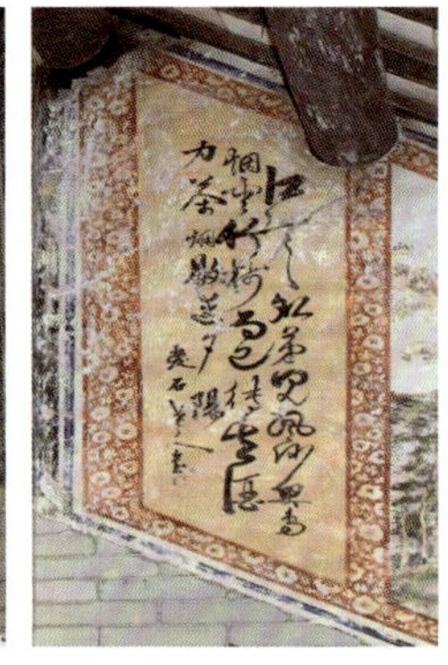

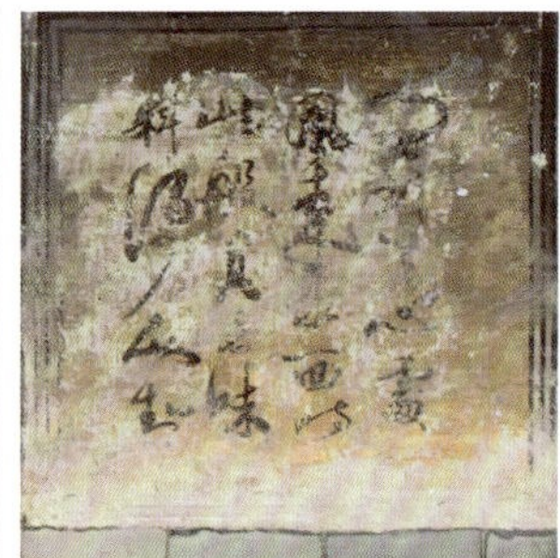

5		3	
9	8	6	7
10		13	
12	11	15	14

17. 仕安黎公祠

仕安黎公祠又称念初堂，为祀该村黎姓六世祖仕安而建。位于均禾街道石马德圣居委。始建年代不详，根据门额记载，清同治十一年（1872）重修。坐西北朝东南，三间两进。面阔 11.4 米，总进深 17.9 米。硬山顶，平脊，青砖墙石脚。头门前廊左、右次间用花岗岩石砌筑塾台。后堂子孙梁上木雕精美，内涵丰富。2010 年 11 月，仕安黎公祠公布为白云区登记保护文物单位。

仕安黎公祠现存壁画共有 9 幅。根据壁画落款：同治壬申，该建筑壁画绘制于同治十一年（1872），作者为郑松鹤（莲溪氏）。壁画保存状况一般，壁画内容主要有“春日偶成”“公孙耍乐图”等。

位置示意图

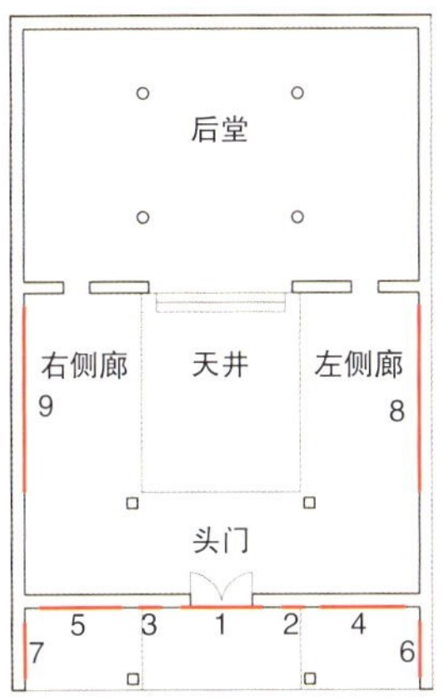

壁画名称	尺寸
1：八仙图	228×102cm
2：书法画	64×102cm
3：书法画	64×102cm
4：公孙耍乐图	233×102cm
5：炼丹图	233×102cm
6：花鸟画	152×92cm
7：花鸟画	152×92cm
8：组合画	497×60cm
9：组合画	497×60cm

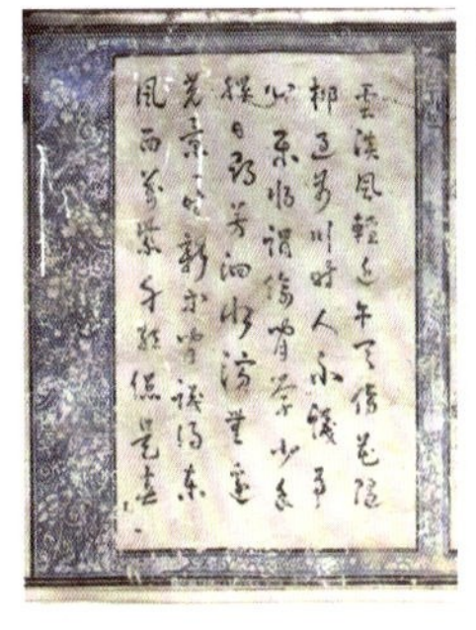

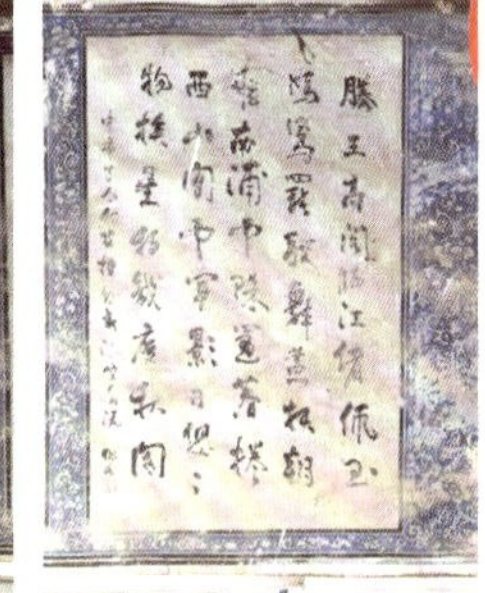

3	1	2
5		4
7		6
	8	
	9	

18. 扬浩徐公祠

扬浩徐公祠又称东海堂，位于大源街道大源村。是客家人聚族而居的围屋。据门额记载，始建于清光绪二十五年（1899）。坐东朝西。悬山顶，灰沙平脊，盖阴阳瓦，金包银墙体。由上下厅、两边斗屋、左右横排厅、天井组成。总面阔41.65米，纵深17.39米，占地面积约724.29平方米。2011年5月，公布为白云区登记保护文物单位。

扬浩徐公祠现存壁画共有42幅。根据壁画落款：光绪岁次己亥，该建筑壁画绘制于光绪二十五年（1899），作者为李鉴泉。壁画保存状况一般，壁画内容主要有“山居秋暝”“指日高升”“商山四皓”等。

位置示意图

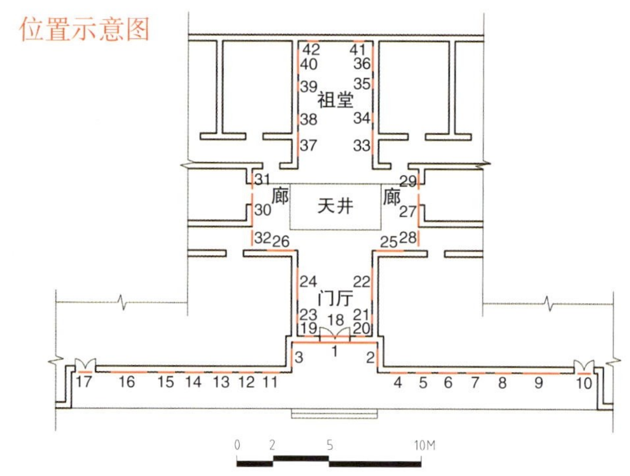

壁画名称	尺寸
1：组合画	447×98cm
2：花鸟画	98×98cm
3：寿考绵长	98×98cm
4：人物画	95×76cm
5：渊明赏菊	85×76cm
6：山水画	105×76cm
7：山水画	105×76cm
8：书法画	92×43cm
9：装饰画	200×43cm
10：书法画	76×43cm
11：刘伶醉酒	95×76cm
12：福自天来	85×76cm
13：山水画	105×76cm
14：山水画	105×76cm
15：书法画	92×43cm
16：宝藏兴焉	200×43cm
17：书法画	76×43cm
18：教子朝天图	160×77cm
19：书法画	52×77cm
20：书法画	52×77cm
21：花鸟画	51×76cm
22：花鸟画	172×84cm
23：花鸟画	51×67cm
24：花鸟画	172×84cm
25：和气生财	150×92cm
26：公孙耍乐	150×92cm
27：商山四皓	174×78cm
28：花鸟画	85×78cm
29：花鸟画	85×78cm
30：英雄会	174×78cm
31：花鸟画	85×78cm
32：花鸟画	85×78cm
33：花鸟画	133×62cm
34：书法画	55×55cm
35：书法画	55×55cm
36：花鸟画	133×62cm
37：花鸟画	133×62cm
38：书法画	55×55cm
39：书法画	55×55cm
40：花鸟画	133×62cm
41：书法画	61×56cm
42：书法画	61×56cm

1

3	2
4	5
6	7
8	10
9	

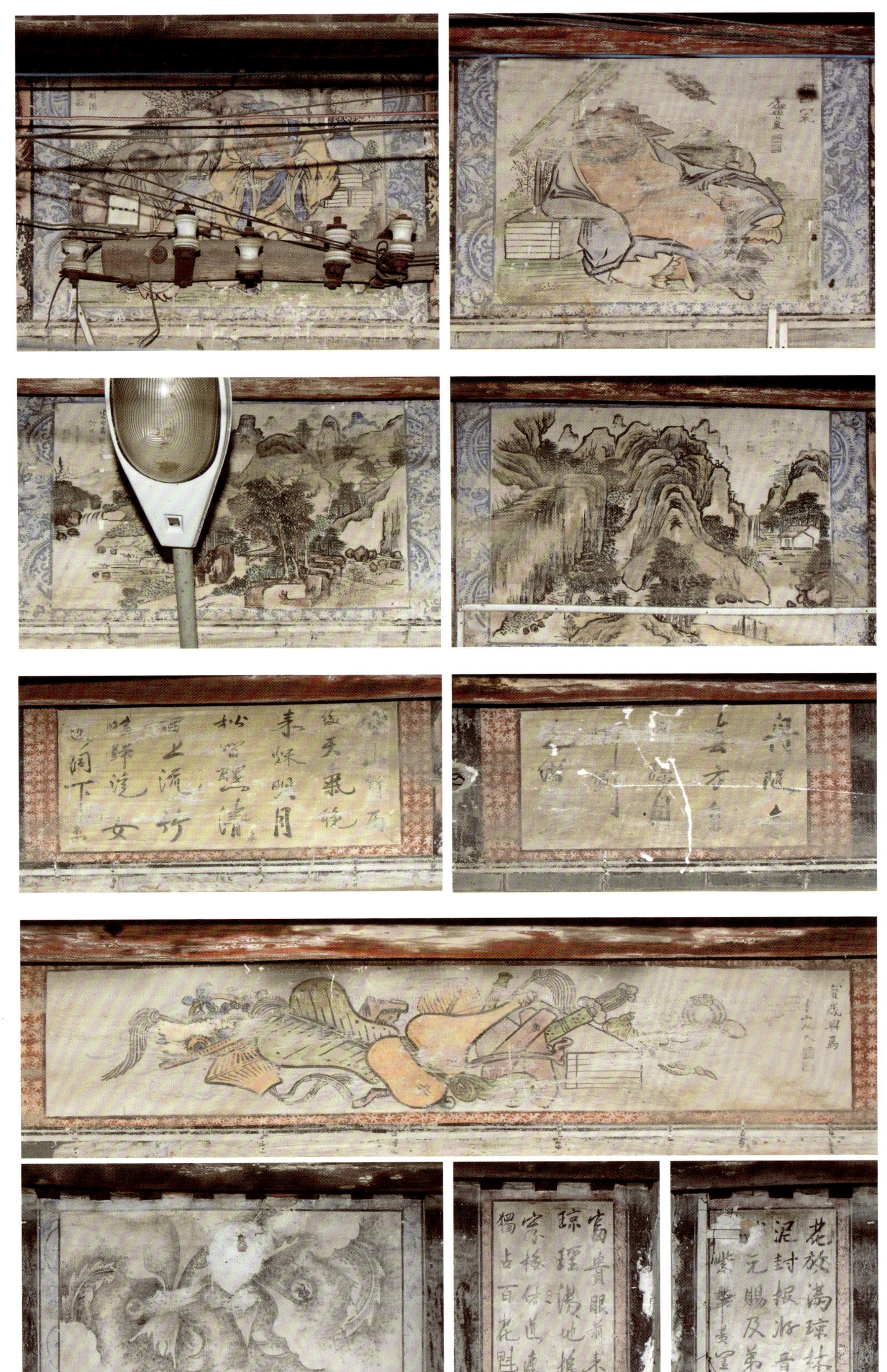

11	12	
13	14	
15	17	
16		
18	19	20

22	21	23	24
26		25	
27		28	
29		30	
31		32	

36	35	34	33
37	38	39	40
41		42	

19. 必昌谢公祠

必昌谢公祠位于龙归街道夏良村。始建于清光绪五年（1879），1995 年重修。坐西北朝东南，三路三进，总面阔 19.4 米，总进深 31.8 米，占地面积约 616.92 平方米。中路头门面阔三间 11.7 米。硬山顶，人字山墙，灰塑博古脊，石脚青砖墙。2011 年 5 月，公布为白云区登记保护文物单位。

壁画位于头门、天井及中堂，共 21 幅。从画上题款"光绪庚辰年孟夏……"可知，其创作年代为 1880 年，作者为郭耀石。头门壁画作者为郭树宽，创作年代不明。整体保存一般，局部稍有褪变色、点状脱落、颜料层脱落等状况。

位置示意图

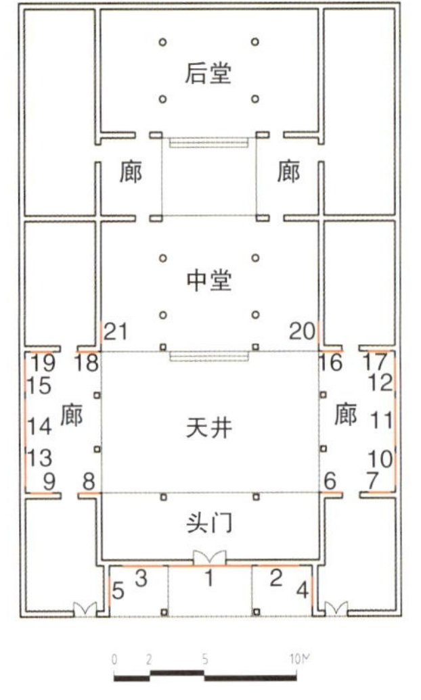

壁画名称	尺寸
1：组合画	454×90cm
2：和合生财	225×92cm
3：烂柯棋	225×92cm

壁画名称	尺寸
4：花鸟图	160×98cm
5：花鸟图	160×98cm
6：花鸟图	120×60cm
7：花鸟图	120×60cm
8：花鸟图	120×60cm
9：花鸟图	103×62cm
10：山水画	175×62cm
11：三多吉庆	245×62cm
12：山水画	175×62cm
13：山水画	175×62cm
14：白鹅换字	245×62cm
15：山水画	175×62cm
16：花鸟图	120×60cm
17：花鸟图	120×60cm
18：花鸟图	120×60cm
19：花鸟图	120×60cm
20：山水画	122×90cm
21：山水画	122×90cm

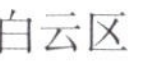

1	
3	2
5	4
7	6
8	9
10	11

12	13
14	15
16	17
18	19
20	21

20. 南亩周公祠

南亩周公祠位于龙归街道南村，为蟠龙里民居群的组成部分。始建年代不详。坐西北朝东南，面阔三间 9.9 米，深二进 13.05 米，占地面积约 129.2 平方米。硬山顶，平脊，石脚青砖墙，天井铺花岗岩条石，地面铺阶砖。2011 年 5 月，公布为白云区登记保护文物单位。

壁画位于头门，共 5 幅。从画上题款“时在光绪十年甲申孟夏……”可知，其创作年代为 1884 年，作者为南山。整体保存一般，局部有褪色、泥渍、灰尘覆盖等情况。

位置示意图

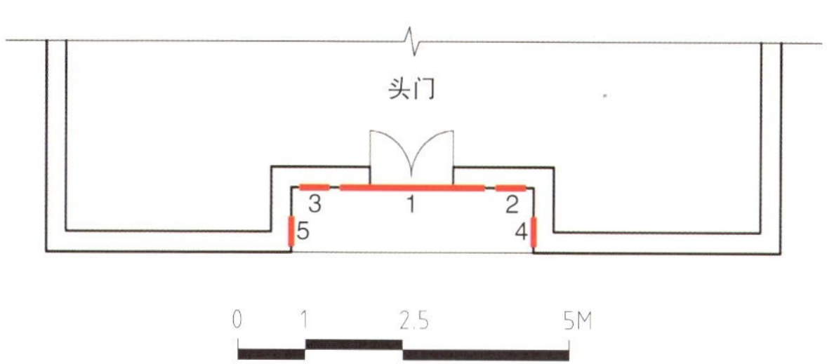

壁画名称	尺寸
1：组合画	222×26cm
2：人物图	46×59cm
3：一气高升	46×59cm
4：花鸟画	44×61cm
5：花鸟画	44×61cm

1
3 2

5　4

21. 逸耕书舍

逸耕书舍位于龙归街道南村，为蟠龙里民居群的组成部分。始建年代不详。坐西北朝东南，面阔三间 9.9 米，深二进 13.05 米。硬山顶，人字山墙，灰沙平脊，石脚青砖墙。2011 年 5 月，公布为白云区登记保护文物单位。

壁画位于头门，共 2 幅。未见作者及年代信息。整体保存一般，局部有剥落、泥渍、灰尘覆盖等情况。

壁画名称	尺寸
1：花鸟画	44×61cm
2：山水画	222×26cm

1　2

22. 方增谢公祠

方增谢公祠位于太和镇谢家庄村。始建于清道光三十年（1850）。坐东北朝西南，总面阔 42.6 米，纵深 40.6 米，占地面积约 1729.56 平方米。硬山顶，人字山墙，盖阴阳瓦，金包银（外层青砖，里层泥砖）。2011 年 5 月，公布为白云区登记保护文物单位。

壁画位于门厅及中厅，共 9 幅。未见作者及年代信息。整体保存一般，局部有褪色、变色、灰水覆盖等状况。

位置示意图

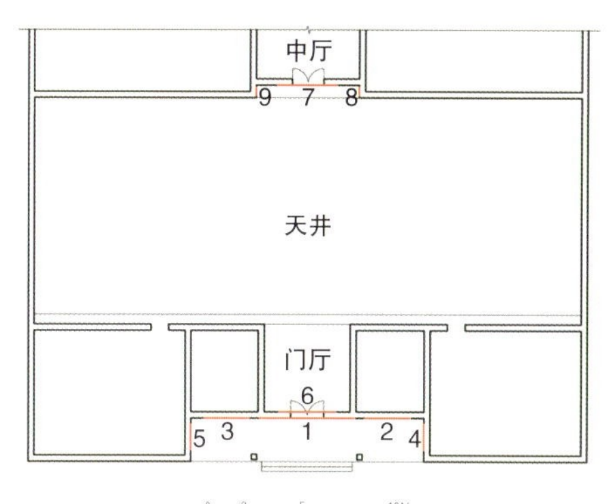

壁画名称	尺寸
1：人物画	510×63cm
2：山水画	244×63cm
3：山水画	244×63cm
4：花鸟画	138×70cm
5：花鸟画	138×70cm
6：教子朝天图	306×65cm
7：花鸟画	323×63cm
8：花鸟画	50×61cm
9：花鸟画	50×61cm

1	
3	2
5	4

6 8
7 9

23. 捷焕徐公祠

捷焕徐公祠又称本源堂，位于永平街道横岗东路。始建于清乾隆年间，中华民国13年（1924）重建，1991年重修。坐南朝北，三路两进，总面阔19.2米，总进深21.2米，占地面积约407平方米。硬山顶，人字封火山墙，灰塑博古脊，石脚青砖墙，方砖墁地。2010年11月，公布为白云区登记保护文物单位。

壁画位于头门，共7幅。从画上题款“邵祝南作”“中华民国乙丑年岁次孟夏立”可知，作者为邵祝南，创作年代为1925年。整体保存较好，局部稍有褪变色、划痕、灰水覆盖等状况。

位置示意图

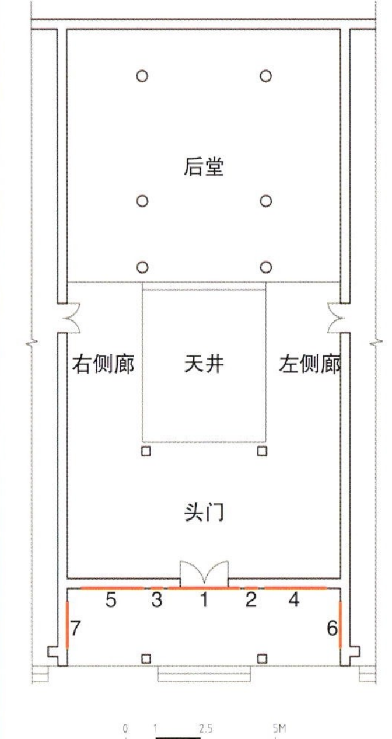

壁画名称	尺寸
1：瑶池耍乐	241×74cm
2：书法画	44×74cm
3：书法画	44×74cm
4：渊明赏菊	210×74cm
5：太白醉酒	210×74cm
6：花鸟画	152×64cm
7：花鸟画	152×64cm

1

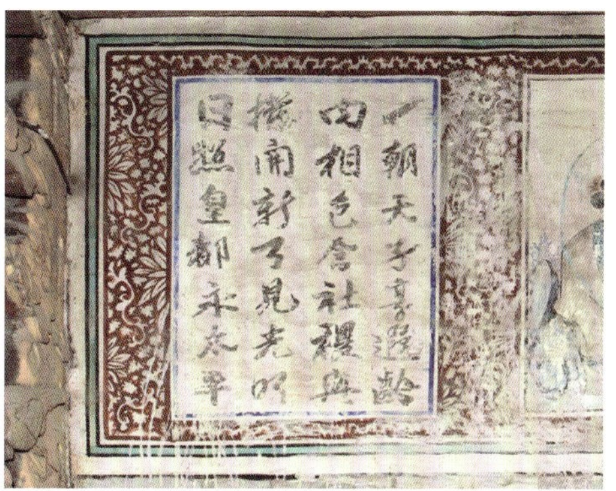

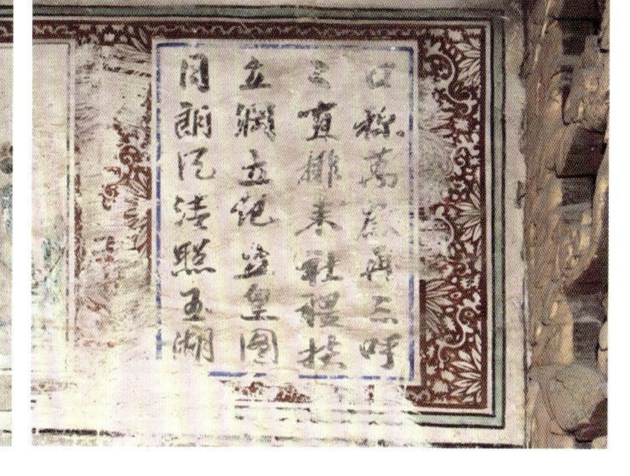

3	2
5	4
7	6

24. 北辰杨公祠

北辰杨公祠又称垂远堂，位于钟落潭镇白沙村。始建于清嘉庆初年，具体时间不详，咸丰八年（1858）、2008年分别进行重修。坐西南朝东北。一路三进，头门面阔三间16.6米，总进深24.6米，占地面积约408.4平方米。硬山顶，镬耳封火山墙，灰塑博古脊。青砖墙石脚，天井铺花岗岩条石，地面铺阶砖。2011年6月，公布为白云区登记保护文物单位。

壁画位于头门，共7幅。未见年代及作者信息。整体保存一般，局部有褪变色、颜料层脱落等状况。

位置示意图

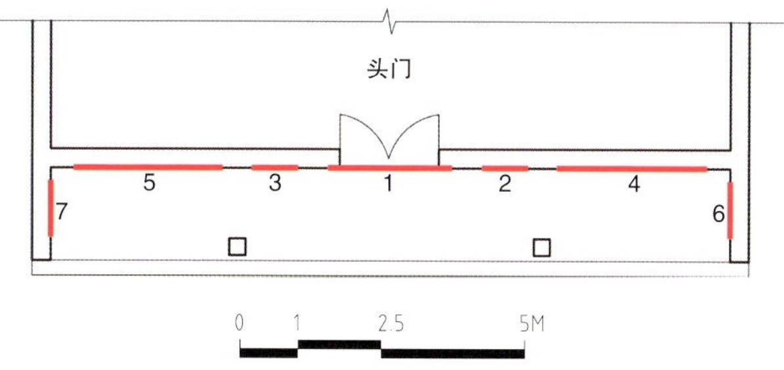

壁画名称	尺寸
1：花鸟画	221×31cm
2：□芝图	81×74cm
3：赏梅图	81×74cm
4：得鹿图	263×74cm
5：成羊图	263×74cm
6：赏□图	96×93cm
7：赏酒图	96×93cm

1			
5		4	
3	2	7	6

25. 曹氏宗祠

曹氏宗祠又称叙伦堂，位于钟落潭镇白沙村。始建于清乾隆年间，光绪六年（1880）重建。中华民国 21 年（1932）、2004 年分别进行重修。坐西南朝东北。原三路三进，现改为一路二进，头门面阔三间 12.8 米，总进深 20.2 米，占地面积约 258.56 平方米。硬山顶，人字山墙，灰塑博古脊，青砖墙石脚，天井铺花岗岩条石，地面铺阶砖。2011 年 6 月，公布为白云区登记保护文物单位。

壁画位于头门及后堂，共 9 幅。从画上题款“岁次壬申吉旦民国二十一年 韩昌画”可知，作者为韩昌，创作于 1932 年。整体保存较好，局部稍有褪变色、烟熏、颜料层脱落等状况。

位置示意图

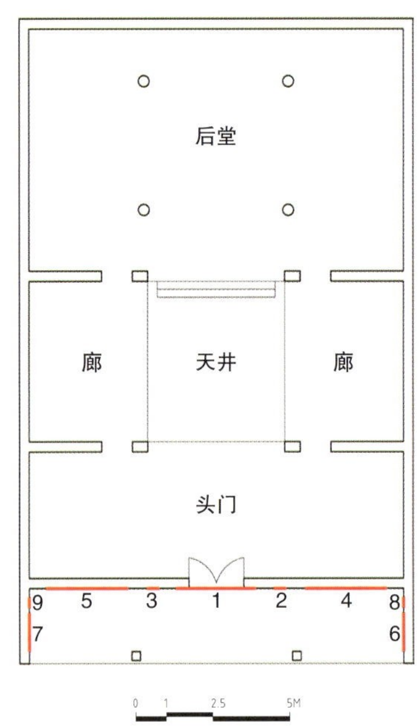

壁画名称	尺寸	壁画名称	尺寸
1：瑶池耍乐	260×68cm	6：山水画	125×73cm
2：秋□古塔图	42×68cm	7：锦上添花	125×73cm
3：山水画	42×68cm	8：书法画	36×73cm
4：渔樵问答	268×77cm	9：书法画	36×73cm
5：耕云读雪	268×77cm		

1			
3		2	
4			
5			
7	9	8	6

26. 冯氏宗祠

位于钟落潭镇华坑村。始建于清代，清光绪元年（1875）重修，2008年修葺。坐北朝南。面阔三间11.8米，总进深23.5米，占地面积277.3平方米。硬山顶，镬耳封火山墙，灰塑博古脊，石脚青砖墙。2011年6月，公布为白云区登记保护文物单位。

壁画位于头门、侧廊及后堂，共37幅。未见作者及年代信息。整体保存较差，部分壁画被灰水完全覆盖，无法辨认，其他局部有褪变色、水渍等状况。

位置示意图

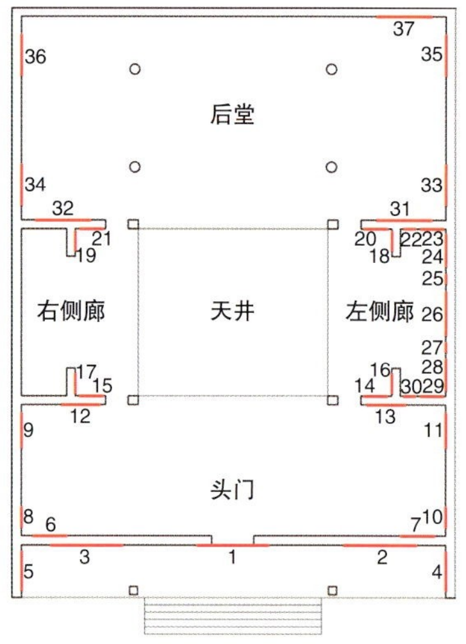

壁画名称	尺寸
1：三田和合图	260×80cm
2：人物画	262×109cm
3：人物画	262×109cm
4：山水画	140×112cm
5：山水画	140×112cm
6：花鸟画	125×44cm
7：花鸟画	125×44cm
8：花鸟画	75×44cm
9：花鸟画	125×44cm
10：花鸟画	75×44cm
11：花鸟画	125×44cm
12：福禄图	142×47cm
13：山水画	142×47cm
14：山水画	90×55cm
15：刘伶醉酒	90×55cm
16：花鸟画	73×55cm
17：花鸟画	73×55cm
18：花鸟画	73×55cm
19：花鸟画	73×55cm
20：山水画	90×55cm
21：增寿图	90×55cm
22：书法画	48×63cm
23：山水画	88×63cm
24：书法画	116×40cm
25：一气高升图	39×40cm
26：独占百花魁图	156×40cm
27：点石成金	39×40cm
28：书法画	116×40cm
29：龙马负图	88×63cm
30：书法画	48×63cm
31：花鸟画	200×52cm
32：花鸟画	200×52cm
33：花鸟画	148×60cm
34：花鸟画	148×60cm
35：花鸟画	148×60cm
36：花鸟画	148×60cm
37：山水画	200×52cm

1

3	2
5	4
6	7
8	9
11	10

12	13
15	14
17	16
19	18
21	20
22 23	30

25 26 27
24 28 29
32 31
34 33
36 35
37

27. 帽峰古庙

帽峰古庙位于钟落潭镇华坑村帽峰山。始建于明代，清乾隆五十五年（1790）、道光二十六年（1846）、1945年进行过重修，近期曾作过修葺。坐东南朝西北。三路两进，总面阔 30.20 米，总进深 17.05 米，占地面积约 514.9 平方米。由主殿、偏殿及青云巷组成。硬山顶，三级封火山墙，砖砌批灰脊，石脚青砖墙。2011 年 6 月，公布为白云区登记保护文物单位。

壁画位于头门，共 2 幅。从画上题款可知，作者为张玉山，但创作年代不明。整体保存较差，褪变色、颜料层剥落严重。

位置示意图

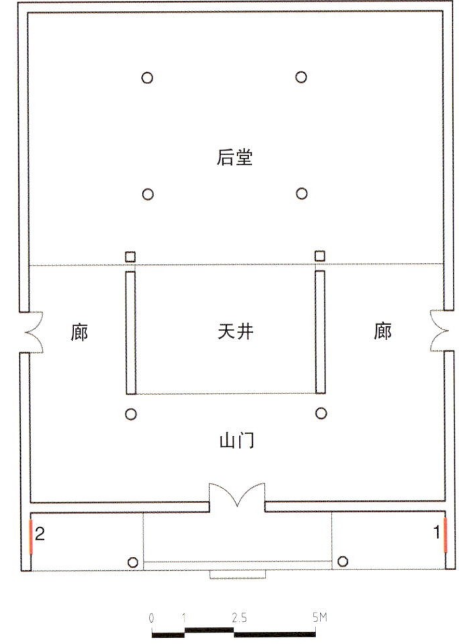

壁画名称	尺寸
1：山水画	104×74cm
2：花鸟画	104×74cm

2	1

28. 三圣古庙

三圣古庙位于钟落潭镇梅田村。始建于明泰昌元年（1620），清嘉庆二十三年（1818）重建。坐南朝北。三路二进，总面阔 13.2 米，总进深 17.4 米，占地面积约 230 平方米。中路面阔 5.58 米，硬山顶，人字风火山墙，灰沙平脊，石脚青砖墙。2011 年 6 月，公布为白云区登记保护文物单位。

壁画位于头门，共 5 幅。从画上题款可知，作者为罗太泉，创作年代为“光绪二年”，即 1876 年。整体保存较差，多处有粉化、裂痕、褪色、灰尘覆盖、颜料层脱落等状况。

位置示意图

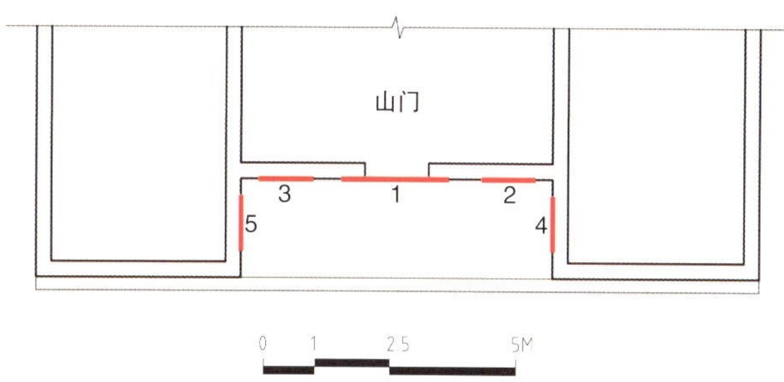

壁画名称	尺寸
1：山水画	216×47cm
2：赏菊图	108×60cm
3：三仙醉酒	108×60cm
4：花鸟画	107×82cm
5：花鸟画	107×82cm

1	
3	2
5	4

29. 文贵董公祠

文贵董公祠又称福善堂，位于钟落潭镇梅田村。始建于清光绪九年（1883），近期曾小修。坐东南朝西北。一路二进，面阔三间 10.8 米，总进深 26.35 米，占地面积约 285 平方米。硬山顶，镬耳封火山墙，灰塑博古脊，石脚青砖墙。2011 年 6 月，公布为白云区登记保护文物单位。

壁画位于头门，共 7 幅。从画上题款“时于岁次并在光绪癸未年仲夏满月吉日 半墨子山人梁锦轩氏”可知，作者为梁锦轩，创作于 1883 年。整体保存较好，局部稍有灰尘覆盖、颜料层脱落等状况。

位置示意图

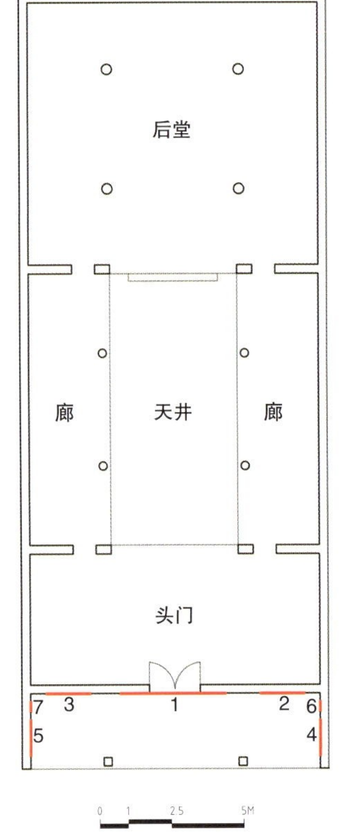

壁画名称	尺寸
1：组合画	372×90cm
2：太白醉酒	160×90cm
3：公孙耍乐	160×90cm
4：山水画	129×86cm
5：山水画	129×86cm
6：花鸟画	40×86cm
7：花鸟画	40×86cm

1	
3	2

6	4
5	7

30. 林氏家庙

林氏家庙位于钟落潭镇竹料管理区竹料一中内。

壁画位于头门，共 7 幅。从画上题款“时在民国卅六年仲春下浣冯信洤笔涂”可知，作者为冯信洤，创作于 1947 年。整体保存较好，局部稍有褪变色、裂痕、点状脱落等状况。

位置示意图

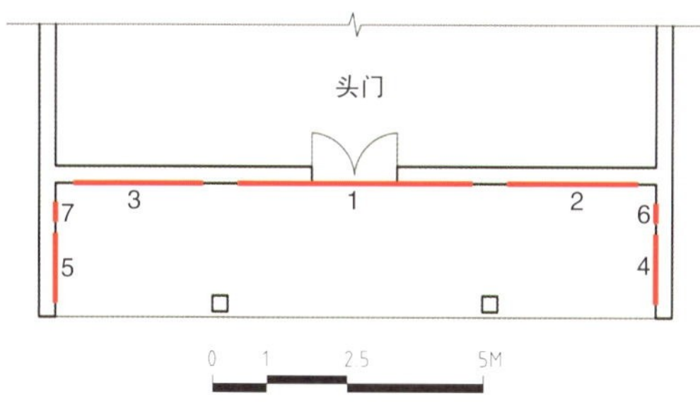

壁画名称	尺寸
1：组合画	435×75cm
2：三星报喜	241×75cm
3：瑶池耍乐	241×75cm
4：山水画	126×67cm
5：山水画	126×67cm
6：书法画	37×67cm
7：书法	37×67cm

1	
3	2
5	4
7	6

31. 观一冯公祠

观一冯公祠又称裕业堂，位于钟落潭镇竹二村。始建于清道光五年（1825），1995年重修。坐西北朝东南。一路三进，头门面阔三间12.7米，总进深25.5米，占地面积约324平方米。硬山顶，人字山墙，灰沙平脊，石脚青砖墙，天井地面铺耐磨砖。2011年6月，公布为白云区登记保护文物单位。

壁画位于头门，共6幅。从画上题款“凤城潘明偶画”“道光岁次己酉年孟冬塑后三□日偶作”可知，作者为潘明，创作于道光二十九年（1849）。整体保存一般，局部稍有褪变色、灰水覆盖、块状剥落等状况。

位置示意图

头门

4　2　1　3

6　5

0　1　2.5　5M

壁画名称	尺寸
1：山水画	126×66cm
2：山水画	126×66cm
3：燕山五桂图	252×72cm
4：苏家诗赋	252×72cm
5：花鸟画	109×75cm
6：花鸟画	109×75cm

2　1

3

4

6　5

32. 钜昌管公祠

钜昌管公祠位于太和镇穗丰村。始建于清宣统元年（1909）。坐西北朝东南，为上三间、下三间客家堂屋建筑格局，总面阔 10.6 米，总进深 12.65 米，占地面积约 134 平方米。悬山顶，人字山墙，灰塑龙船脊，盖阴阳瓦。金包银墙体（外墙砌青砖，内墙砌泥砖），天井铺鹅卵石，地面铺阶砖。2011 年 5 月，公布为白云区登记保护文物单位。

壁画位于头门，共 13 幅。未见年代及作者信息。整体保存一般，局部有褪变色、灰尘覆盖、颜料层脱落等状况。

位置示意图

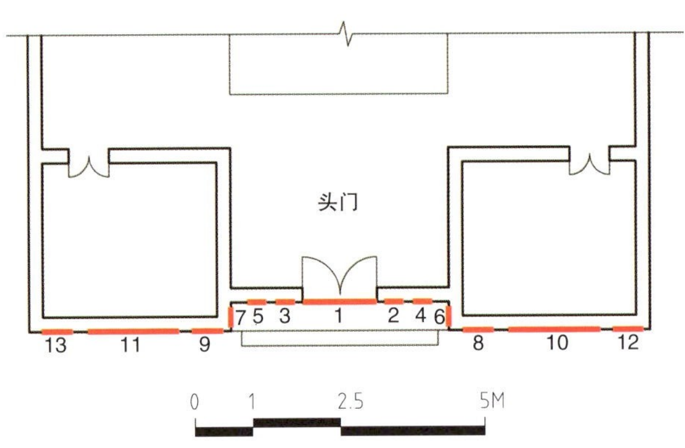

壁画名称	尺寸
1：花鸟画	130×33cm
2：书法画	35×33cm
3：书法画	35×33cm
4：松英（鹰）独立之图	55×33cm
5：花鸟画	55×33cm
6：器物图	34×48cm
7：器物图	34×48cm
8：花鸟画	40×33cm
9：花鸟画	40×33cm
10：柳燕呼群集	175×33cm
11：鹤舞千年老柏松	175×33cm
12：花鸟画	40×33cm
13：花鸟画	40×33cm

1			
2		4	
3		5	
7	6	9	8
10			

11	
13	12

33. 邝氏宗祠

邝氏宗祠位于江高镇两上村。建于清代。坐西朝东。原为三路二进，右衬祠已拆掉，现为二路二进，由主祠、左衬祠及青云巷组成。总面阔 19 米，总进深 28.03 米，占地面积 532.6 平方米。硬山顶，人字山墙，灰塑平脊，石脚青砖墙，天井铺花岗岩条石，地面铺阶砖。2010 年 8 月，公布为白云区登记保护文物单位。

壁画位于头门，共 9 幅。从画上题款“后学曹瑞轩画以盖壁中”“庚寅岩松□老人法横溪外史瑞轩画意”可知，作者为曹瑞轩，推测创作于光绪十六年（1890）。整体保存较好，局部稍有褪色、变色、灰水覆盖等状况。

位置示意图

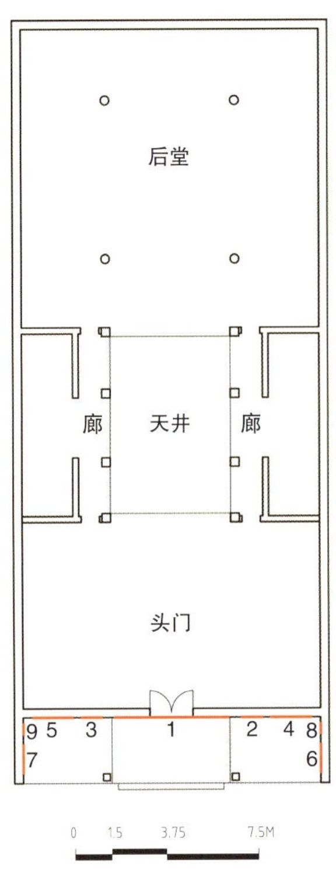

壁画名称	尺寸
1：组合画	385×95cm
2：书法画	52×95cm
3：书法画	52×95cm
4：人物画	187×95cm
5：人物画	187×95cm
6：山水画	145×113cm
7：富贵言藏	145×113cm
8：书法画	50×113cm
9：书法画	50×113cm

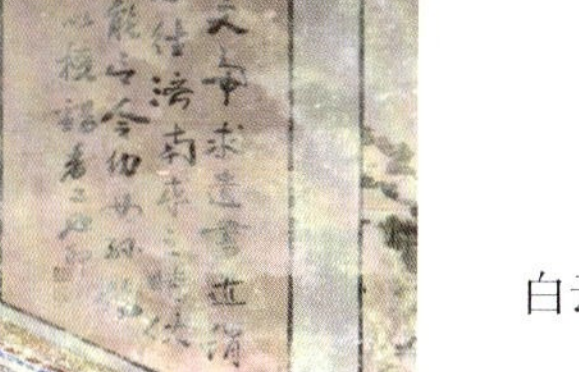

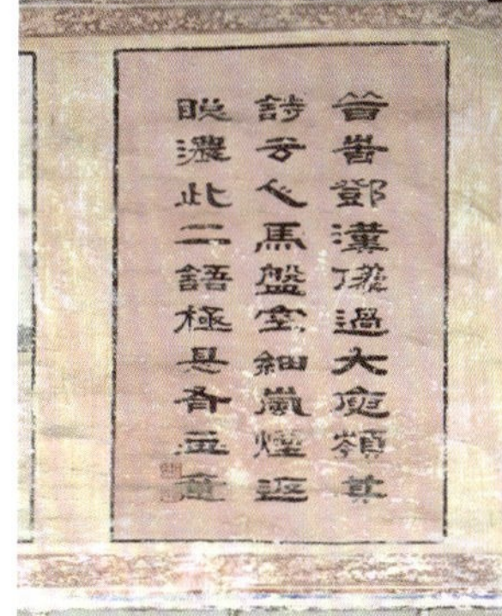

1		
2	4	8
3	5	9
7	6	

34. 法达杨公祠

法达杨公祠又称著经堂，位于人和镇镇湖村。始建于清代，光绪七年（1881）重建，1990年重修。坐西南朝东北。原三路三进现为二路三进，由主路及左衬祠以及两边青云巷组成，总面阔28.6米，总进深41.4米，占地面积约1184平方米。2011年4月，公布为白云区登记保护文物单位。

壁画位于头门，共4幅。从画上题款“时光绪辛巳□岁次孟秋上浣以博一笑之云耳半晏子绘”可知，其创作于1881年，作者自号半晏子。整体保存一般，局部有褪变色、颜料层脱落等状况。

壁画名称

1：英雄会　　3：山水画
2：传经图　　4：山水画

1	
2	
3	4

35. 康公古庙

康古公庙位于石井街道朝阳居委杨梅岗。始建于明嘉靖三年（1524），清乾隆甲辰年（1784）重修，道光戊申年（1848）重建，1998 年、2002 年分别进行维修。坐东南朝西北，一路三进，由前殿、后殿、拜亭及两廊组成，山门面阔三间 12.4 米，总进深 17.9 米，占地面积 222 平方米。2011 年 4 月，公布为白云区登记保护文物单位。

壁画位于头门，共 5 幅。从画上题款可知，作者为杜锦澜（杜栢洲），创作年代应与水月宫壁画相同，即 1848 年。整体保存较好，局部稍有褪变色、灰水覆盖等状况。

壁画名称

1：瑶池宴乐　　4：组合画

2：一团和气　　5：组合画

3：英雄会

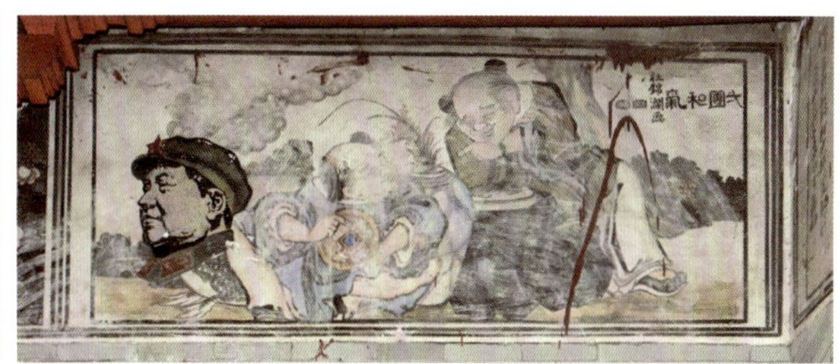

1	
3	2
5	4

36. 陆氏大宗祠

陆氏大宗祠又称绍穆堂，位于石井街道朝阳居委。始建于南宋，具体年份不详，历代均有重修。坐西北朝东南，二路二进，总面阔 15.7 米，总进深 20.3 米，占地面积约 318.7 平方米。硬山顶，人字山墙，灰沙平脊，红砂岩石脚青砖墙。2011 年 4 月，公布为白云区登记保护文物单位。

壁画位于头门，共 4 幅。从画上题款“民国十七年岁次戊辰仲冬中瀚后素轩关钧和绘于粉壁之中”可知，其创作于 1928 年，作者为关钧和。整体保存较差，局部有褪变色、点状脱落、颜料层脱落等状况。

壁画名称

1：英雄大会　　3：组合画

2：簪花四相　　4：组合画

2	1
4	3

37. 乐清黄公祠

乐清黄公祠又称诒燕堂，位于石井街道桑夏大街。始建于清代中期，清光绪二十八年（1902）重建，1991 年重修。坐西朝东。一路三进，面阔 12 米，总进深三进共 37.15 米，占地面积约 445.8 平方米。硬山顶，镬耳封火山顶，石脚青砖墙。2011 年 4 月，公布为白云区登记保护文物单位。

壁画位于头门，共 2 幅。从画上题款"时于光绪壬寅年菊月半愚子如泉山人氏书""梁锦轩画"可知，其创作于 1902 年，作者为梁锦轩。整体保存较好，局部稍有褪变色、灰尘覆盖等状况。

壁画名称

1：十八学士图　　4：山水画
2：醉里洞？　　5：山水画
3：瑶池仙境

1	
3	2
5	4

38. 观清刘公祠

观清刘公祠位于钟落潭镇东风村。始建于清咸丰年间，中华民国36年（1947）重建。坐东南朝西北。一路二进，头门面阔三间12.3米，总进深17.2米，占地面积约211.6平方米。硬山顶，石脚青砖墙，天井铺花岗岩条石，地面铺阶砖。2011年6月，公布为白云区登记保护文物单位。

壁画位于头门，共3幅。从画上题款“岁在丁亥年季春”可知，其创作年代为1947年，但作者不明。整体保存较好，局部稍有褪色、变色等状况。

壁画名称

1：组合画

2：组合画

3：组合画

1	
3	2

六　黄埔区

黄埔区位于广州市东部。现境内有各级文物保护单位 83 处，其中国家级的 2 处，省级 2 处，市级 35 处，区级 44 处，此外还有各类登记不可移动文物 366 处。（截至 2021 年 2 月）

黄埔现存传统建筑多数是清朝至民国初年的，整体仍现明清风貌。区内祠堂保存较多较好，特别是奉祀始祖的大宗祠，为同宗共有，规模大于其他祠堂，建筑设计、用材、工艺、装饰颇为讲究。其外观一般为镬耳封火山墙、龙船或博古脊，青砖石脚，祠堂建筑式样同中有异。

区内庙宇为乡村所建及共有，供奉的神灵不一，但都是祈求风调雨顺、国泰民安，为一方村民祭祀、祈福的场所。

1. 磻江罗公祠

磻江罗公祠位于大沙街道横沙大街。始建于清咸丰六年（1856），2006 年修葺。坐西朝东，三间两进，总面阔 9 米，总进深 16.5 米，占地面积约 148.5 平方米。硬山顶，灰塑龙船脊，镬耳封火山墙，青砖石墙脚。1999 年 7 月，该祠作为“横沙民俗建筑群”的组成部分，公布为广州市文物保护单位。

现存壁画位于头门、侧廊及后堂，共 17 幅。从画上题款“写于咸丰丁巳……”可知，其创作年代为 1857 年，但作者不明。整体保存较差，多幅壁画出现粉化、褪色、局部被污物覆盖等状况。

位置示意图

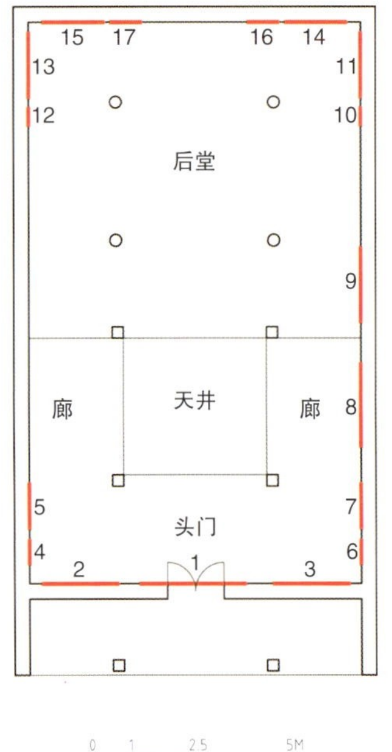

壁画名称	尺寸	壁画名称	尺寸
1：教子朝天	273×75cm	10：书法	83×64cm
2：公孙德庆	200×75cm	11：花鸟画	192×64cm
3：渊明赏菊	200×75cm	12：书法	83×64cm
4：书法画	147×76cm	13：花鸟画	192×64cm
5：花鸟画	38×76cm	14：山水画	162×64cm
6：书法画	38×76cm	15：山水画	162×64cm
7：花鸟画	147×76cm	16：山水画	64×64cm
8：人物画	214×77cm	17：人物画	64×64cm
9：花鸟画	192×64cm		

1	
2	3

7	6	4	5
8		9	
10	11	12	13
15		14	
17		16	

2. 英士家塾

英士家塾位于大沙街道横沙大街。始建于民国。坐东朝西，总面阔 11.92 米，总进深 11.8 米，占地面积约 140.66 平方米。硬山顶，灰塑平脊，头门呈凹门斗状，前檐承重。头门后为天井及两廊。1999 年 7 月，该建筑作为“横沙民俗建筑群”的组成部分，公布为广州市文物保护单位。

现存壁画位于头门，共 3 幅。从画上题款可知，作者为韩兆轩，但创作年代不明。整体保存很差，画面损毁严重，内容较难辨认。

壁画名称	尺寸
1：壁画	210×55cm
2：山水画	60×70cm
3：山水画	60×70cm

1	
3	2

3. 士能区公祠

士能区公祠位于红山街道双沙社区。始建于清代，坐东北朝西南。三间两进，总面阔 12.9 米，总进深 21.71 米，占地面积 280.06 平方米。硬山顶，人字封火山墙，灰塑博古脊，青砖石脚。2012 年 7 月，公布为黄埔区登记保护文物单位。

现存壁画位于头门，共 7 幅。从画上题款可知，作者为钟无泰，但创作年代不明。整体保存较差，画面被烟熏，表面污物覆盖严重。

位置示意图

头门

5　3　1　2　4

7　6

0　1　2.5　5M

壁画名称	尺寸
1：竹林七贤图	323×90cm
2：书法画	90×90cm
3：书法画	90×90cm
4：白鹅经	322×90cm
5：英雄会	322×90cm
6：山水画	162×90cm
7：山水画	162×90cm

3	1	2
7	6	
5	4	

4. 兰泉陆公祠

兰泉陆公祠位于文冲街道文冲社区。始建于民国3年（1914）。坐东南朝西北，三间两进，总面阔10.56米，总进深21.7米，占地面积约229.15平方米。硬山顶，人字封火山墙，灰塑平脊，石脚青砖墙。2012年7月，公布为黄埔区登记保护文物单位。

现存壁画位于头门及后堂，共32幅。从画上题款“时于乙卯岁夏季中浣”可知，其创作年代为1915年，作者为陈蒲石。整体保存一般，局部有褪色、灰水覆盖等状况。

位置示意图

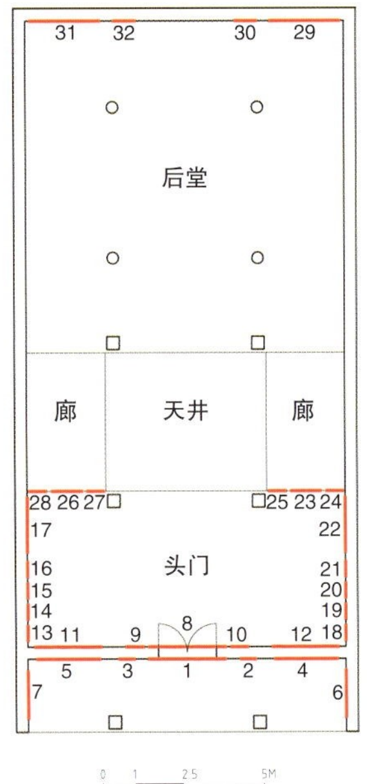

壁画名称	尺寸
1：福寿绵绵	253×55cm
2：山水画	56×102cm
3：山水画	56×102cm
4：四相图	202×124cm
5：商山四皓	202×124cm
6：花鸟画	150×120cm
7：花鸟画	150×120cm
8：教子朝天	265×66cm
9：书法画	70×66cm
10：书法画	70×66cm
11：赏菊图	212×66cm
12：人物画	212×66cm
13：花鸟画	88×87cm
14：一气高升	98×105cm
15：花鸟画	88×87cm
16：书法	88×87cm
17：花鸟画	203×87cm
18：花鸟画	88×87cm
19：和合生财	98×105cm
20：花鸟画	88×87cm
21：书法画	88×87cm
22：花鸟画	203×87cm
23：花鸟画	116×76cm
24：山水画	62×80cm
25：山水画	62×80cm
26：花鸟画	116×76cm
27：山水画	62×80cm
28：山水画	62×80cm
29：壶里乾坤	240×66cm
30：书法	74×66cm
31：叱石成羊	240×66cm
32：书法画	74×66cm

1	
3	2

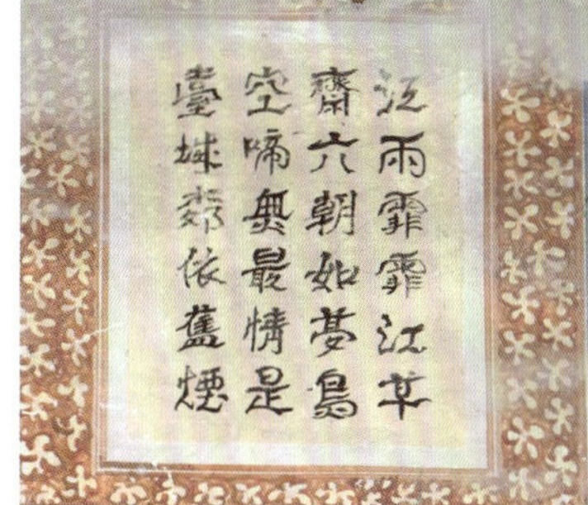

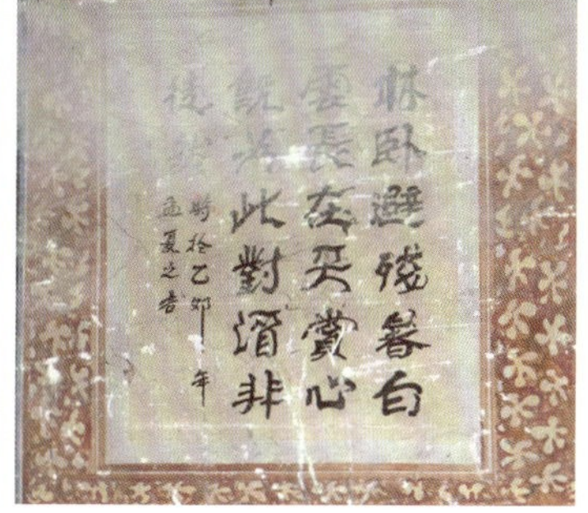

5	4
7	6
8	
9	11
12	10

13	14	15
20	19	18
16		17
21		22

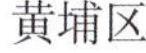

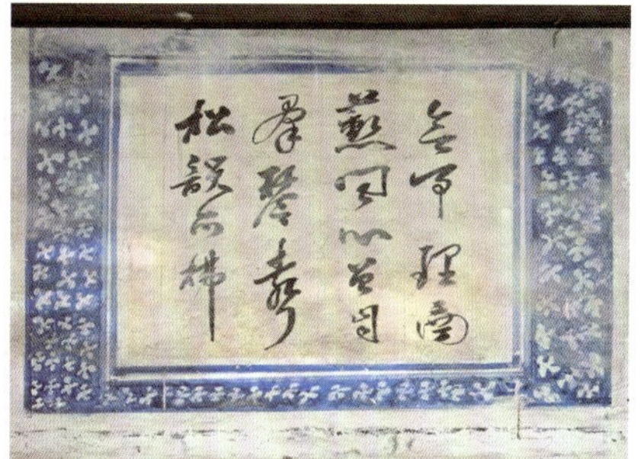

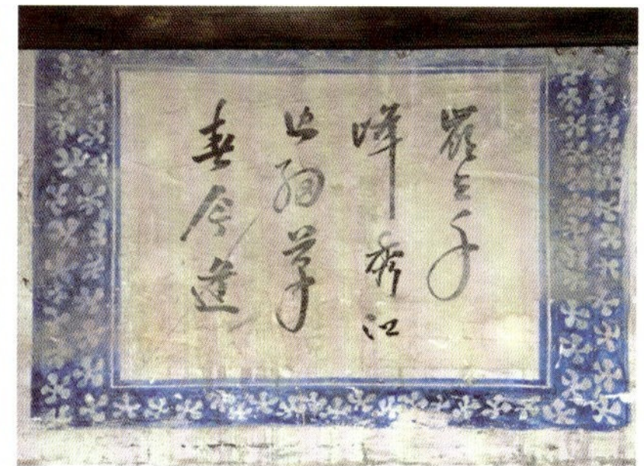

25	23	24
28	26	27
29	30	
31	32	

5. 金花古庙

详见下册第 42 页。

6. 绍山书院

绍山书院位于文冲街道西坊南大街。据同治本《番禺县志》记述，该书院建于清咸丰二年（1852），后改设神案供奉“洪圣王”（即南海神）。坐北朝南，三间两进，总面阔 6.97 米，总进深 19.63 米，占地面积约 136.82 平方米。硬山顶，人字山墙，灰塑博古脊，镬灰筒瓦，石脚青砖墙，红阶砖地面。2012 年 7 月，公布为黄埔区登记保护文物单位。

现存壁画位于头门及后堂，共 8 幅。根据画上题款，作者为黎蒲生，原画创作于光绪三十年（1904），1997 年重描。整体保存较好，局部稍有褪色、变色状况。

位置示意图

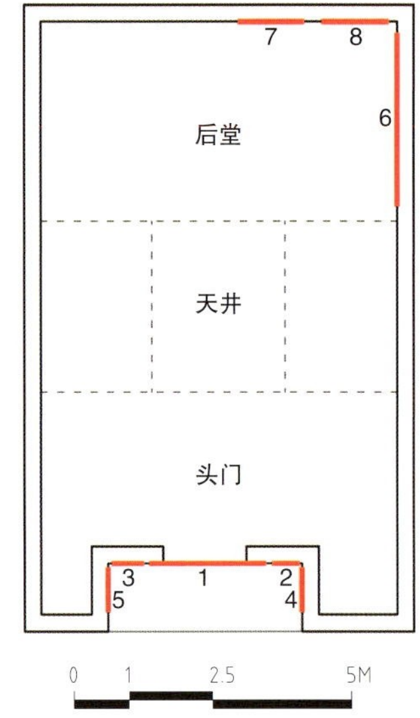

壁画名称	尺寸
1：组合画	220×45cm
2：山水图	40×90cm
3：山水图	40×90cm
4：知章访道	100×88cm
5：往听黄鹂	100×88cm
6：组合画	380×65cm
7：飞流直下三千尺	110×60cm
8：山清水秀	110×60cm

1	
3	2

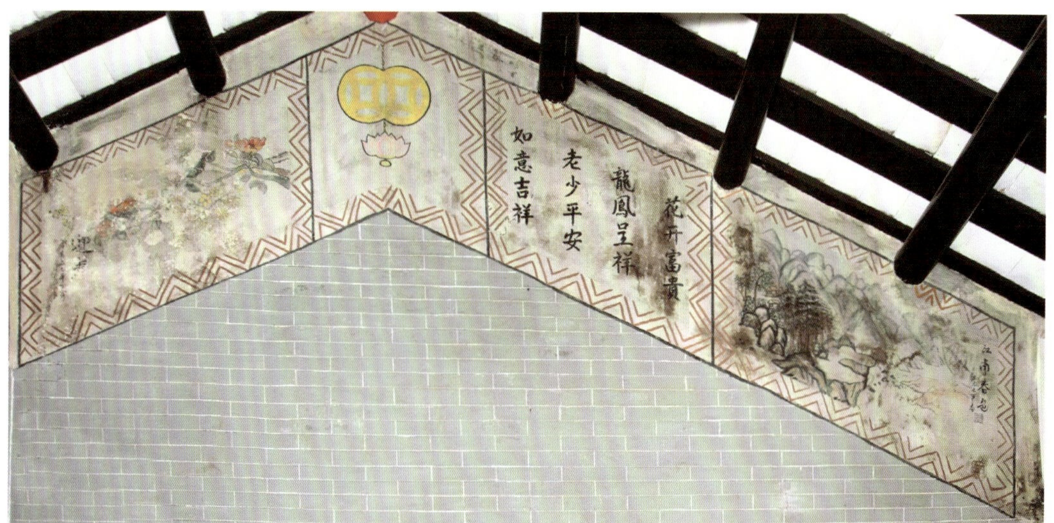

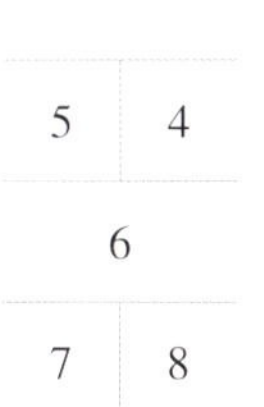

7. 功甫家塾

功甫家塾位于大沙街道横沙大街。始建于民国 19 年（1930），2005 年重修。坐西南朝东北，三路两进，总面阔 17.24 米，总进深 41.2 米，占地面积约 670.74 平方米。硬山顶，灰塑平脊，辘灰筒瓦，陶瓦当剪边，石脚青砖墙。家塾前为长方形庭园，左、前用围墙构筑，右为平房，具有广州西关建筑风格。1999 年 7 月，该祠作为“横沙民俗建筑群”的组成部分，公布为广州市文物保护单位。

现存壁画位于头门，共 3 幅。根据画上题款，作者为韩柱石，创作于 1930 年。整体保存较差，局部出现褪色、开裂、剥落、灰水覆盖等状况。

壁画名称

1：七贤图

2：山水画

3：山水画

1	
3	2

8. 东溪陆公祠

东溪陆公祠位于文冲街道东坊大街。据传始建于清康熙十九年（1754），光绪十八年（1892）重修。坐北朝南，三间两进，总面阔10.82米，总进深22米，占地面积约238.04平方米。硬山顶，人字山墙，灰塑龙船脊，辘灰筒瓦，陶瓦当剪边，雕花封檐板，石脚青砖墙。2012年7月，公布为黄埔区登记保护文物单位。

现存壁画位于头门，共10幅。表面有灰水覆盖，保存情况一般。

壁画名称

1：组合画	6：教子朝天
2：刘伶□酒图	7：山水画
3：商山四皓图	8：山水画
4：花鸟画	9：组合画
5：花鸟画	10：组合画

1	
2	3
5	4
6	
7	

8

9

10

9. 梁氏宗祠

梁氏宗祠位于文冲街道江东迩园街。据族谱记载：清宣统元年（1909）由茅岗村江贝拆迁过来，1999年修复。坐北朝南。三间两进，总面阔12.8米，总进深23.57米，占地面积约301.70平方米。硬山顶，人字封火山墙，灰塑龙船脊，辘灰筒瓦，素瓦当，木雕封檐板，石脚青砖墙。2012年7月，公布为黄埔区登记保护文物单位。

现存壁画位于头门，共4幅。从画上题款“时于宣统庚戌年孟冬”可知，壁画绘制于1910年，作者为陈蒲石。近年有重绘。表面有灰尘覆盖，保存情况较好。

壁画名称

1：一家诗赋　　3：山水画

2：赏菊图　　4：山水画

1	
2	
4	3

10. 马氏大宗祠

马氏大宗祠位于九佛街道枫下村。始建于清康熙二年（1663），乾隆乙酉年（1765）、光绪年间、1999年、2007年多次重修。坐西南向东北，面阔三间16.0米，深四进55.0米，占地面积约880平方米。门前两侧有石墩旗杆夹两对，下有石基。2012年7月，公布为萝岗区登记保护文物单位。（注：2014年黄埔区和萝岗区两区合并后，现为黄埔区登记保护文物单位。下同）

现存壁画位于头门，共8幅，所见款识中，有落款为“何玉”，但未见年代信息，推测为清末。整体保存一般，局部有褪色重描、变色、灰水覆盖等状况。

位置示意图

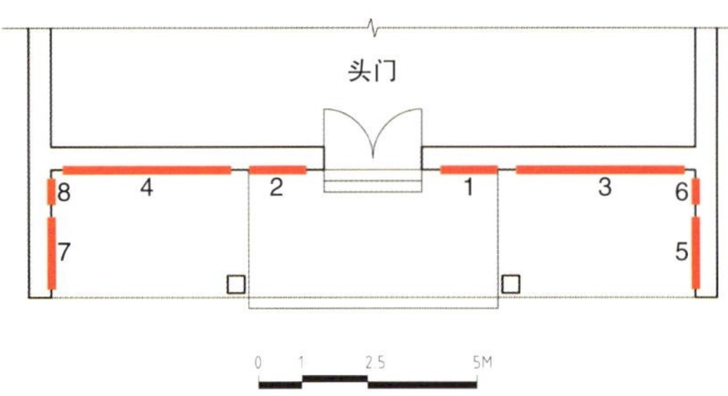

壁画名称	尺寸
1：山水画	83×96cm
2：澳门水尾图	83×96cm
3：八仙闹东海	274×96cm
4：水浸金山图	274×96cm
5：人物画	145×100cm
6：人物画	73×97cm
7：浔阳三隐图	145×100cm
8：山水画	73×97cm

2	1
4	3

6	5
7	8

11. 汤氏宗祠

汤氏宗祠位于九佛街道埔心村。始建于明，清代、1995 年曾重修。坐东向西，面阔三间 11.7 米，深二进 17.0 米，占地面积约 198.9 平方米。硬山顶，人字形封火山墙，灰塑龙船脊，石脚青砖墙。2012 年 7 月，公布为萝岗区登记保护文物单位。

现存壁画位于头门，共 6 幅。从画上题款可知，作者为杨带龙，但创作年代不明。整体保存较好，局部稍有褪色、变色、灰水覆盖等状况。

位置示意图

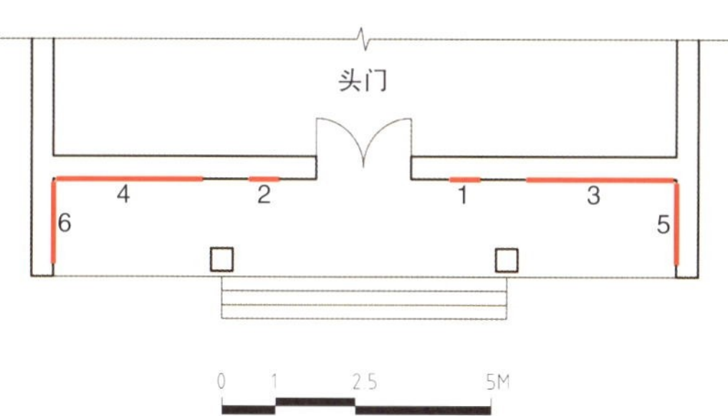

壁画名称	尺寸
1：赏酒图	58×84cm
2：赏菊图	58×84cm
3：人物画	273×84cm
4：人物画	273×84cm
5：山水画	146×112cm
6：山水画	146×112cm

2	1
3	
4	
6	5

12. 鸿佑家塾

鸿佑家塾位于九佛街道莲塘村。始建于民国年间。坐东向西，面阔三间 9.2 米，深二进 13.3 米，占地面积约 122.4 平方米。建筑为砖木结构，石脚青砖墙，龙船脊，人字封火山墙，镬灰筒瓦，雕花封檐板。2009 年 8 月，作为"莲塘古村"组成部分，公布为萝岗区文物保护单位。

现存壁画位于后堂，共 11 幅。从画上题款可知，作者为王耀舫，但创作年代为"民国有八年"，即 1919 年。整体保存一般，局部有褪色、变色、灰水覆盖以及剥落等状况。

位置示意图

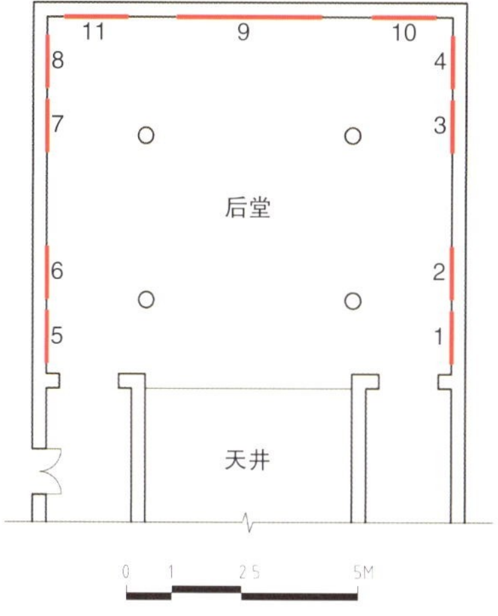

壁画名称	尺寸
1：栢子富贵	173×68cm
2：书法画	93×68cm
3：书法画	93×68cm
4：高冠富贵	173×68cm
5：花魁富贵	173×68cm
6：书法画	93×68cm
7：十五望月夜	93×68cm
8：花鸟画	173×68cm
9：组合画	313×66cm
10：陶潜醉菊	140×66cm
11：太白斗酒	140×66cm

2	1
4	3

5	6
7	8
9	
11	10

13. 时四陈公祠

时四陈公祠位于九佛街道莲塘村。始建于清光绪二十五年(1899)。坐北向南，广三路25.6米，深三进37.7米，占地面积965.1平方米。建筑为砖木结构，石脚青砖墙，博古脊，镬耳封火山墙，辘灰筒瓦，雕花封檐板。2009年8月，作为“莲塘古村”组成部分，公布为萝岗区文物保护单位。

现存壁画位于头门，共11幅。从上题款“时在光绪之岁，己亥之冬日”可知，其创作于光绪二十五年（1899），作者为王晓山。整体保存较好，局部稍有褪色、变色、灰水覆盖等状况。

位置示意图

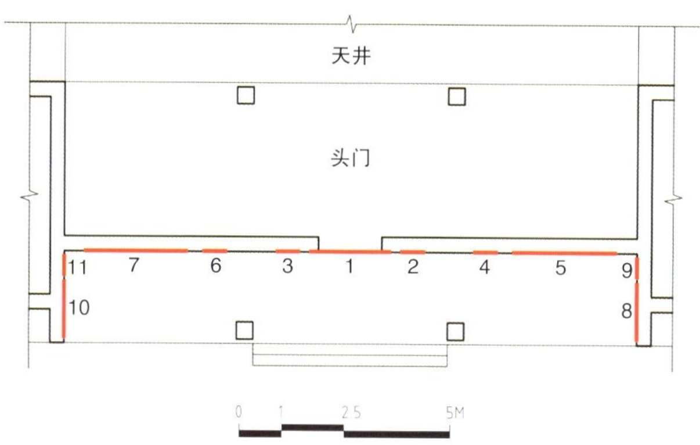

壁画名称	尺寸
1：瑶池耍乐图	195×90cm
2：书法画	60×90cm
3：书法画	60×90cm
4：书法画	60×90cm
5：诗酒琴棋图	248×90cm
6：一品当朝图	60×90cm
7：李白汝阳斗酒图	248×90cm
8：岁寒三友图	135×98cm
9：山水画	52×98cm
10：花鸟画	135×98cm
11：独占百花魁	52×98cm

3	1	2
4	5	

7		6	
10	8	11	9

14. 悦珠陈公祠

悦珠陈公祠位于新龙镇镇龙村。始建年代不详，估计为清，民国 25 年（1936）重修。坐西北向东南，面阔三间 11.5 米，深二进 18.1 米，占地面积约 208.2 平方米。

现存壁画位于头门，共 5 幅。从画上题款“丙子年”可知，壁画创作于 1936 年，作者为苏乃兴。整体保存较好，局部稍有褪色、灰尘覆盖等状况。

位置示意图

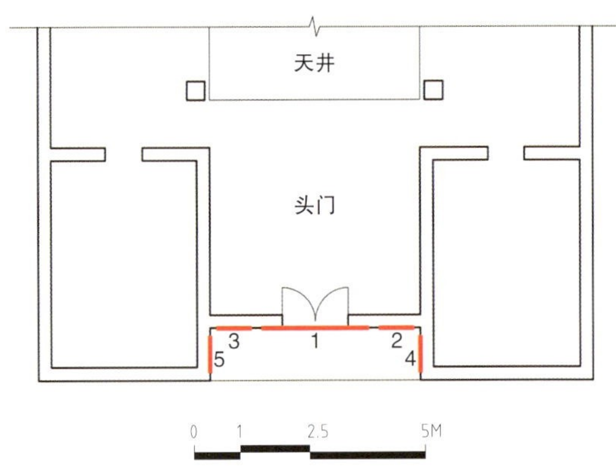

壁画名称	尺寸
1：富贵图	279×58cm
2：书法画	72×58cm
3：书法画	72×58cm
4：花鸟画	94×75cm
5：花鸟画	94×75cm

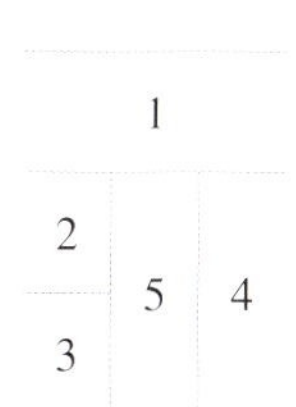

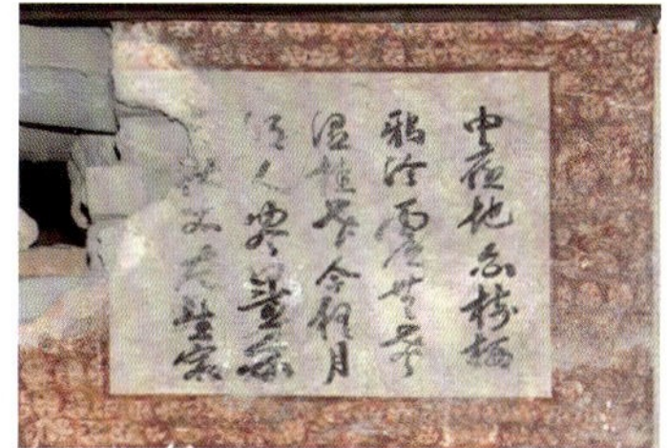

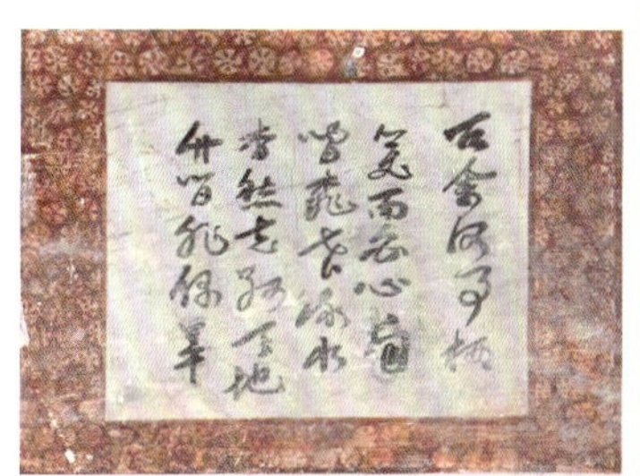

15. 龙溪陈公祠

龙溪陈公祠位于新龙镇镇龙村。始建于清。坐北向南，广三路 16.1 米，深三进 20.4 米，占地面积约 328.4 平方米。中路为建筑的主体，砖木结构，石脚青砖墙，面阔三间，进深三进，镬耳山墙，灰塑博古脊，辘灰筒瓦，石脚青砖墙。2012 年 7 月，公布为萝岗区登记保护文物单位。

现存壁画位于头门，共 7 幅，未见年代及作者信息。整体保存一般，局部有褪色、变色、灰水覆盖以及块状剥落等状况。

位置示意图

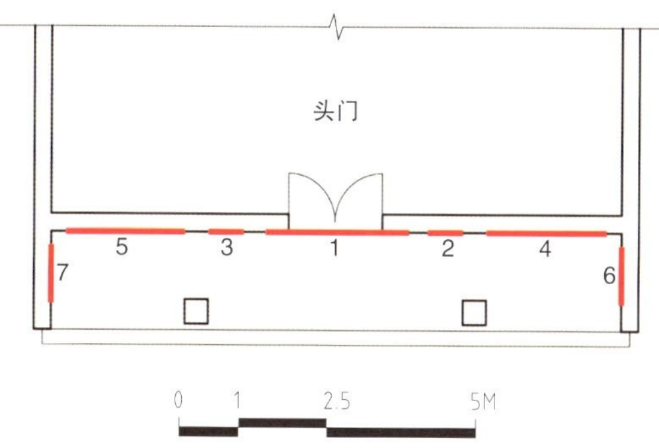

壁画名称	尺寸
1：组合画	243×45cm
2：花鸟画	60×85cm
3：花鸟画	60×85cm
4：福寿天来	202×98cm
5：招财进宝	202×98cm
6：山水画	95×82cm
7：山水画	95×82cm

1	
3	2
5	4
7	6

16. 贮兴陈公祠

贮兴陈公祠位于新龙镇镇龙村。始建于清。坐北向南，面阔三间 12.5 米，深三进 26.5 米，占地面积约 331.3 平方米。建筑为砖木结构，石脚青砖墙，硬山顶，镬耳封火山墙，辘灰筒瓦，琉璃瓦剪边。2009 年 8 月，公布为萝岗区文物保护单位。

现存壁画位于头门，共 6 幅，作者为周恒山，未见年代信息。整体保存很差，大部分被灰水覆盖或脱落，极难辨认。

位置示意图

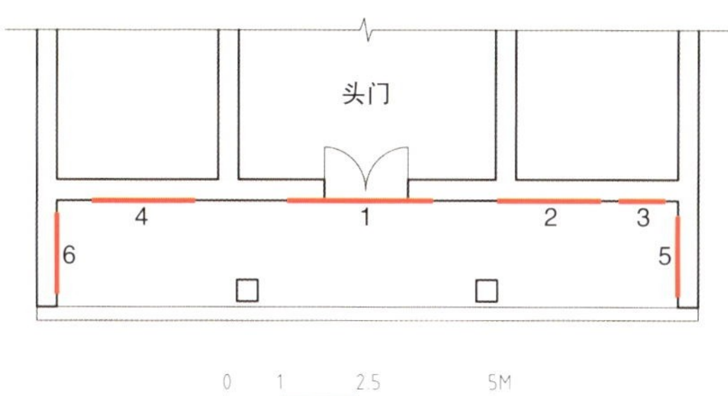

壁画名称	尺寸
1：组合画	481×75cm
2：人物画	212×75cm
3：书法画	50×75cm
4：组合画	262×75cm
5：山水画	125×85cm
6：山水画	125×85cm

1	2
4	3
6	5

17. 庐江堂

庐江堂位于联和街道八斗村。始建于清代，2002 年重修，是一座客家祠堂。坐南向北，广三路 16.6 米，深二进 15.3 米，占地面积约 254.0 平方米。2012 年 7 月，公布为萝岗区登记保护文物单位。

现存壁画位于头门，共 7 幅。整体保存较差，多处有划痕、褪变色、点状剥落、污物覆盖等状况。

位置示意图

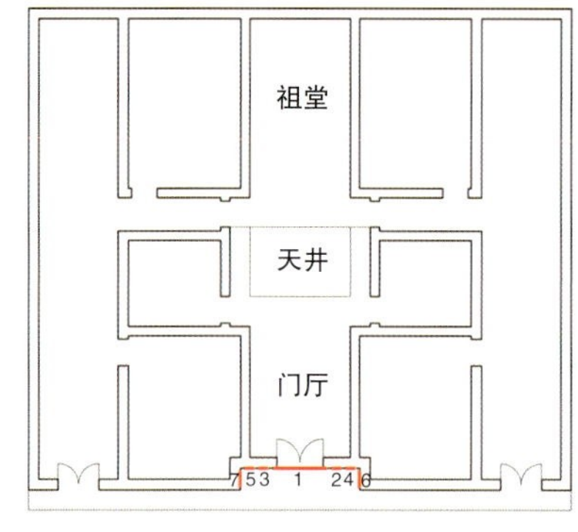

壁画名称	尺寸
1：山水画	121×34cm
2：书法画	38×30cm
3：书法画	38×30cm
4：花鸟画	38×30cm
5：花鸟画	38×30cm
6：花鸟画	42×30cm
7：花鸟画	42×30cm

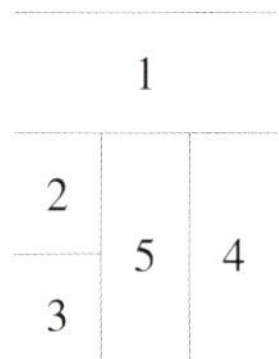

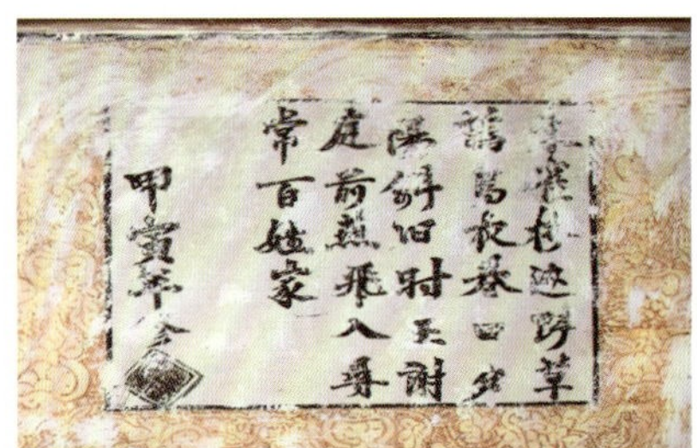

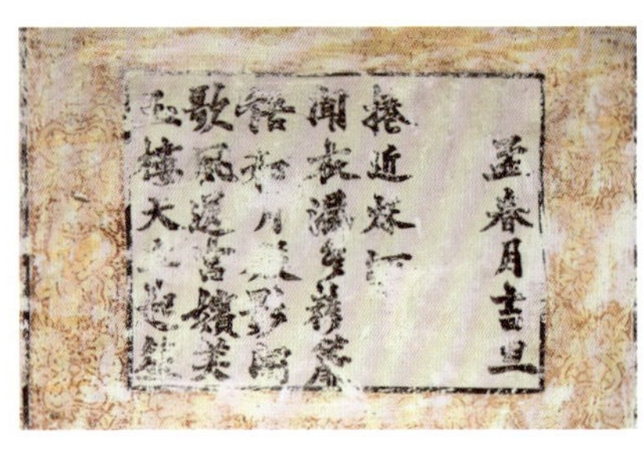

7　6

18. 青紫社学

青紫社学位于萝岗街道坑村街。始建于明，清嘉庆辛酉年（1801）、宣统元年（1909）和1997年三次重修。坐北向南，面阔三间9.9米，深二进19.0米，占地面积约188.0平方米。建筑为砖木结构，硬山顶，辘灰筒瓦，雕花封檐板，石脚青砖墙。2012年7月，公布为萝岗区登记保护文物单位。

现存壁画位于头门，共7幅。从画上题款“时在宣统乙酉年夏书”可知，其创作于宣统元年（1909）。作者为张南山。整体保存一般，局部有褪色、变色、灰水覆盖等状况。

位置示意图

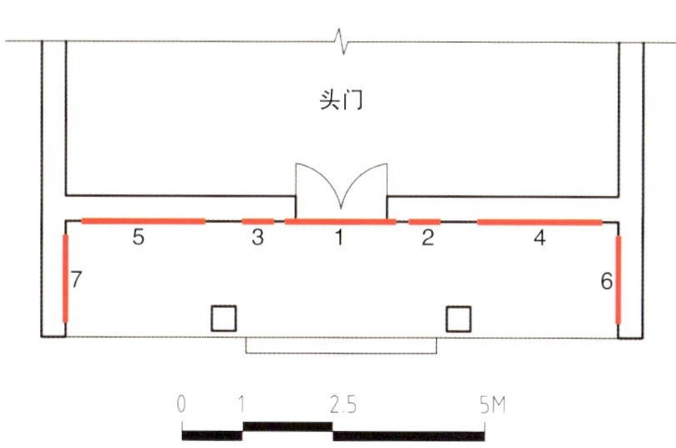

壁画名称	尺寸
1：烂柯图	186×48cm
2：书法画	53×48cm
3：书法画	53×48cm
4：英雄得鹿图	206×80cm
5：南山晋寿杯	206×80cm
6：山水画	140×102cm
7：山水画	140×102cm

1

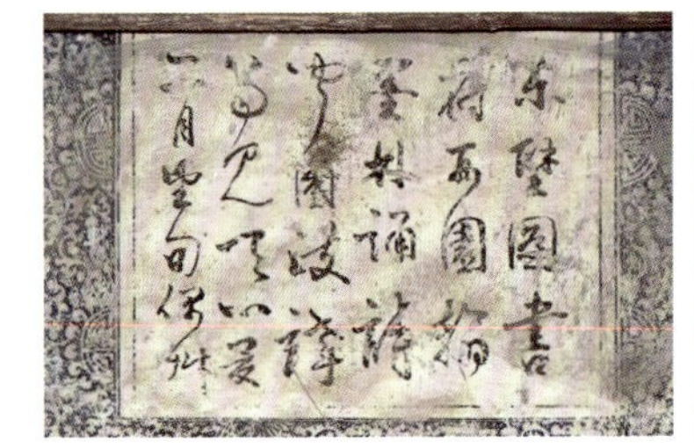

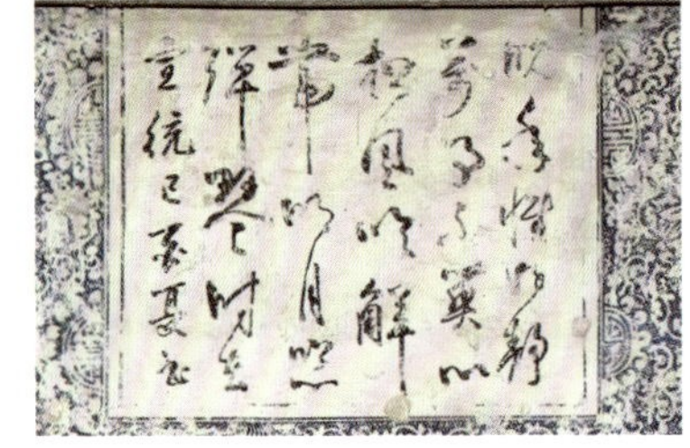

2	4
3	5
7	6

19. 菊圃祖祠

菊圃祖祠位于萝岗街道荔红社区公路街，是当地钟姓祖祠。始建于明，维修记录不详，如今保留了清代的建筑风格。坐东向西，面阔三间 11.8 米，进深二进 21.4 米，占地面积约 253.0 平方米。2009 年 8 月，公布为萝岗区文物保护单位。

现存壁画位于头门，共 5 幅。整体保存较好，局部稍有褪色、变色、灰水覆盖等状况。

位置示意图

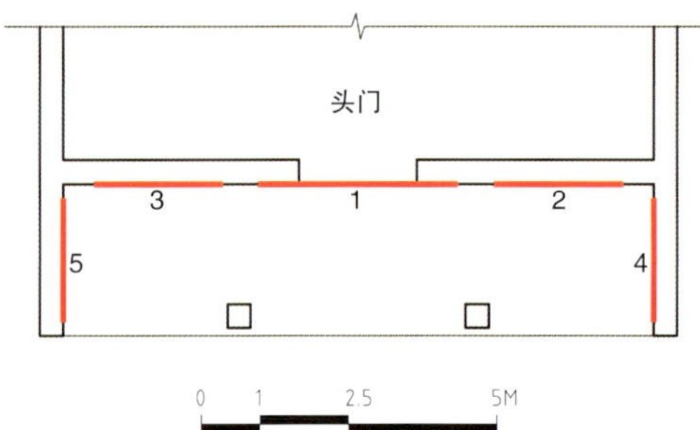

壁画名称	尺寸
1：人物画	340×60cm
2：人物画	220×60cm
3：人物画	220×60cm
4：组合画	205×58cm
5：组合画	205×58cm

1	
3	2
5	4

20. 云谷祖祠

云谷祖祠位于萝岗街道荔红社区，是当地钟姓祖祠。始建于清，曾多次维修，2003 年进行较大规模重修。坐东向西，面阔三间 11.9 米，进深二进 21.9 米，占地面积约 260.61 平方米。砖木结构，石脚青砖墙，硬山顶，博古脊，人字形封火山墙，雕花封檐板。2009 年 8 月，公布为萝岗区文物保护单位。

现存壁画位于头门，共 9 幅。从画上题款“时在壬午春作画以论之学前人书法曹瑞轩云”可知，作者为曹瑞轩，创作于 1882 年，但从壁画保存状况上看，后期有重绘。整体保存较好，局部稍有褪色、变色等状况。

位置示意图

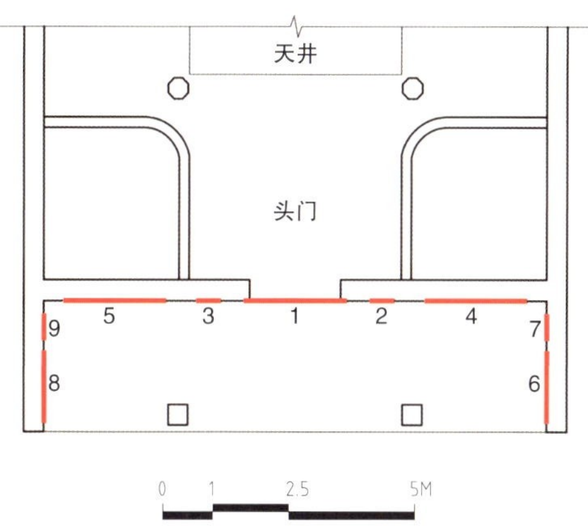

壁画名称	尺寸
1：陆绩怀橘	205×70cm
2：花鸟图	50×70cm
3：花鸟图	50×70cm
4：苓芝益寿	205×70cm
5：人物画	205×70cm
6：山水画	140×91cm
7：书法画	52×91cm
8：花鸟画	140×91cm
9：书法画	52×91cm

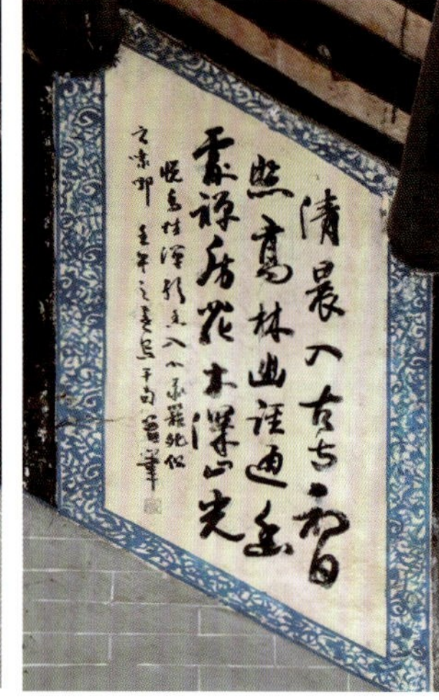

1			
3	2	9	7
5		4	
8		6	

21. 北窗祖祠

北窗祖祠位于萝岗街道塘山街，是当地钟姓族人的祖祠。建于清宣统辛亥年夏（1911）。坐南向北，面阔三间11.5米，深二进16.4米，占地面积约188.6平方米。砖木结构，硬山顶，博古脊，雕花封檐板，人字形封火山墙，石脚青砖墙。2012年7月，公布为萝岗区登记保护文物单位。

现存壁画位于头门，共7幅。从画上题款可知，作者为郑松山，创作于宣统三年，即1911年。整体保存很差，大部分被灰水涂刷，难以辨认。

位置示意图

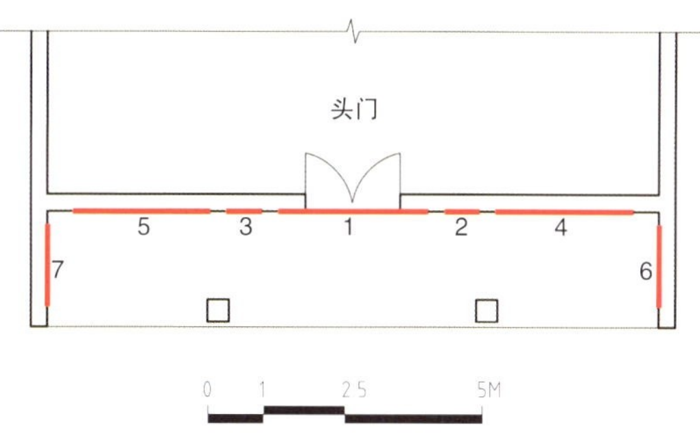

壁画名称	尺寸
1：人物画	275×60cm
2：花鸟图	65×85cm
3：花鸟图	65×85cm
4：三多图	252×85cm
5：人物画	252×85cm
6：人物画	145×57cm
7：人物画	145×57cm

1	2
4	
5	3

7　6

22. 光远堂

光远堂位于萝岗街道岭头社区。始建于清末。坐西北向东南，面阔三间 10.6 米，深二进 18.0 米，占地面积约 190.8 平方米。建筑为砖木结构，人字封火山墙，镬灰筒瓦，雕花封檐板，石脚青砖墙。2012 年 7 月，公布为萝岗区登记保护文物单位。

现存壁画位于头门，共 5 幅。从画上题款可知，作者为黄桂良，创作于光绪年间。整体保存很差，大部分被灰水涂刷，难以辨认。

位置示意图

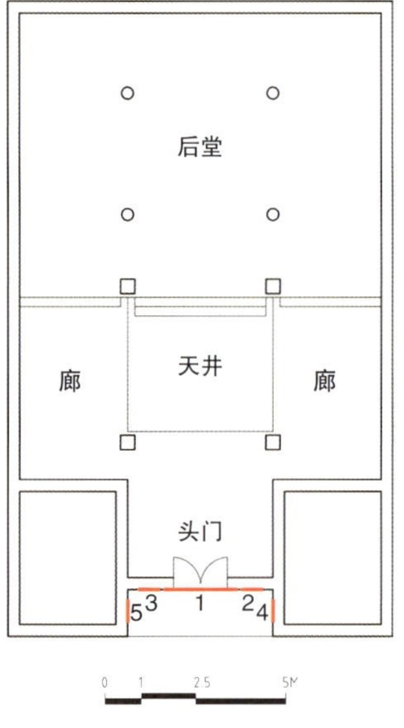

壁画名称	尺寸
1：花鸟画	208×47cm
2：赏菊图	63×63cm
3：人物画	63×63cm
4：山水画	63×80cm
5：山水画	63×80cm

1

3	2
5	4

23. 松岩祖祠

松岩祖祠位于萝岗街道塘山西路42号旁。建于清代。建筑为砖木结构，龙船脊，辘灰筒瓦，雕花封檐板，石脚青砖墙。

现存壁画位于头门，共5幅。从画上题款可知，作者为湖石居士。整体保存较差，多处被灰尘、污物覆盖严重，并伴有褪变色等状况。

位置示意图

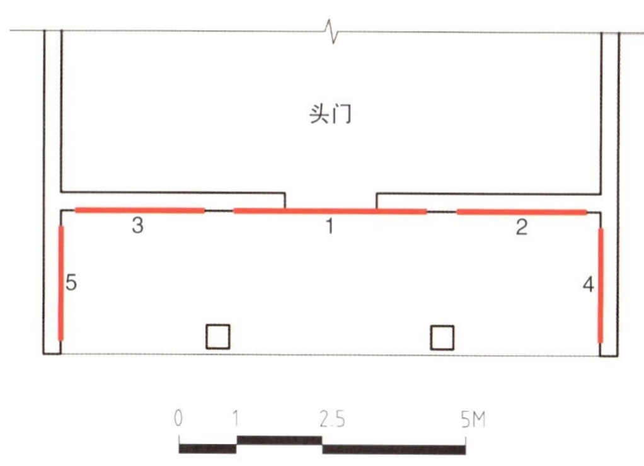

壁画名称	尺寸
1：山水画	260×65cm
2：人物画	245×65cm
3：烂柯图	245×65cm
4：花鸟画	200×80cm
5：花鸟画	200×80cm

1	
3	2
5	4

24. 陈氏大宗祠

陈氏大宗祠位于官洲街道官洲村。坐西北朝东南，总面阔 25.4 米，总进深 42.5 米，占地面积约 1079.5 平方米，三路三进，有前院、侧院，规模较大。中路建筑为主体，头门共九架，博古脊，硬山顶，人字封火山墙。花岗石脚青砖墙，正墙水磨青砖对缝。2015 年 7 月，公布为广州市文物保护单位。

现存壁画位于侧廊，共 6 幅。从画上题款“时在癸卯冬月之日上浣半醉山人草法瑞轩画”可知，作者为钟瑞轩，创作年代推测为光绪二十九年（1903）。整体保存较好，局部稍有褪色、变色、灰尘覆盖等状况。

位置示意图

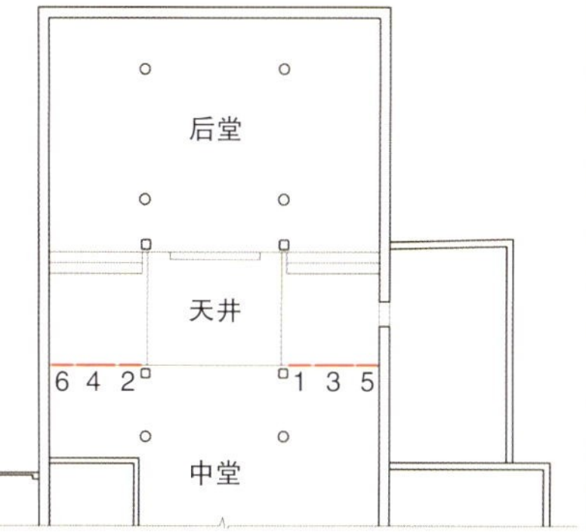

壁画名称	尺寸
1：知章访友	87×100cm
2：教子弌（一）经	87×100cm
3：山水画二	153×33cm
4：山水画一	153×33cm
5：公孙图	87×100cm
6：醉酒图	87×100cm

2	1
4	3
6	5

25. 桂林里门楼

桂林里门楼位于官洲街道官洲村西北面。坐东南向西北，面阔3.1米，进深3.9米。硬山顶，花岗石脚青砖墙，素瓦。

现存壁画位于门楼正面檐下，共5幅。从画上题款可知，作者为黎林轩，但创作年代不明。整体保存较差，多处有污物覆盖、褪变色及块状剥落等状况。

位置示意图

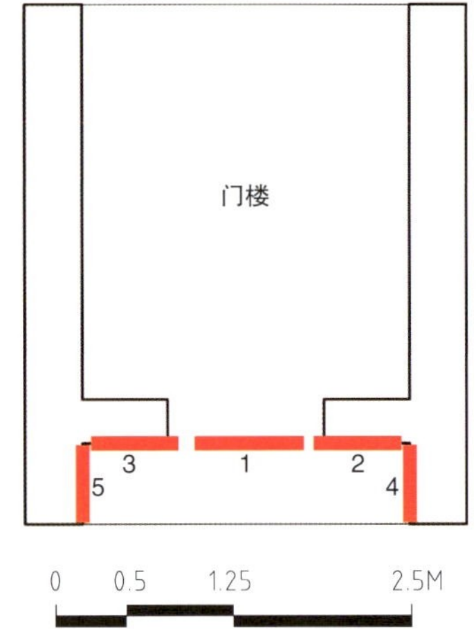

壁画名称	尺寸
1：花鸟画	77×20cm
2：人物画	62×47cm
3：赏菊图	62×47cm
4：人物画	53×65cm
5：人物画	53×65cm

1		
2	5	4
3		

26. 居仁里门楼

居仁里门楼位于官洲街道官洲村华帝古庙侧。坐北朝南，面阔 4.1 米，进深 6.3 米共十三架，占地面积约 29.7 平方米。硬山顶，素瓦，花岗石脚水磨青砖墙。2012 年 8 月，公布为海珠区登记保护文物单位。

现存壁画共 9 幅。整体保存极差，大部分被灰水覆盖，难以辨认。

位置示意图

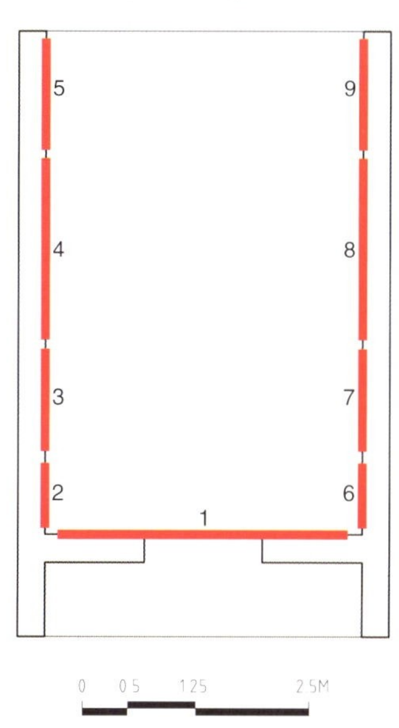

壁画名称	尺寸
1：教子朝天	320×70cm
2：花鸟画	65×70cm
3：花鸟画	75×70cm
4：花鸟画	195×70cm
5：花鸟画	120×70cm
6：花鸟画	65×70cm
7：花鸟画	75×70cm
8：花鸟画	195×70cm
9：花鸟画	120×70cm

1

2 6

3	7
4	8
5	9

27. 三捷何公祠

三捷何公祠位于联和街道八斗村。始建于清嘉庆十九年（1814），民国壬戌年（1922）重修。坐东向西，广三路 34.8 米，深三进 24.6 米，占地面积约 856.1 平方米。2008 年 12 月，公布为广州市文物保护单位。

现存壁画位于头门，共 12 幅。从画上题款“时在于民国十一年……”“何瑞珊偶笔”可知，作者为何瑞珊，创作于 1922 年。整体保存较差，褪变色、剥落严重。

壁画名称

1：花鸟画	7：组合画
2：花鸟画	8：山水画
3：花鸟画	9：书法画
4：花鸟画	10：书法画
5：花鸟画	11：书法画
6：组合画	12：书法画

2	1
4	3
5	
6	
7	

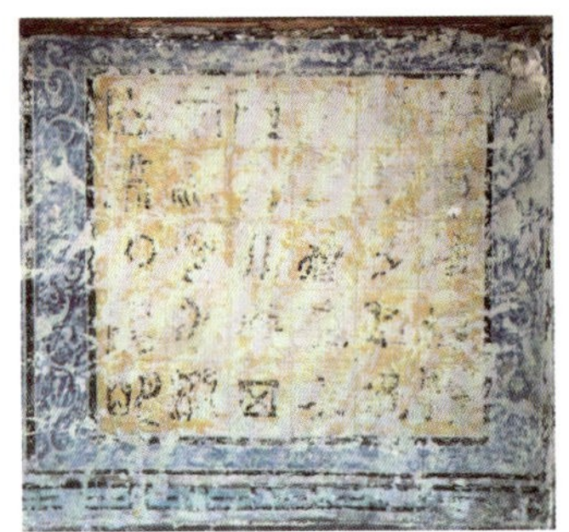

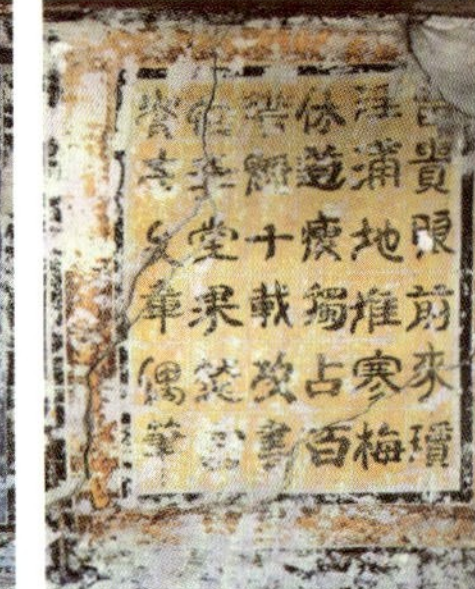

8			
12	11	10	9

七　花都区

花都区位于广州市北部，属平原丘陵地区，地势北高南低，呈阶梯式倾斜。流溪河绕东南境流过，巴江河横贯西南部。东通从化，南临白云，西邻三水，西南连南海，北接清远。

花都区原名“花县”，建置于康熙二十五年（1686），因地处花山而得名。现区境内有各级文物保护单位77处，其中国家级的1处，省级5处，市级26处，区级45处，此外还有各类登记不可移动文物507处。（截至2021年2月）

花都区现有祠堂众多，星罗棋布，遍及各乡村。祠堂建筑规制比较严谨，布局疏密有致，结构规整对称。在空间层次上，一般按中轴线布置头门、享堂、寝堂，层层深入，步步升高。有的还有祠道、香亭、楼阁、照墙、牌坊等，精美壮观。建筑装饰工艺有木雕、砖雕、石雕、灰塑、壁画、铸铁等，富丽堂皇，琳琅满目。另有诸多书院、书室、书舍、家塾等建筑，其形式、装饰风格与祠堂类同。

1. 郭氏宗祠

郭氏宗祠位于赤坭镇缠岗村，建于清光绪十三年（1887），2007年重修。坐北朝南，三间二进，面阔11.6米，进深23.6米，建筑占地约274平方米。主体建筑为硬山顶，青砖墙，花岗岩石脚，镬灰筒瓦。2010年4月，公布为花都区登记保护文物单位。

郭氏宗祠的头门、侧廊、后堂共绘有27幅壁画。根据壁画上的落款：丁亥岁次春月，壁画绘制于1887年，壁画作者有德山等。壁画现状保存较为完整，头门前廊墙楣绘有的“拾八大学士”“群仙耍乐”“壶里乾坤”几幅壁画最为精致。

位置示意图

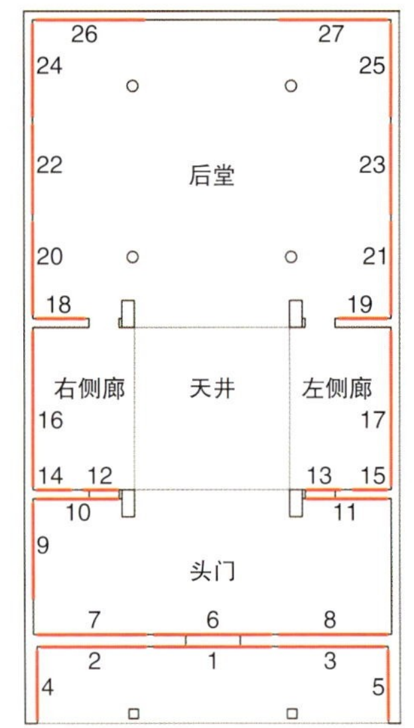

壁画名称	尺寸	壁画名称	尺寸
1：拾八大学士	434×87cm	15：花鸟画	140×70cm
2：群仙耍乐	268×90cm	16：组合画	453×58cm
3：壶里乾坤	268×90cm	17：组合画	453×58cm
4：山水画	203×110cm	18：山水画	253×77cm
5：山水画	203×110cm	19：山水画	253×77cm
6：组合画	430×67cm	20：花鸟画	235×77cm
7：花鸟画	259×72cm	21：人物画	136×136cm
8：花鸟画	259×72cm	22：花鸟画	270×87cm
9：组合画	244×83cm	23：花鸟画	235×77cm
10：花鸟画	239×74cm	24：人物画	136×136cm
11：花鸟画	239×74cm	25：花鸟画	270×87cm
12：花鸟画	140×70cm	26：渊明赏菊	273×75cm
13：花鸟画	114×70cm	27：人物画	273×75cm
14：花鸟画	114×70cm		

1

3 2

5	4	9
6		
8	7	
11	10	
13 12	15 14	
16		

17		
19		18
22	21	20
23	24	25
27		26

2. 黄氏宗祠（赤坭村）

黄氏宗祠位于赤坭镇赤坭村。建于清道光二十七年（1847）。坐西北朝东南，主体建筑深两进，右侧带一路建筑，总面阔 17.7 米，总进深 23.4 米，面积约 414.2 平方米。祠堂为人字封火山墙，灰塑博古脊，镬灰筒瓦，青砖墙。2008 年 5 月，公布为花都区登记保护文物单位。

黄氏宗祠的头门、后堂共绘有 26 幅壁画。根据壁画上的落款：道光丁未，壁画绘制于 1847 年，作者有李云、李雪亭等。黄氏宗祠壁画保存较为完整，画作的题材丰富。

位置示意图

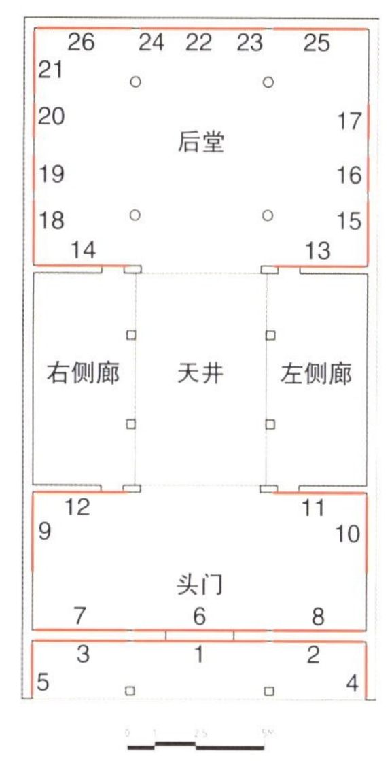

壁画名称	尺寸
1：组合画	457×74cm
2：人物画	251×79cm
3：教子一经	251×79cm
4：组合画	159×90cm
5：组合画	159×90cm
6：墨水龙画	396×50cm
7：福禄寿图	273×59cm
8：人物画	273×59cm
9：花鸟画	188×69cm
10：花鸟画	188×69cm
11：一气高升	274×55cm
12：人物画	274×55cm
13：山水画	240×45cm
14：山水画	240×45cm
15：花鸟画	199×52cm
16：英雄图	95×52cm
17：双喜图	102×52cm
18：英雄得鹿图	199×52cm
19：三劳代月	95×52cm
20：花鸟画	102×52cm
21：花鸟画	219×52cm
22：书法画	267×43cm
23：山水画	73×43cm
24：山水画	73×43cm
25：五鸭朝莲图	274×47cm
26：加官富贵图	274×47cm

1	
3	2
5	4

<table>
<tr><td colspan="3">6</td></tr>
<tr><td colspan="2">8</td><td>7</td></tr>
<tr><td colspan="2">12</td><td>11</td></tr>
<tr><td colspan="2">14</td><td>13</td></tr>
<tr><td>10</td><td>9</td><td>15</td></tr>
<tr><td>17</td><td>16</td><td>18</td></tr>
<tr><td>19</td><td>20</td><td>21</td></tr>
</table>

24 22 23

26 25

3. 进士第

进士第位于赤坭镇赤坭村。建于清嘉庆、道光年间，2001年重修。坐东朝西，广三路，深三进，各路之间以宽2.7米的青云巷相隔，总面阔84米，总进深51.3米，面积约4309.2平方米。中路建筑为镬耳封火山墙，辘灰筒瓦，灰塑博古脊，青砖石脚，方砖铺地，梁檩均为坤甸木。前坪上立有12对旗杆夹。原为宋廷桢的住宅，宋廷桢任四川富顺县知县期间，在故乡建造进士第，死后葬于该村右侧的打鼓岭上。2002年7月，公布为广州市文物保护单位。

现存壁画位于头门、中堂和后天井两厢房，共有壁画26幅。根据壁画上的落款：道光辛卯年，壁画绘制于1831年，壁画作者有黎宏（西溪子）、半间子等。壁画保存较好，其中头门墙楣绘有的“山中醉四图”“九龙负马图”“教子朝天”几幅壁画最为精致。

位置示意图

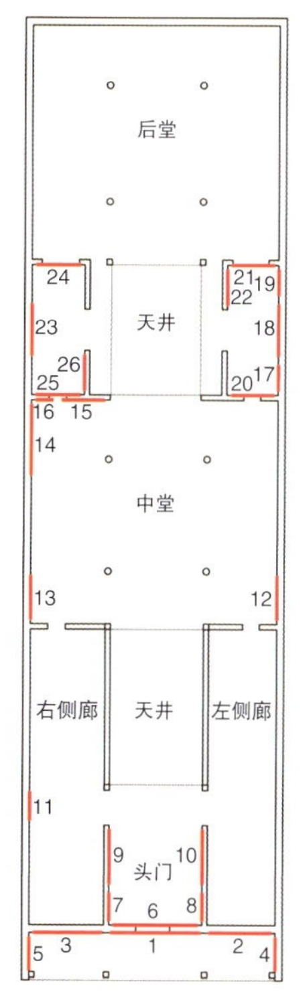

壁画名称	尺寸
1：组合画	490×88cm
2：九龙负马图	277×89cm
3：山中醉四图	277×89cm
4：秋江图	150×104cm
5：三多九如	150×104cm
6：组合画	444×79cm
7：花鸟画	132×86cm
8：花鸟画	132×86cm
9：花鸟画	193×86cm
10：花鸟画	193×86cm
11：花鸟画	131×86cm
12：四相图	166×100cm
13：人物画	166×100cm
14：花鸟画	196×88cm
15：人物画	235×78cm
16：书法画	63×78cm
17：山水画	129×68cm
18：人物画	172×68cm
19：山水画	132×68cm
20：花鸟画	155×84cm
21：花鸟画	155×84cm
22：人物画	152×48cm
23：道日升□龙	172×68cm
24：花鸟画	155×84cm
25：花鸟画	155×84cm
26：花鸟画	152×48cm

1

3	2	
6		
5	4	7
10	9	8
12	11	
13	14	

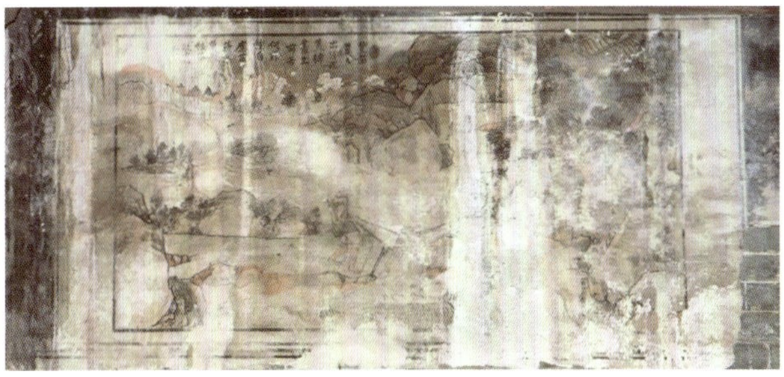

16	15
19	17
18	22
21	20
25	24
23	26

4. 钟氏大宗祠

钟氏大宗祠位于赤坭镇东升村。始建年代不详，建筑构件以清代为主。坐东朝西，三间三进，总面阔 12.4 米，总进深 33.3 米，建筑面积约 412.9 平方米。建筑为人字封火山墙，镬灰筒瓦，灰砂筒瓦脊，青砖墙。2008 年 5 月，公布为花都区登记保护文物单位。

钟氏大宗祠的头门、中堂、后堂共绘有 27 幅壁画，根据壁画上的落款：同治庚午年，其绘制年代为 1870 年，由黎安（黎文泉）等所绘。壁画保存现状一般。

位置示意图

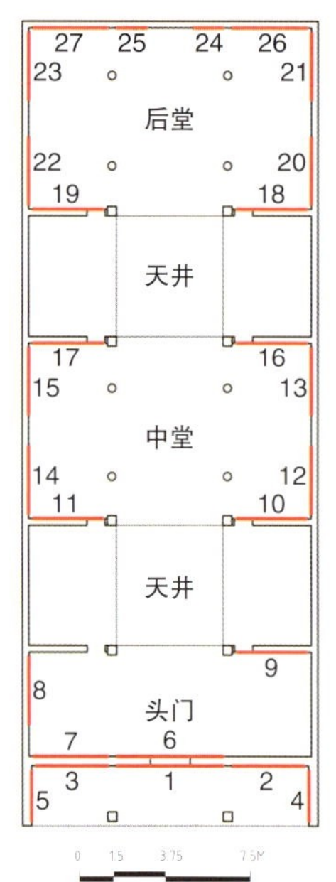

壁画名称	尺寸
1：组合画	433×79cm
2：竹林七贤图	296×85cm
3：商山四皓	296×85cm
4：组合画	215×87cm
5：组合画	215×87cm
6：组合画	448×67cm
7：书法画	288×69cm
8：花鸟画	234×80cm
9：花鸟画	275×63cm
10：王道烧丹	226×75cm
11：贰老图	226×75cm
12：花鸟画	185×77cm
13：花鸟画	208×77cm
14：花鸟画	185×77cm
15：花鸟画	208×77cm
16：化石成羊	230×70cm
17：壶里乾坤	230×70cm
18：引福图	217×69cm
19：英雄得鹿	230×70cm
20：花鸟画	197×90cm
21：花鸟画	194×90cm
22：花鸟画	197×90cm
23：花鸟画	197×90cm
24：山水画	75×83cm
25：山水画	75×83cm
26：花鸟画	210×84cm
27：花鸟画	210×84cm

1	
3	2
5	4

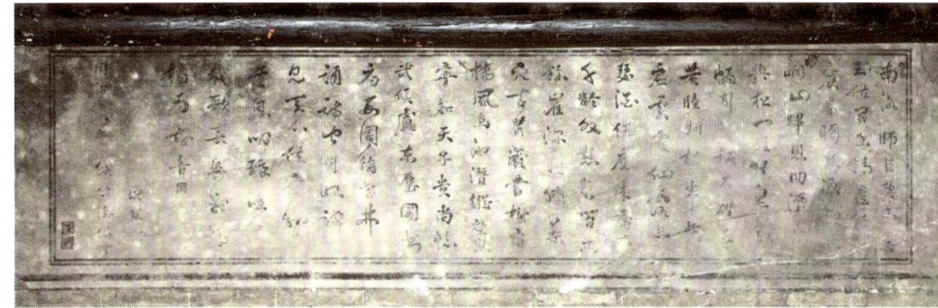

6	
7	8
9	
11	10
13	12
14	15

17	16
19	18
21	20
22	23
25	24
27	26

5. 云史曾公祠

云史曾公祠位于赤坭镇荷塘村。建于清光绪三十三年（1907）。坐西南朝东北，三间两廊，总面阔 12.3 米，总进深 11.2 米，面积约 137.8 平方米。建筑是硬山顶，镬灰筒瓦，青砖墙。祠内壁画保存完好，木雕精细，墙体有灰塑花鸟图案，保存较好。2008 年 5 月，公布为花都区登记保护文物单位。

现存壁画位于后堂，共有壁画 9 幅。根据壁画上的落款：戊申春月，壁画绘制于 1908 年，由王寿泉、王雪舫所作。壁画较为完整，保存现状较好，其中的“和气致祥”“壶里乾坤”“松脂益寿”“停琴听阮”几幅壁画人物神态生动。

位置示意图

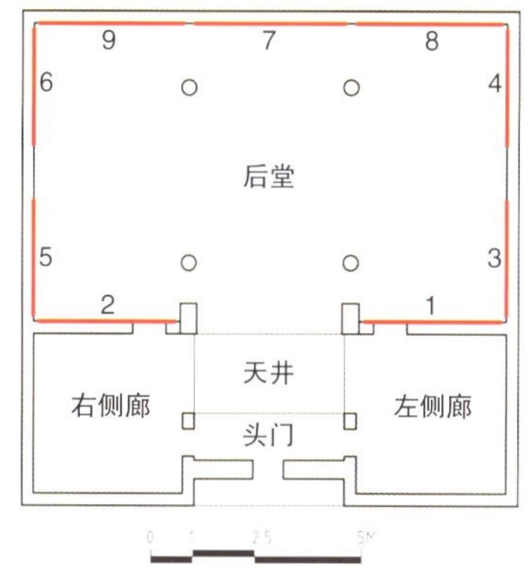

壁画名称	尺寸
1：和气致祥	238×56cm
2：壶里乾坤	238×56cm
3：触手成春图	181×67cm
4：花鸟画	190×67cm
5：高官留子图	181×67cm
6：花鸟画	190×67cm
7：组合画	361×50cm
8：松脂益寿	248×50cm
9：停琴听阮	248×50cm

2	1
4	3
5	6

7
9 8

6. 赖氏宗祠

赖氏宗祠位于赤坭镇荷溪村。建于民国 7 年（1918）。坐西朝东，三间两进，左侧为衬祠，总面阔 19.3 米，总进深 23 米，面积约 444 平方米。建筑为人字封火山墙，辘灰筒瓦，灰塑博古脊，青砖墙。正脊饰“五狮下山”灰塑，工艺精巧。前廊壁画画工精细，梁架、封檐板木刻工艺精巧。2008 年 5 月，公布为花都区登记保护文物单位。

祠堂现存壁画位于头门和右侧廊，共有壁画 6 幅。根据壁画上的落款：民国己未年，壁画绘制于 1919 年，壁画作者为关通（贯行氏）等。壁画保存现状一般。头门前廊墙楣绘有的“瑶池耍乐”“福禄寿三星图”壁画最为精致。

位置示意图

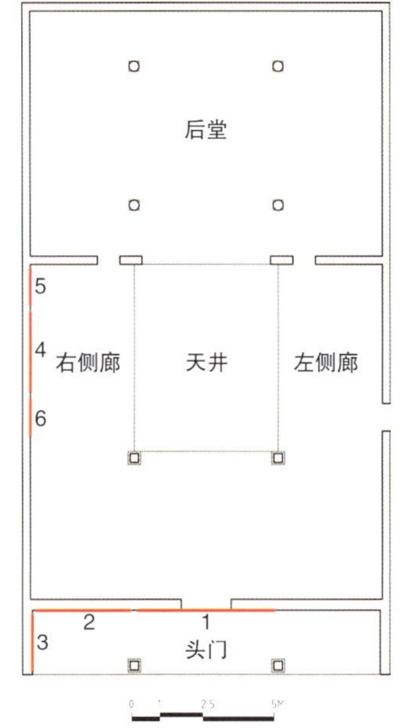

壁画名称	尺寸
1：组合画	435×88cm
2：福禄寿三星图	277×96cm
3：组合画	171×110cm
4：组合画	311×60cm
5：别有前途	110×60cm
6：公孙耍乐	112×60cm

1

2	3
4	
6	5

7. 叶氏宗祠

叶氏宗祠位于赤坭镇荷溪村。建于清同治十一年（1872），于1999年重修。坐西朝东，由头门、牌坊和后堂组成，总面阔12.6米，总进深28.6米，面积约约360.4平方米。建筑为镬耳封火山墙，灰塑龙船脊，辘灰筒瓦，绿色琉璃瓦当、滴水剪边，青砖墙。2008年5月，公布为花都区登记保护文物单位。

现存壁画位于头门和后堂，共有壁画24幅。根据壁画上的落款：同治壬申十一年，壁画绘制于1872年，壁画作者为李春秾、云泉等。壁画比较完整，保存现状较好。

位置示意图

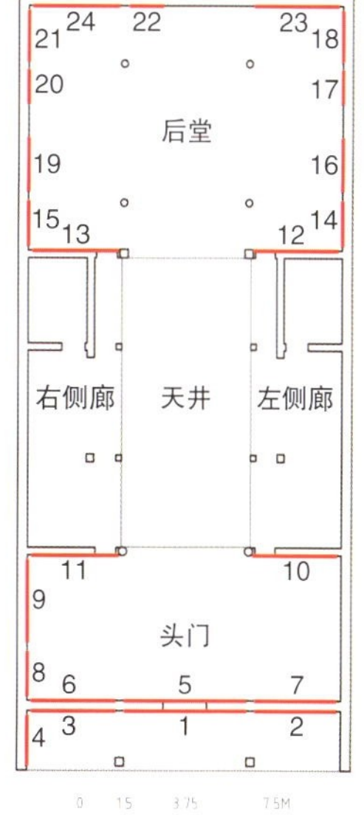

壁画名称	尺寸
1：组合画	346×89cm
2：默经图	263×89cm
3：组合画	263×89cm
4：富贵图	177×89cm
5：墨水龙画	370×66cm
6：渊明赏菊	235×64cm
7：王道烧丹引福	235×64cm
8：书法画	55×65cm
9：组合画	291×65cm
10：刘伶醉酒	273×55cm
11：东坡赏荔	273×55cm
12：花鸟画	225×80cm
13：花鸟画	225×80cm
14：叱石成羊	125×83cm
15：公孙图	125×83cm
16：花鸟画	156×66cm
17：花鸟画	164×66cm
18：花鸟画	148×66cm
19：花鸟画	156×66cm
20：花鸟画	164×66cm
21：花鸟画	148×66cm
22：花鸟画	96×61cm
23：人物画	236×62cm
24：人物画	236×62cm

1	
2	4
3	
5	
7	6
8	9

11	10
13	12
15	14
18 17	16
19 20	21
22	23
	24

8. 帝王古庙

帝王古庙位于赤坭镇横沙村。始建年代不详，清光绪十三年（1887）重建，2000 年重修。坐东南朝西北，三间两进。总面阔 9.5 米，总进深 18.1 米，面积约 172 平方米。建筑为五岳山墙，灰塑博古脊，镬灰筒瓦，绿色琉璃瓦当、滴水剪边，青砖石脚。该建筑风格独特，2008 年 5 月，公布为花都区登记保护文物单位。

现存壁画位于头门，共有壁画 14 幅。根据壁画上的落款：光绪十三年孟夏，壁画绘制于 1887 年，壁画作者为关孝、关钻等。壁画保存现状较好。头门前廊墙楣的人物画“诗酒琴棋”“英雄独坐”“福寿双全”最为精致。

位置示意图

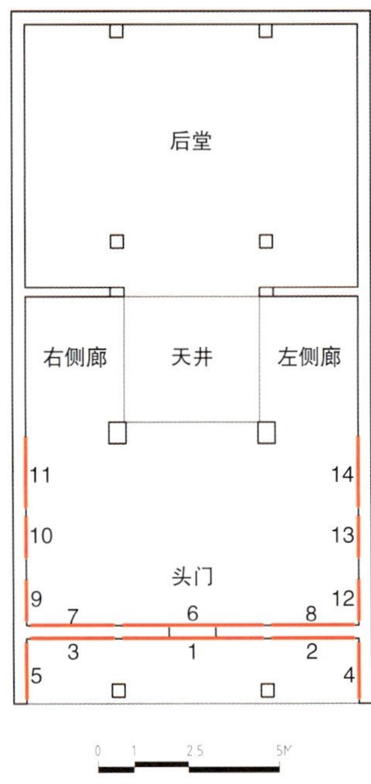

壁画名称	尺寸
1：组合画	359×60cm
2：英雄独坐	192×62cm
3：福寿双全	192×62cm
4：雁塔题名图	119×74cm
5：山水画	119×74cm
6：组合画	311×70cm
7：花鸟画	172×71cm
8：花鸟画	172×71cm
9：书法画	60×87cm
10：书法画	59×87cm
11：花鸟画	136×87cm
12：书法画	60×87cm
13：书法画	59×87cm
14：花鸟画	136×87cm

1
3 2
6

5		4
8		7
9	10	11
14	13	12

9. 栋宇周公祠

栋宇周公祠位于赤坭镇横沙村。建于清代。坐东南朝西北，三间两进，总面阔 13.8 米，总进深 18.2 米，面积约 251.2 平方米。建筑为人字封火山墙，辘灰筒瓦，灰塑博古脊，青砖石脚墙。右路建筑为衬祠。该祠曾作为公社饭堂使用。2008 年 5 月，公布为花都区登记保护文物单位。

栋宇周公祠的头门、后堂、右青云巷门共绘有 23 幅壁画，根据建筑风格，其绘制年代为清末。壁画较为完整，保存现状一般。

壁画名称	尺寸
1：组合画	416×75cm
2：教五子图	215×79cm
3：福禄寿图	215×79cm
4：花鸟画	124×91cm
5：花鸟画	124×91cm
6：墨水龙画	207×50cm
7：山水画	161×62cm
8：山水画	157×70cm

位置示意图

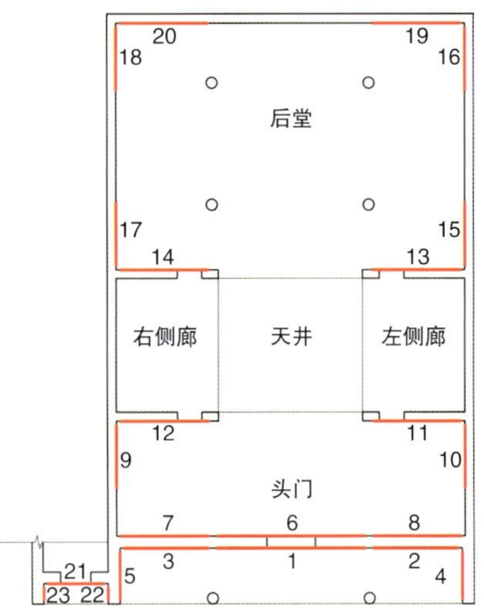

壁画名称	尺寸
9：花鸟画	130×58cm
10：花鸟画	130×58cm
11：山水画	145×47cm
12：花鸟画	145×47cm
13：山水画	135×52cm
14：山水画	135×52cm
15：花鸟画	144×65cm
16：花鸟画	143×68cm
17：花鸟画	141×65cm
18：花鸟画	143×68cm
19：和合仙	151×55cm
20：引福图	151×55cm
21：花鸟画	134×40cm
22：花鸟画	45×45cm
23：花鸟画	45×45cm

1	
3	2

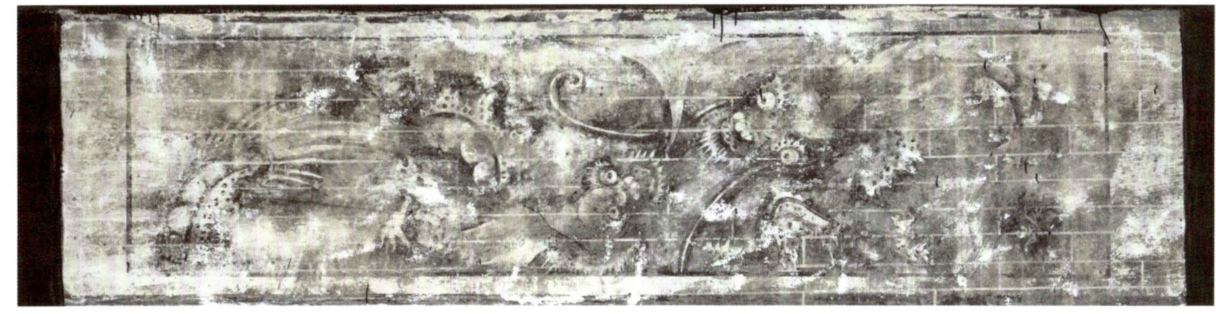

5	4
6	
8	7
10	9
12	11
14	13

16	15
17	18
20	19
21	
22	23

10. 湛经家塾

湛经家塾位于赤坭镇黄沙塘村。由朱桂芳于清光绪五年（1879）所建。坐北朝南，三间两进，总面阔 11.2 米，总进深 18.4 米，面积约 206.1 平方米。该建筑为人字封火山墙，灰塑博古脊，镬灰筒瓦，青砖墙，红泥阶砖铺地。朱桂芳、朱珩和朱兆莘祖孙三代均为举人，在该村颇有影响。2008 年 5 月，公布为花都区登记保护文物单位。

现存壁画位于头门和后堂前廊，共有壁画 5 幅。根据壁画上的落款：光绪庚辰年，壁画绘制于 1880 年，壁画作者为张文川等。壁画保存现状一般。

位置示意图

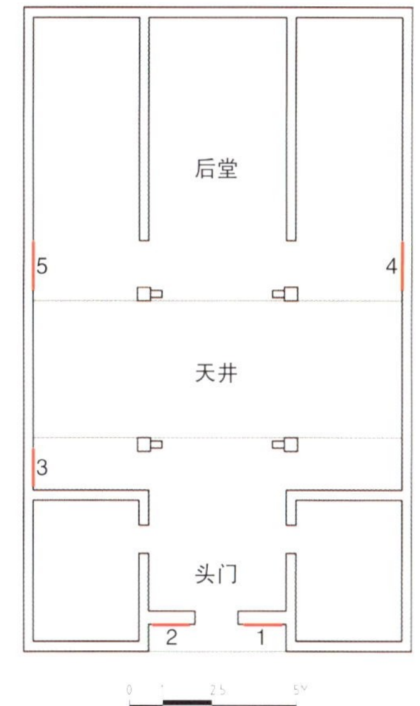

壁画名称	尺寸
1：山水画	63×78cm
2：山水画	63×78cm
3：人物画	104×73cm
4：时召高升	133×77cm
5：渔樵耕读	133×77cm

2	1	3
5	4	

11. 廷芳李公祠

廷芳李公祠位于赤坭镇蓝田新村。始建年代不详，清光绪二十年（1894）重修。坐西朝东，三间两进，总面阔11.3米，总进深22.8米，面积约257.6平方米。建筑为人字封火山墙，灰塑博古脊，辘灰筒瓦，青砖墙，方砖铺地。2008年5月，公布为花都区登记保护文物单位。

现存壁画位于头门，共有壁画5幅。根据壁画上的落款：光绪二十年，岁次甲午冬，壁画绘制于1894年，壁画作者为李春秾等。壁画保存现状较好。头门前廊墙楣绘有“福禄寿图”“伏女传经”“竹林七贤”等壁画工艺精美。

位置示意图

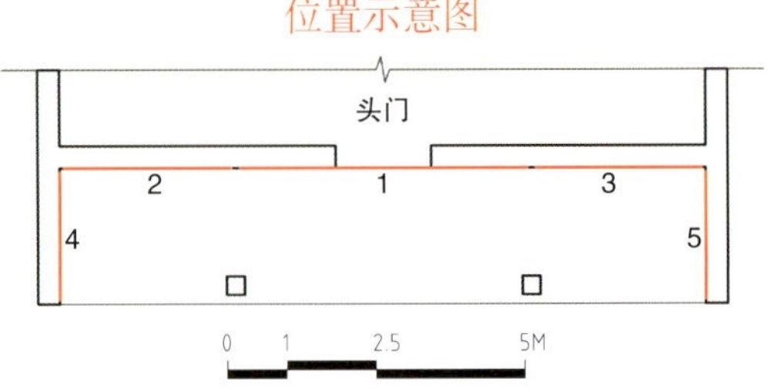

壁画名称	尺寸
1：组合画	372×64cm
2：伏女传经	203×85cm
3：竹林七贤	203×85cm
4：组合画	165×96cm
5：组合画	165×96cm

1	
3	2
5	4

12. 卢氏大宗祠

卢氏大宗祠位于赤坭镇莲塘村。建于清咸丰九年（1859），1991 年重修。坐西北朝东南，广三路，深两进，总面阔 18.9 米，总进深 26.6 米，建筑面积约 502.74 平方米。该建筑人字封火山墙，灰塑博古脊，辘灰筒瓦，青砖墙。左右路建筑面阔 3.6 米，与主体建筑紧邻。2008 年 5 月，公布为花都区登记保护文物单位。

现存壁画位于头门、侧廊与后堂，共有壁画 34 幅。根据壁画上的落款：时于咸丰，岁次已未，壁画绘制于 1859 年，壁画作者为李林石等。壁画保存现状较好。头门前廊墙楣绘有“四相图”“赏菊图”“汝阳醉酒图”等壁画工艺精美。

位置示意图

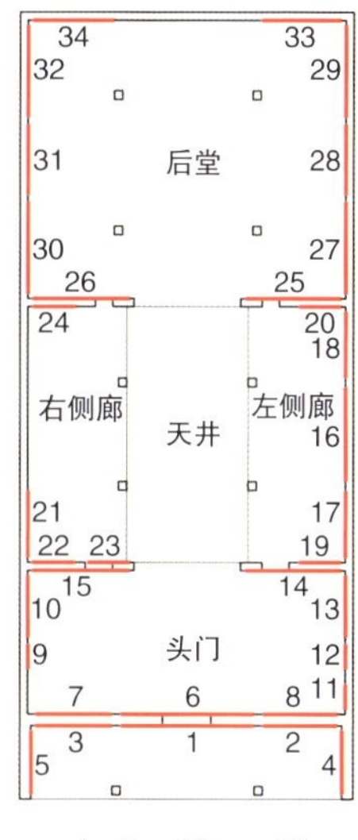

壁画名称	尺寸
1：组合画	438×69cm
2：赏菊图	248×89cm
3：汝阳醉酒图	248×89cm
4：山水画	196×98cm
5：山水画	196×98cm
6：墨水龙画	423×71cm
7：人物画	242×64cm
8：人物画	242×64cm
9：书法画	52×66cm
10：花鸟画	196×66cm
11：书法画	47×66cm
12：书法画	52×66cm
13：花鸟画	196×66cm
14：人物画	215×65cm
15：人物画	215×65cm
16：山水画	294×45cm
17：山水画	194×45cm
18：山水画	194×45cm
19：花鸟画	89×49cm
20：花鸟画	89×49cm
21：山水画	194×45cm
22：花鸟画	89×49cm
23：人物画	120×51cm
24：花鸟画	89×49cm
25：人物画	225×69cm
26：人物画	225×69cm
27：花鸟画	279×79cm
28：三田和合	250×92cm
29：花鸟画	279×79cm
30：花鸟画	252×79cm
31：人物画	250×92cm
32：山梅秋色图	279×79cm
33：人物画	248×68cm
34：人物画	248×68cm

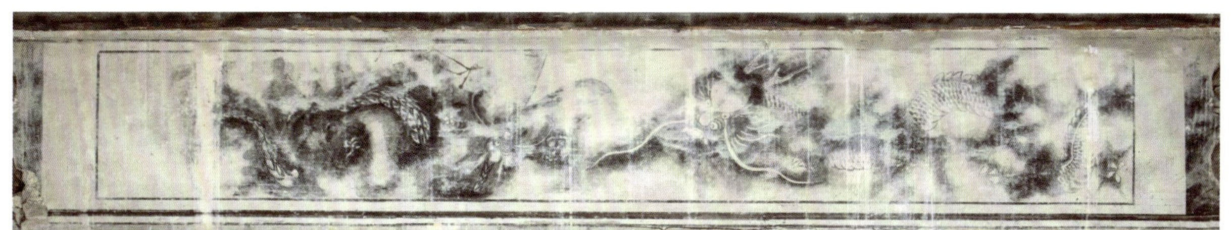

1
3 2
6

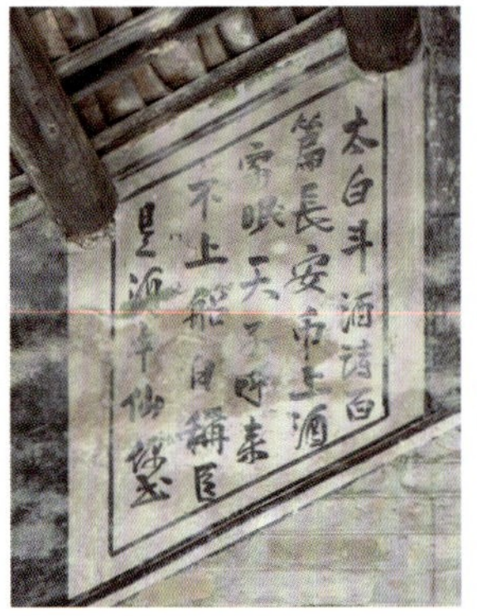

5	4	12	11
8		7	
9	10	13	
15		14	
16		19	
17			
18		20	

21 22
23 24
26 25
29 28 27
30 31 32
34 33

13. 茂英卢公祠

茂英卢公祠位于赤坭镇莲塘村。建于清光绪十一年（1885），1990年和1999年重修。坐东北朝西南，三间两进，左侧有衬祠，总面阔18米，总进深22.8米，建筑面积约410.4平方米。该建筑为人字封火山墙，镬灰筒瓦，青砖墙。2008年5月，公布为花都区登记保护文物单位。

现存壁画位于头门、侧廊与后堂，共有壁画38幅。根据壁画上的落款：光绪丙戌，壁画绘制于1886年，壁画作者为梁柱石等。壁画保存现状较好。

位置示意图

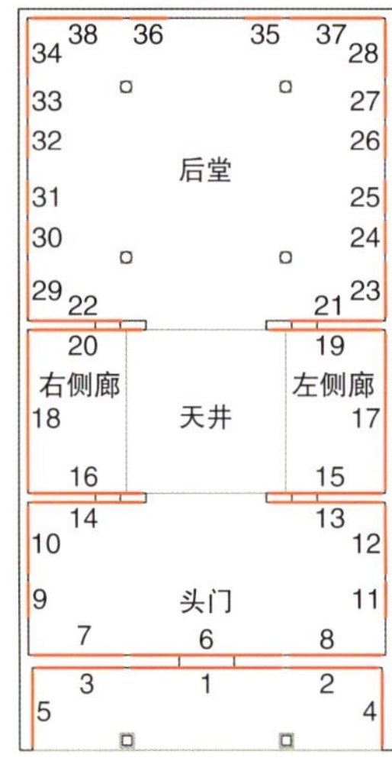

壁画名称	尺寸
1：组合画	438×100cm
2：春山晚景	250×100cm
3：秋江□	250×100cm
4：组合画	206×112cm
5：组合画	206×112cm
6：组合画	454×66cm
7：人物画	251×66cm
8：人物画	251×66cm
9：书法画	44×71cm
10：花鸟画	204×71cm
11：书法画	44×71cm
12：花鸟画	204×71cm
13：如意吉祥	230×55cm
14：人物画	230×55cm
15：组合画	306×49cm
16：组合画	306×49cm
17：组合画	481×50cm
18：组合画	481×50cm
19：组合画	306×49cm
20：组合画	306×49cm
21：福自天申	243×64cm
22：壶里乾坤	243×64cm
23：花鸟画	108×63cm
24：花鸟画	165×63cm
25：书法画	45×63cm
26：书法画	58×63cm
27：花鸟画	186×63cm
28：花鸟画	118×63cm
29：花鸟画	108×63cm
30：花鸟画	165×63cm
31：书法画	45×63cm
32：书法画	58×63cm
33：花鸟画	186×63cm
34：花鸟画	188×63cm
35：书法画	85×68cm
36：书法画	85×68cm
37：人物画	259×64cm
38：益寿松芝	259×64cm

1
3 2

5	4
6	
8	7
12 11	9 10
14	13
16	15
17	

18			
20		19	
22		21	
27	26	25	24
30	31	32	33
28	23	29	34
38	36	35	37

14. 卿品骆公祠

卿品骆公祠位于赤坭镇莲塘村。清光绪二十四年（1898）重建。坐东朝西，三间两进，总面阔 11.6 米，总进深 24.4 米，建筑面积约 283 平方米。该建筑为人字封火山墙，辘灰塑博古脊，灰筒瓦，青砖墙，鸭屎石墙脚。2008 年 5 月，公布为花都区登记保护文物单位。

现存壁画位于头门，共有壁画 6 幅。根据壁画上的落款：时于光绪岁次戊戌、光绪廿五年岁次己亥，壁画绘制于 1898 或 1899 年，壁画作者为李鉴泉（李道人）等。壁画工艺精美，保存现状较好。

位置示意图

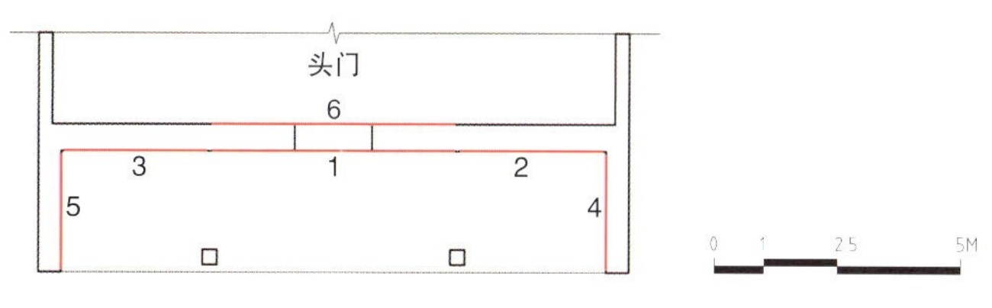

壁画名称	尺寸
1：组合画	383×97cm
2：最乐瑶池	226×102cm
3：伏女传经	226×102cm
4：组合画	200×94cm
5：组合画	200×94cm
6：组合画	426×64cm

1	
3	2
5	4
6	

15. 泉石骆公祠

泉石骆公祠位于赤坭镇莲塘村。建于清同治十一年（1872）。坐东北朝西南，三间两进，总面阔 11.6 米，总进深 23.2 米，建筑面积约 269.1 平方米。建筑为人字封火山墙，镬灰筒瓦，灰塑博古脊，青砖墙。2008 年 5 月，公布为花都区登记保护文物单位。

现存壁画位于头门、右侧廊与后堂，共有壁画 21 幅。根据壁画上的落款：壬申春日、壬申夏日，壁画绘制于 1872 年，壁画作者为黎安（黎文泉）等。壁画保存现状一般。

位置示意图

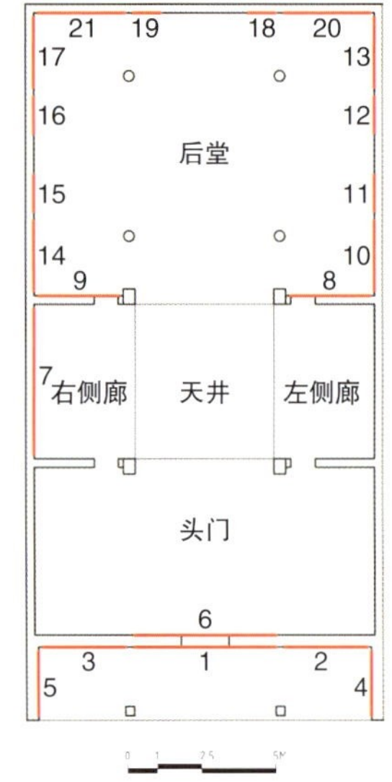

壁画名称	尺寸
1：组合画	460×107cm
2：张良受书	248×107cm
3：山前遇弟	248×107cm
4：组合画	188×104cm
5：组合画	188×104cm
6：组合画	448×73cm
7：组合画	469×68cm
8：花鸟画	230×65cm
9：花鸟画	230×62cm
10：花鸟画	255×75cm
11：书法画	52×75cm
12：书法画	52×75cm
13：花鸟画	262×75cm
14：花鸟画	255×75cm
15：书法画	52×75cm
16：书法画	262×65cm
17：花鸟画	262×65cm
18：山水画	67×67cm
19：山水画	67×58cm
20：赏菊图	218×67cm
21：太白斗酒	218×58cm

1	
3	2
5	4

6			
7			
9		8	
13	12	11	10
14	15	16	17
19		18	
21		20	

16. 钟氏宗祠

钟氏宗祠位于赤坭镇莲塘村。始建于清道光二年（1822），分别于民国25年（1936）和1988年重修。坐西朝东，三间三进，左侧有衬祠，总面阔16.4米，总进深30.5米，建筑面积约500.2平方米。镬耳封火山墙，辘灰筒瓦，灰塑博古脊，青砖墙。衬祠面阔3.7米，女儿墙上有水泥雕塑，落款为“民国廿五年丙子年建筑”。2008年5月，公布为花都区登记保护文物单位。

现存壁画位于头门、中堂、后堂与侧廊，共有壁画47幅。根据壁画上的落款：民国廿五丙子年，壁画绘制于1936年，壁画作者为林子云、林静泉、林锦辉、半间子等。壁画较为完整，保存现状较好。

壁画名称	尺寸	壁画名称	尺寸
1：组合画	437×119cm	5：组合画	233×127cm
2：南山进士	251×119cm	6：组合画	425×86cm
3：斗酒图	251×119cm	7：叱石成羊	242×86cm
4：组合画	233×127cm	8：进履图	242×86cm

位置示意图

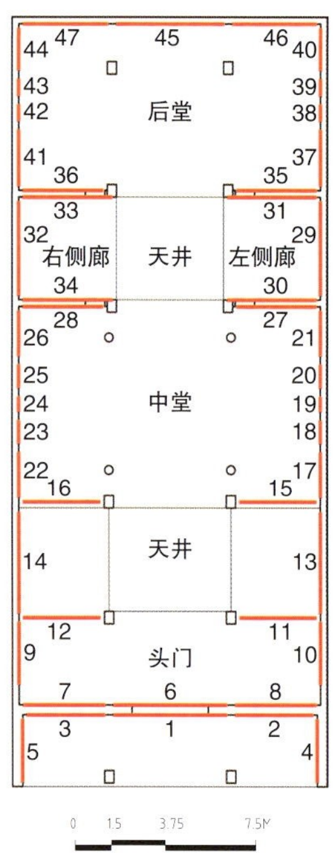

壁画名称	尺寸
9：花鸟画	263×99cm
10：花鸟画	263×99cm
11：三田和合	271×89cm
12：四相图	271×89cm
13：组合画	361×71cm
14：组合画	361×71cm
15：赏莲图	267×80cm
16：醉酒图	267×80cm
17：花鸟画	179×86cm
18：书法画	70×86cm

壁画名称	尺寸
19：长春不老	102×102cm
20：书法画	69×86cm
21：花鸟画	207×86cm
22：花鸟画	179×86cm
23：书法画	70×86cm
24：晋酒图	102×102cm
25：书法画	69×86cm
26：花鸟画	207×86cm
27：公孙耍乐	262×75cm
28：晒腹图	262×75cm
29：组合画	369×68cm
30：组合画	337×62cm
31：组合画	337×62cm
32：组合画	369×68cm
33：组合画	337×62cm
34：组合画	337×62cm
35：人物画	256×71cm
36：人物画	256×71cm
37：花鸟画	212×82cm
38：山水画	85×85cm
39：书法画	70×82cm
40：花鸟画	207×86cm
41：花鸟画	212×82cm
42：山水画	85×85cm
43：书法画	70×82cm
44：花鸟画	207×86cm
45：组合画	396×70cm
46：赏菊图	265×75cm
47：吐饭成蜂	265×75cm

1	
3	2

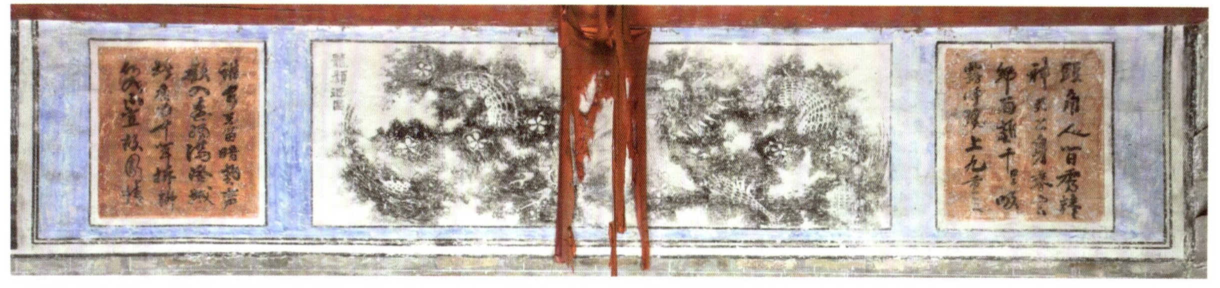

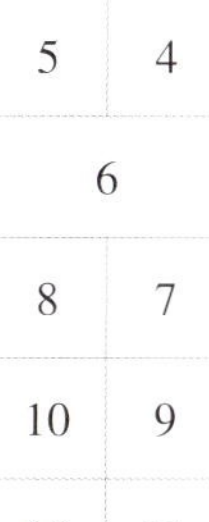

5 4
6
8 7
10 9
12 11
13

14	
16	15
21 20 19 18 17	
22 23 24 25 26	
28	27
29	
31	30

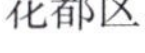

32	
34	33
36	35

40	39	38	37
41	42	43	44

45	
47	46

17. 姚氏宗祠

姚氏宗祠位于赤坭镇瑞岭村。建于清代。坐北朝南，三间两进，总面阔 16.3 米，总进深 19 米，面积约 309.7 平方米。建筑为硬山顶，辘灰筒瓦，夯土墙基。左路建筑为衬祠。2008 年 5 月，公布为花都区登记保护文物单位。

现存壁画位于头门，共有 5 幅。根据建筑风格，壁画绘制年代为清末，作者为李鉴泉等。壁画保存现状较好。

位置示意图

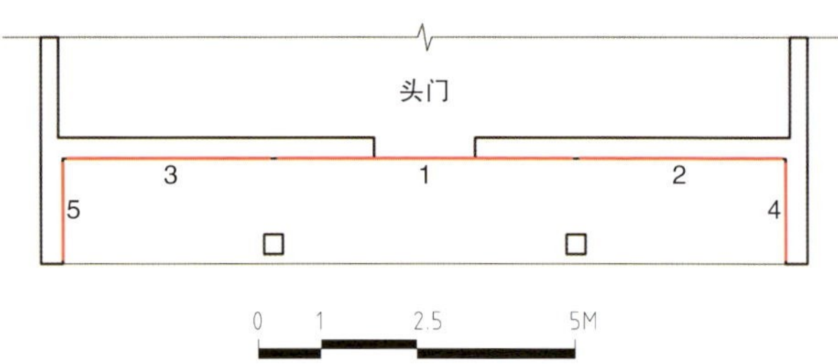

壁画名称	尺寸
1：组合画	410×76cm
2：伏女传经	260×81cm
3：英雄会	260×81cm
4：花鸟画	90×81cm
5：花鸟画	90×81cm

1	
3	2
5	4

18. 长裕姚公祠

长裕姚公祠位于赤坭镇瑞岭村。建于清代，民国 16 年（1927）重修。坐北朝南，三间三进，总面阔 11.9 米，总进深 31.7 米，面积约 377.2 平方米。建筑为人字封火山墙，灰塑博古脊，镬灰筒瓦，绿色琉璃瓦当剪边，青砖墙。2008 年 5 月，公布为花都区登记保护文物单位。

现存壁画位于中堂、后堂与侧廊，共有壁画 23 幅。根据壁画上的落款：民国丁卯年，壁画绘制于 1927 年，壁画作者为禤瑞池、禤寿甫等。壁画保存现状较好。

位置示意图

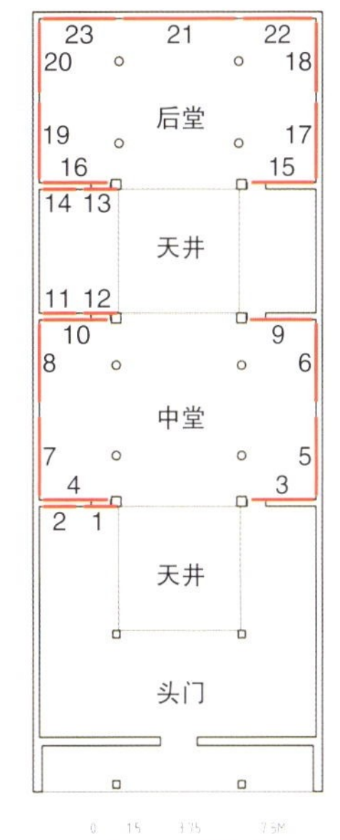

壁画名称	尺寸
1：花鸟画	141×73cm
2：花鸟画	95×73cm
3：山水画	230×73cm
4：山水画	230×73cm
5：花鸟画	240×83cm
6：花鸟画	216×83cm
7：花鸟画	240×83cm
8：花鸟画	216×83cm
9：太白斗酒	240×72cm
10：福自天申	240×72cm
11：花鸟画	87×65cm
12：花鸟画	118×65cm
13：花鸟画	114×72cm
14：花鸟画	84×72cm
15：花鸟画	216×67cm
16：花鸟画	216×67cm
17：花鸟画	215×76cm
18：花鸟画	220×76cm
19：花鸟画	215×76cm
20：花鸟画	220×76cm
21：组合画	476×63cm
22：山水画	253×68cm
23：山水画	253×68cm

2	1
4	3
6	5

7		8
10		9
12	11	18
14	13	17
16		15
18		17

21

23 22

19. 朱氏大宗祠

朱氏大宗祠位于赤坭镇瑞岭村。建于清代，于清宣统三年（1911 年）、1992 年重修。坐北朝南，三间三进，总面阔 12.8 米，总进深 33.3 米，面积约 426.2 平方米。建筑为人字封火山墙，辘灰筒瓦，灰塑博古脊，青砖墙。2017 年 1 月，公布为花都区文物保护单位。

现存壁画位于头门、中堂、后堂与侧廊，共有壁画 51 幅。根据壁画上的落款：辛亥岁仲冬，壁画绘制于 1911 年，壁画作者为梁锦山、梁慕轩等。壁画较为完整，保存现状较好。

位置示意图

壁画名称	尺寸
1：组合画	408×66cm
2：英雄会	232×76cm
3：三聘诸葛	232×76cm
4：月殿大会	153×94cm
5：雁塔题名	153×94cm
6：组合画	310×49cm
7：长生不老	260×59cm
8：人物画	260×59cm
9：书法画	42×65cm
10：花鸟画	137×65cm
11：书法画	42×65cm
12：花鸟画	137×65cm
13：组合画	458×60cm
14：花鸟画	110×68cm
15：书法画	24×64cm
16：书法画	24×64cm
17：花鸟画	110×68cm
18：刘伶醉酒	248×65cm
19：杜康斗酒	248×65cm
20：花鸟画	155×82cm
21：万里园	93×82cm
22：红桃报喜	98×82cm
23：花鸟画	162×82cm
24：红莲富贵	155×82cm
25：□寿图	93×82cm
26：花鸟画	98×82cm
27：红桃报喜	162×82cm
28：□三杰	264×71cm
29：日进千□	264×71cm
30：花鸟画	124×62cm
31：花鸟画	115×62cm
32：花鸟画	115×62cm
33：花鸟画	124×62cm
34：组合画	443×55cm
35：组合画	443×55cm
36：花鸟画	124×62cm
37：花鸟画	115×62cm
38：花鸟画	115×62cm
39：南山进宝	265×60cm
40：青莲醉酒	265×60cm
41：花鸟画	182×69cm
42：书法画	56×69cm
43：书法画	61×69cm
44：富贵棉长	194×69cm
45：花鸟画	182×69cm
46：书法画	56×69cm
47：书法画	61×69cm
48：花鸟画	194×69cm
49：组合画	398×52cm
50：公孙耍乐	257×53cm
51：松枝益寿	257×53cm

1

3 2

5 4

6

8 7

12 11 9 10

13

17 16 15 14

19 18

23 22 21 20

24 25 26 27

29 28

31 30 33 32

34

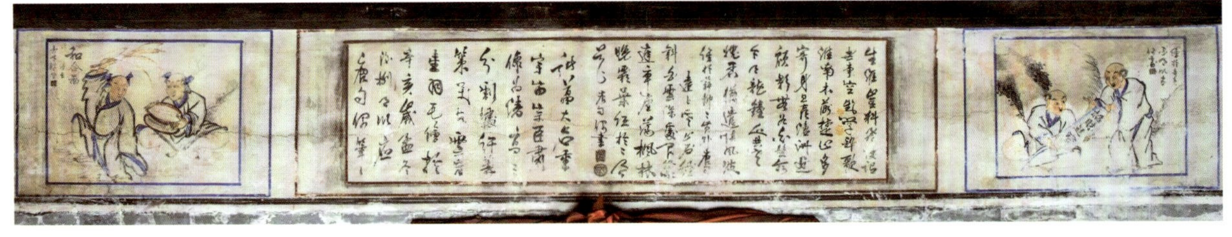

35			
38	37	36	
40		39	
44	43	42	41
45	46	47	48
49			
51		50	

20. 坤高张公祠

坤高张公祠位于赤坭镇石坑村。始建年代不详，于清光绪二十九年（1903）重修。坐东北朝西南，三间两进。总面阔 11.6 米，总进深 19.1 米，面积约 221.6 平方米。建筑为硬山顶，人字山墙，镬灰筒瓦。墙体外层青砖，内层泥砖，当地俗称“金包银”。2008 年 5 月，公布为花都区登记保护文物单位。

现存壁画位于头门，共有壁画 5 幅。根据壁画上的落款：光绪甲辰年，壁画绘制于 1904 年，壁画作者为黎英阳。壁画保存现状较好。

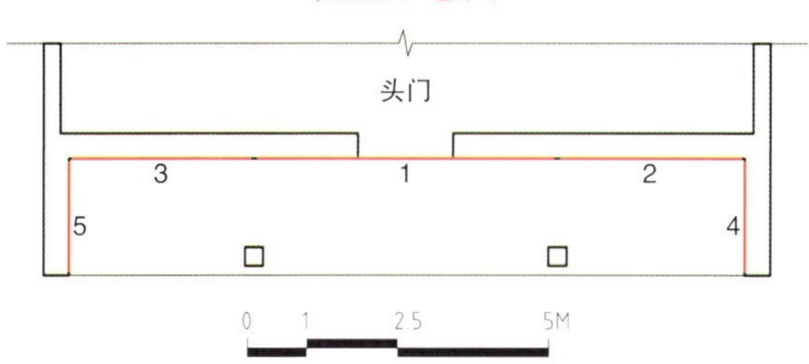

壁画名称	尺寸
1：组合画	389×72cm
2：一家词赋	245×79cm
3：周处夺勇	245×79cm
4：组合画	118×97cm
5：组合画	118×97cm

1	
3	2
5	4

21. 豪斌麦公祠

豪斌麦公祠位于赤坭镇田心村。建于清光绪十九年（1893）。坐北朝南，三间两进，总面阔 17.5 米，总进深 16.4 米，建筑占地约 287 平方米。建筑为人字封火山墙，灰塑博古脊，辘灰筒瓦，青砖墙。2008 年 5 月，公布为花都区登记保护文物单位。

现存壁画位于头门、侧廊，共有壁画 8 幅。根据壁画上的落款：光绪癸巳年，壁画绘制于 1893 年，壁画作者为德山等。壁画保存现状较好，工艺精美。

位置示意图

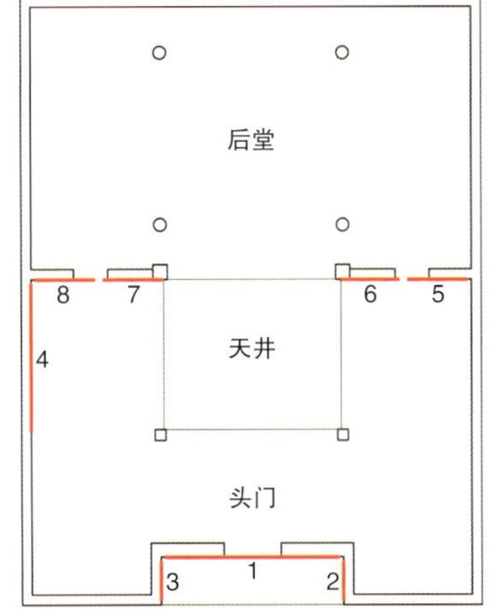

壁画名称	尺寸
1：组合画	473×90cm
2：花鸟画	113×109cm
3：花鸟画	113×109cm
4：英雄得鹿	388×69cm
5：花鸟图	113×78cm
6：花鸟画	108×78cm
7：花鸟图	108×78cm
8：花鸟图	113×78cm

1	
3	2

4			
8	7	6	5

22. 麦氏大宗祠

麦氏大宗祠位于赤坭镇田心村，建于清光绪十九年（1893），坐北朝南。三间三进，总面阔 12.5 米，总进深 33.6 米，面积约 420 平方米。建筑为人字封火山墙，灰塑博古脊，镬灰筒瓦，青砖墙。2017 年 1 月，公布为花都区文物保护单位。

现存壁画位于头门、中堂、后堂和侧廊，共有壁画 39 幅。根据壁画的落款：癸巳大暑节，壁画绘制于 1893 年，壁画作者为王雪舫（半痴氏）、王焯等。壁画较为完整，保存现状较好，其中，"风尘三侠""传经图""书中金玉"几幅壁画最为精致。

壁画名称	尺寸	壁画名称	尺寸
1：山水画	138×100cm	4：花鸟画	210×73cm
2：山水画	138×100cm	5：英雄独立图	210×73cm
3：书中金玉	264×65cm	6：组合画	169×67cm

位置示意图

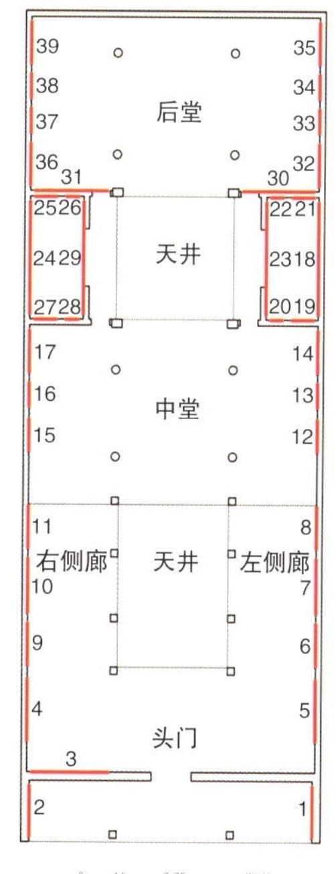

壁画名称	尺寸
7：组合画	269×67cm
8：组合画	192×67cm
9：组合画	216×69cm
10：组合画	221×69cm
11：组合画	191×69cm
12：花鸟画	82×76cm
13：书法画	50×76cm

壁画名称	尺寸
14：花鸟画	180×76cm
15：花鸟画	82×76cm
16：书法画	50×76cm
17：报喜富贵	180×76cm
18：组合画	475×74cm
19：花鸟画	125×81cm
20：人物画	50×81cm
21：花鸟画	125×81cm
22：人物画	50×81cm
23：组合画	455×70cm
24：组合画	475×74cm
25：花鸟画	125×81cm
26：人物画	50×81cm
27：花鸟画	125×81cm
28：人物画	50×81cm
29：组合画	455×70cm
30：松脂益寿	270×66cm
31：人物画	270×66cm
32：花鸟画	150×69cm
33：书法画	54×69cm
34：书法画	53×69cm
35：花鸟画	156×69cm
36：花鸟画	150×69cm
37：书法画	54×69cm
38：书法画	53×69cm
39：花鸟画	156×69cm

2	1
3	
5	4
7	6
8	9
10	11

14	13	12	
15	16	17	
18			
19	20	22	21
23			
24			

<table>
<tr><td>28</td><td>27</td><td>25</td><td>26</td></tr>
<tr><td colspan="4">29</td></tr>
<tr><td colspan="2">31</td><td colspan="2">30</td></tr>
<tr><td>35</td><td>34</td><td>33</td><td>32</td></tr>
<tr><td>36</td><td>37</td><td>38</td><td>39</td></tr>
</table>

23. 黄氏大宗祠

黄氏大宗祠位于赤坭镇乌石村。始建年代不详，清宣统二年（1910）和2000年有重修。坐西朝东，三间三进。总面阔12.4米，总进深44.6米，面积约553平方米。建筑为人字封火山墙，镬灰筒瓦，灰塑博古脊，青砖墙。2017年1月，公布为花都区文物保护单位。

现存壁画位于头门、中堂、后堂和侧廊，共有壁画41幅。根据壁画上的落款：丁丑夏日、宣统二年庚戌年，壁画绘制于1877年，部分重绘于1910年。于1877年绘制壁画的作者为李逸泉等，于1910年重绘的作者为杨贯亭、半痴氏等。壁画较为完整，保存现状较好。

位置示意图

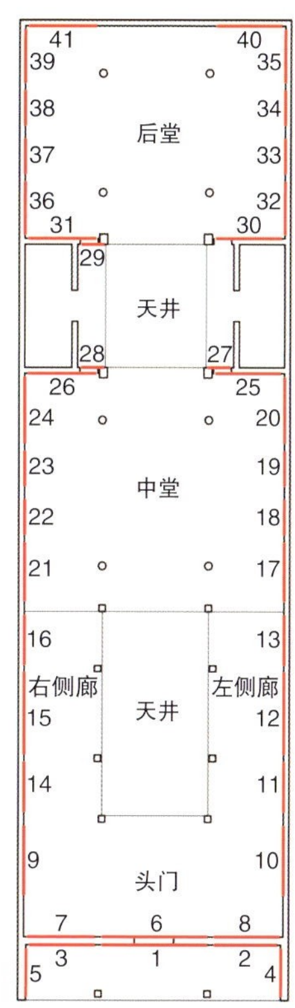

壁画名称	尺寸
1：组合画	414×89cm
2：知章访友	256×93cm
3：风尘三侠	256×93cm
4：花鸟画	158×106cm
5：花鸟画	158×106cm
6：风云际会	350×77cm

壁画名称	尺寸
7：花鸟画	248×83cm
8：花鸟画	248×83cm
9：花鸟画	245×76cm
10：花鸟画	245×76cm
11：山水画	161×59cm
12：组合画	290×59cm

壁画名称	尺寸
13：花鸟画	169×60cm
14：山水画	174×61cm
15：组合画	324×66cm
16：英雄会	201×63cm
17：花鸟画	241×70cm
18：书法画	86×70cm
19：书法画	96×70cm
20：花鸟画	235×70cm
21：花鸟画	247×70cm
22：书法画	86×70cm
23：书法画	96×70cm
24：花鸟画	253×70cm
25：花鸟画	243×60cm
26：花鸟画	243×60cm
27：花鸟画	81×56cm
28：花鸟画	81×56cm
29：花鸟画	81×56cm
30：竹报平安图	238×47cm
31：兰桂腾芳	238×47cm
32：花鸟画	204×61cm
33：书法画	83×61cm
34：书法画	98×61cm
35：花鸟画	212×61cm
36：花鸟画	204×61cm
37：书法画	83×61cm
38：书法画	98×61cm
39：花鸟画	212×61cm
40：五子登科	258×50cm
41：连生贵子图	258×50cm

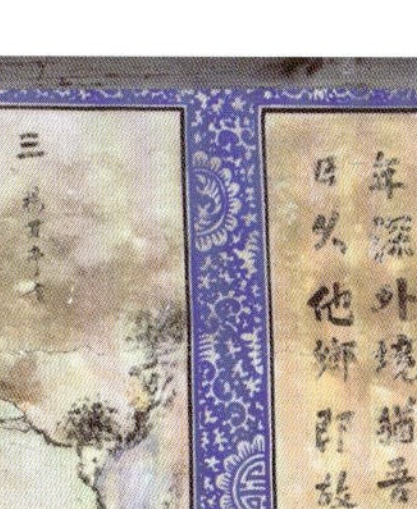

1

3 2

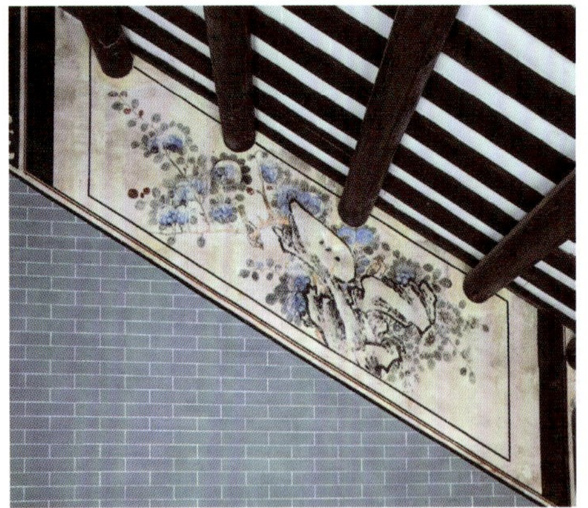

5	4
6	
8	7
10	9
14	11
12	

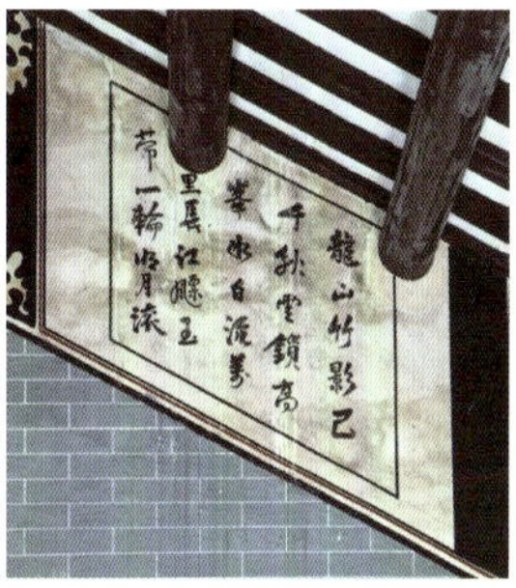

15			
16		13	
20	19	18	17
21	22	23	24
26		25	
29	28	27	
31		30	

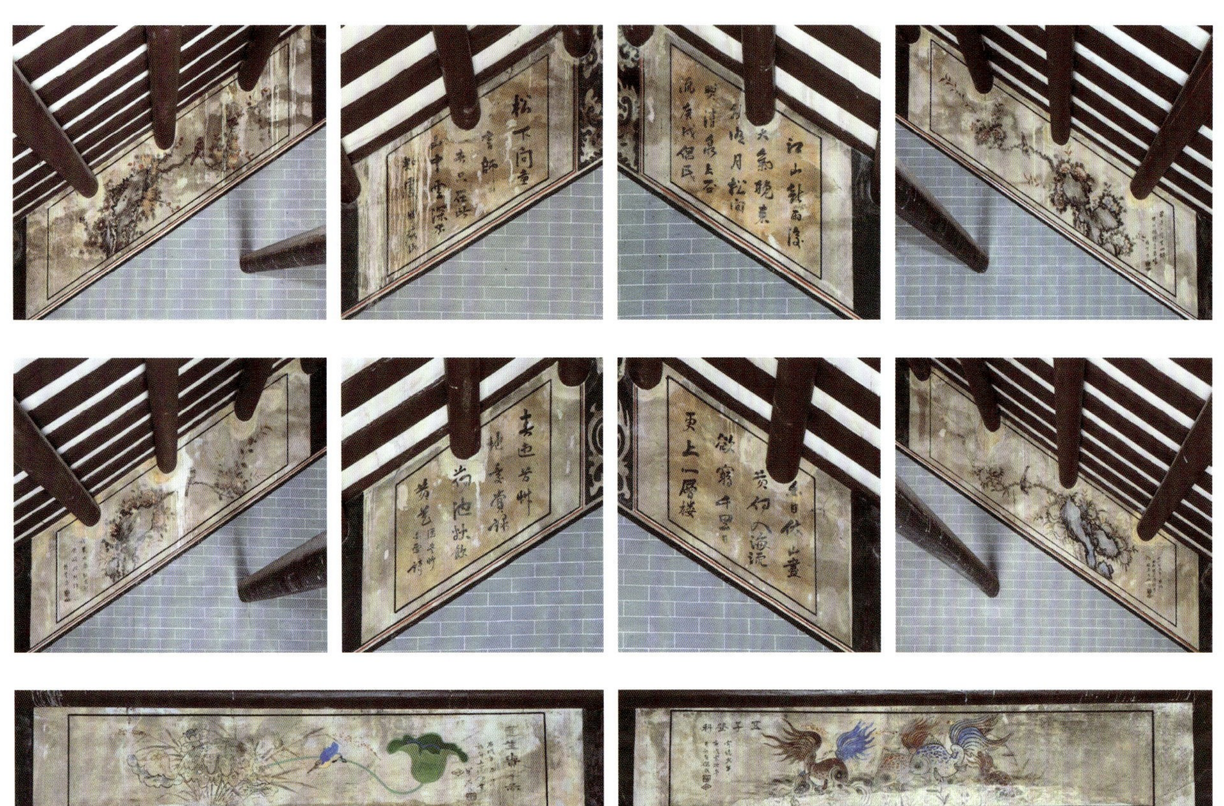

35	34	33	32
36	37	38	39
41		40	

24. 梁氏宗祠

梁氏宗祠东祠位于赤坭镇西边村。建于民国 14 年（1925）。1996 年重修。坐南朝北，主体建筑深两进，左侧带一路建筑。总面阔 16.8 米，总进深 23.6 米，建筑面积约 396.5 平方米。建筑为人字封火山墙，灰塑博古脊，辘灰筒灰，青砖墙。1942~1943 年，曾为花县政府驻地。2008 年 5 月，公布为花都区登记保护文物单位。

现存老壁画位于头门，共有壁画 15 幅。根据壁画上的落款：民国乙丑年，壁画绘制于 1925 年，壁画作者为林星权等。壁画保存现状一般，画工精细。

位置示意图

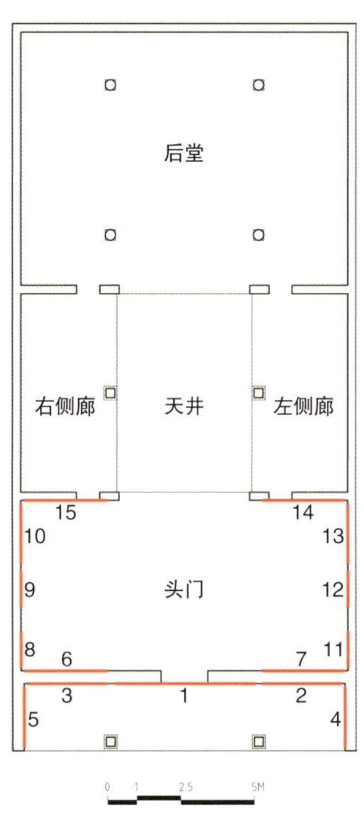

壁画名称	尺寸
1：十八大学士	303×72cm
2：三田和合	214×72cm
3：南山进仕	214×72cm
4：组合画	184×90cm
5：组合画	184×90cm
6：人物画	216×69cm
7：人物画	216×69cm
8：书法画	56×65cm
9：书法画	53×65cm
10：花鸟画	206×65cm
11：书法画	56×65cm
12：书法画	53×65cm
13：花鸟画	206×65cm
14：人物画	217×57cm
15：琴中酒乐	217×57cm

1		
3		2
5		4
7		6
8	9	10
13	12	11

15 14

25. 夏氏宗祠

夏氏宗祠位于赤坭镇西边村。始建年代不详，于清道光二十年（1840）重建，此后历次重修。坐东朝西，三间两进，左侧有衬祠，总面阔 15.7 米，总进深 20.7 米，建筑面积约 325 平方米。建筑为镬耳封火山墙，灰塑博古脊，辘灰筒瓦，青砖墙。左路建筑硬山顶，人字山墙，辘灰筒瓦，青砖墙。2008 年 5 月，公布为花都区登记保护文物单位。

现存壁画位于头门，共有壁画 3 幅。根据壁画上的落款：庚子岁冬日，壁画绘制于 1840 年，壁画作者为黎安等，有重绘痕迹。壁画保存现状一般。

位置示意图

头门
3 1 2
0 1 2.5 5M

壁画名称	尺寸
1：组合画	369×54cm
2：李白斗酒图	254×59cm
3：三□图	254×59cm

1
3 2

26. 超远张公祠

超远张公祠位于下连珠村。建于清光绪二十六年（1900）。坐东北朝西南。三间两进，右侧为衬祠。总面阔 16 米，总进深 18 米，建筑占地约 288 平方米。建筑为人字封火山墙，灰塑博古脊，镬灰筒瓦，青砖墙。2008 年 5 月，公布为花都区登记保护文物单位。

现存壁画位于头门前廊，共有壁画 5 幅。根据壁画上的落款：光绪廿六年、岁次庚子，壁画绘制于 1900 年，壁画作者为李鉴泉等。壁画保存现状一般。

位置示意图

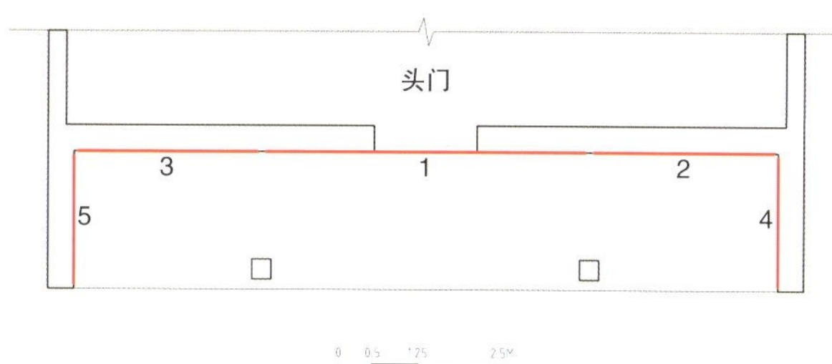

壁画名称	尺寸
1：组合画	466×62cm
2：商山四皓	240×80cm
3：伏女传经	240×80cm
4：花鸟画	140×83cm
5：山水画	140×83cm

1	
3	2
5	4

27. 黄氏宗祠（心和村）

黄氏宗祠位于赤坭镇心和村。建于清同治十三年（1874），坐北朝南，三间两进，总面阔11.4米，总进深20.2米，面积约230.3平方米。建筑为人字封火山墙，辘灰筒瓦，灰塑博古脊，青砖墙。2008年5月，公布为花都区登记保护文物单位。

现存壁画位于头门、后堂，共有壁画15幅。根据壁画上的落款：同治十三年，壁画绘制于1874年，壁画作者为颍川子、小石等。壁画较为完整，保存现状较好。

位置示意图

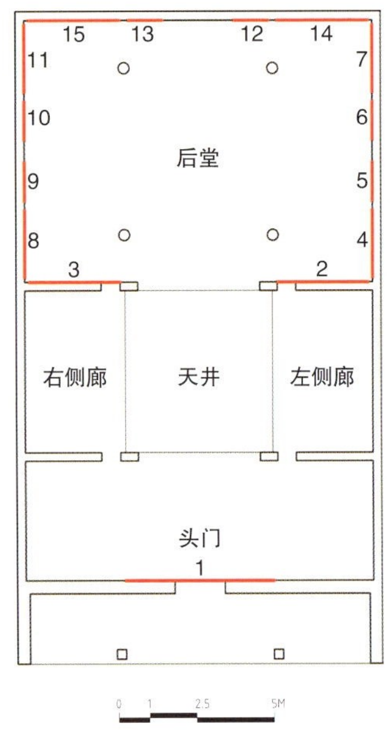

壁画名称	尺寸
1：组合画	406×74cm
2：花鸟画	254×61cm
3：花鸟画	254×61cm
4：花鸟画	208×74cm
5：书法画	79×74cm
6：书法画	82×74cm
7：花鸟画	225×74cm
8：花鸟画	208×74cm
9：书法画	79×74cm
10：书法画	82×74cm
11：花鸟画	225×74cm
12：花鸟画	94×60cm
13：花鸟画	94×60cm
14：公孙福庆图	258×62cm
15：南山添寿图	258×62cm

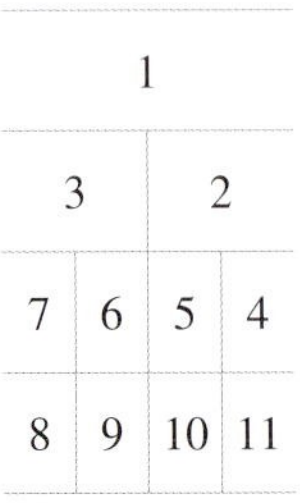

1			
3		2	
7	6	5	4
8	9	10	11

13	12
15	14

28. 印荣黄公祠

印荣黄公祠位于赤坭镇心和村。建于清咸丰七年（1857）。坐北朝南，三间两进，总面阔10.6米，总进深22.6米，面积约239.6平方米。建筑为硬山顶，人字山墙，辘灰筒瓦，青砖墙。2008年5月，公布为花都区登记保护文物单位。

现存壁画位于头门，共有壁画3幅。根据壁画上的落款：咸丰戊午年，壁画绘制于1858年，壁画作者为半间子等。壁画保存现状一般。

位置示意图

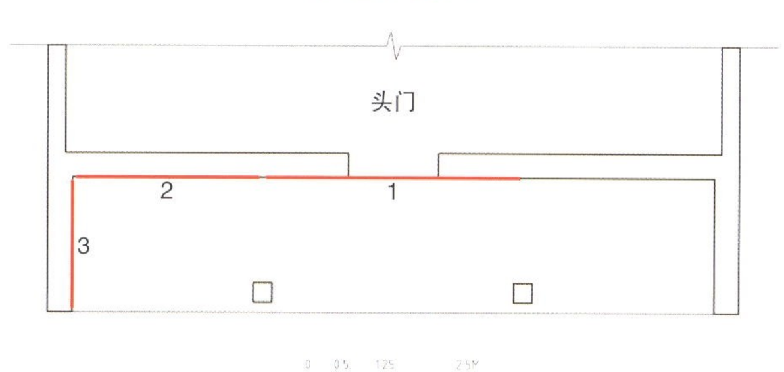

壁画名称	尺寸
1：山水画	234×65cm
2：四相图	230×63cm
3：花鸟画	165×76cm

1	3
2	

29. 邝氏宗祠

邝氏宗祠位于赤坭镇竹洞村。始建年代不详，清宣统元年（1909）重建。坐东北朝西南，广三路，深三进，总面阔 23 米，总进深 38.5 米，面积约 885.5 平方米。中路建筑为镬耳封火山墙，辘灰筒瓦，灰塑博古脊，青砖墙。左右路建筑与主体建筑以青云巷相隔。2008 年 5 月，公布为花都区登记保护文物单位。

现存壁画位于头门、中堂、后堂和侧廊，共有壁画 25 幅。根据壁画上的落款：宣统己酉年，壁画绘制于 1909 年，壁画作者为半行子等。壁画较为完整，保存现状较好，工艺精美。

位置示意图

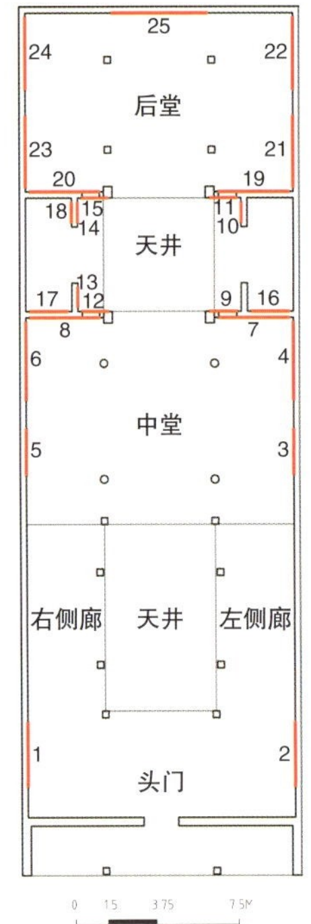

壁画名称	尺寸
1：花鸟画	202×68cm
2：花鸟画	202×68cm
3：花鸟画	134×83cm
4：花鸟画	230×83cm
5：花鸟画	134×83cm
6：花鸟画	230×83cm
7：山水画	266×79cm
8：山水画	266×79cm
9：花鸟画	98×108cm
10：山水画	97×66cm
11：花鸟画	94×68cm
12：花鸟画	98×108cm
13：山水画	97×66cm
14：山水画	97×66cm
15：花鸟画	94×68cm
16：花鸟画	109×80cm
17：花鸟画	109×80cm
18：山水画	95×67cm
19：山水画	276×71cm
20：山水画	276×71cm
21：花鸟画	210×84cm
22：花鸟画	240×84cm
23：花鸟画	210×84cm
24：花鸟画	240×84cm
25：组合画	440×70cm

2	1
4	3

5	6		
8	7		
11	10	9	
12	13	14	15
18	17	16	
20	19		

22	21
23	24
25	

30. 吴氏宗祠

吴氏宗祠位于赤坭镇竹洞村。建于民国13年（1924），1993年重修。坐东朝西，三间两进，总面阔10.9米，总进深30.8米，面积约335.7平方米。建筑为人字封火山墙，辘灰筒瓦，灰塑博古脊，青砖墙。2008年5月，公布为花都区登记保护文物单位。

现存壁画位于头门、中堂、后堂和侧廊，共有壁画42幅。根据壁画上的落款：甲子年，壁画绘制于1924年，壁画作者为禤镜秋、禤寿甫、禤瑞池等。壁画较为完整，保存现状较好，工艺精美。

位置示意图

后堂 天井 中堂 右侧廊 天井 左侧廊 头门

壁画名称	尺寸	壁画名称	尺寸
1：组合画	366×79cm	22：书法画	59×72cm
2：公孙福庆	251×85cm	23：花鸟画	169×72cm
3：一家词赋	251×85cm	24：□□图	245×65cm
4：前呈（程）万里	129×98cm	25：晒腹图	245×65cm
5：雁塔题名	129×98cm	26：花鸟画	126×54cm
6：月近龙颜	348×69cm	27：花鸟画	97×54cm
7：公孙耍乐	240×69cm	28：花鸟画	97×54cm
8：太白斗酒	240×69cm	29：花鸟画	126×54cm
9：花鸟画	43×71cm	30：组合画	318×50cm
10：书法画	52×71cm	31：花鸟画	128×56cm
11：花鸟画	187×71cm	32：山水画	277×72cm
12：花鸟画	43×71cm	33：山水画	277×72cm
13：书法画	52×71cm	34：花鸟画	212×82cm
14：花鸟画	187×71cm	35：书法画	92×82cm
15：组合画	440×57cm	36：花鸟画	137×82cm
16：花鸟画	206×72cm	37：花鸟画	212×82cm
17：书法画	55×72cm	38：书法画	92×82cm
18：书法画	59×72cm	39：花鸟画	137×82cm
19：花鸟画	169×72cm	40：教子朝天	374×71cm
20：花鸟画	206×72cm	41：老安少怀	260×70cm
21：书法画	55×72cm	42：东波（坡）赏荔	260×70cm

1	
3	2
5	4

<table>
<tr><td colspan="4">6</td></tr>
<tr><td colspan="2">8</td><td colspan="2">7</td></tr>
<tr><td>9</td><td>10</td><td colspan="2">11</td></tr>
<tr><td>14</td><td>13</td><td colspan="2">12</td></tr>
<tr><td colspan="4">15</td></tr>
<tr><td>19</td><td>18</td><td>17</td><td>16</td></tr>
</table>

20 21 22 23
25 24
29 28 27 26
31 30
33 32
36 35 34
37 38 39

40
42 41

31. 庾氏大宗祠

庾氏大宗祠位于花东镇莘田村。始建于明代，光绪十一年(1885)重建、1994年重修。坐北朝南，三间三进，后面带有三间两廊式的后祠，总面阔13.7米，总进深54.8米，建筑占地约751平方米。建筑为镬耳封火山墙，辘灰筒瓦，青砖石脚。祠旁青云巷立有《奉县宪禁示》碑一块。该祠于1961~1985年为本村小学校舍。2008年5月，公布为花都区登记保护文物单位。

现存壁画位于头门、中堂，共有壁画24幅。根据壁画上的落款：光绪乙酉年，壁画绘制于1885年，壁画作者为王晓山等。壁画较为完整，保存现状较好。

位置示意图

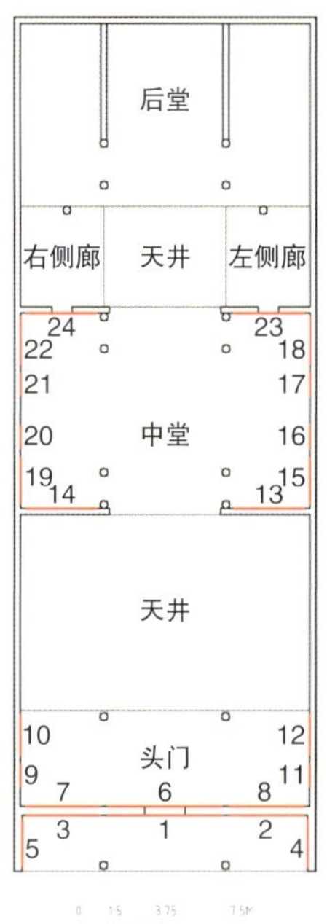

壁画名称	尺寸
1：组合画	431×78cm
2：瑶池耍乐图	299×85cm
3：人物画	299×85cm
4：组合画	208×104cm
5：组合画	208×104cm
6：组合画	491×72cm
7：组合画	328×68cm
8：组合画	328×68cm
9：书法画	69×83cm
10：岁寒三友	163×83cm
11：书法画	69×83cm
12：花鸟画	163×83cm
13：山水画	310×84cm
14：山水画	310×84cm
15：花鸟画	192×99cm
16：书法画	78×99cm
17：书法画	79×99cm
18：花鸟画	207×99cm
19：花鸟画	192×99cm
20：书法画	78×99cm
21：书法画	79×99cm
22：花鸟画	207×99cm
23：山水画	334×89cm
24：山水画	334×89cm

1

3 2
5 4
6
8 7
9 10 12 11
14 13

18	17	16	15
19	20	21	22
24		23	

32. 官铭谢公祠

官铭谢公祠位于花东镇莘田二村。建于清光绪六年（1880），历经民国 12 年（1923）和 1997 年两次重修。坐北朝南，三间两进，总面阔 9.6 米，总进深 18.1 米，建筑占地约 174 平方米。建筑为人字封火山墙，辘灰筒瓦，青砖石脚。2008 年 5 月，公布为花都区登记保护文物单位。

现存壁画位于头门，共有壁画 5 幅。根据壁画上的落款：庚辰仲冬，壁画绘制于 1880 年，由黄桢等所作。壁画“渔樵耕读”落款为：民国癸亥年（1923），由王燿舫所作。壁画保存现状较好。

位置示意图

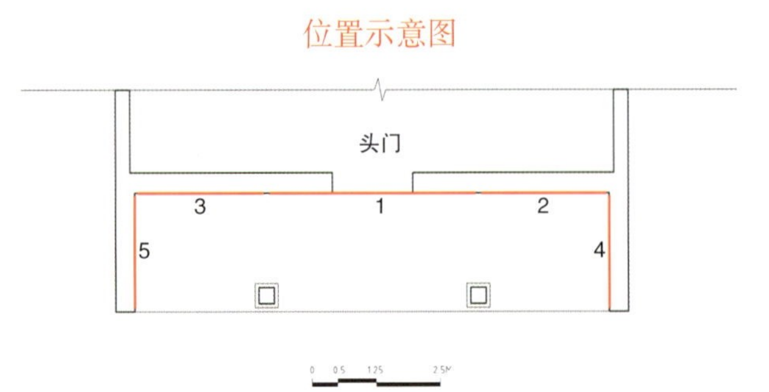

壁画名称	尺寸
1：组合画	448×74cm
2：山水画	221×84cm
3：花鸟画	221×84cm
4：贰仙醉酒	168×93cm
5：叱石成羊	168×93cm

1	
3	2
5	4

33. 罗信谢公祠

罗信谢公祠位于花东镇莘田二村。建于清同治十年（1871），2000年重修。坐北朝南，三间三进，总面阔10.3米，总进深23米，建筑占地约237平方米。建筑为硬山顶，辘灰筒瓦，青砖墙。2008年5月，公布为花都区登记保护文物单位。

现存壁画位于头门，共有壁画5幅。根据建筑风格，壁画绘制年代为清末，作者为江日升等。壁画保存现状一般。

位置示意图

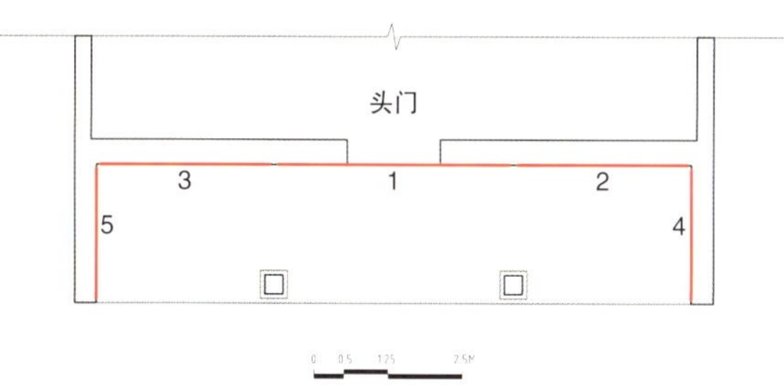

壁画名称	尺寸
1：组合画（部分重绘）	313×56cm
2：人物画	224×58cm
3：道遇程生	224×58cm
4：山水画	162×64cm
5：花鸟画	162×64cm

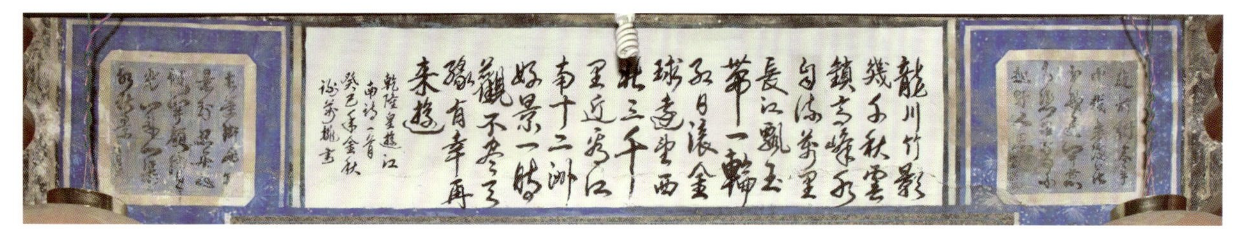

1	
3	2
5	4

34. 谢氏祖祠

谢氏祖祠位于花东镇莘田二村。建于明代，先后于清乾隆五十七年（1792）、光绪三十年（1904）和1993年三次重修。坐北朝南，三间三进，右路建筑为衬祠。总面阔19.8米，总进深38米，建筑占地约752平方米。建筑为人字封火山墙，灰塑博古脊，镬灰筒瓦，青砖石脚。2008年5月，公布为花都区登记保护文物单位。

现存壁画位于头门、中堂，共有壁画23幅。根据壁画上的落款：光绪甲辰，壁画绘制于1904年，壁画作者为黄南山、张玉山、王晓山等。壁画较为完整，保存现状较好，工艺精湛。

位置示意图

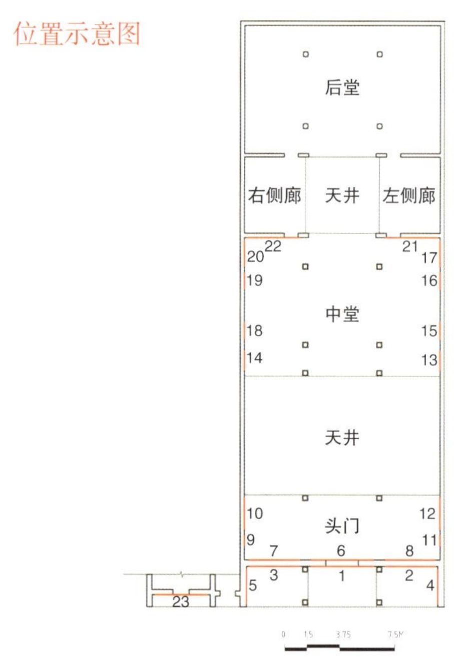

壁画名称	尺寸	壁画名称	尺寸	壁画名称	尺寸
1：装饰画		9：书法画	57×68cm	17：花鸟画	155×79cm
2：四仙醉酒图	283×88cm	10：花鸟画	182×68cm	18：书法画	69×79cm
3：瑶池晏（宴）乐	283×88cm	11：书法画	57×68cm	19：书法画	75×79cm
4：组合画	223×104cm	12：花鸟画	182×68cm	20：花鸟画	155×79cm
5：组合画	223×104cm	13：人物画	150×72cm	21：组合画	335×62cm
6：组合画	365×53cm	14：和气生财	150×72cm	22：组合画	335×62cm
7：书中有金玉	244×62cm	15：书法画	69×79cm	23：组合画	383×67cm
8：人物画	214×53cm	16：书法画	75×79cm		

1	
3	2
5	4
6	
8	7

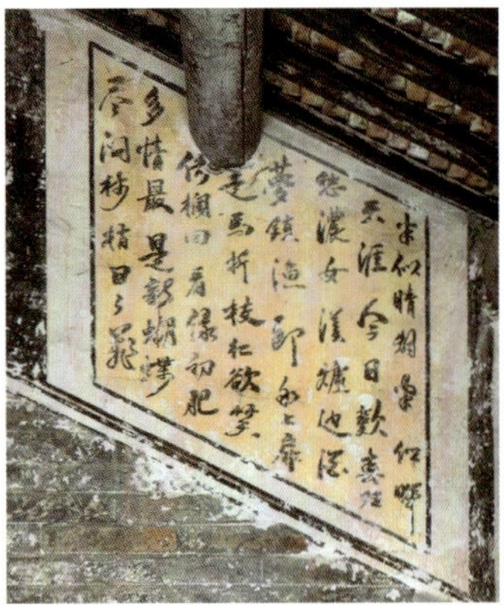

12	11	9	10
14		13	
17	16	15	
18	19	20	
22		21	
23			

35. 作宏商公祠

作宏商公祠位于花东镇水口营村。建于清光绪三年（1877）。坐北朝南，三间二进，总面阔10.4米，总进深18.4米，建筑占地约191平方米。建筑为硬山顶，人字防火山墙，灰塑博古脊，辘灰筒瓦，青砖石脚。2008年5月，公布为花都区登记保护文物单位。

现存壁画位于头门，共有壁画5幅。根据壁画上的落款：光绪戊寅年，壁画绘制于1878年，作者为罗太泉等。壁画保存现状较好。

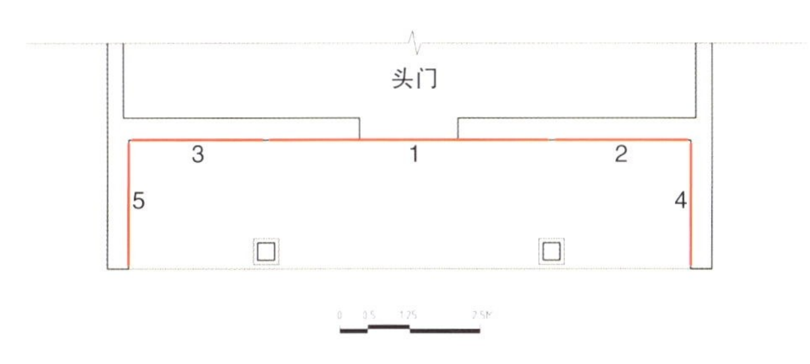

壁画名称	尺寸
1：组合画	347×77cm
2：福自天来	194×75cm
3：一气高升	194×75cm
4：花鸟画	173×94cm
5：花鸟画	173×94cm

1	
3	2
5	4

36. 志清高公祠

志清高公祠位于花东镇杨三村。建于清光绪三年（1877），2007年重修。坐北朝南，三间三进，左路有衬祠，总面阔23.9米，总进深47.7米，建筑占地约1140平方米。中路建筑为镬耳封火山墙，灰塑博古脊，辘灰筒瓦，青砖墙。2008年5月，公布为花都区登记保护文物单位。

现存壁画位于头门、衬祠，共有壁画10幅。根据壁画上的落款：光绪己丑年、复修于丁亥年，壁画绘制于1889年，重修于2007年，作者为关梦颜，由刘梁、杜和复修。壁画保存现状较好，画工精美。

位置示意图

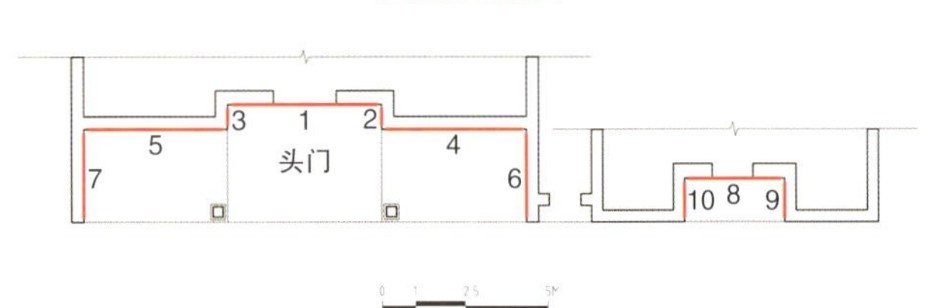

壁画名称	尺寸
1：组合画	394×88cm
2：山水画	56×112cm
3：山水画	56×112cm
4：宴会瑶池	261×86cm
5：群仙会	261×86cm
6：组合画	188×93cm
7：组合画	188×93cm
8：王羲之书扇图	246×77cm
9：秋韵	79×91cm
10：春晖	79×91cm

1		
3	2	5
		4

37. 张建若书院

张建若书院位于花山镇城西村，俗称“张家祠”。始建于清雍正元年（1723），原为泥砖墙；咸丰四年（1854）重修，民国 20 年（1931）改用青砖墙；民国 29 年（1940）失火损坏，分别于民国 35 年（1946）、1985 年两次重修。坐北朝南，广三路，深三进，总面阔 18.2 米，总进深 29.6 米，建筑占地约 538.7 平方米。建筑为人字封火山墙，灰塑博古脊，辘灰筒瓦，青砖石脚。2017 年 1 月，公布为花都区文物保护单位。

现存壁画位于头门，共 11 幅，近年重描。

位置示意图

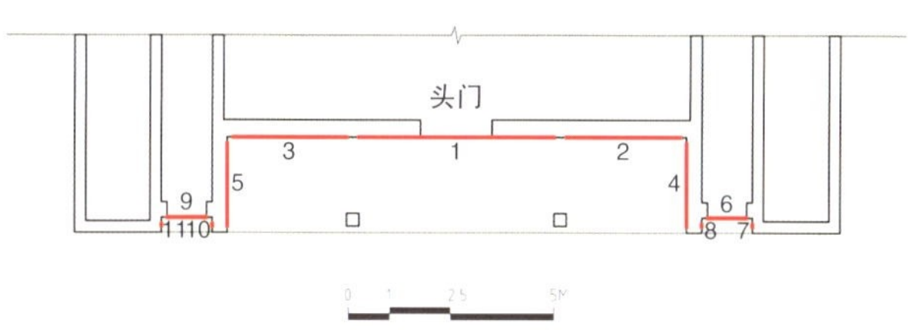

壁画名称	尺寸
1：组合画	450×81cm
2：诗礼传家	253×83cm
3：商山四皓	253×83cm
4：椿萱并茂	174×97cm
5：兰桂腾芳	174×97cm
6：仙姬送子	98×60cm
7：山水画	17×81cm
8：山水画	17×81cm
9：和气生财	98×60cm
10：山水画	17×81cm
11：山水画	17×81cm

1			
2		3	
5		4	
9		6	
11	19	8	7

38. 邝氏大宗祠

邝氏大宗祠位于花山镇东湖村。建于清代，先后于民国 22 年（1933）、2001 年两次重修。坐北朝南，三间三进，总面阔 11.5 米，总进深 35.9 米，建筑占地约 412.9 平方米。建筑为人字封火山墙，辘灰筒瓦，青砖石脚。2008 年 5 月，公布为花都区登记保护文物单位。

现存壁画位于头门，共有壁画 5 幅。根据壁画上的落款：癸酉年，壁画绘制于 1933 年，作者为陈友山、陈献等。壁画较为完整，保存现状较好。

位置示意图

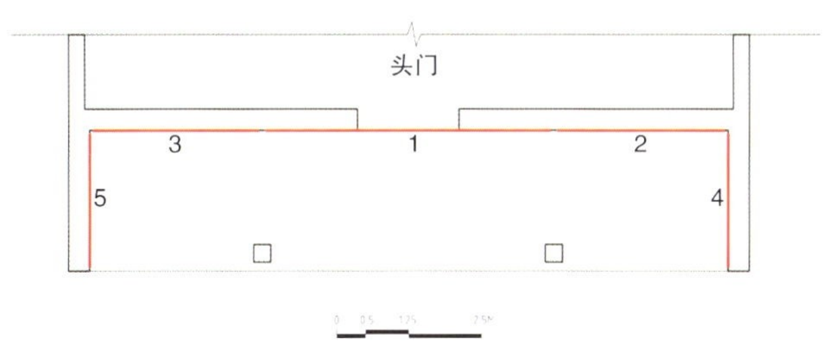

壁画名称	尺寸
1：组合画	436×85cm
2：竹林七贤	246×90cm
3：南山进寿	246×90cm
4：组合画	155×96cm
5：组合画	155×96cm

1	
3	2
5	4

39. 翔斋何公祠

翔斋何公祠位于花山镇东湖村。始建年代不详，先后于清光绪十二年（1886）、民国2年（1913）两次重修。坐西北朝东南，三间两进，总面阔10.9米，总进深18米，建筑占地约196.2年平方米。建筑为悬山顶，辘灰筒瓦，夯土墙基。墙体外砌青砖、内砌泥砖。2008年5月，公布为花都区登记保护文物单位。

现存壁画位于头门，共有壁画5幅。根据壁画上的落款：民国癸丑年，壁画绘制于1913年，作者为黄植堂等。壁画较为完整，保存现状较好。

位置示意图

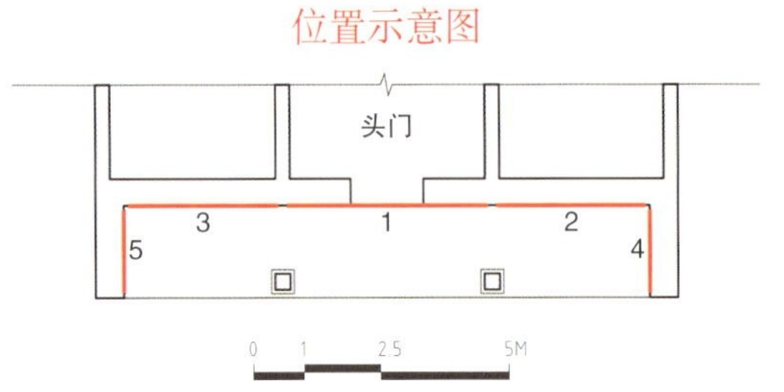

壁画名称	尺寸
1：组合画	271×59cm
2：右军诗扇	196×75cm
3：燕山图	196×75cm
4：杏林春满	104×80cm
5：富贵万年	104×80cm

1	
3	2
5	4

40. 炳辉家塾

炳辉家塾位于花山镇东华村。建于民国 5 年（1916）。坐西朝东，三间两进，总面阔 12.3 米，总进深 18.9 米，建筑占地约 232.5 平方米。建筑为硬山顶，辘灰筒瓦，青砖石脚。2008 年 5 月，公布为花都区登记保护文物单位。

现存壁画位于门斗，共有壁画 3 幅。根据壁画上的落款：民国六年、丁巳春月，壁画绘制于 1917 年，作者为半间子等。壁画较为完整，保存现状较好。

位置示意图

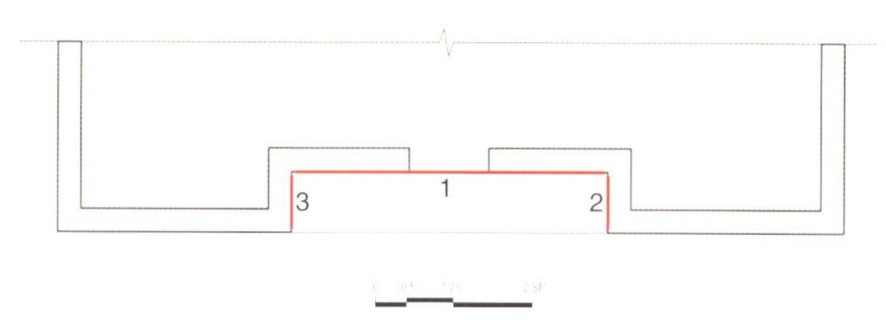

壁画名称	尺寸
1：组合画	466×55cm
2：山水画	72×65cm
3：山水画	72×65cm

1	
3	2

41. 仰山江公祠

仰山江公祠位于花山镇东华村。建于清宣统三年（1911），2001年重修。坐西朝东，三间两进，右侧有衬祠，总面阔19.63米，总进深19米，建筑占地约373平方米。建筑为硬山顶，人字山墙，青砖石脚。2008年5月，公布为花都区登记保护文物单位。

现存壁画位于头门，共有壁画5幅。根据壁画上的落款：宣统三年、辛亥仲夏，壁画绘制于1911年，作者为黄南山等。壁画保存现状较好。

位置示意图

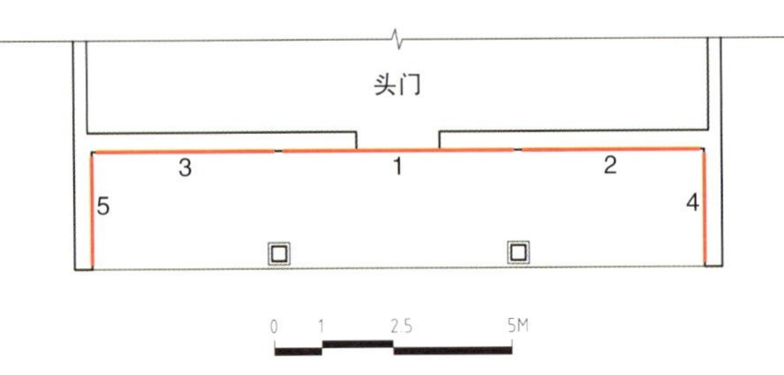

壁画名称	尺寸
1：组合画	327×54cm
2：苏家诗图	281×70cm
3：羲芝白鹅群	281×70cm
4：花鸟画	161×85cm
5：锦上添花富贵图	161×85cm

1	
3	2
5	4

42. 王氏大宗祠

王氏大宗祠位于花山镇和郁村。建于清道光三十年（1850）。坐西朝东，三间三进，总面阔 13.4 米，总进深 37.5 米，占地约 502.5 平方米。建筑为硬山顶，人字封火山墙，灰塑博古脊，青砖石脚。2017 年 1 月，公布为花都区文物保护单位。

现存壁画位于头门，共有壁画 5 幅，由杜泊洲等所绘。根据作者其他有落款的壁画和祠堂建筑年代，壁画绘制于清末。壁画保存现状较好。

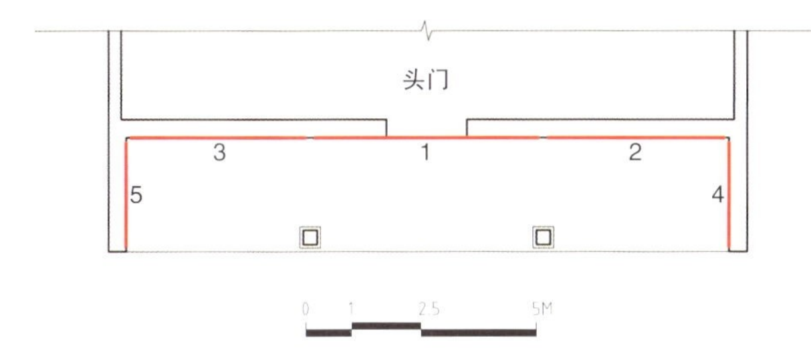

壁画名称	尺寸
1：组合画	352×70cm
2：王氏三槐	263×93cm
3：瑶池醉乐图	263×93cm
4：组合画	198×100cm
5：组合画	198×100cm

1	
3	2
5	4

43. 濯斯江公祠

濯斯江公祠位于花山镇洛场村。建于清光绪年间。坐西朝东，三间两进。总面阔 11.5 米，总进深 19.7 米，建筑占地约 227 平方米。该建筑为硬山顶，灰塑博古脊，镬灰筒瓦，青砖石脚。2008 年 5 月，公布为花都区登记保护文物单位。

现存壁画位于头门，共有壁画 5 幅。根据壁画上的落款：光绪癸未年，壁画绘制于 1883 年，作者为黄南山等。壁画保存现状较好。

位置示意图

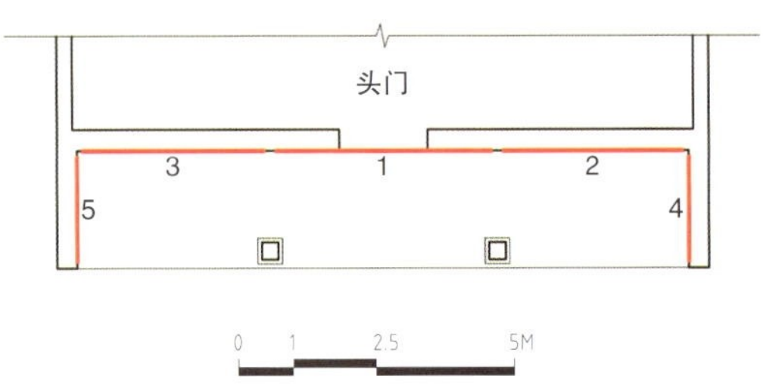

壁画名称	尺寸
1：组合画	396×82cm
2：苏家诗赋图	261×74cm
3：公孙如意图	261×74cm
4：花鸟画	141×85cm
5：花鸟画	141×85cm

1	
3	2
5	4

44. 万青刘公祠

万青刘公祠位于花山镇平西村。建于民国 11 年（1922），坐东朝西，广三路，深两进，总面阔 25 米，总进深 24.3 米，建筑占地约 607.5 平方米。建筑为硬山顶，辘灰筒瓦，青砖墙，红泥阶砖铺地。2008 年 5 月，公布为花都区登记保护文物单位。

现存壁画位于头门，共有壁画 5 幅。根据壁画上的落款：癸亥年，壁画绘制于 1923 年，作者为积泉氏、端江居氏等。壁画较为完整，保存现状较好，工艺精美。

位置示意图

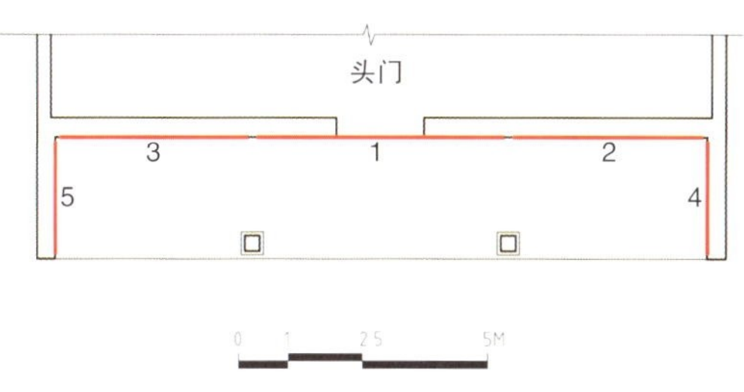

壁画名称	尺寸
1：组合画	459×104cm
2：组合画	348×119cm
3：组合画	348×119cm
4：组合画	197×140cm
5：组合画	194×140cm

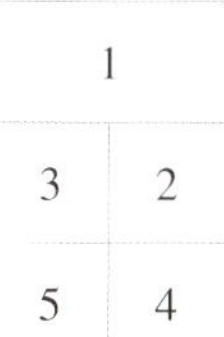

45. 欧阳氏宗祠

详见下册第 4 页。

46. 万全叶公祠

万全叶公祠位于狮岭镇东边村。建于清道光二十一年（1841）。坐南朝北，三间三进。总面阔 11.65 米，总进深 30.35 米，建筑占地约 353.6 平方米。建筑为人字封火山墙，灰塑博古脊，镬灰筒瓦，青砖石脚。2008 年 5 月，公布为花都区登记保护文物单位。

现存壁画位于头门、中堂、后堂，共有壁画 19 幅。根据壁画上的落款：乙丑岁，壁画绘制于 1925 年，作者为陈友山、陈献等。壁画较为完整，保存现状较好。

位置示意图

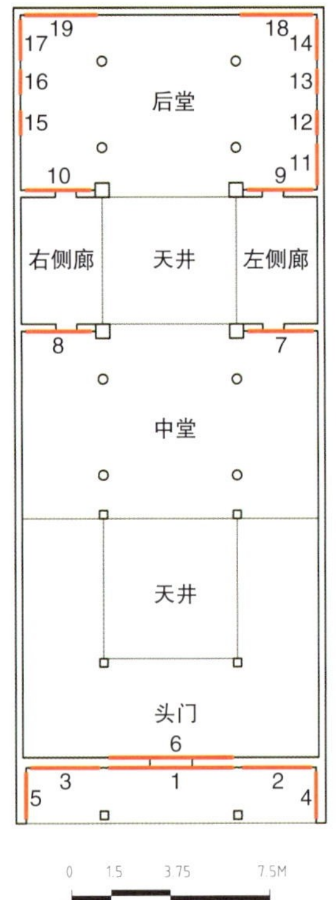

壁画名称	尺寸
1：组合画	442×44cm
2：竹林七贤	259×54cm
3：蓬莱仙境	259×54cm
4：花鸟画	135×73cm
5：英雄□□	135×73cm
6：组合画	469×71cm
7：叱石成羊	235×63cm
8：渊明赏菊	235×63cm
9：轻□□□下江烟	251×59cm
10：鹤立溪林	251×59cm
11：中以忘忧	177×77cm
12：书法画	72×77cm
13：书法画	68×77cm
14：时来花似锦	170×77cm
15：书法画	72×77cm
16：书法画	68×77cm
17：平安报喜	170×77cm
18：刘伶醉酒图	259×64cm
19：冬吟白雪诗	259×64cm

1	
3	2
5	4

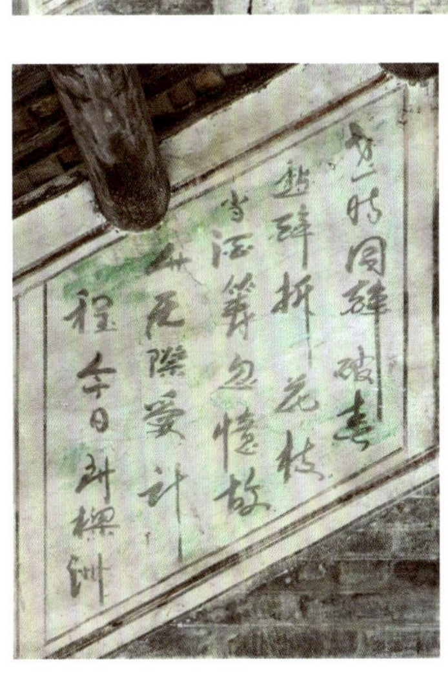

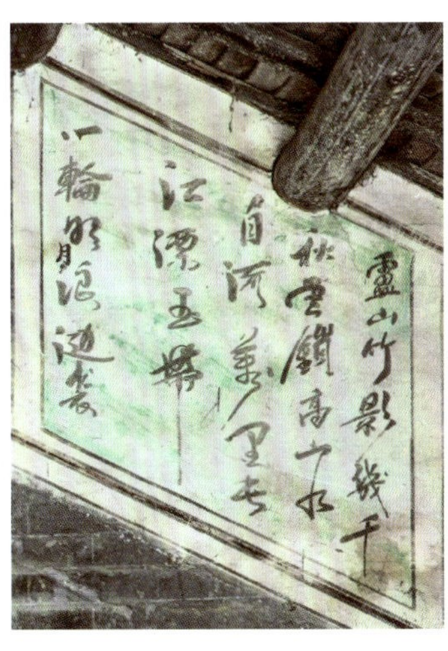

6			
8		7	
10		9	
14	13	12	11
15	16	17	
19		18	

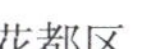

47. 毕氏书室

毕氏书室位于狮岭镇联合村。建于清代。坐北朝南，三间两进，总面阔 11 米，总进深 18.4 米，建筑占地约 202.4 平方米。建筑为硬山顶，灰塑博古脊，辘灰筒瓦，青砖石脚。2008 年 5 月，公布为花都区登记保护文物单位。

现存壁画位于头门，共有壁画 5 幅。根据壁画上的落款：辛亥年，壁画绘制于 1911 年，壁画作者为李鉴泉等。壁画保存现状一般。

位置示意图

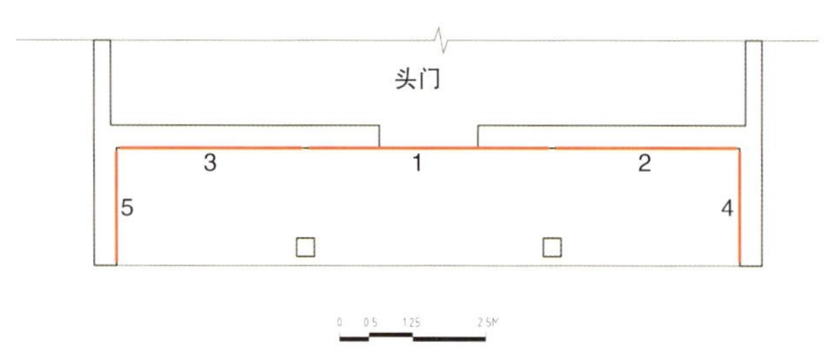

壁画名称	尺寸
1：十八大学士	246×81cm
2：瑶池耍乐	230×81cm
3：饮中八仙	230×81cm
4：一林春光	119×90cm
5：花鸟画	119×90cm

1	
3	2
5	4

48. 天衢毕公祠

大衢毕公祠位于狮岭镇联合村。建于清道光十九年（1839）。坐北朝南，三间两进，总面阔 11.9 米，总进深 18.6 米，建筑占地约 221.3 平方米。主体建筑为硬山顶，灰塑博古脊，镬灰筒瓦，青砖石脚。2008 年 5 月，公布为花都区登记保护文物单位。

现存壁画位于头门，共有壁画 5 幅。根据壁画上的落款：道光岁次庚子花月朔日，壁画绘制于 1840 年，作者为罗炎等。壁画保存现状一般。

位置示意图

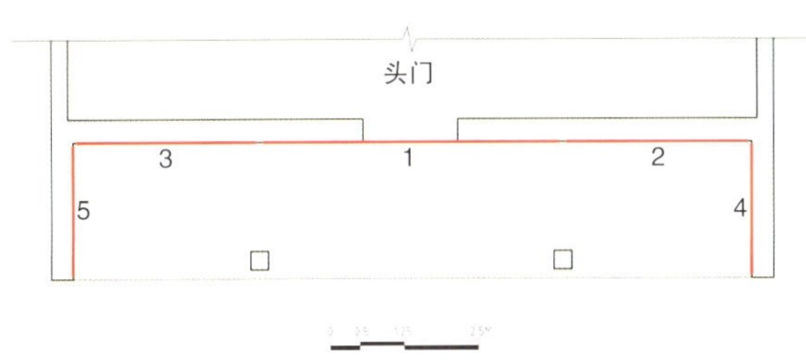

壁画名称	尺寸
1：组合画	367×63cm
2：人物画	203×77cm
3：竹林七贤	203×77cm
4：花鸟画	107×70cm
5：组合画	154×70cm

1	
3	2
5	4

49. 南枝王公祠

南枝王公祠位于狮岭镇前进村。建于清光绪元年（1875），民国 21 年（1932）和 1985 年先后两次重修。坐北朝南，广三路，深三进，总面阔 20.9 米，总进深 34.5 米。中路建筑占地约 471 平方米。中路建筑为人字封火山墙，灰塑博古脊，镬灰筒瓦，青砖石脚。2017 年 1 月，公布为花都区文物保护单位。

现存壁画位于头门、中堂、后堂、侧廊，共有壁画 49 幅。根据壁画上的落款：民国廿一年、壬申年，壁画绘制于 1932 年，作者为杨湛泉、半痴氏等。壁画较为完整，保存现状较好，工艺精湛。

壁画名称	尺寸	壁画名称	尺寸
1：组合画	421×68cm	6：日近龙颜	309×69cm
2：醉理（里）洞天	245×78cm	7：南山求寿	219×60cm
3：宴乐蓬莱	245×78cm	8：人物画	219×60cm
4：花鸟画	140×87cm	9：花鸟画	200×73cm
5：花鸟画	140×87cm	10：花鸟画	200×73cm

位置示意图

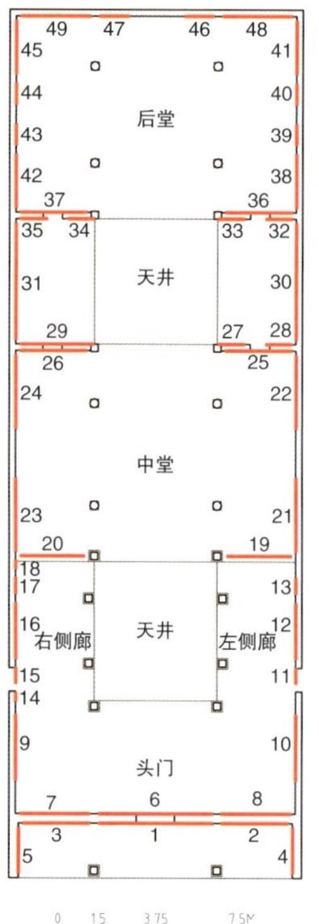

壁画名称	尺寸
11：花鸟画	109×28cm
12：组合画	250×53cm
13：山水画	118×53cm
14：花鸟画	23×56cm
15：花鸟画	109×28cm
16：组合画	250×53cm
17：山水画	118×53cm
18：花鸟画	23×56cm
19：组合画	284×86cm

壁画名称	尺寸
20：组合画	284×86cm
21：组合画	276×63cm
22：组合画	311×63cm
23：组合画	276×63cm
24：组合画	311×63cm
25：人物画	243×58cm
26：晒腹图	243×58cm
27：花鸟画	104×52cm
28：花鸟画	86×55cm
29：组合画	271×55cm
30：组合画	436×51cm
31：组合画	436×51cm
32：花鸟画	86×55cm
33：花鸟画	104×52cm
34：花鸟画	104×52cm
35：花鸟画	86×55cm
36：雀鹿风侯	220×56cm
37：宝连图	220×56cm
38：花鸟画	184×54cm
39：书法画	66×63cm
40：书法画	73×54cm
41：花鸟画	180×54cm
42：花鸟画	184×54cm
43：书法画	76×54cm
44：书法画	73×54cm
45：花鸟画	180×54cm
46：花鸟画	60×60cm
47：花鸟画	60×60cm
48：和合生财	226×60cm
49：采芝图	226×60cm

1	
3	2

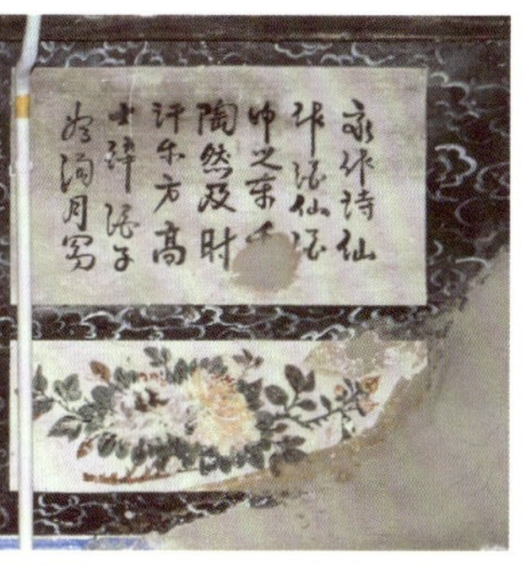

5	4
6	
8	7
10	9
12	

13		11	
16			
14	15	17	18
20		19	
22		21	
23		24	

26	25
29 28	27

30

31

35 34 33 32

37 36

41 40 39 38

42	43	44	45
46		48	
47		49	

50. 邱氏宗祠

邱氏宗祠位于狮岭镇西头村。建于清代，民国 15 年（1926）重修。坐东朝西，三间两进，总面阔 11.6 米，总进深 24 米，建筑占地约 278.4 平方米。建筑为人字封火山墙，辘灰筒瓦，灰塑博古脊，青砖石脚。2008 年 5 月，公布为花都区登记保护文物单位。

现存壁画位于头门，共有壁画 5 幅。根据壁画上的落款：民国丁卯年，壁画绘制于 1927 年，作者为杨湛泉、半痴氏等。壁画保存现状一般。

位置示意图

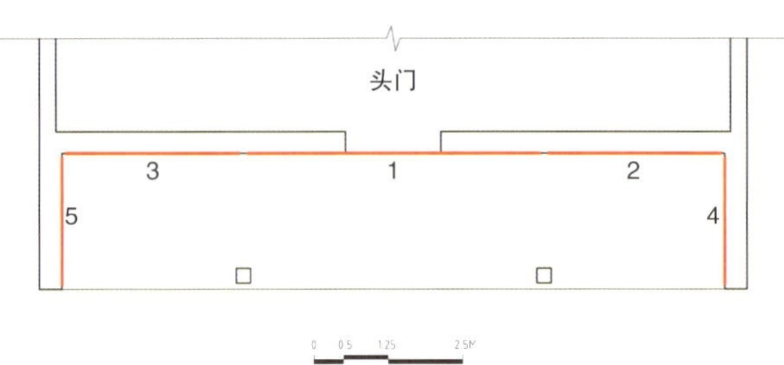

壁画名称	尺寸
1：组合画	400×87cm
2：王烈授书	218×95cm
3：王子求仙	218×95cm
4：花鸟画	133×107cm
5：花鸟画	133×107cm

1	
3	2
5	4

51. 玉山林公祠

玉山林公祠位于狮岭镇西头村。建于清道光二十年（1840）。坐北朝南，三间两进，总面阔 12.5 米，总进深 21.4 米，建筑占地约 267.5 平方米。建筑为硬山顶，灰塑博古脊，镬灰筒瓦，青砖墙，方砖铺地。2008 年 5 月，公布为花都区登记保护文物单位。

现存壁画位于头门、后堂，共有壁画 23 幅。根据壁画上的落款：道光辛丑年，壁画绘制于 1840 年，作者为杜泊洲等。壁画较为完整，保存现状较好，工艺精湛。

位置示意图

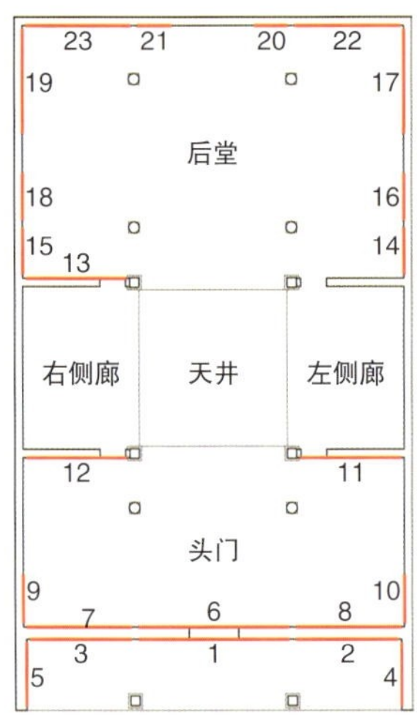

壁画名称	尺寸	壁画名称	尺寸
1：组合画	456×66cm	13：花鸟画	124×61cm
2：人物画	282×73cm	14：人物画	67×70cm
3：金带遗（围）之图	282×73cm	15：人物画	67×70cm
4：花鸟画	154×85cm	16：花鸟画	196×70cm
5：花鸟画	154×85cm	17：花鸟画	85×54cm
6：花鸟画	350×68cm	18：花鸟画	196×70cm
7：花鸟画	226×73cm	19：花鸟画	124×61cm
8：花鸟画	226×73cm	20：花鸟画	256×60cm
9：花鸟画	72×80cm	21：花鸟画	85×54cm
10：花鸟画	72×80cm	22：花鸟画	256×60cm
11：花鸟画	222×68cm	23：花鸟画	256×60cm
12：花鸟画	222×68cm		

1	
3	2
5	4
6	
8	7

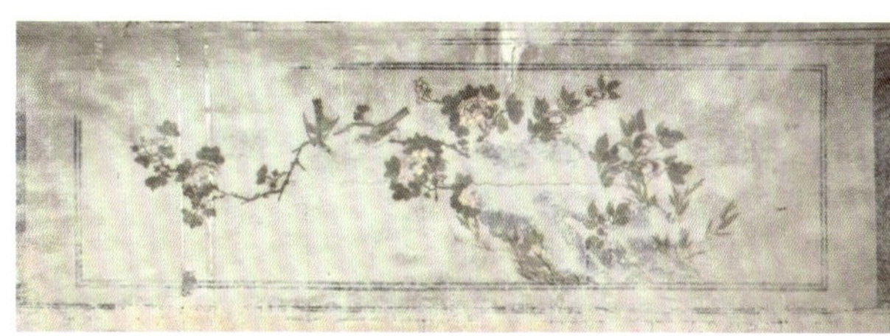

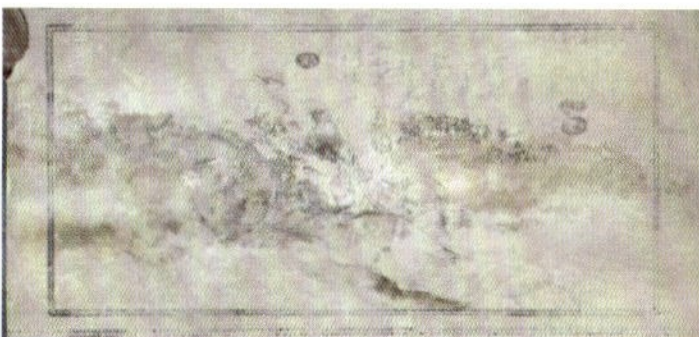

9	10
11	12
15 14	13
17 16	18 19
21	20
23	22

52. 宣礼杨公祠

宣礼杨公祠位于花城街杨二村。始建于清代，于民国19年（1930）重修。坐西朝东，三间三进。总面阔13米，总进深39.6米，建筑占地约514.8平方米。建筑为硬山顶，辘灰筒瓦，脊饰博古纹简陋，青砖石脚。2008年5月，公布为花都区登记保护文物单位。

现存壁画位于头门，共有壁画5幅。根据壁画上的落款：庚午年，壁画绘制于1930年，作者为杨贯亭、半痴氏等。壁画较为完整，保存现状较好。

位置示意图

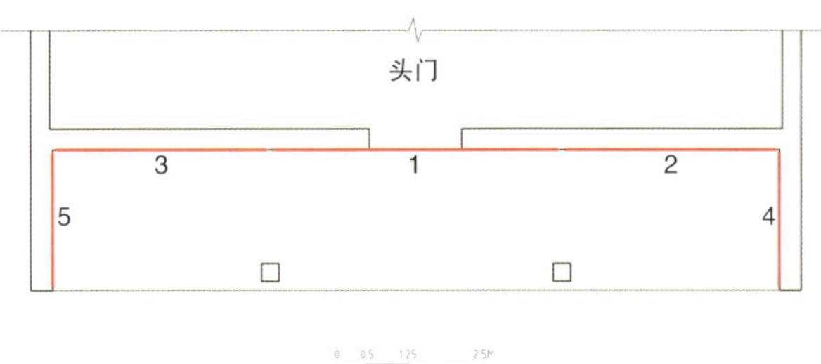

壁画名称	尺寸
1：组合画	434×54cm
2：组合画	301×75cm
3：组合画	301×75cm
4：花鸟画	172×93cm
5：花鸟画	172×93cm

1	
3	2
5	4

53. 宣义杨公祠

宣义杨公祠位于花城街杨一村。曾于清光绪四年（1878）和 2005 年两次重修。坐东南朝西北，三间三进。总面阔 13.5 米，总进深 40.5 米，建筑占地约 546.8 平方米。建筑为硬山顶，人字封火山墙，辘灰筒瓦，青砖石脚。2008 年 5 月，公布为花都区登记保护文物单位。

现存壁画位于头门，共有壁画 5 幅。根据壁画上的落款：民国丁巳年，壁画绘制于 1917 年，作者为杨贯亭、半痴氏等。壁画保存现状较好。

位置示意图

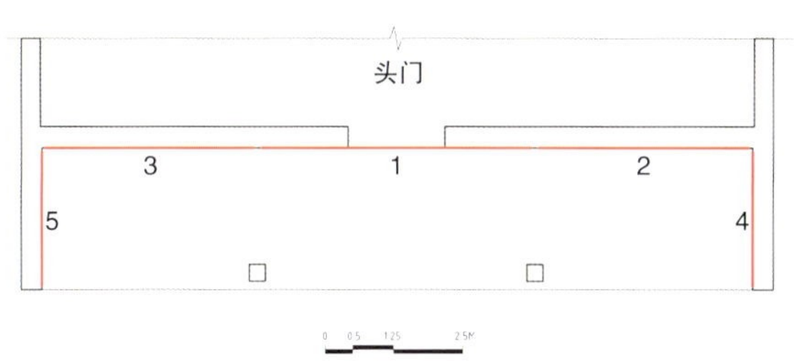

壁画名称	尺寸
1：组合画	297×80cm
2：人物画	263×92cm
3：携柑送酒	263×92cm
4：花鸟图	153×104cm
5：花鸟图	153×104cm

1	
3	2
5	4

54. 翠琳李公祠

翠琳李公祠位于狮岭镇中心村。建于清同治八年（1869），先后于光绪十九年（1893）和1994年两次重修。坐北朝南，三间两进。总面阔11.7米，总进深18.4米，建筑占地约216平方米。建筑为硬山顶，灰塑博古脊，镬灰筒瓦，青砖墙，夯土墙基。2008年5月，公布为花都区登记保护文物单位。

现存壁画位于头门，共有壁画3幅。根据壁画上的落款：光绪癸巳，壁画绘制于1893年，作者不详，壁画保存现状较好。

位置示意图

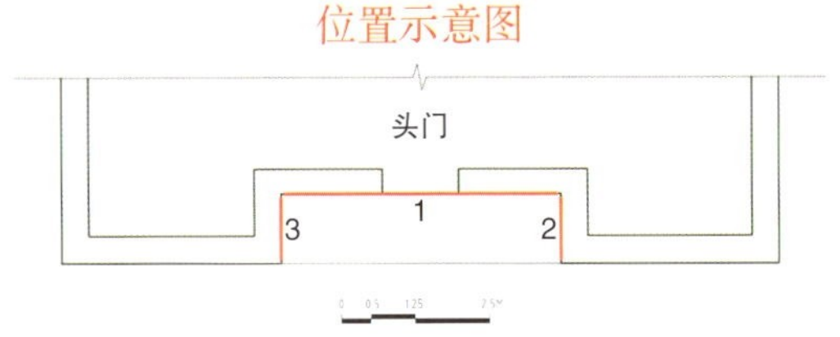

壁画名称	尺寸
1：组合画	407×59cm
2：花鸟画	90×65cm
3：花鸟画	90×65cm

1

3 2

55. 建亭李公祠

建亭李公祠位于狮岭镇中心村。建于清道光十九年（1839）。坐北朝南，三间两进，总面阔11.8米，总进深19.6米，建筑占地231.3平方米。建筑为人字封火山墙，灰塑博古脊，镬灰筒瓦，青砖石脚。2008年5月，公布为花都区登记保护文物单位。

现存壁画位于头门，共有壁画9幅。根据壁画上的落款：己亥年，壁画绘制于1839年，作者为黎安等。壁画保存现状较好。

位置示意图

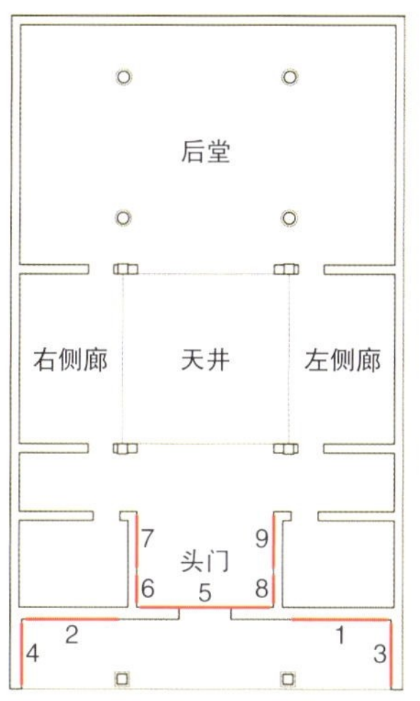

壁画名称	尺寸
1：四相图	226×83cm
2：旨醉太白图	226×83cm
3：雁塔题名图	143×80cm
4：山水画	143×80cm
5：教子朝天图	326×76cm
6：花鸟图	64×83cm
7：花鸟图	152×87cm
8：花鸟图	64×83cm
9：花鸟图	152×87cm

2	1
4	3
5	
9 8	6 7

56. 静轩宋公祠

静轩宋公祠位于狮岭镇中心村。始建年代不详，先后于清同治元年（1862）和1997年两次重修。坐北朝南，三间三进，左侧有衬祠，总面阔21.3米，总进深38.1米，建筑占地约811.5平方米。建筑为人字封火山墙，灰塑博古脊，辘灰筒瓦，青砖石脚。2008年5月，公布为花都区登记保护文物单位。

现存壁画位于头门、中堂、后堂，共有壁画31幅。根据壁画上的落款：同治元年、壬戌年，壁画绘制于1862年，壁画作者为黎光、黎发昌、黎安、李林石等。壁画较为完整，保存现状较好。

位置示意图

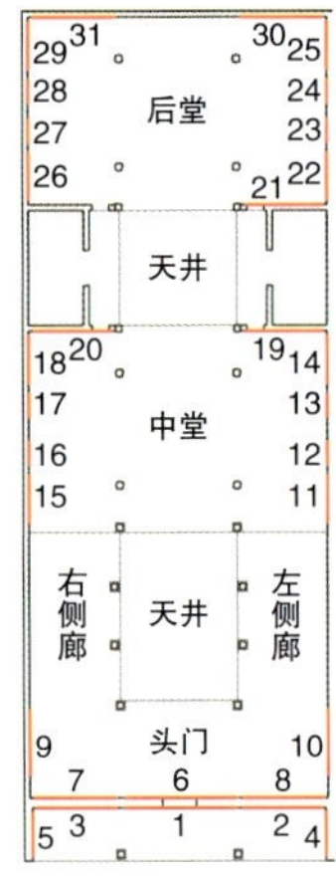

壁画名称	尺寸
1：组合画	360×64cm
2：饮中八仙	306×70cm
3：人物画	306×70cm
4：组合画	181×95cm
5：山水画	181×95cm
6：墨水龙画	419×61cm
7：壶里乾坤图	314×68cm
8：山水相逢	314×68cm
9：花鸟画	223×77cm
10：花鸟画	223×77cm
11：花鸟画	241×98cm
12：书法画	67×110cm
13：书法画	67×110cm
14：花鸟画	250×98cm
15：花鸟画	241×98cm
16：书法画	67×110cm
17：书法画	67×110cm
18：花鸟画	250×98cm
19：人物画	337×84cm
20：三田和合图	337×84cm
21：同气图	337×84cm
22：花鸟画	241×98cm
23：书法画	67×110cm
24：书法画	67×110cm
25：花鸟画	250×98cm
26：花鸟画	241×98cm
27：书法画	67×110cm
28：书法画	67×110cm
29：花鸟画	250×98cm
30：人物画	314×68cm
31：人物画	314×68cm

1	
3	2
5	4

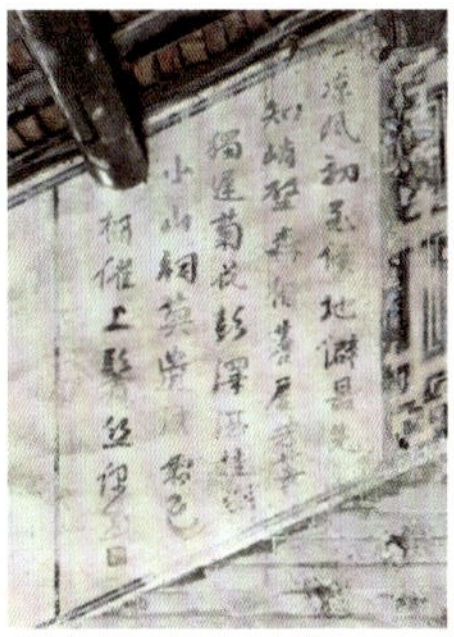

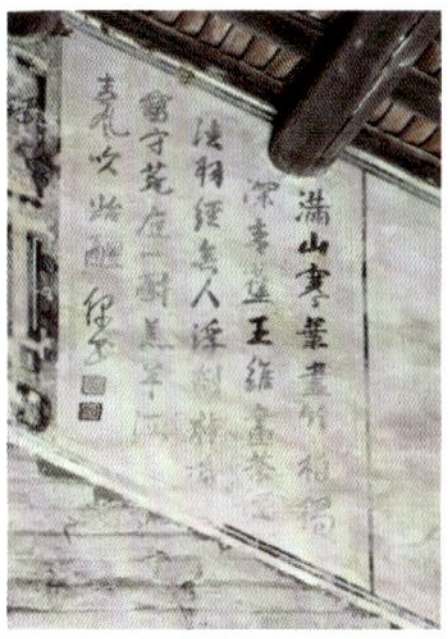

6			
8		7	
10		9	
14	13	12	11
15	16	17	18
20		19	
21			

25	24	23	22
26	27	28	29
31		30	

57. 枏公宗祠

枏公宗祠位于狮岭镇中心村。建于清道光二十三年（1843），1998年重修。坐南朝北，主体建筑为三间两廊，右侧带一路建筑。总面阔18.4米，总进深11.85米，建筑占地约218平方米。建筑为硬山顶，人字山墙，辘灰筒瓦，青砖石脚。2008年5月，公布为花都区登记保护文物单位。

现存壁画位于头门、后堂，共有壁画12幅。根据壁画上的落款：道光癸卯年，壁画绘制于1843年，作者为黎安等。壁画较为完整，保存现状一般。

位置示意图

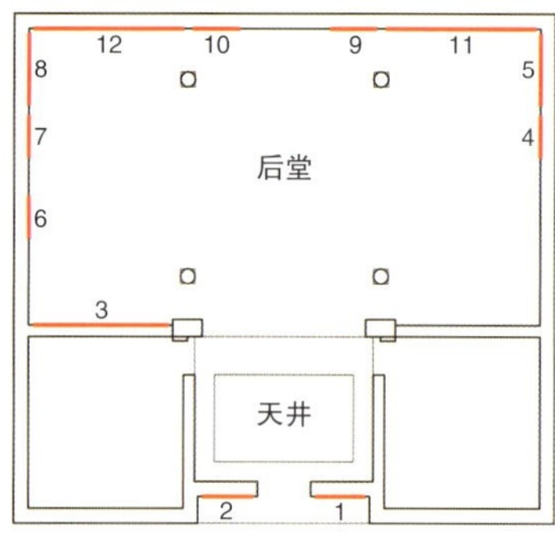

壁画名称	尺寸
1：李白斗酒图	56×64cm
2：叱石成羊	56×64cm
3：大夫富贵图	266×44cm
4：花鸟画	67×57cm
5：花鸟画	163×57cm
6：花鸟画	67×57cm
7：花鸟画	66×60cm
8：花鸟画	66×60cm
9：山水画	76×52cm
10：山水画	76×52cm
11：三苏图	266×44cm
12：和合寿星图	271×54cm

花都区

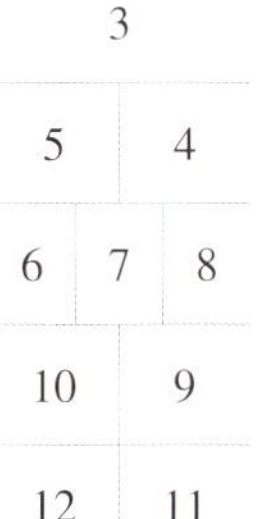

58. 朝金书室

朝金书室位于炭步镇茶塘村。建于清代。坐东朝西，三间两进，总面阔 9.7 米，总进深 12.4 米，建筑占地约 120 平方米。建筑为硬山顶，辘灰筒瓦，青砖石脚，红泥阶砖铺地。2010 年 4 月，公布为花都区登记保护文物单位。

现存壁画位于头门，共有壁画 4 幅。根据壁画的落款：丙子年，壁画绘制年份推测为 1876 年，作者为张少云。壁画保存现状一般。

位置示意图

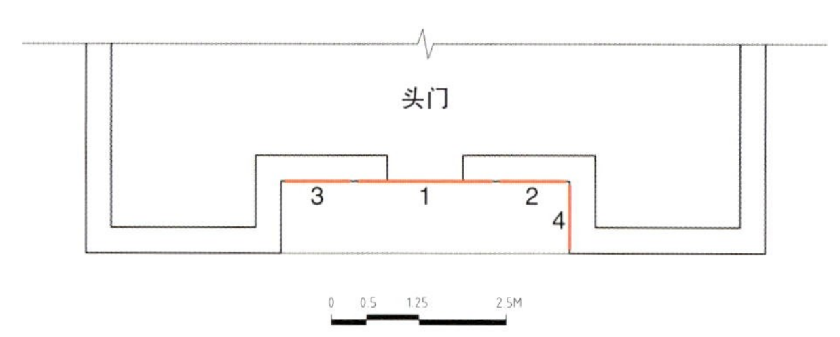

壁画名称	尺寸
1：组合画	173×53cm
2：胡麻遇美	97×76cm
3：松芝益寿	97×76cm
4：花鸟画	88×57cm

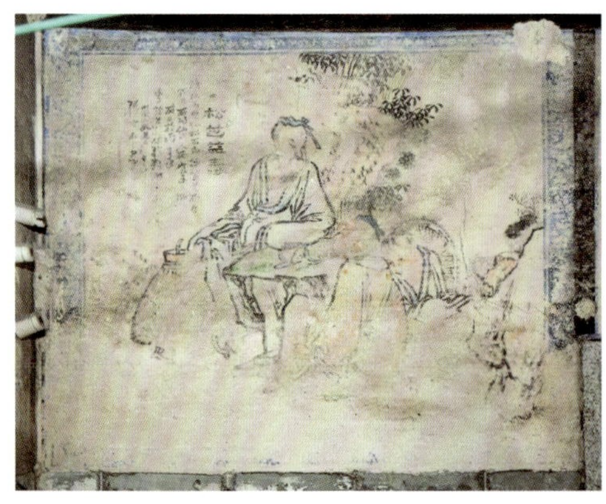

1		
3	2	4

59. 和武书室

和武书室位于炭步镇茶塘村。始建年代不详。建筑为硬山顶，人字山墙，镬灰筒瓦，青砖石脚。现存壁画位于头门，共有壁画 2 幅。壁画的绘制年代推测为清末。壁画保存现状一般。

位置示意图

头门

1

2

0 0.5 1.25 2.5M

壁画名称	尺寸
1：人物画	250×75cm
2：花鸟画	34×75cm

2 1

60. 明峰汤公祠

明峰汤公祠位于炭步镇茶塘村南社。晚清建筑，2007 年重修。坐东朝西，三间两进，人字封火山墙，镬灰筒瓦，青砖石脚，红泥阶砖铺地。总面阔 12.5 米，总进深 25.2 米，建筑面积约 315 平方米。2015 年 12 月，作为“茶塘村古建筑群”的组成部分，公布为广东省文物保护单位。

现存壁画位于头门、后堂和侧廊，共有壁画 34 幅。根据壁画上的落款：光绪庚辰，壁画绘制于 1880 年，壁画作者为曹瑞轩（二维氏、横浦子）、石湖子等。壁画较为完整，保存现状较好。

位置示意图

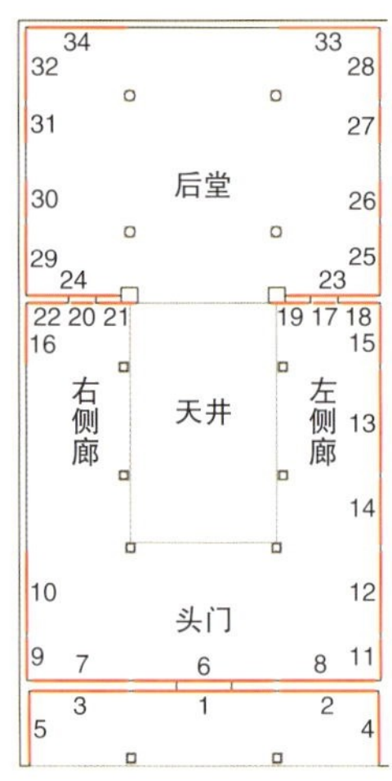

壁画名称	尺寸	壁画名称	尺寸	壁画名称	尺寸
1：组合画	350×88cm	11：书法画	60×75cm	23：人物画	222×68cm
2：福寿绵绵图	237×98cm	12：花鸟画	148×75cm	24：人物画	222×68cm
3：兰桂胜芳	237×98cm	13：组合画	220×63cm	25：花鸟画	170×71cm
4：组合画	174×118cm	14：山水画	194×68cm	26：书法画	81×71cm
5：组合画	174×118cm	15：人物画	161×66cm	27：书法画	74×71cm
6：组合画	434×78cm	16：人物画	161×66cm	28：花鸟画	193×71cm
7：秘授玲珑	243×78cm	17：一气高升	59×69cm	29：花鸟画	170×71cm
8：和气致祥	243×78cm	18：花鸟画	96×73cm	30：书法画	81×71cm
9：书法画	60×75cm	19：花鸟画	87×71cm	31：书法画	74×71cm
10：花鸟画	148×75cm	20：人物画	59×69cm	32：花鸟画	193×71cm
		21：花鸟画	87×69cm	33：山水画	233×74cm
		22：花鸟画	96×73cm	34：山水画	233×74cm

1	
3	2
5	4
6	

8	7		
12	11	9	10
13			
15	14	16	
19	17	18	
22	20	21	

24		23	
28	27	26	25
29	30	31	32
34		33	

61. 寅新书舍

寅新书舍位于炭步镇茶塘村。始建年代不详，光绪十二年(1886年)重修。总面阔11.3米。主体建筑硬山顶，人字山墙，镬灰筒瓦，青砖石脚。现存壁画位于头门，共有壁画3幅。根据壁画上的落款：光绪丙戌年，壁画绘制于1886年。壁画保存现状一般。

位置示意图

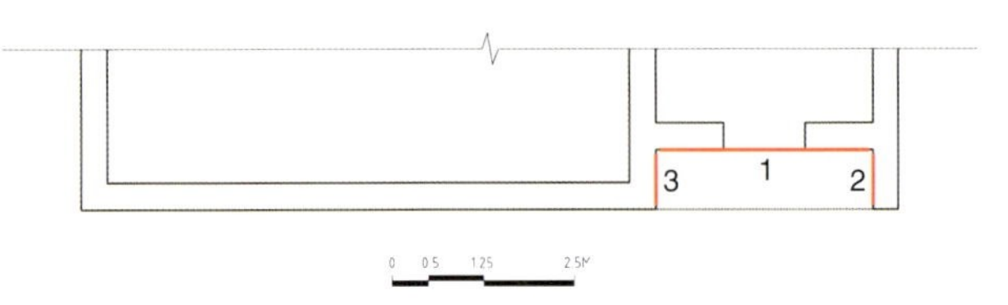

壁画名称	尺寸
1：组合画	278×57cm
2：人物画	49×50cm
3：花鸟画	49×50cm

1	
3	2

62. 友峰汤公祠

友峰汤公祠位于炭步镇茶塘村。清代建筑。坐东朝西，总面阔 11.4 米，总进深 17.2 米，建筑面积约 196 平方米。镬耳封火山墙，灰塑博古脊，辘灰筒瓦，青砖石脚，红阶砖铺地。2017 年 1 月，公布为花都区文物保护单位。现存壁画位于头门，共有壁画 4 幅。壁画的绘制年代推测为清末，由带龙子所绘。壁画保存现状一般。

位置示意图

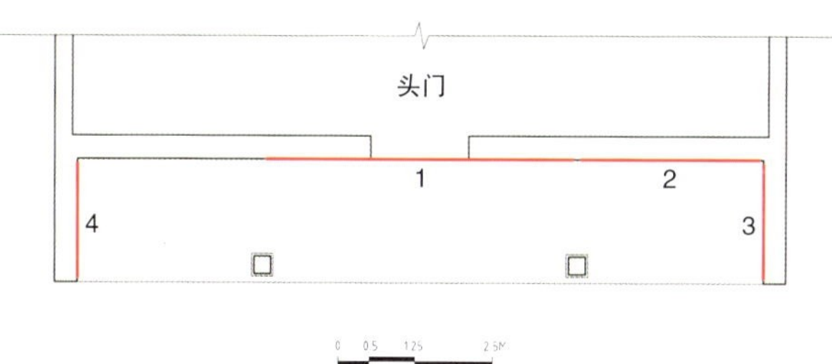

壁画名称	尺寸
1：组合画	376×68cm
2：传经图	202×99cm
3：山水画	156×119cm
4：山水画	156×119cm

1

2	
4	3

63. 元颖书舍

元颖书舍位于炭步镇茶塘村。始建年代不详。坐东朝西，三间两进，硬山顶，辘灰筒瓦，青砖墙，花岗岩石脚，红阶砖铺地。总面阔 10.6 米，总进深 17.5 米，建筑面积约 190 平方米。2008 年 5 月，公布为花都区登记保护文物单位。

现存壁画位于头门，共有壁画 3 幅，由关梦常等所绘。根据壁画上的落款：丙戌年，及作者其他有确切时间的画作，壁画绘制于 1906 年。壁画保存现状一般。

位置示意图

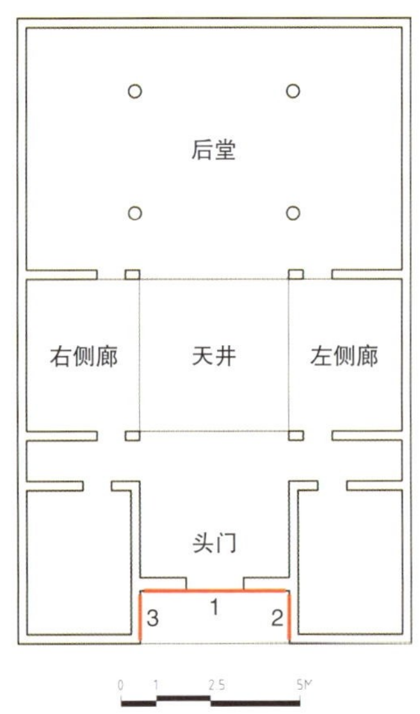

壁画名称	尺寸
1：组合画	417×95cm
2：山水画	98×120cm
3：人物画	98×120cm

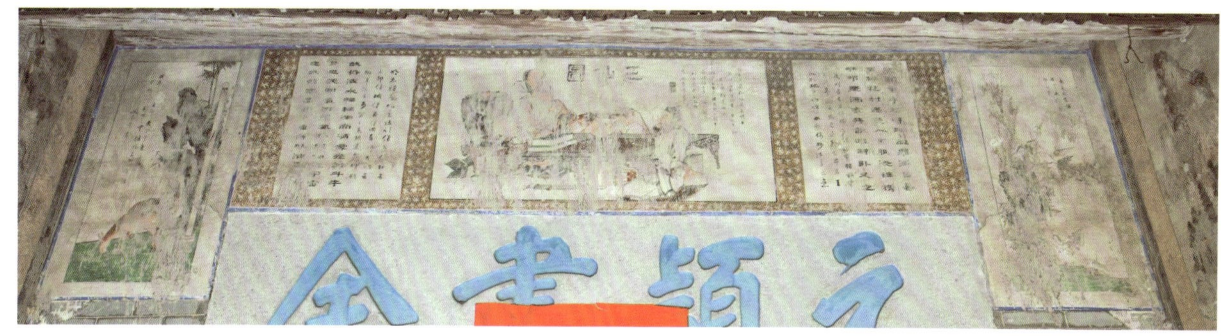

1

3 2

64. 履中蹈和门楼

履中蹈和门楼位于炭步镇塱头村。始建年代不详，民国14年（1925）重修。坐东朝西，楼高两层，总面阔3.6米，总进深4.3米，建筑面积约16平方米。建筑为硬山顶，辘灰筒瓦，青砖墙，楼顶四周砌女儿墙。现存壁画位于门额上方，共有壁画3幅。壁画保存现状一般。

壁画名称	尺寸
1：组合画	337×59cm
2：花鸟画	49×47cm
3：花鸟画	49×47cm

位置示意图

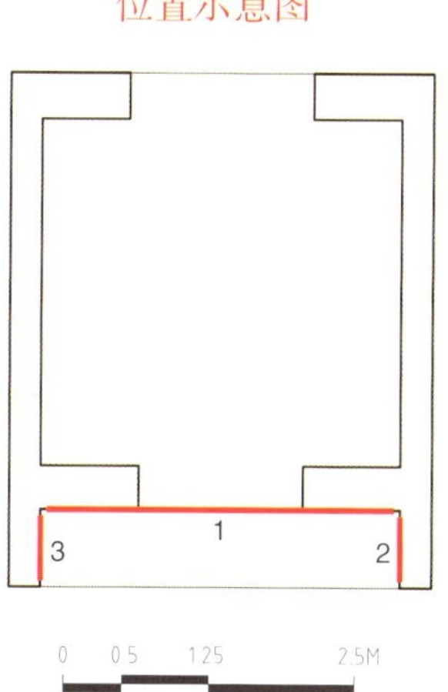

1

3 2

65. 拱北门门楼

拱北门门楼位于炭步镇朢头村。建于清道二十七年（1847）。坐南朝北，一间一进，高两层，杉木板楼面。总面阔 3.77 米，总进深 4.13 米，建筑占地约 16 平方米。该门楼为镬耳封火山墙，镬灰筒瓦，青砖墙。2010 年 4 月，公布为花都区登记保护文物单位。现存壁画位于门额上方，共有壁画 3 幅。壁画保存现状一般。

位置示意图

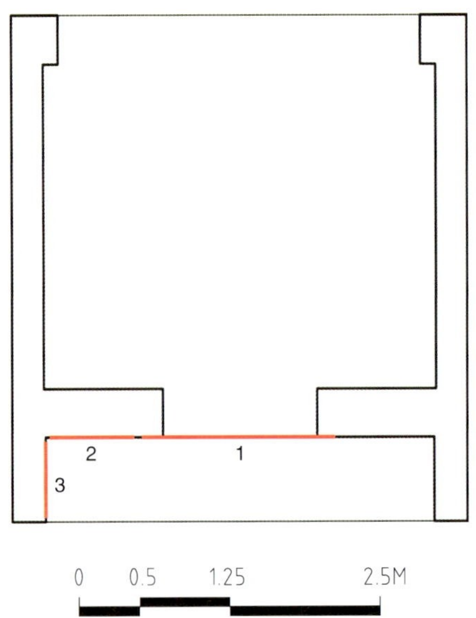

壁画名称	尺寸
1：花鸟画	131×55cm
2：花鸟画	48×50cm
3：花鸟画	45×55cm

3 2 1

66. 台华公书院

台华公书院位于炭步镇塱头村塱。建于清乾隆四十六年（1781）。坐北朝南，三间两进。建筑为硬山顶，灰塑龙船形脊，辘灰筒瓦，青砖石脚。总面阔 10.7 米，总进深 13.2 米，建筑面积约 141 平方米。2008 年 5 月，公布为花都区登记保护文物单位。

现存壁画位于头门、侧廊，共有壁画 9 幅。根据建筑风格，壁画的绘制年代为清末，作者不详，保存现状一般。

位置示意图

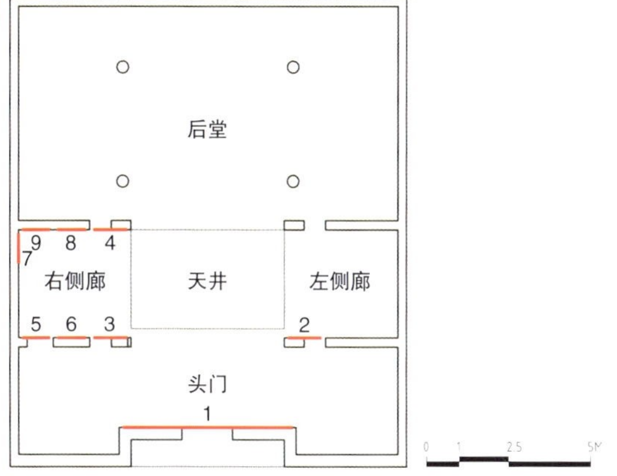

壁画名称	尺寸
1：组合画	466×69cm
2：刘伶醉酒	99×47cm
3：人物画	99×47cm
4：李白斗酒	99×47cm
5：花鸟画	62×61cm
6：花鸟画	62×61cm
7：书法画	73×63cm
8：花鸟画	62×61cm
9：花鸟画	62×61cm

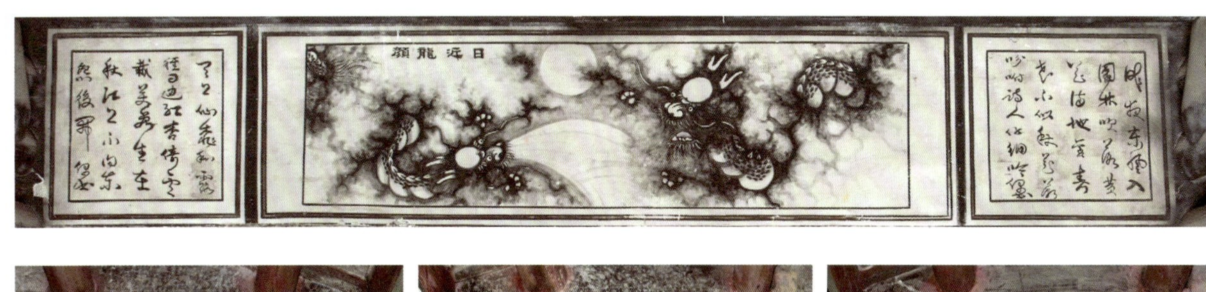

1		
4	3	2
6	5	

7 9 8

67. 骆建光民宅

骆建光民宅位于炭步镇骆村。始建年代不详，相传约230年历史。坐北朝南，主体建筑三间两廊结构，左侧另设有偏厅，总面阔15.7米，总进深16.8米，面积约263.8平方米。民宅为镬耳封火山墙，辘灰筒瓦，青砖石脚，右侧山墙镬耳已毁。2010年4月，公布为花都区登记保护文物单位。现存壁画位于头门，共有壁画2幅。壁画绘制年代约为清末，作者不详，壁画保存现状一般。

位置示意图

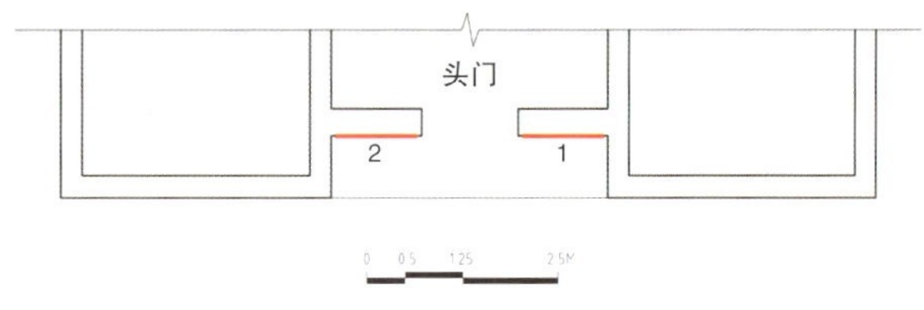

壁画名称	尺寸
1：花鸟画	83×36cm
2：花鸟画	91×36cm

2 1

68. 康辅应元祖祠

康辅应元祖祠位于炭步镇社岗村。始建年代不详，建筑风格以清代为主，于民国25年（1936）重修。坐西朝东，三间三进。总面阔12.4米，总进深48.3米，面积约598.9平方米。建筑为人字封火山墙，镬灰筒瓦，青砖石脚。2008年5月，公布为花都区登记保护文物单位。

现存壁画位于右侧廊，共有壁画2幅。壁画的绘制年代推测为清末，壁画作者为关钧和等。壁画保存现状较好。

位置示意图

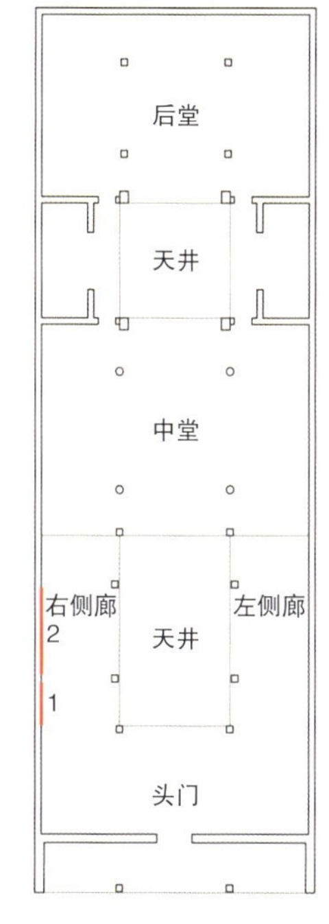

壁画名称	尺寸
1：组合画	293×62cm
2：组合画	322×63cm

1

2

69. 仰湖汤公祠

仰湖汤公祠位于炭步镇石湖山村。据传始建于元朝，于民国11年（1922）重建，2004年重修。坐南朝北，三间三进。总面阔12.4米，总进深32.7米，面积约405.5平方米。人字封火山墙，灰塑博古脊，辘灰筒瓦，青砖墙。2008年5月，公布为花都区登记保护文物单位。

现存壁画位于头门，共有壁画5幅。根据壁画上的落款：民国岁次壬戌，壁画绘制于1922年，作者为关通（关贯行）等。壁画保存现状较好。

位置示意图

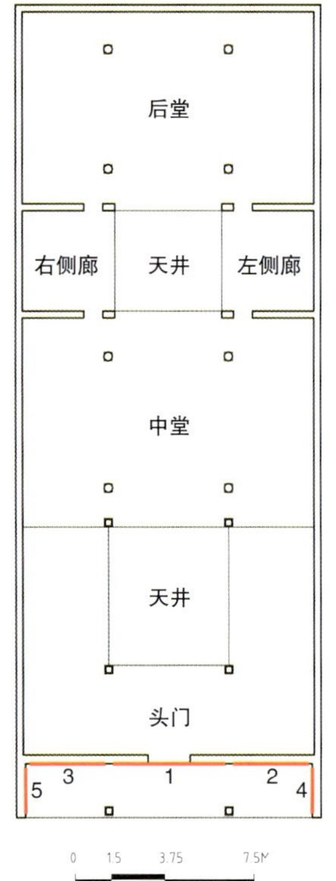

壁画名称	尺寸
1：组合画	416×91cm
2：蓬莱仙景	230×88cm
3：醉里洞天	230×88cm
4：组合画	168×88cm
5：组合画	168×88cm

1	
3	2
5	4

70. 林氏宗祠

林氏宗祠位于炭步镇石南村，建于清道光二年（1822），1999 年重修 。坐北朝南，三间三进，总面阔 12.7 米，总进深 38 米，建筑占地约 483 平方米。建筑为镬耳封火山墙，青砖墙，高 0.9 米花岗岩石脚，灰塑博古脊，博古脊中间部分改贴瓷片画，镬灰筒瓦。2010 年 4 月，公布为花都区登记保护文物单位。

现存壁画位于头门，共有壁画 6 幅。根据壁画上的落款：同治六年，壁画绘制于 1867 年，作者不详。壁画保存现状较好。

位置示意图

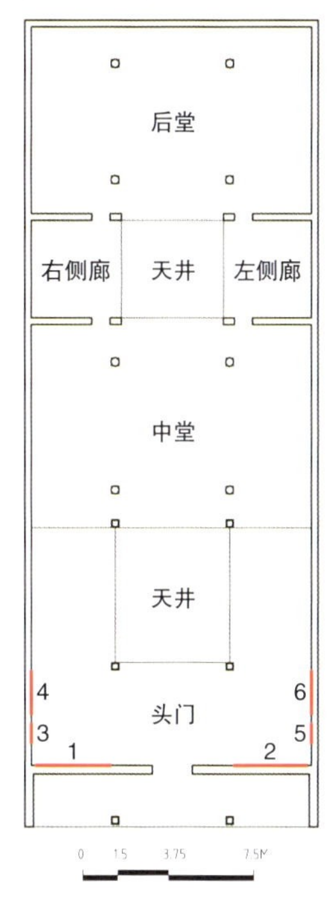

壁画名称	尺寸
1：人物画	257×56cm
2：渔樵耕读	257×56cm
3：书法画	56×80cm
4：花鸟画	154×64cm
5：书法画	56×80cm
6：花鸟图	154×64cm

2		1	
6	5	3	4

71. 渔隐汤公祠

渔隐汤公祠位于炭步镇石南村，重修于民国五年（1916）。该祠坐北朝南，三间两进，总面阔 10.1 米，总进深 15.6 米，建筑占地约 158 平方米。建筑为镬耳封火山墙，青砖花岗岩石脚墙，镬灰筒瓦。2010 年 4 月，公布为花都区登记保护文物单位。

现存壁画位于头门、后堂，共有壁画 12 幅。根据壁画上的落款：己丑年，壁画绘制于 1889 年，壁画作者为王雪舫（半痴子）等。壁画较为完整，保存现状较好。

位置示意图

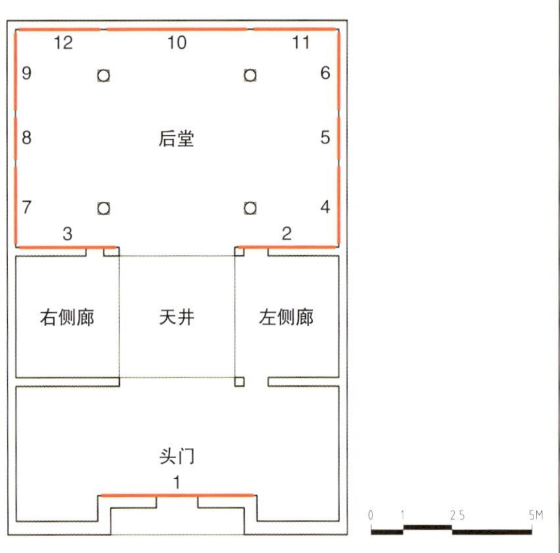

壁画名称	尺寸
1：组合画	368×51cm
2：松脂（芝）益寿	214×77cm
3：人物画	214×77cm
4：花鸟画	194×87cm
5：山水画	83×83cm
6：花鸟画	211×87cm
7：花鸟画	194×87cm
8：花鸟画	83×83cm
9：花鸟画	211×87cm
10：组合画	415×77cm
11：白鹅换经	223×81cm
12：人物画	223×81cm

1		
3		2
6	5	4
7	8	9

10

12　11

72. 谢氏宗祠

谢氏宗祠位于炭步镇文二村。建于清道光十一年（1831）仲春，民国 14 年（1925）和 2001 年两次维修。坐北朝南，三间两进。总面阔 12.6 米，总进深 30.2 米，面积约 380.5 平方米。该建筑为人字山墙，灰塑博古平脊，辘灰筒瓦，青砖石脚。2008 年 5 月，公布为花都区登记保护文物单位。

现存壁画位于两侧廊、后堂，共有壁画 15 幅。两侧廊共有 4 幅壁画，根据其上落款：民国十四年，壁画绘制于 1925 年，作者为林锦辉等。后堂有 11 幅，根据壁画上的落款：民国三年，壁画绘制于 1914 年，作者为刘兰甫等。壁画保存现状一般。

位置示意图

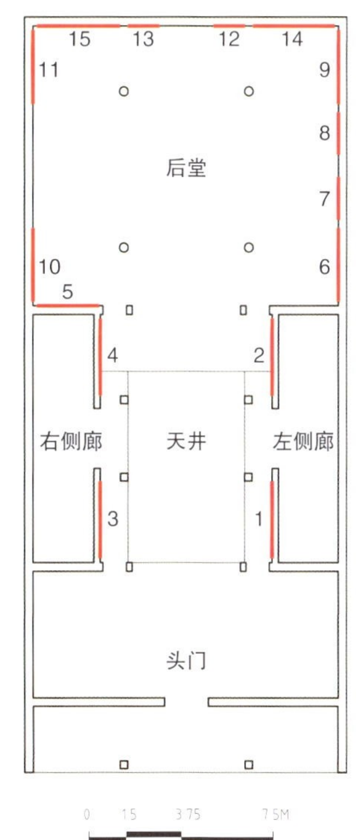

壁画名称	尺寸
1：三田和合	252×74cm
2：洞里乾坤	258×76cm
3：引福归堂	252×74cm
4：蓬莱仙景	258×76cm
5：花鸟画	250×52cm
6：花鸟画	220×68cm
7：花鸟画	88×68cm
8：花鸟画	102×68cm
9：花鸟画	245×68cm
10：花鸟画	220×68cm
11：花鸟画	245×68cm
12：书法画	77×67cm
13：书法画	77×67cm
14：王子晋登仙	273×67cm
15：诗酒琴棋	273×67cm

2　1

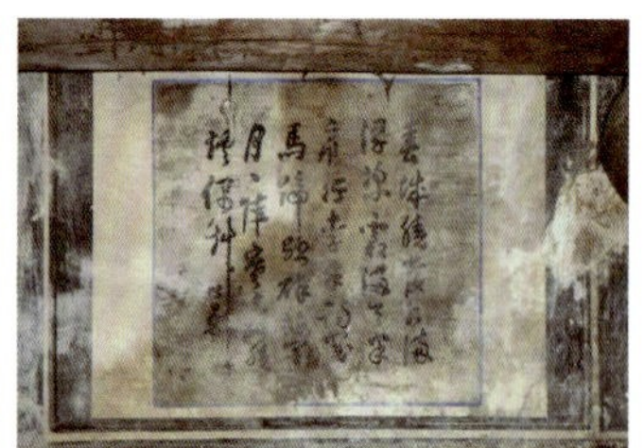
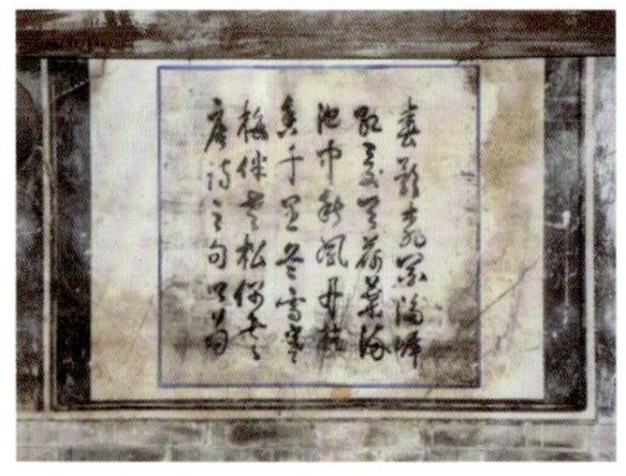

3		4	
5			
9	8	7	6
10		11	
15		13	
12		14	

73. 安宗黄公祠

安宗黄公祠位于炭步镇新太村。建于清同治六年（1867），曾于光绪十八年（1892）重修。坐北朝南，三间两进。总面阔 9.7 米，总进深 19.7 米，面积约 191.1 平方米。人字封火山墙，灰塑博古脊，镬灰筒瓦，青砖石脚。2008 年 5 月，公布为花都区登记保护文物单位。

现存壁画位于头门、后堂、侧廊，共有壁画 39 幅。根据壁画上的落款：丁卯年，壁画绘制于 1867 年，壁画作者为禤寿甫、禤瑞廷等。壁画较为完整，保存现状较好。

壁画名称	尺寸	壁画名称	尺寸
1：组合画	368×71cm	4：花鸟画	148×81cm
2：三田和合	201×71cm	5：花鸟画	148×81cm
3：公孙耍乐	201×71cm	6：教子朝天	318×67cm

位置示意图

壁画名称	尺寸
7：山水画	184×67cm
8：山水画	184×67cm
9：花鸟画	168×68cm
10：花鸟画	168×68cm
11：花鸟画	172×62cm
12：花鸟画	172×62cm
13：花鸟画	99×69cm
14：书法画	34×78cm

壁画名称	尺寸
15：花鸟画	76×69cm
16：花鸟画	76×69cm
17：书法画	34×78cm
18：花鸟画	99×69cm
19：组合画	445×55cm
20：组合画	368×55cm
21：花鸟画	76×69cm
22：书法画	34×78cm
23：花鸟画	99×69cm
24：花鸟画	99×69cm
25：书法画	34×78cm
26：花鸟画	76×69cm
27：山水画	182×70cm
28：山水画	182×70cm
29：花鸟画	164×80cm
30：书法画	68×80cm
31：书法画	59×80cm
32：花鸟画	176×80cm
33：花鸟画	164×80cm
34：书法画	68×80cm
35：书法画	59×80cm
36：花鸟画	176×80cm
37：花鸟画	300×70cm
38：老安少怀	196×70cm
39：太白斗酒	196×70cm

1

3 2

6

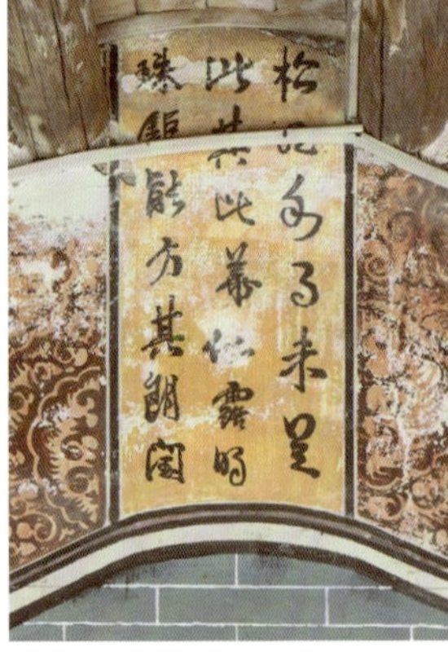

5		4
8		7
10		9
12		11
15	14	13

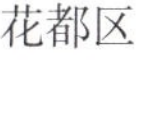

18	17	16
	19	
	20	
23	22	21
26	25	24
28		27

32	31	30	29
33	34	35	36
37			
39		38	

74. 水园庚公祠

水园庚公祠位于炭步镇新太村。始建年代不详，曾于清光绪八年（1882）重修。坐西北朝东南，三间两进。总面阔 10.5 米，总进深 17.3 米，面积约 181.7 平方米。建筑硬山顶，人字山墙，镬灰筒瓦，青砖石脚。2008 年 5 月，公布为花都区登记保护文物单位。

现存壁画位于头门、后堂，共有壁画 26 幅。根据壁画上的落款：光绪壬午年，壁画绘制于 1882 年，壁画作者为梁锦轩（半愚子）等。壁画较为完整，保存现状较好。

位置示意图

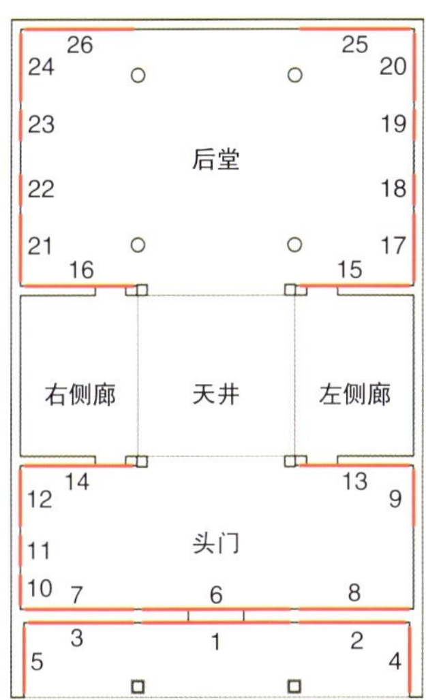

壁画名称	尺寸	壁画名称	尺寸
1：组合画	335×82cm	14：福自天申	214×83cm
2：山水画	215×85cm	15：赏梅图	200×75cm
3：山水画	215×85cm	16：赏菊图	200×75cm
4：花鸟画	125×95cm	17：书法画	56×89cm
5：花鸟画	125×95cm	18：花鸟画	123×80cm
6：教子腾云	324×78cm	19：花鸟画	144×80cm
7：山水画	203×78cm	20：书法画	54×80cm
8：山水画	203×78cm	21：书法画	56×89cm
9：花鸟画	185×90cm	22：花鸟画	123×80cm
10：花鸟画	31×90cm	23：花鸟画	144×80cm
11：山水画	31×90cm	24：书法画	54×80cm
12：花鸟画	185×90cm	25：□□观书图	214×73cm
13：人物画	214×83cm	26：醉酒图	214×73cm

1	
3	2
5	4
6	

8		7	
9	10	11	12
14		13	
16		15	
20	19	18	17
21	22	23	24
26		25	

75. 西园庾公祠

西园庾公祠位于炭步镇新太村。始建年代不详，曾于清光绪二十二年（1896）重修。坐东朝西，三间两进。总面阔 9.7 米，总进深 19 米，面积约 184.3 平方米。建筑硬山顶，人字山墙，镬灰筒瓦，青砖石脚。2008 年 5 月，公布为花都区登记保护文物单位。

现存壁画位于头门、后堂、侧廊，共有壁画 22 幅。根据壁画上的落款：光绪丙申年，壁画绘制于 1896 年。壁画保存现状一般。

壁画名称	尺寸
1：组合画	352×67cm
2：卧龙观书	200×67cm
3：山前遇弟	200×67cm
4：花鸟画	144×78cm
5：杏林富贵	144×78cm
6：教子朝天	326×60cm
7：花鸟画	109×54cm
8：花鸟画	101×54cm
9：花鸟画	101×54cm

位置示意图

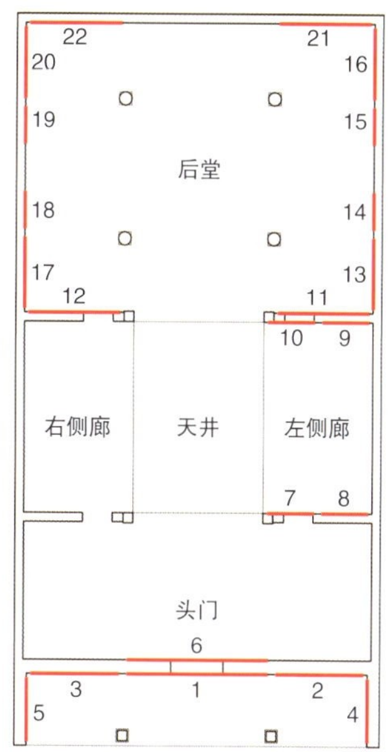

壁画名称	尺寸
10：花鸟画	109×54cm
11：山水画	188×55cm
12：花鸟画	188×55cm
13：花鸟画	203×63cm
14：书法画	70×63cm
15：书法画	70×63cm
16：花鸟画	199×63cm
17：花鸟画	203×63cm
18：书法画	65×63cm
19：书法画	70×63cm
20：花鸟画	199×63cm
21：宗芝醉酒	203×56cm
22：太白斗酒	203×56cm

1

3 2

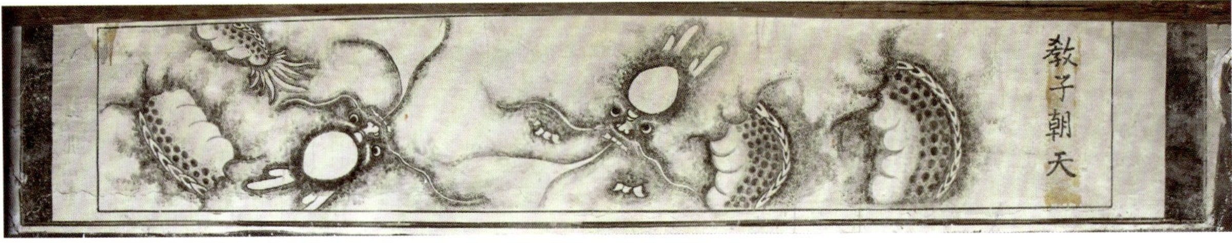

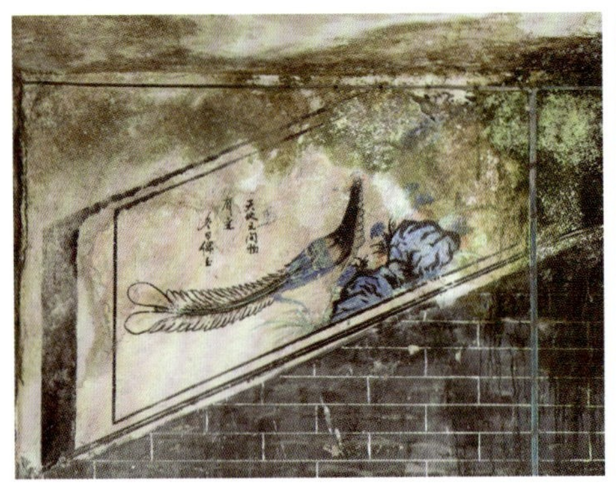

5 4
6
8 7
10 9
12 11
16 15 14 13

17 18 19 20
22 21

76. 朝伯张公祠

朝伯张公祠位于炭步镇鸭湖村。建于清光绪二十九年（1903），坐东北朝西南，三间两进，另有后楼，左侧有衬祠。总面阔 14.8 米，总进深 25 米，建筑占地约 370 平方米。人字封火山墙，灰塑博古脊，镬灰筒瓦，青砖墙，木雕、石雕工艺精美。2008 年 5 月，公布为花都区登记保护文物单位。

现存壁画位于头门、侧廊、后堂、后楼，共有壁画 27 幅。根据壁画上的落款：时于光绪岁次癸卯年，壁画绘制于 1903 年，壁画作者为梁锦轩（半愚子）等。壁画较为完整，保存现状较好。

位置示意图

壁画名称	尺寸
1：组合画	330×80cm
2：白居易评诗	248×78cm
3：青莲醉酒	248×78cm
4：福自天申	74×81cm
5：花鸟画	196×87cm
6：一气高升	74×81cm
7：花鸟画	196×87cm
8：组合画	357×76cm
9：组合画	357×76cm
10：郝隆观书	154×102cm
11：壶里乾坤	151×104cm
12：山水画	76×84cm
13：三田和合	154×102cm
14：书法画	74×84cm
15：花鸟画	194×84cm
16：山水画	76×84cm
17：长寿不老	154×102cm
18：书法画	74×84cm
19：花鸟画	194×84cm
20：山水画	48×78cm
21：山水画	48×78cm
22：渔樵耕读	247×78cm
23：白鹅换诗	247×78cm
24：人物画	107×71cm
25：人物画	107×71cm
26：人物画	107×71cm
27：人物画	107×71cm

1

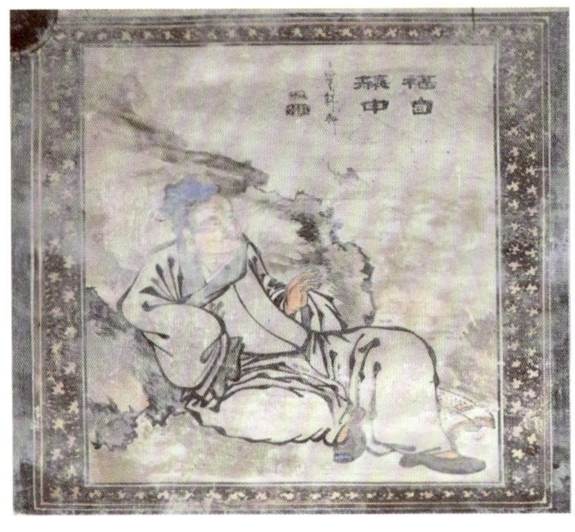

3		2
4		6
7		5
	8	
9	11	10

14	13	12
16	17	18
19	15	
20	22	
23	21	

25	24
27	26

77. 鹤龄公祠

鹤龄公祠位于新华街道官溪村。始建年代不详，民国5年（1916）重修，坐北朝南，三间两进。总面阔12.4米，总进深21.6米，建筑面积约267.8平方米。建筑为硬山顶，人字山墙，灰塑龙船脊，镬灰筒瓦，青砖墙。2008年5月，公布为花都区登记保护文物单位。

现存壁画位于头门，共有壁画7幅，由杨贯亭、半痴氏、偶氏等所绘。根据壁画上的落款：甲寅年，及作者其他有确切年份的画作，该祠壁画绘制1914年。壁画保存现状一般。

位置示意图

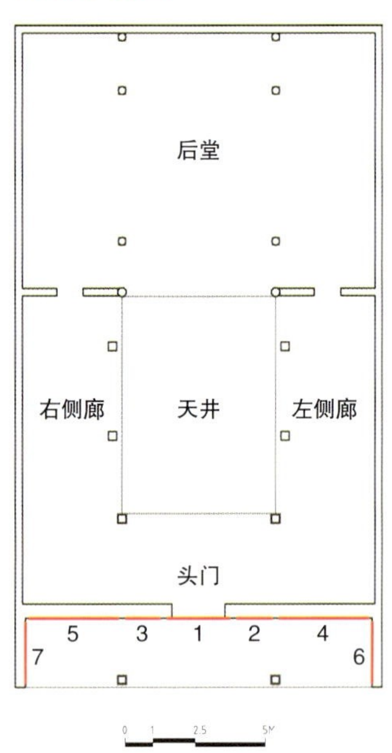

壁画名称	尺寸
1：山水画	31×46cm
2：人物画	57×88cm
3：人物画	57×88cm
4：烂柯图	240×91cm
5：白鹅换经	240×91cm
6：花鸟图	165×93cm
7：花鸟画	165×93cm

3	1	2

5	4
7	6

78. 陈氏宗祠（广塘村）

陈氏宗祠位于新华街道广塘村。始建年代不详，清光绪二十二年（1896）重建。坐东朝西，三间两进，总面阔12.6米，总进深21.1米，建筑占地约265.9平方米。建筑为硬山顶，人字山墙，辘灰筒瓦，青砖墙。2008年5月，公布为花都区登记保护文物单位。

现存壁画位于头门，共有壁画5幅。根据壁画上的落款：光绪丙申，壁画绘制于1896年，作者为关梦常等。壁画保存现状较好。

位置示意图

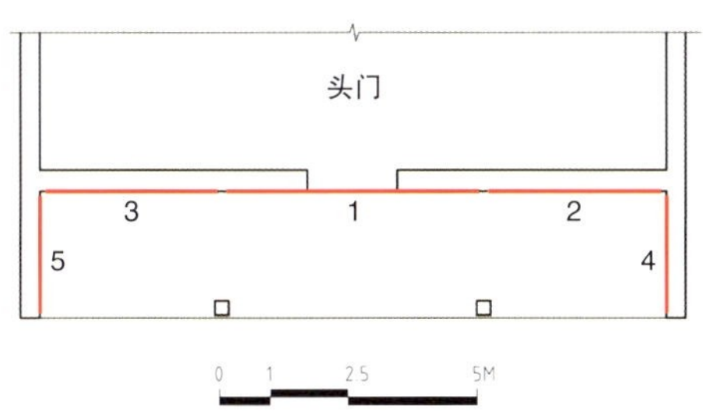

壁画名称	尺寸
1：组合画	415×85cm
2：组合画	246×90cm
3：组合画	246×90cm
4：组合画	155×96cm
5：组合画	155×96cm

1

3	2
5	4

79. 道显黄公祠

道显黄公祠位于新华街道岐山村。始建于清代，清宣统元年（1909）重建。坐东南朝西北，广三路，深两进，总面阔 23.7 米，总进深 22.8 米，建筑占地约 540.4 平方米。中路建筑为人字封火山墙，灰塑博古脊，辘灰筒瓦，青砖墙。2008 年 5 月，公布为花都区登记保护文物单位。

现存壁画位于头门，共有壁画 5 幅。根据壁画上的落款：己酉年，壁画绘制于 1909 年，作者为王雪舫（半痴子）等。壁画保存现状较好。

位置示意图

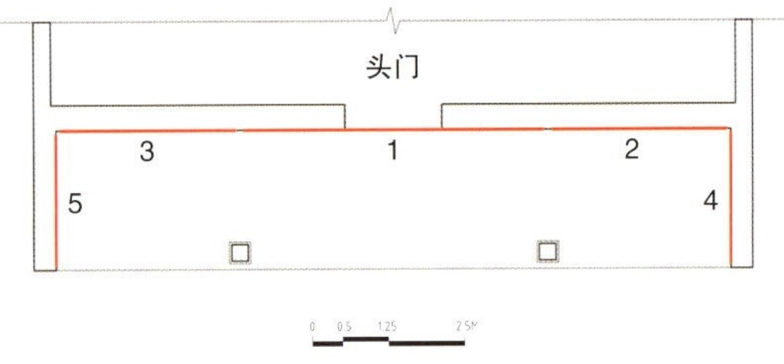

壁画名称	尺寸
1：组合画	345×91cm
2：风尘三侠	205×98cm
3：诗礼传家	205×98cm
4：组合画	365×113cm
5：组合画	365×113cm

1

3	2
5	4

80. 默奄徐公祠

默奄徐公祠位于新华街道三华村。清朝初期始建，同治二年（1863）重建。坐西北朝东南，中路建筑深四进，右路建筑为衬祠。总面阔18.6米，总进深43.4米。中路建筑占地约657.2平方米。建筑为人字封火山墙，灰塑博古脊，镬灰筒瓦，青砖墙。2008年12月，公布为广州市文物保护单位。现存壁画位于头门，共有壁画5幅。壁画的绘制年代推测为清末，保存现状一般。

位置示意图

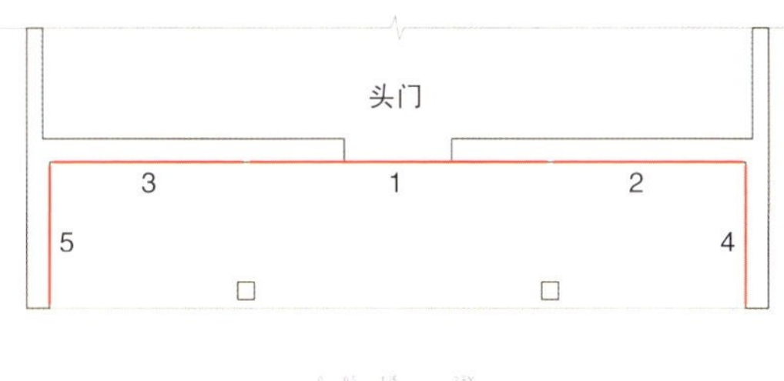

壁画名称	尺寸
1：山水画	340×87cm
2：渔樵耕读图	230×84cm
3：诗酒琴棋图	230×84cm
4：传道图	212×106cm
5：传经图	212×106cm

1

3	2
5	4

81. 南山书院

南山书院位于新华街道三华村。书院由该村第廿五世祖兵部主事徐表正，为被封为奉直大夫的父亲而建，它与资政大夫祠、亨之徐公祠、水仙古庙、后楼等组成了资政大夫祠建筑群，该建筑群不论在建筑规模还是建筑艺术上，均居花都区现存古建筑之首，2002 年，公布为广东省文物保护保护单位。该书院坐东南朝西北，三间四进，总面阔 14.7 米，总进深 76.3 米，总建筑占地约 1121.6 平方米。主体建筑为镬耳封火山墙，灰塑博古脊，辘灰筒瓦，青砖墙，花岗岩石脚。

现存壁画位于头门、中堂，共有壁画 5 幅。根据壁画上的落款：同治四年，壁画绘制于 1865 年，壁画作者为宁山半愚子等。壁画保存现状一般，工艺精湛。

位置示意图

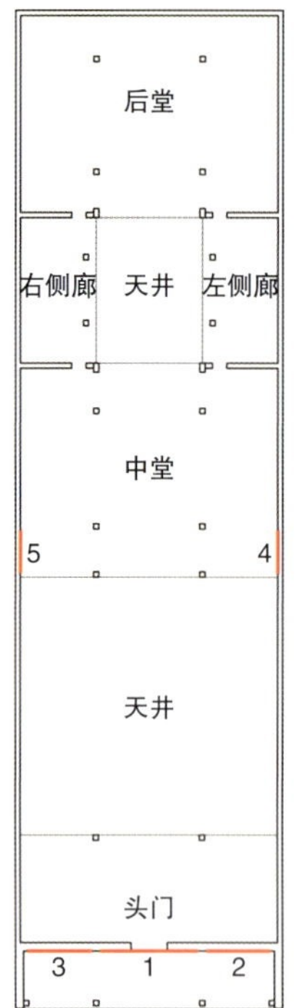

壁画名称	尺寸
1：组合画	488×115cm
2：九老图	273×114cm
3：饮中八仙	273×114cm
4：竹林七贤	221×112cm
5：延陵季子出游	221×112cm

1	
3	2
5	4

82. 水仙古庙

水仙古庙位于新华街道三华村。始建年代不详，清道光二十三年（1843）重建，民国 8 年（1919）重修，1995 年再次重修。坐东南朝西北，广三路，深三进，总面阔 23 米，总进深 24.65 米，建筑占地约 566.9 平方米。该庙主体建筑为人字封火山墙，青砖墙，花岗岩石脚，方砖铺地。该庙中路建筑为三间四进。左右路建筑单间三间，以宽 1.7 米的青云巷相隔。2002 年，作为"资政大夫祠古建筑群"的组成部分，公布为广东省文物保护单位。

现存壁画位于头门，共有壁画 11 幅。根据壁画上的落款：民国己未年，壁画绘制于 1919 年，作者为杨贯亭等。壁画保存现状一般。

位置示意图

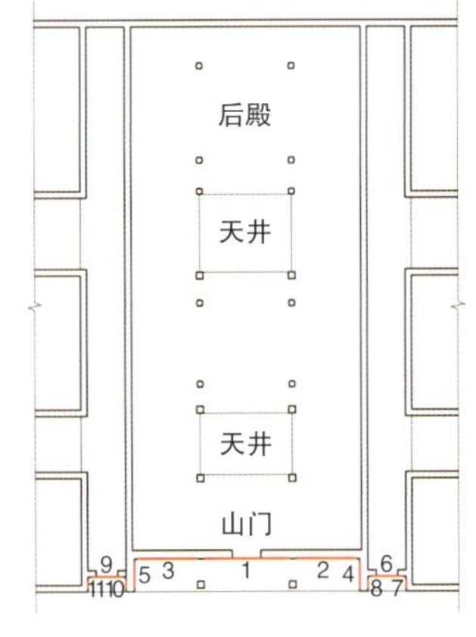

壁画名称	尺寸	壁画名称	尺寸
1：组合画	357×84cm	7：花鸟画	40×41cm
2：风尘三侠	225×90cm	8：花鸟画	40×41cm
3：烂柯图	225×90cm	9：花鸟画	130×41cm
4：花鸟画	95×105cm	10：花鸟画	40×41cm
5：花鸟画	95×105cm	11：花鸟画	40×41cm
6：花鸟画	130×41cm		

1		
3	2	
5	4	
8	6	7
11	9	10

83. 郁山徐公祠

郁山徐公祠位于新华街道三华村。建于清光绪十九年（1893）。坐西北朝东南，三间两进，右路建筑为衬祠，总面阔15.8米，总进深19.1米，建筑占地约301.8平方米。主体建筑为镬耳封火山墙，辘灰筒瓦，青砖墙，方砖铺地。2008年5月，公布为花都区登记保护文物单位。

现存壁画位于头门，共有壁画5幅。根据壁画上的落款：癸巳年，壁画绘制于1893年，作者为王雪舫（半痴氏）等。壁画保存现状一般，工艺精湛。

位置示意图

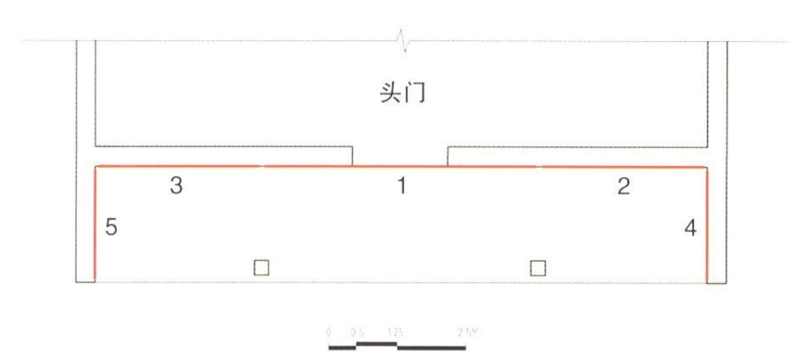

壁画名称	尺寸
1：组合画	482×75cm
2：洞里真传	249×77cm
3：诗酒琴棋	249×77cm
4：桃花乍放	150×90cm
5：花鸟画	150×90cm

1	
3	2
5	4

84. 杜氏宗祠

杜氏宗祠位于新华街道田美村，始建年代不详，清道光八年（1828 年）重建，光绪十八年（1892 年）重修，1995 年再次重修。坐东朝西，三间三进，总面阔 12.7 米，总进深 41.5 米，建筑占地约 527.1 平方米。建筑为硬山顶，人字封火山墙，青砖石脚。中堂、后堂灰塑龙船脊，镬灰筒瓦。2008 年 5 月，公布为花都区登记保护文物单位。

现存壁画位于头门，共有壁画 22 幅。根据壁画上的落款：己丑年、壬辰年，壁画绘制于 1829 年、1892 年，壁画作者为荣轩、王雪舫（半痴氏）等。壁画较为完整，保存现状较好。

位置示意图

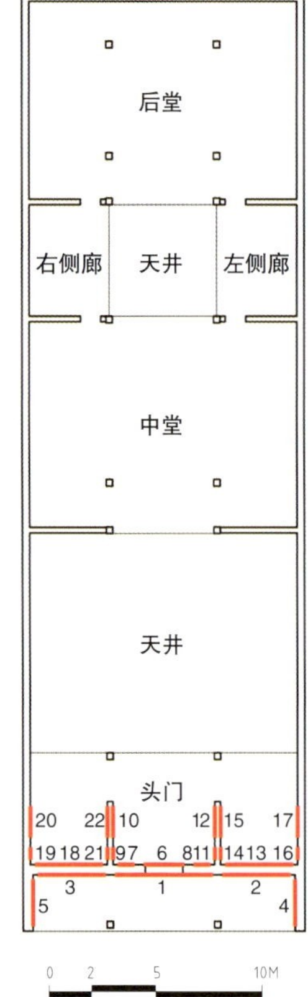

壁画名称	尺寸
1：组合画	353×67cm
2：英雄会	255×89cm
3：青诵春秋	255×89cm
4：富贵万年	171×100cm
5：山水画	171×100cm
6：墨水龙画	276×65cm
7：人物画	71×65cm
8：人物画	71×65cm
9：花鸟画	56×62cm
10：花鸟画	157×62cm
11：花鸟画	56×62cm
12：花鸟画	157×62cm
13：花鸟画	206×56cm
14：花鸟画	56×62cm
15：花鸟画	157×62cm
16：花鸟画	56×62cm
17：花鸟画	157×62cm
18：花鸟画	206×56cm
19：山水画	56×62cm
20：花鸟画	157×62cm
21：花鸟画	56×62cm
22：花鸟画	157×62cm

1		
3	2	
7	6	8

5		4	
12	11	9	10
17	16	14	15
13		18	
22	21	19	20

85. 黄氏宗祠（石塘村）

黄氏宗祠位于新雅街石塘村，建于民国 9 年（1920），2006 年重修 。坐西朝东，三间三进，总面阔 12.5 米，总进深 31.1 米，建筑占地约 376 平方米。建筑为硬山顶，青砖墙，花岗岩石脚。2010 年 4 月，公布为花都区登记保护文物单位。

现存壁画位于头门，共有壁画 5 幅。根据壁画上的落款：民国拾年辛酉，壁画绘制于 1921 年，作者为黄植棠等。壁画保存现状一般。

位置示意图

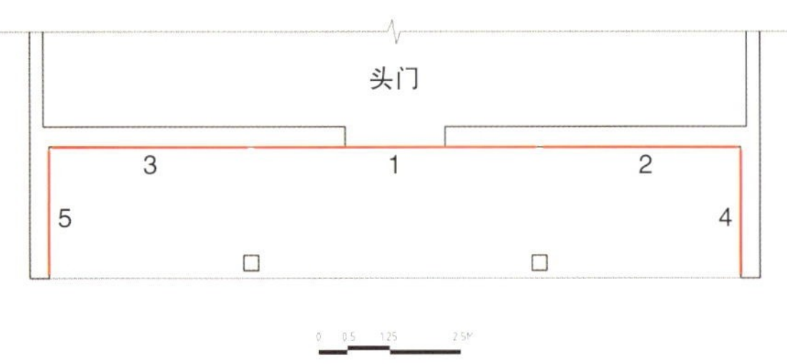

壁画名称	尺寸
1：组合画	385×75cm
2：瑶池宴乐	219×82cm
3：诗酒琴棋	219×82cm
4：山水有相逢	136×90cm
5：雨后初晴	136×90cm

1	
3	2
5	4

86. 陈氏宗祠（邝家庄村）

陈氏宗祠位于新雅街邝家庄村。建于清代，先后于清宣统三年（1911）和 1997 年重修。坐西北朝东南，广三路，深两进，总面阔 23.1 米，总进深 20.9 米，建筑面积约 482.8 平方米。建筑人字封火山墙，石湾琉璃瓦脊，辘灰筒瓦，青砖墙。2008 年 5 月，公布为花都区登记保护文物单位。

现存壁画位于头门，共有壁画 5 幅。根据壁画上的落款：壬子年，壁画绘制于 1912 年，作者为杨贯亭（半痴氏）等。壁画保存现状较好。

位置示意图

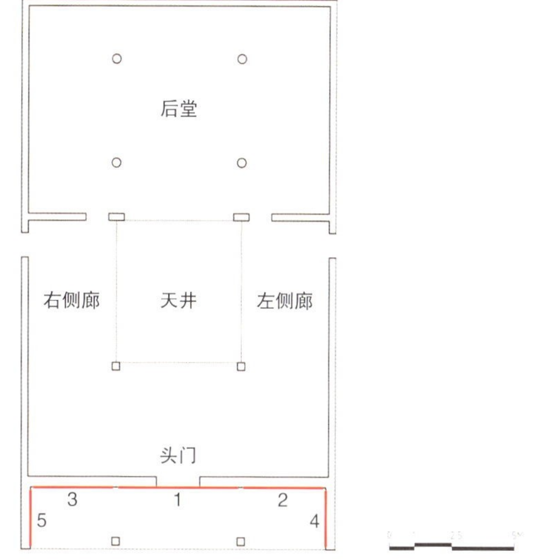

壁画名称	尺寸
1：组合画	352×71cm
2：白鹅换经	217×95cm
3：风尘三陕	252×95cm
4：花鸟图	150×115cm
5：花鸟图	150×115cm

1	
3	2
5	4

87. 李氏宗祠

李氏宗祠位于新雅街邝家庄。建于清光绪十四年（1888），1998 年重修。坐西北朝东南，三间三进，总面阔 10.7 米，总进深 29.7 米，建筑面积约 317.8 平方米。建筑为人字封火山墙，灰塑博古脊，镬灰筒瓦，青砖墙。2008 年 5 月，公布为花都区登记保护文物单位。

现存壁画位于头门，共有壁画 5 幅。根据壁画上的落款：光绪十四年戊子年，壁画绘制于 1888 年，作者为黄南山等。壁画保存现状较好，工艺精湛。

位置示意图

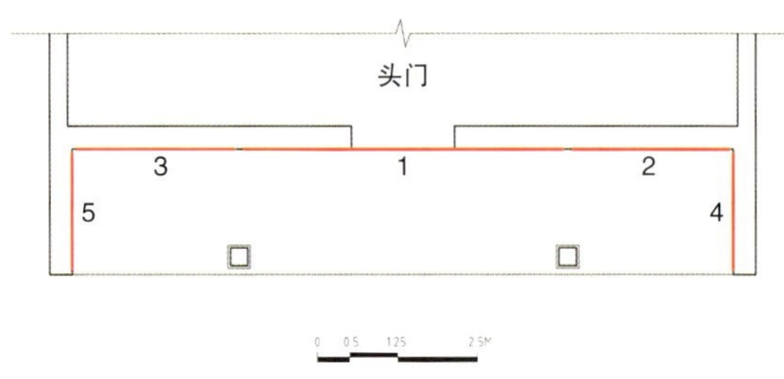

壁画名称	尺寸
1：组合画	483×76cm
2：羲芝白鹅群	180×86cm
3：携琴访友	180×86cm
4：弌（一）品高冠百子图	157×104cm
5：花鸟画	157×104cm

1	
3	2
5	4

88. 联英张公祠

联英张公祠位于新雅街三向村。始建年代不详，先后于清光绪十三年（1887）和2003年两次重修。坐南朝北，三间两进，左路建筑为衬祠。总面阔18.2米，总进深25.4米，建筑面积约462.3平方米。建筑为硬山顶，辘灰筒瓦，青砖墙。2008年5月，公布为花都区登记保护文物单位。

现存壁画位于头门、后堂、侧廊，共有壁画41幅。根据壁画上的落款：光绪廿五年，壁画绘制于1899年，作者为黄南山等。壁画较为完整，保存现状较好。

壁画名称	尺寸
1：组合画	360×88cm
2：藩戌名问路图	188×95cm
3：山水有相逢	188×95cm
4：花鸟画	153×94cm
5：花鸟画	153×94cm
6：教子朝天	354×64cm

位置示意图

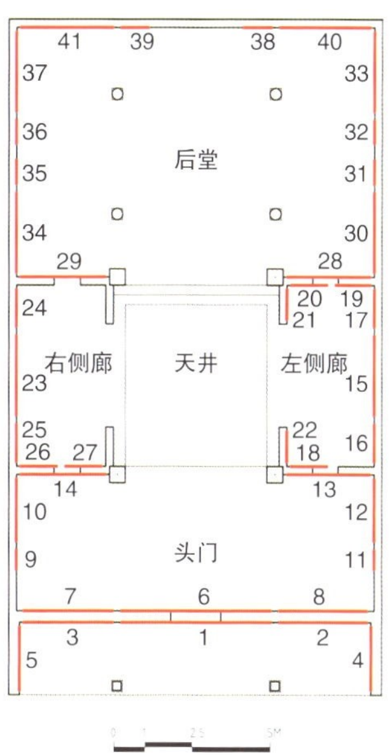

壁画名称	尺寸
7：花鸟画	179×64cm
8：花鸟画	179×64cm
9：书法画	54×80cm
10：花鸟画	147×80cm
11：书法画	54×80cm
12：百子高冠图	147×80cm
13：和合生财	188×66cm
14：一气高升	188×66cm
15：瑶池醉乐	213×50cm
16：书法画	58×50cm
17：书法画	58×50cm

壁画名称	尺寸
18：山水画	62×65cm
19：花鸟画	84×65cm
20：山水画	62×65cm
21：花鸟画	70×50cm
22：花鸟画	74×45cm
23：金钱满地	213×50cm
24：书法画	58×50cm
25：书法画	58×50cm
26：花鸟画	84×65cm
27：花鸟画	62×65cm
28：山水画	198×77cm
29：山水画	198×77cm
30：花鸟画	146×79cm
31：书法画	55×79cm
32：书法画	56×79cm
33：花鸟画	161×79cm
34：花鸟画	146×79cm
35：书法画	55×79cm
36：书法画	56×79cm
37：花鸟画	161×79cm
38：花鸟画	75×69cm
39：节日佳情	75×69cm
40：教子一经图	216×69cm
41：汝阳醉酒图	216×69cm

1

3　2

5	4		
6			
8	7		
12	11	9	10
14	13		
17	15	16	

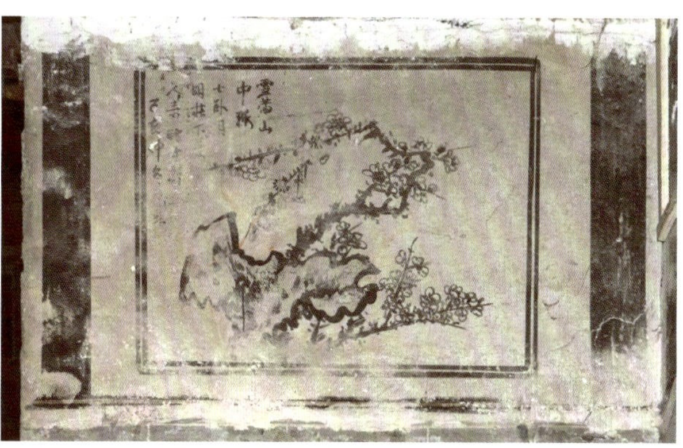

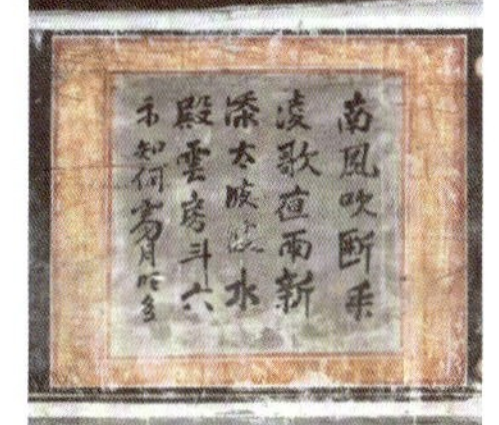

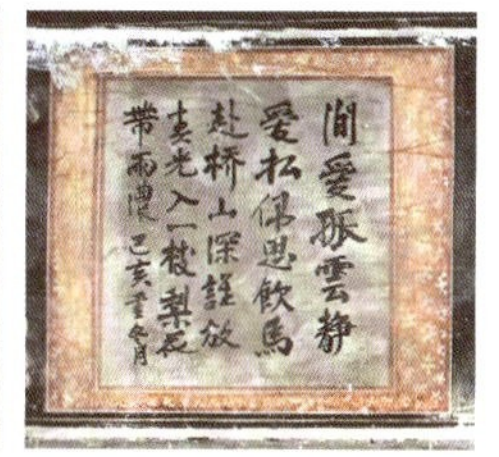

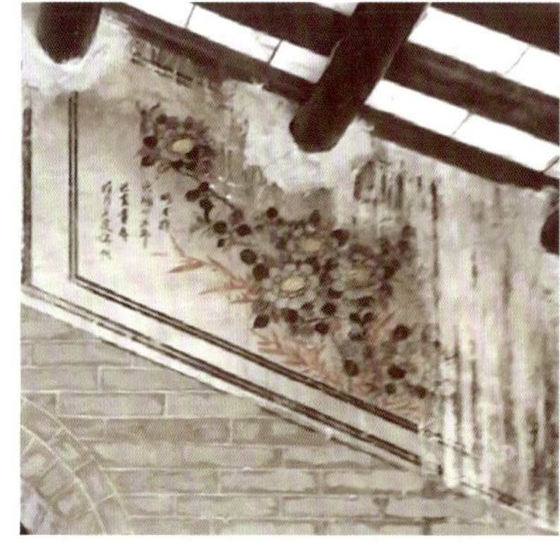

20 19 18
22 21
25 23 24
26 28
27 29

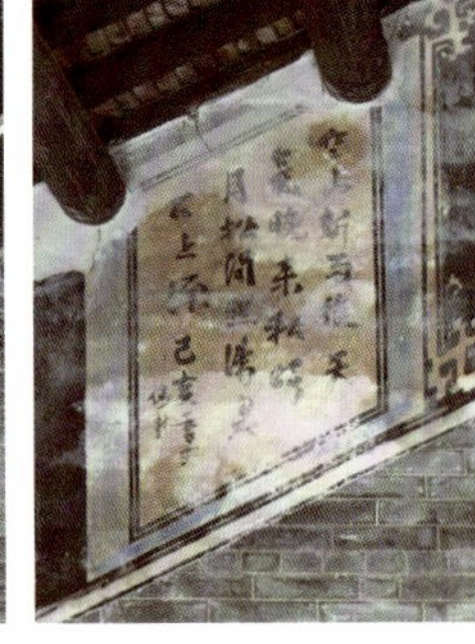

33	32	31	30
34	35	36	37
39		38	
41		40	

八　番禺区

番禺区位于广州市中南部，珠江三角洲中部河网地带，北部是低丘台地，南部是三角洲冲积平原。

番禺现境内有各级文物保护单位 64 处，其中国家级的 4 处，省级 5 处，市级 36 处，区级 19 处，此外还有各类登记不可移动文物 684 处。（截至 2021 年 2 月）

番禺地区的古建筑种类繁多，其中数量最多的是寺庙和祠堂。番禺的寺庙体现出多神崇拜的特点，民间色彩十分浓厚，祭祀对象既有佛道人物，也有诸如关公、神农、社稷、鲁班等。这些建筑规模一般都不大，但在装饰上富有变化。

宗祠是族人祭祀、议事、举行婚丧大礼的重要所在，其建筑布局严谨，结构对称，具有严格的定制。在平面布局上，祠堂都是按中轴线布置头门、正堂、寝堂，之间设有天井，两边的廊庑相衬，以三开三进为常见，除个别为悬山顶外，均为硬山顶。规模大者为五开四进，头门前还有影壁、广场，两侧建钟鼓楼，头门内隔天井建仪门，有的还在祠前立有标示功名的旗杆夹石。祠堂前一般都有池塘。

1. 张氏宗祠

龙美张氏宗祠位于东环街道蔡边一村。据重修碑记载，该祠堂始建于明崇祯十四年(1641),清康熙四十三年(1704)重修，民国8年（1919）重修，1999年重修。坐东北朝西南，三间三进，两侧有青云巷门楼。总面阔14.31米，总进深42.38米，占地面积约606.5平方米。该祠堂为硬山顶，灰塑博古脊，人字封火山墙，镬灰筒瓦，青砖墙，红砂岩墙基。2011年1月，龙美张氏宗祠公布为番禺区登记保护文物单位。

龙美张氏宗祠的头门共绘有7幅壁画，根据壁画上的落款：光绪甲辰，该建筑壁画绘制于光绪三十年（1904），张彬山作。壁画现状保存较为完整，绘有的“五桂联芳”“携柑送酒”等几幅壁画。

位置示意图

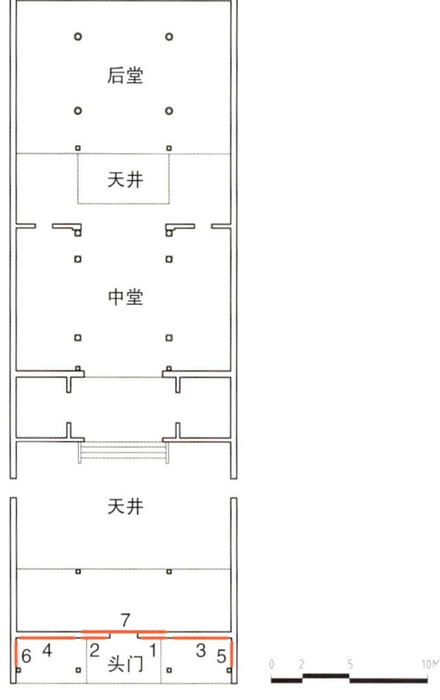

壁画名称	尺寸
1：花鸟画	66×70cm
2：花鸟画	66×70cm
3：五桂联芳	310×70cm
4：携柑送酒	310×70cm
5：山水画	245×190cm
6：山水画	245×190cm
7：教子朝天	456×50cm

1 2
3

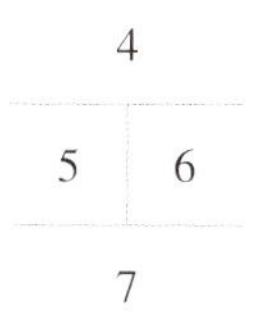

2. 伯田梁公祠

伯田梁公祠位于南村镇市头村。该祠堂始建于清同治四年（1865）。坐北朝南，三间二进。总面阔 10.4 米，总进深 18.9 米，占地面积约 196.56 平方米。该祠堂为硬山顶，灰塑博古脊，人字龙船侧正脊，封火山墙，辘灰筒瓦，青砖墙，花岗岩墙基。2011 年 1 月，伯田梁公祠公布为番禺区登记保护文物单位。

伯田梁公祠共绘有 17 幅壁画，根据壁画上的落款：乙丑年，该建筑壁画绘制于同治四年（1865），风山太泉等作。壁画现状保存较为完整，绘有的“□仙醉酒”“洞里修真”等几幅壁画。

位置示意图

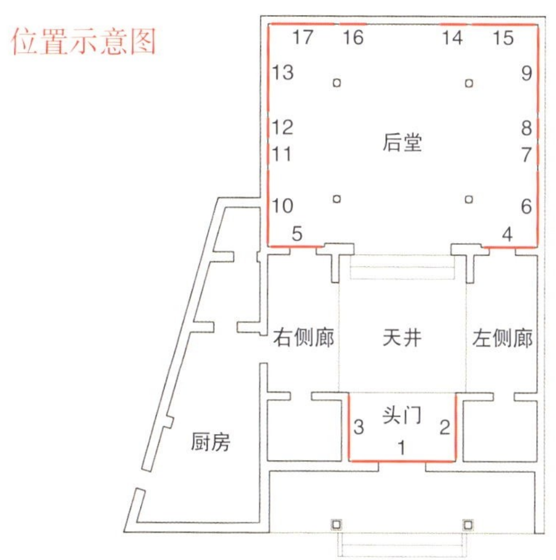

壁画名称	尺寸	壁画名称	尺寸
1：组合画	400×62cm	10：花鸟画	168×70cm
2：花鸟画	165×85cm	11：书法画	79×70cm
3：花鸟画	165×85cm	12：书法画	79×70cm
4：花鸟画	154×68cm	13：花鸟画	168×70cm
5：花鸟画	154×68cm	14：山水画	60×55cm
6：花鸟画	168×70cm	15：四仙醉酒	186×55cm
7：书法画	79×70cm	16：山水画	60×55cm
8：书法画	79×70cm	17：洞里修真	186×55cm
9：花鸟画	168×70cm		

1			
2		3	
4		5	
9	8	7	6
10	11	12	13
14		15	

16 17

3. 胜惠何公祠

胜惠何公祠位于沙头街道横江村。始建年代待定，从头门石匾可知，该祠于清同治十三年（1874）重建，1992年及1996年均有重修。坐东朝西，三间两进，总面阔9.98米，总进深16.11米，占地面积约164.76平方米。两进均为硬山顶，人字封火山墙，灰塑博古脊，辘灰筒瓦，青砖墙，花岗岩墙基。2011年1月，胜惠何公祠公布为番禺区登记保护文物单位。

胜惠何公祠共绘有20幅壁画，根据壁画上的落款：同治甲戌年，该建筑壁画绘制于同治十三年(1874)，罗倚之等作。壁画现状保存较为完整，绘有的“东坡赏琴”“东坡赏荔”“公孙图”等壁画。

位置示意图

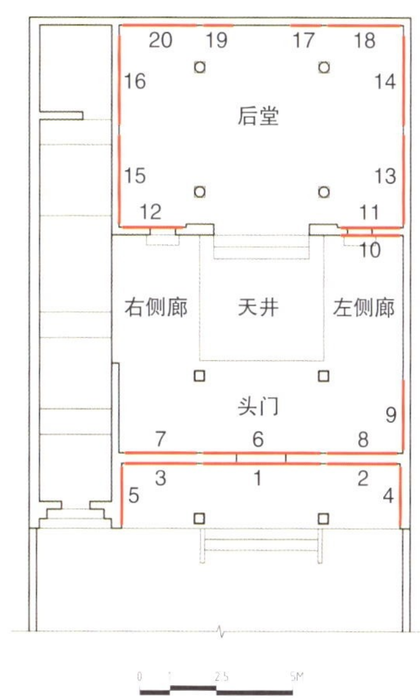

壁画名称	尺寸
1：组合画	320×46cm
2：东坡赏琴	182×46cm
3：桃源洞	182×46cm
4：组合画	205×74cm
5：组合画	205×74cm
6：组合画	415×67cm
7：山水画	198×50cm
8：山水画	198×50cm
9：花鸟画	150×50cm
10：组合画	252×58cm
11：花鸟画	170×52cm
12：花鸟画	170×52cm
13：组合画	209×57cm
14：组合画	245×57cm
15：组合画	209×57cm
16：组合画	245×57cm
17：花鸟画	70×54cm
18：公孙图	182×54cm
19：花鸟画	70×54cm
20：东坡赏荔	182×54cm

1

3 2

5		4	
6			
8		7	
9		10	
12		11	
14	13	15	16
17		18	

19 20

4. 高氏宗祠

莲湖高氏宗祠位于沙头街道横江村。始建年代不详，清嘉庆二年（1797）重修，2008 年再次修缮。坐东北朝西南，三间两进，总面阔 15.18 米，总进深 20.34 米，占地面积约 308.76 平方米。两进均为硬山顶，人字封火山墙，灰塑博古脊，镬灰筒瓦，青砖墙，花岗岩墙基。2011 年 1 月，莲湖高氏宗祠公布为番禺区登记保护文物单位。

莲湖高氏宗祠的头门共绘有 5 幅壁画，根据壁画上的落款：庚午冬月，该建筑壁画原应由青萝峰居士于民国 19 年（1930）绘作，2008 年为西樵正风重绘。壁画现状保存一般，绘有的“李邕观帖”“知章访友”等几幅壁画。

位置示意图

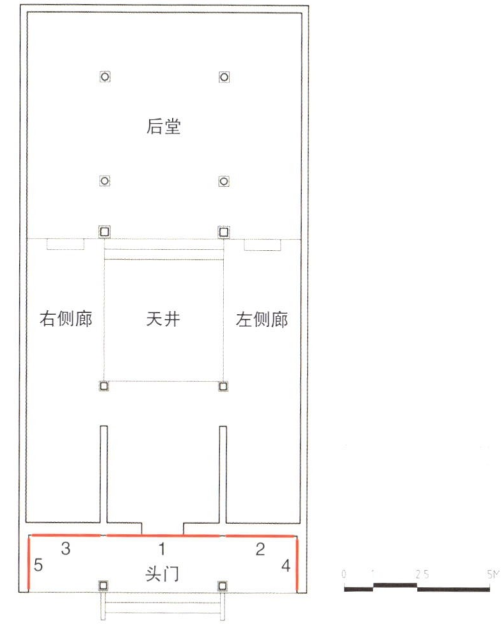

壁画名称	尺寸
1：组合画	390×86cm
2：李邕观帖	179×65cm
3：知章访友	179×65cm
4：花鸟画	146×82cm
5：花鸟画	146×82cm

1
3 2

5 4

5. 王氏大宗祠

王氏大宗祠位于沙头街道沙头村。清代建筑，中华民国 14 年（1925）整体重修和 20 世纪 80 年代部分重修。坐西南朝东北，三间三进，总面阔 15.8 米，总进深 44.11 米，占地面积约 697 平方米。建筑为硬山顶，人字封火山墙，头门灰塑龙船脊，中、后堂为博古脊，辘灰筒瓦，青砖墙，花岗岩墙基。2011 年 1 月，王氏大宗祠公布为番禺区登记保护文物单位。

王氏大宗祠共绘有 4 幅壁画，根据壁画上的落款：民国乙丑，该建筑壁画应绘制于民国 14 年（1925），作者为冯林轩、老粹溪。壁画现状保存一般，绘有“金带图”“四皓归汉”等几幅壁画。

位置示意图

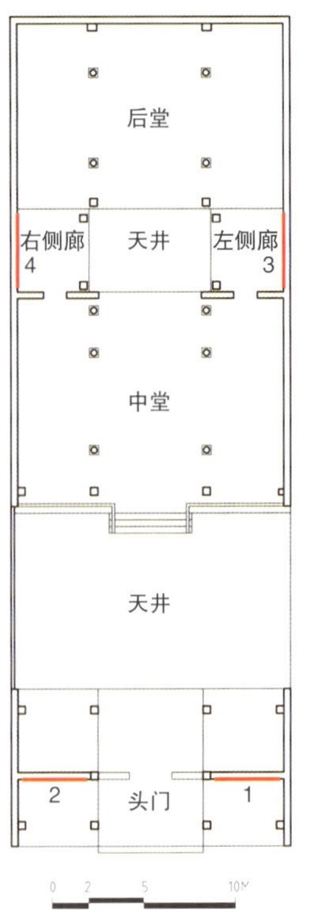

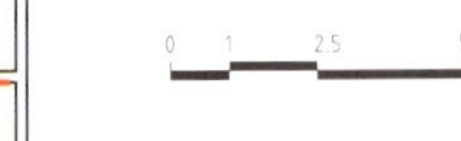

壁画名称	尺寸
1：组合画	361×104cm
2：组合画	321×83cm
3：四皓归汉	220×68cm
4：金带图	220×68cm

1

2

4　3

6. 月堂王公祠

月堂王公祠位于沙头街道沙头村。始建年代不详，中华民国己未年（1919）、2006 年重修。坐西北朝东南，三间两进，总面阔 11.3 米，总进深 19.62 米，占地面积约 221.71 平方米。两进均为硬山顶，镬耳封火山墙，灰塑博古脊，辘灰筒瓦，青砖墙，花岗岩墙基。2011 年 1 月，月堂王公祠公布为番禺区登记保护文物单位。

月堂王公祠共绘有 3 幅壁画，根据壁画上的落款：民国岁次己未仲冬，该建筑壁画绘制于民国 8 年（1919），作者为韩炽山。壁画现状保存一般。

位置示意图

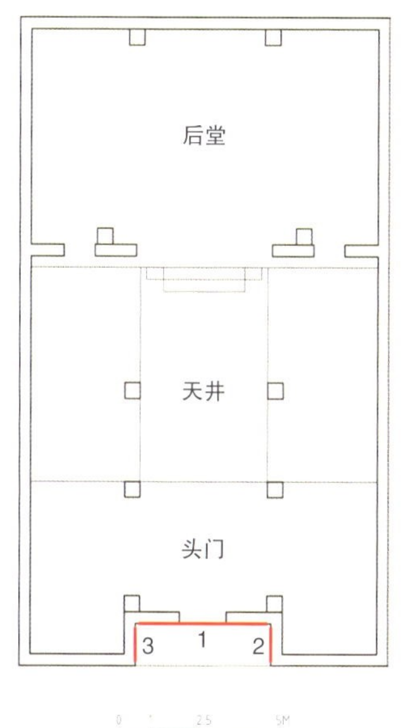

壁画名称	尺寸
1：组合画	425×69cm
2：花鸟画	95×78cm
3：花鸟画	95×78cm

1

3 2

7. 鳌山古建筑群

鳌山古建筑群位于沙湾镇三善村。建筑群占地约2240.3平方米。建筑严整，外观气派宏伟。古庙群自西北至东南横列依次是潮音阁、报恩祠、鳌山古庙、社道门楼、先师古庙、神农古庙。鳌山古建筑群为番禺区内少有的大型古庙群，庙群的建筑布局和雕塑艺术，皆有较高的艺术价值。2000年，公布为广州市内部控制历史文化保护区；2002年7月，鳌山古建筑群公布为广州市文物保护单位。

鳌山古建筑群共有33幅传统壁画，建筑群内壁画并非同一时间绘成，其中鳌山古庙为如轩等于“同治壬戌（1862）”年绘，神农古庙为老粹溪等于“光绪丙申（1896）”年绘，先师古庙为仲文、老粹溪等于“民国丙寅（1926）”年绘，报恩祠为黎干州、靳耀生等于“民国三十四年（1945）”年绘。壁画现状保存一般，绘有“竹林七贤”“瑶池宴乐”“夜宴桃李园”等壁画。

位置示意图

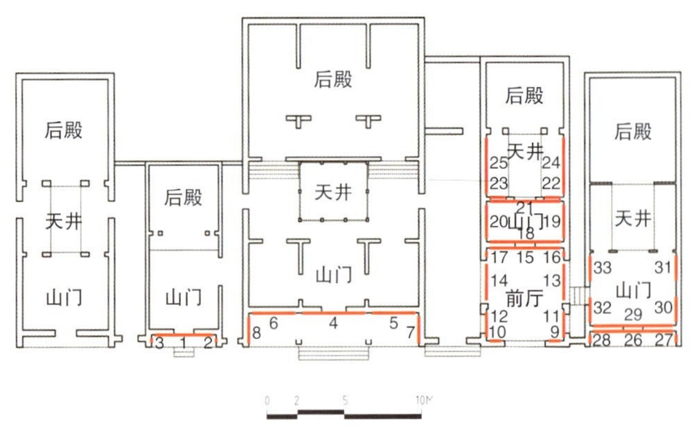

壁画名称	尺寸	壁画名称	尺寸
1：组合画	372×98cm	18：组合画	506×74cm
2：花鸟画	57×105cm	19：组合画	222×63cm
3：花鸟画	57×105cm	20：组合画	222×63cm
4：组合画	487×104cm	21：组合画	502×59cm
5：瑶池宴乐	257×68cm	22：花鸟画	129×72cm
6：竹林七贤	257×68cm	23：花鸟画	129×72cm
7：山水画	136×90cm	24：组合画	308×65cm
8：山水画	136×90cm	25：组合画	308×65cm
9：人物画	85×56cm	26：夜宴桃李园	404×75cm
10：人物画	85×56cm	27：山水画	75×94cm
11：山水画	163×113cm	28：山水画	75×94cm
12：山水画	163×113cm	29：组合画	263×94cm
13：柳汁成科	154×95cm	30：花鸟画	114×97cm
14：福合天来	154×95cm	31：花鸟画	187×97cm
15：组合画	341×46cm	32：花鸟画	114×97cm
16：花鸟画	100×57cm	33：花鸟画	187×97cm
17：花鸟画	100×57cm		

3	1	2
	4	
	5	
	6	
8		7
9		10

11	12
13	14
17 15 16	
18	
19	20
21	

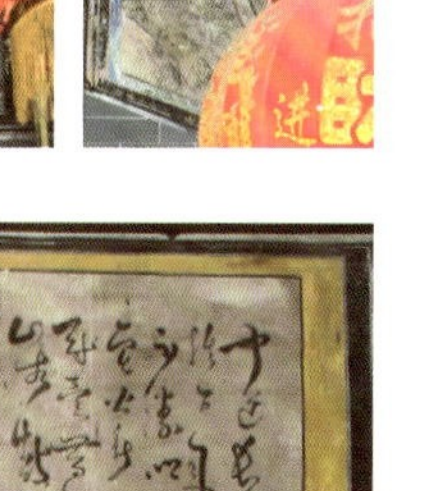

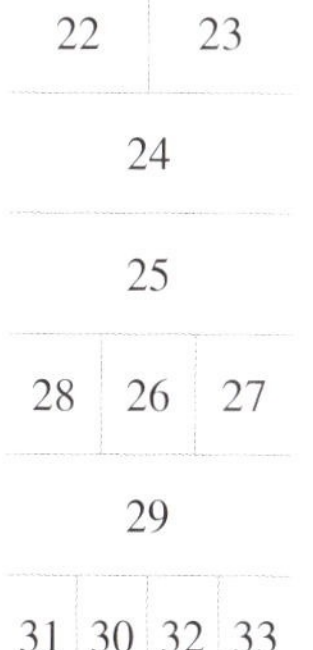
22 23
24
25
28 26 27
29
31 30 32 33

8. 九成书院

九成书院位于石碁镇新桥村。该祠堂始建于嘉庆二十五年（1820），光绪乙巳年（1905）重修。坐北朝南，原为广三路深三进，现存中路主体建筑与左路建筑后部。总面阔 14.7 米，总进深 54.7 米，占地面积约 804.09 平方米。该书院为硬山顶，辘灰筒瓦，青砖墙，花岗岩墙基，头门为灰塑博古正脊，人字博古侧脊封火山墙，中堂、后寝为灰塑龙船正脊，人字龙船侧脊封火山墙。2011 年 1 月，九成书院公布为番禺区登记保护文物单位。

九成书院共有 13 幅壁画，根据壁画上的落款：光绪乙巳岁仲冬，该建筑壁画绘制于光绪三十一年（1905），作者为韩炽山。壁画现状保存一般，绘有“柑酒听黄鹤”“壶里乾坤”“曲中流觞”“亭琴厅阮”等壁画。

位置示意图

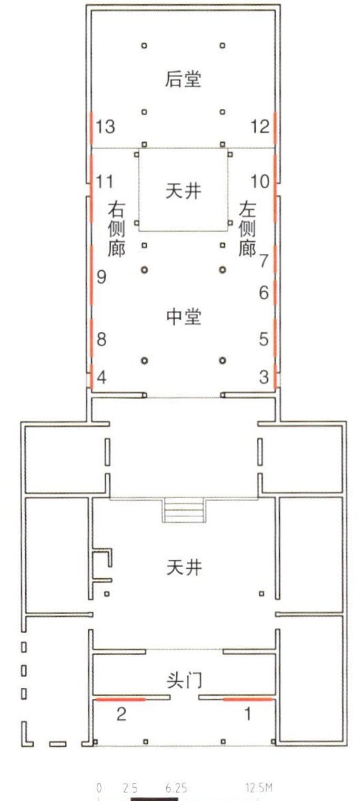

壁画名称	尺寸
1：柑酒听黄鹤	344×84cm
2：葫里乾坤	344×84cm
3：曲水流觞	109×99cm
4：亭琴厅阮	109×99cm
5：组合画	343×63cm
6：组合画	238×63cm
7：花鸟画	345×63cm
8：组合画	343×63cm
9：山水画	136×63cm
10：组合画	616×44cm
11：组合画	616×44cm
12：人物画	220×115cm
13：人物画	220×115cm

1

2

3		4
6		5
7	8	9
10		
11		
12		13

9. 蓝田戴公祠

蓝田戴公祠位于石楼镇赤山东村。始建于清道光二十六年（1846），光绪三十年（1904）至光绪三十三年（1907）重建，20 世纪 90 年代重修。坐北朝南，三间两进，总面阔 12.2 米，总进深 21 米，占地面积约 260.42 平方米。两进均为硬山顶，人字封火山墙，灰塑博古脊，青砖墙，头门花岗岩墙基，后堂为红砂岩墙基。2011 年 1 月，蓝田戴公祠公布为番禺区登记保护文物单位。

蓝田戴公祠共有 25 幅壁画，根据壁画上的落款：光绪岁次丙午仲冬，壁画绘制于光绪三十二年（1906），作者为韩炽山、韩柱石等。壁画现状保存一般，绘有“东坡赏荔”“柳枝沽依”“亭琴听阮”“砚池化雨”等壁画。

位置示意图

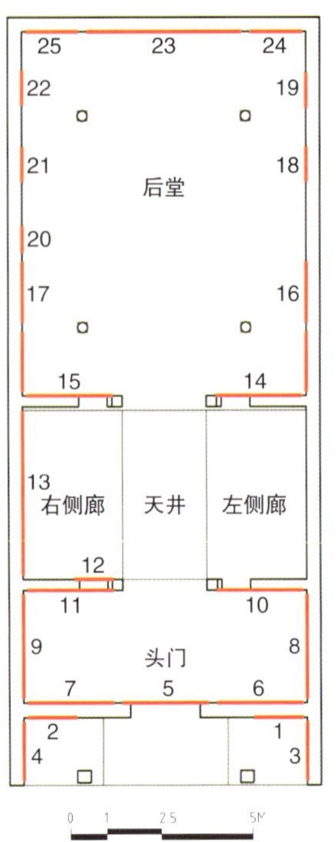

壁画名称	尺寸
1：东坡赏荔	244×84cm
2：赏菊图	224×84cm
3：组合画	283×118cm
4：组合画	283×118cm
5：组合画	315×94cm
6：公孙图	211×70cm
7：柳枝沽依	211×70cm
8：组合画	287×104cm
9：组合画	287×104cm
10：亭琴听阮	227×90cm
11：砚池化雨	227×90cm
12：人物画	90×55cm
13：组合画	440×78cm
14：山水画	234×84cm
15：山水画	234×84cm
16：知章访道	141×100cm
17：晒腹图	141×100cm
18：花鸟画	140×81cm
19：花鸟画	324×81cm
20：花鸟画	140×81cm
21：书法画	57×81cm
22：花鸟画	324×81cm
23：组合画	400×92cm
24：松芝益寿	210×73cm
25：三仙初洞	210×73cm

1	2
4	3
5	

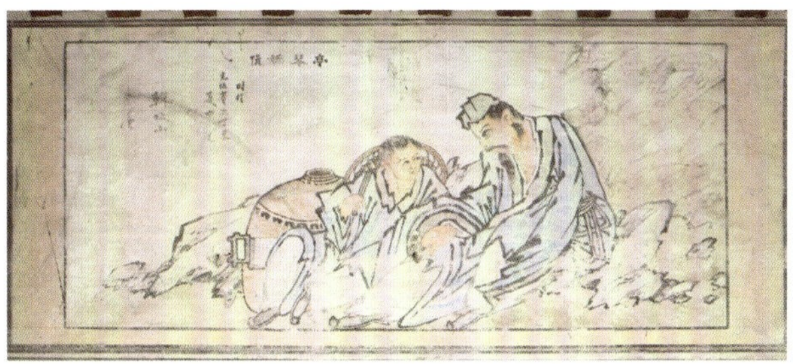

6	7
8	9
11	10
12	
13	
14	15

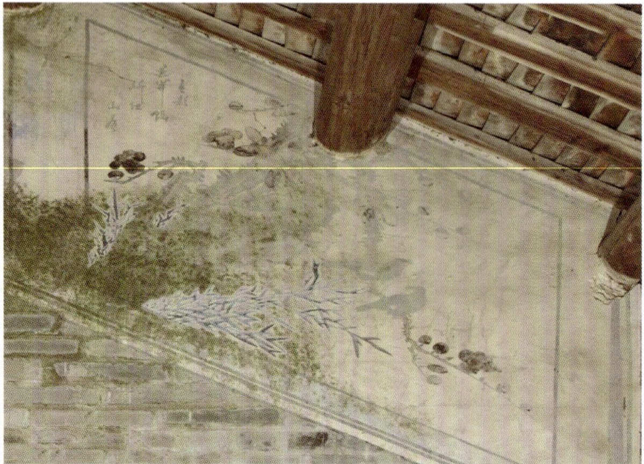

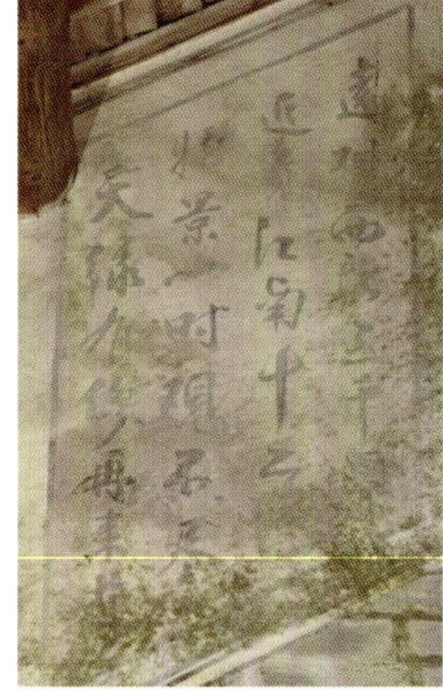

16	17
19	18
20 21	22
23	
24	25

10. 榕庄戴公祠

榕庄戴公祠位于石楼镇赤山东村。始建于明代，清光绪四年（1878）重修，20世纪90年代改建成红木家具厂。坐东南朝西北，原为广三路，现存中路建筑为三间三进，总面阔14.53米，总进深44.74米，占地面积约660.08平方米。硬山顶，人字封火山墙，灰塑龙船脊，青砖墙，头门花岗岩墙基，中堂和后堂为红砂岩墙基。2011年1月，榕庄戴公祠公布为番禺区登记保护文物单位。

榕庄戴公祠共有6幅壁画，根据壁画上的落款：时于丁酉，推测该处壁画绘制于清光绪二十三年（1897），作者不详。壁画现状保存一般。

位置示意图

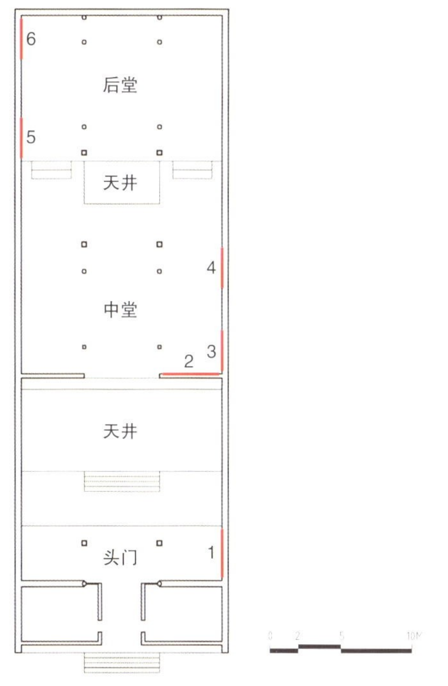

壁画名称	尺寸
1：花鸟画	118×60cm
2：九鱼画	282×60cm
3：花鸟画	142×45cm
4：花鸟画	142×45cm
5：花鸟画	248×87cm
6：花鸟画	241×87cm

1

2

4	3
5	6

11. 文武庙

茭塘东文武庙位于石楼镇茭塘东村。始建于清道光十一年（1831），光绪十八年（1892）迁建至该址，1988年重修。坐西朝东，三间三进，总面阔 11.54 米，总进深 17.4 米，占地面积为约 200.8 平方米。山门与后殿为硬山顶，双镬耳封火山墙，灰塑雕花博古脊，青砖墙，花岗岩墙基。2010 年 11 月，茭塘东文武庙公布为番禺区文物保护单位。

茭塘东文武庙共有 7 幅壁画，根据壁画上的落款：光绪（岁）次壬辰，该建筑壁画绘制于清光绪十八年（1892），作者为韩翠石、黎干洲。壁画现状保存一般，绘有“周处夺勇”“白鹅换字”“三多吉庆”等壁画。

壁画名称	尺寸
1：组合画	396×94cm
2：三多吉庆	215×97cm
3：白鹅换诗	215×97cm
4：山水画	176×106cm
5：山水画	176×106cm
6：组合画	
7：组合画	

1

2	3
4	5
6	7

12. 表海黄公祠

表海黄公祠位于石楼镇茭塘东村。建于清同治六年（1867），20世纪90年代重修。坐北朝南，广三路，深三进，总面阔24.52米，总进深53.53米，占地面积约1312.6平方米。中路为硬山顶，人字封火山墙，灰塑龙船脊，青砖墙，花岗岩墙基。2011年1月，表海黄公祠公布为番禺区登记保护文物单位。

表海黄公祠共有5幅壁画，根据壁画上的落款，壁画作者为杨瑞石，壁画绘制时间根据建筑风格及画师本人活动年代分析应为清末。壁画现状保存一般，绘有“竹林七贤”等壁画。

位置示意图

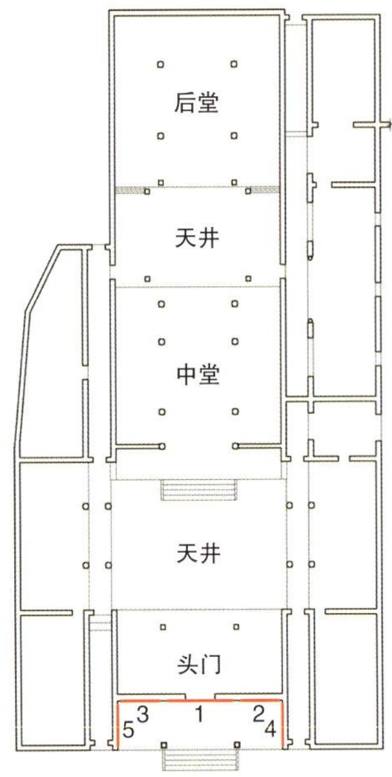

壁画名称	尺寸
1：组合画	558×68cm
2：人物画	321×68cm
3：人物画	321×68cm
4：组合画	273×68cm
5：组合画	273×68cm

1	
2	
3	
5	4

13. 王氏宗祠

胜洲王氏宗祠位于石楼镇胜洲村。建于清代，中华民国乙亥年（1935）及1993年重修。坐北朝南，三间两进，总面阔8.87米，总进深15.27米，占地面积约135.41平方米。两进均为硬山顶，人字封火山墙，灰塑博古脊，辘埆瓦面，青砖墙，花岗岩基础。2011年1月，胜洲王氏宗祠公布为番禺区登记保护文物单位。

胜洲王氏宗祠共有10幅壁画，根据壁画上的落款：岁在乙亥仲春，该建筑壁画绘制于1935年，作者韩镜泉。壁画现状保存一般，绘有“醉酒图”等壁画。

位置示意图

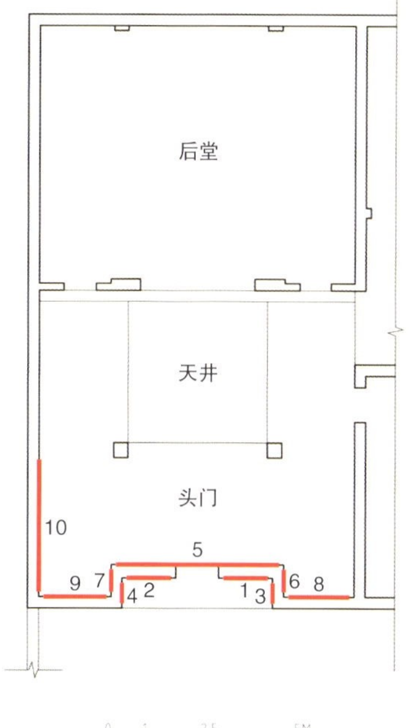

壁画名称	尺寸
1：醉酒图	84×71cm
2：知章访友	84×71cm
3：山水画	56×71cm
4：山水画	56×71cm
5：组合画	406×61cm
6：花鸟画	62×53cm
7：花鸟画	62×53cm
8：花鸟画	156×64cm
9：花鸟画	153×64cm
10：花鸟画	174×60cm

1 2
5

3	4	6	7
8		9	
10			

14. 官涌古庙

官涌华帝古庙位于石碁镇官涌村。供奉华光帝、文昌、关帝等。建于明代初期，清嘉庆五年（1880）迁到现址，历经咸丰十一年（1861）、光绪元年（1875）、2003 年三次重修。坐北朝南，三间二进。总面阔 9.2 米，进深 19.1 米，占地面积约 175.72 平方米。硬山顶，灰塑博古脊，五岳封火山墙，青砖墙，花岗岩墙基。2011 年 1 月，官涌华帝古庙公布为番禺区登记保护文物单位。

官涌华帝古庙共有 11 幅壁画，根据壁画上的落款：光绪元年秋日，壁画绘制于光绪元年（1875），作者为靳如轩、冯文锦等。壁画现状保存一般，绘有“竹林七贤”“叱石成羊”“英雄际会”等壁画。

位置示意图

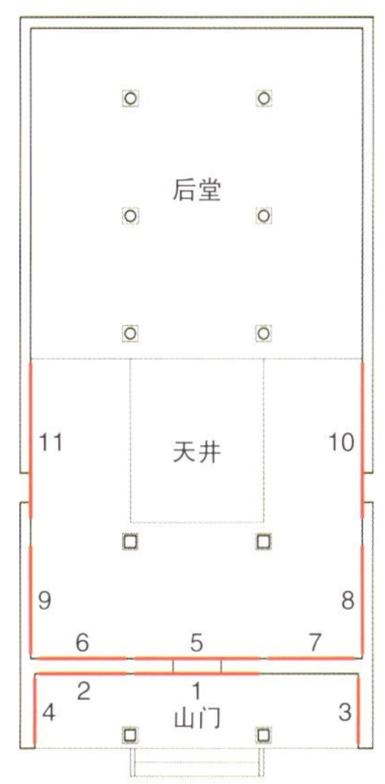

壁画名称	尺寸
1：竹林七贤	243×76cm
2：人物画	204×76cm
3：山水画	124×100cm
4：山水画	124×100cm
5：组合画	193×78cm
6：叱石成羊	194×59cm
7：英雄际会	194×59cm
8：花鸟画	165×72cm
9：花鸟画	496×63cm
10：组合画	165×72cm
11：组合画	496×63cm

1	2
4	3
5	
6	7

8	9
10	11

15. 观澜周公祠

观澜周公祠位于石碁镇新桥村。建于清代，1992 年重修。坐西朝东，三间二进。总面阔 10.6 米，总进深 21.9 米，占地面积约 232.14 平方米。该祠堂为硬山顶，灰塑龙船脊，人字封火山墙，辘灰筒瓦，青砖墙，花岗岩墙基。

观澜周公祠共有 14 幅壁画，根据壁画上的落款，壁画的作者为杨瑞石，根据建筑风格及画师活动时代分析，壁画应绘制于清末。壁画现状保存一般，绘有“果老归山”“赏菊图”等壁画。

位置示意图

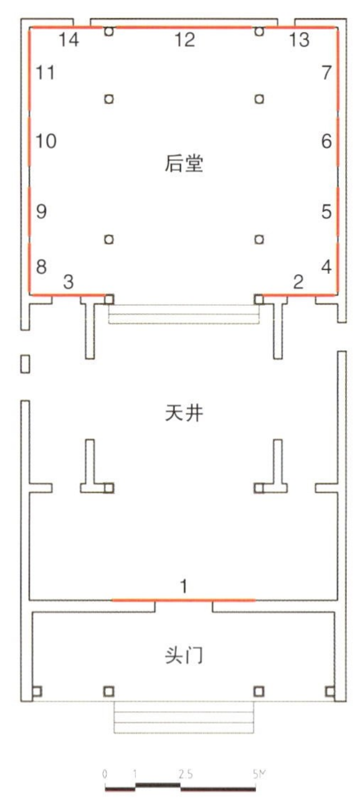

壁画名称	尺寸
1：组合画	411×54cm
2：山水画	197×54cm
3：山水画	197×40cm
4：花鸟画	182×50cm
5：书法画	75×50cm
6：花鸟画	136×50cm
7：花鸟画	199×50cm
8：花鸟画	182×50cm
9：书法画	75×50cm
10：花鸟画	136×50cm
11：花鸟画	199×50cm
12：组合画	443×76cm
13：果老归山	198×60cm
14：赏菊图	198×60cm

1

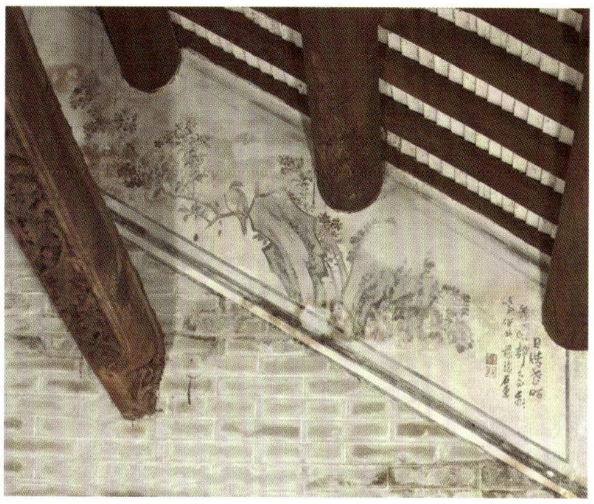

2	3
4	5
6	7
8	9
10	11

12

13 14

16. 张氏宗祠

永善张氏宗祠位于石碁镇永善村。建于清代，1986 年重修。坐北朝南，三间三进，总面阔 10.7 米，总进深 46.6 米，建筑面积约 498.62 平方米。硬山顶，人字封火山墙，灰塑龙船脊，镬灰筒瓦，青砖墙，花岗岩墙基。2011 年 1 月，永善张氏宗祠公布为番禺区登记保护文物单位。

永善张氏宗祠共有 18 幅壁画，根据建筑年代，壁画绘制于清代，具体作者不详。壁画现状保存一般。

位置示意图

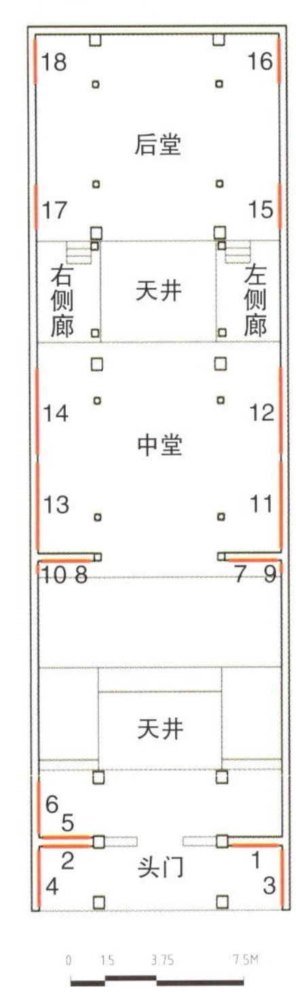

壁画名称	尺寸
1：山水画	192×80cm
2：山水画	192×80cm
3：花鸟画	202×73cm
4：花鸟画	202×73cm
5：人物画	192×80cm
6：花鸟画	248×78cm
7：书法画	53cm
8：书法画	53cm
9：花鸟画	70×53cm
10：花鸟画	70×53cm
11：组合画	118×46cm
12：组合画	156×46cm
13：组合画	118×46cm
14：组合画	156×46cm
15：花鸟画	100×42cm
16：花鸟画	110×42cm
17：花鸟画	100×42cm
18：花鸟画	110×42cm

1

2

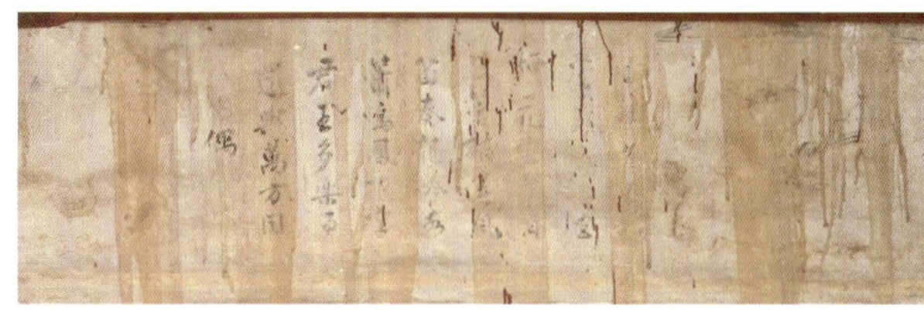

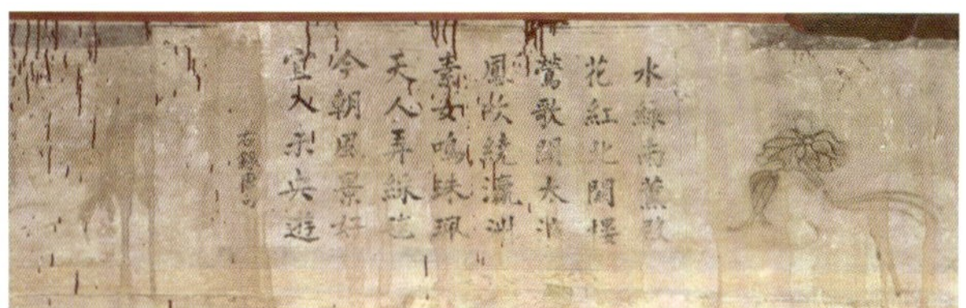

番禺区

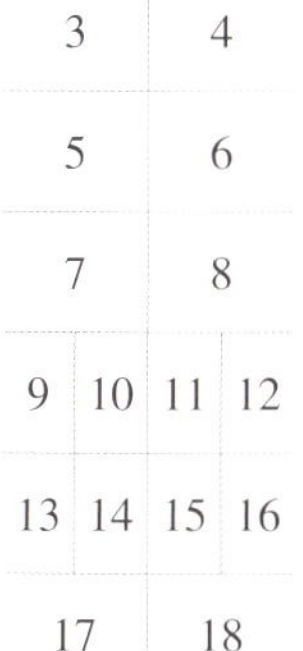

17. 贵达家塾

贵达家塾位于新造镇北约村。始建年代不详。坐南朝北，三间两进，总面阔 11.63 米，总进深 21.57 米，占地面积约 250.86 平方米。两进均为硬山顶，辘灰筒瓦，青砖墙，花岗岩基础。2011 年 1 月，贵达家塾公布为番禺区登记保护文物单位。

贵达家塾共有 6 幅壁画，根据壁画上的落款：民国丁巳春月，壁画绘制于民国 6 年（1917），作者为韩兆轩。壁画现状保存一般，绘有“五柳归庄”“红旗捷报”等壁画。

位置示意图

壁画名称	尺寸
1：组合画	471×84cm
2：山水画	75×72cm
3：山水画	75×72cm
4：五柳归庄	152×77cm
5：红旗捷报	152×77cm
6：组合画	497×97cm

1	
2	3

4 5

6

18. 培桂家塾

培桂家塾位于钟村镇谢村。据重修碑记载，始建于明万历十八年（1590），清康熙四十六年（1707）重修，2007 年重修，存清代建筑风格。坐东北朝西南，三间二进。总面阔 9.5 米，总进深 14.6 米，占地面积约 138.7 平方米。家塾为硬山顶，镬耳封火山墙，辘灰筒瓦，青砖墙，红砂岩墙基。2011 年 1 月，公布为番禺区登记保护文物单位。

培桂家塾共有 3 幅壁画，根据壁画上的落款：岁次辛酉仲冬，该建筑壁画绘制于民国 10 年（1921），作者为何丽生。壁画现状保存一般，绘有“七贤图”等壁画。

位置示意图

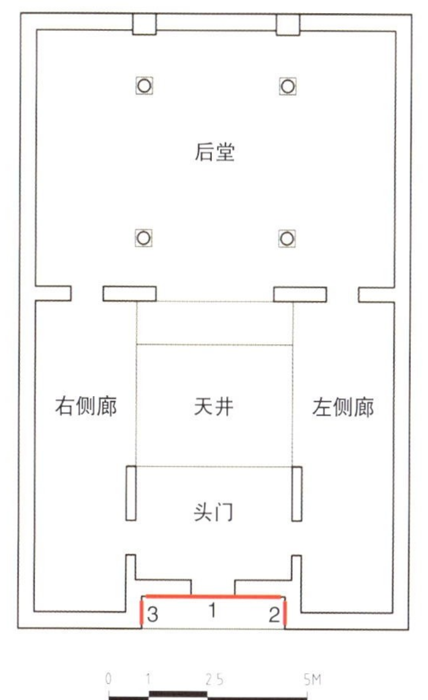

壁画名称	尺寸
1：组合画	351×88cm
2：山水画	53×80cm
3：山水画	53×80cm

1

3 2

19. 延载马公祠

延载马公祠位于钟村镇谢村。坐东北朝西南，三间二进。总面阔 8.6 米，总进深 19.7 米，占地面积约 169.42 平方米。该祠堂为硬山顶，灰塑博古脊，人字封火山墙，辘灰筒瓦，青砖墙，花岗岩墙基。2011 年 1 月，延载马公祠公布为番禺区登记保护文物单位。

延载马公祠共有 5 幅壁画，根据壁画上的落款：岁在庚午，该建筑壁画绘制时间为民国 19 年（1930），作者为韩柱石、韩子平等。壁画现状保存一般，绘有“携柑送酒”等壁画。

位置示意图

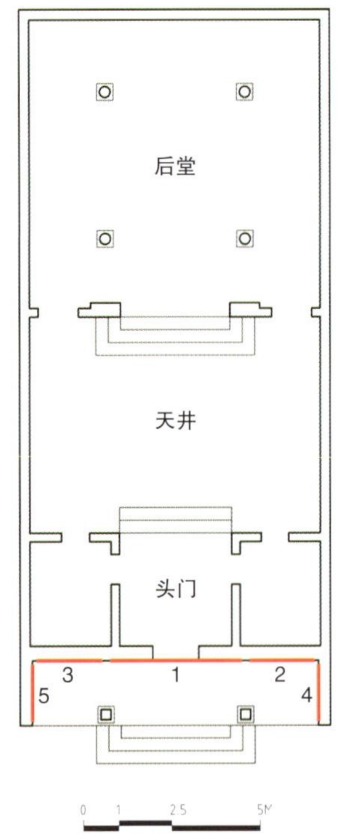

壁画名称	尺寸
1：组合画	360×96cm
2：山水画	148×76cm
3：山水画	148×76cm
4：花鸟画	138×85cm
5：花鸟画	138×85cm

1

2	3
4	5

20. 祖立李公祠

祖立李公祠位于钟村镇谢村。坐北朝南，三间二进。总面阔 7.6 米，总进深 13.5 米，占地面积约 102.6 平方米。该祠堂为硬山顶，灰塑博古脊，人字封火山墙，辘灰筒瓦，青砖墙，花岗岩墙基。2011 年 1 月，祖立李公祠公布为番禺区登记保护文物单位。

祖立李公祠共有 3 幅壁画，根据壁画上的落款：民国己巳仲夏，该建筑壁画绘制时间为民国 18 年（1929），作者为韩柱石。壁画现状保存一般，绘有“寻梅图”“放鹤图”等壁画。

位置示意图

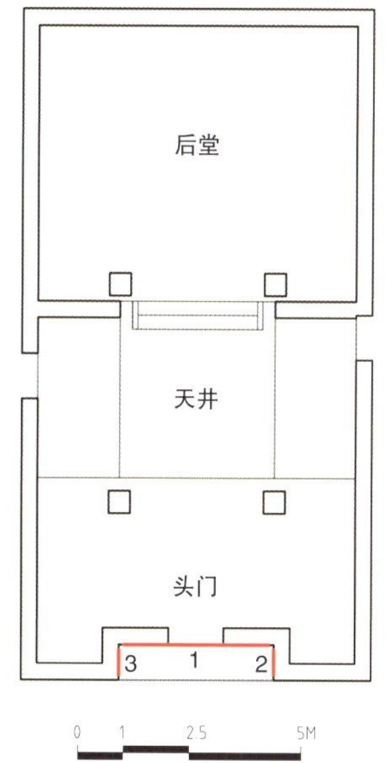

壁画名称	尺寸
1：组合画	348×87cm
2：寻梅图	58×80cm
3：放鹤图	58×80cm

1	
2	3

九　南沙区

南沙区位于广州市南部。东与东莞市隔江相望；西与中山市、佛山市顺德区接壤；北以沙湾水道为界与广州市番禺区隔水相连；南濒伶仃洋。现区境内有各级文物保护单位 7 处，其中国家级的 1 处，省级 2 处，市级 4 处，此外还有各类登记不可移动文物 78 处。（截至 2021 年 2 月）

南沙区内的传统建筑主要包括寺庙、祠堂、书舍、民居、门楼、古井等。其中，寺庙和祠堂的数量较多，基本上以清代建筑风格为主。南沙的寺庙具有浓厚的民间色彩，因生活中与大海的关联密切，故以祀天后的为多，其他还有对神灵、开村始祖、石狗等的供奉。一般都是硬山顶的小型建筑，装饰简单。

宗祠是族人进行祭祖、议事等活动的重要场所。规模较大的祠堂三间三进，石雕、木雕、砖雕构件精湛，并辅以精美的壁画，在南沙的建筑艺术中颇具代表性。

1. 乐耕公祠

乐耕公祠位于南沙街道塘坑村。始建于明末清初，后有重修。现所见公祠为清代建筑风格，坐西北朝东南，三间两进，总面阔 10.76 米，总进深 19. 40 米，建筑占地面积为约 208.74 平方米。硬山顶，灰塑龙船脊，辘灰筒瓦，青砖墙，红砂岩石脚。2013 年 4 月，公布为南沙区登记保护文物单位。

现存壁画位于头门，共有壁画 1 幅。根据壁画上的落款：辛亥年，推测壁画绘制于 1911 年。后堂有重绘壁画。

位置示意图

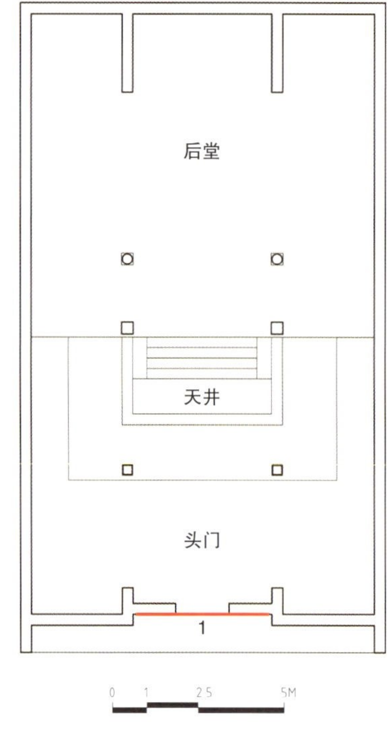

壁画名称	尺寸
1：组合画	210×50cm

1

十　从化区

从化地处广东省中部，广州市东北部，位于珠江三角洲向粤北山区延伸过渡地带，为青山、绿水、蓝天环抱，山清水秀，风光旖旎。现区境内有各级文物保护单位55处，其中国家级的1处，省级1处，市级14处，区级39处，此外还有各类登记不可移动文物120处。（截至2021年2月）

从化保存很多古村落，如儒林第古村落、钱岗古村落等。古村落规划布局类似：一般村前有一块开阔地，再前都有一个半月形的大池塘，两侧种有若干细叶榕树，村落后则建有一片林带；村落规划整齐，布局合理，小巷纵向贯穿全村，砌渠排水；每户人家两侧的门打开可以一目贯通，邻里彼此守望相助。村落里的居民建筑颇具岭南特色，部分融合了中原民居的建筑风格。部分村落还有护村墙、护村河和炮楼等具有防御功能的建筑。

1. 秀灵古庙

秀灵古庙位于鳌头镇黄茅村。秀灵古庙为黄茅村各社的中心。坐东北朝西南。古庙三间两进，总面阔 9.4 米，总进深 11.6 米，建筑占地面积约 109.04 平方米。庙顶部为硬山顶，人字形封火山墙，灰塑龙船脊。2012 年 9 月，秀灵古庙公布为从化区登记保护文物单位。

秀灵古庙共绘有 3 幅壁画，根据壁画上的落款：同治四年季冬，壁画绘制于 1866 年，作者鹤舫。壁画现状保存较为一般，绘有的“松鹤延年”“鸳鸯戏水”等几幅壁画。

位置示意图

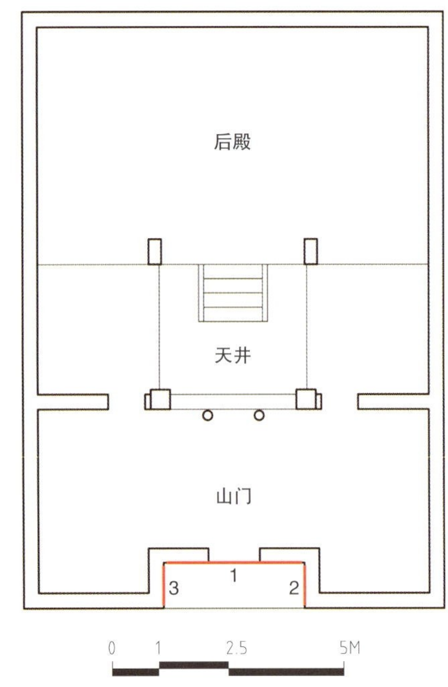

壁画名称	尺寸
1：组合画	302×70cm
2：松鹤延年	92×69cm
3：鸳鸯戏水	92×69cm

1	
3	2

2. 毓生家塾

毓生家塾位于鳌头镇黄茅村。建于清宣统年间，总面阔 29.28 米，总进深 33.6 米，建筑占地约 983.81 平方米。青砖、木、花岗岩石结构，悬山顶。2012 年 9 月，毓生家塾公布为从化区登记保护文物单位。

毓生家塾共绘有 2 幅壁画，根据壁画上的落款：时在甲戌年春月偶书，该建筑壁画绘制于民国 23 年（1934），作者朱明利。壁画现状保存较为一般。

位置示意图

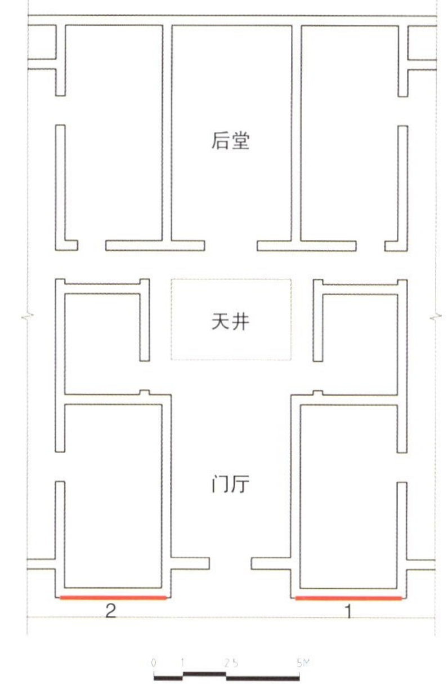

壁画名称	尺寸
1：组合画	348×72cm
2：组合画	348×72cm

1

2

3. 铺锦村公屋

铺锦村公屋位于鳌头镇棋杆铺锦村，建筑建于清代，总面阔 11.7 米，总进深 7.3 米，建筑占地约 85.41 平方米。青砖、泥砖、木、花岗岩石结构，硬山顶。

铺锦村公屋共绘有 5 幅壁画，根据壁画上的落款：道光辛卯□岁次拾二月望后，壁画绘制于 1832 年，作者杜信□。壁画现状保存较为一般。

位置示意图

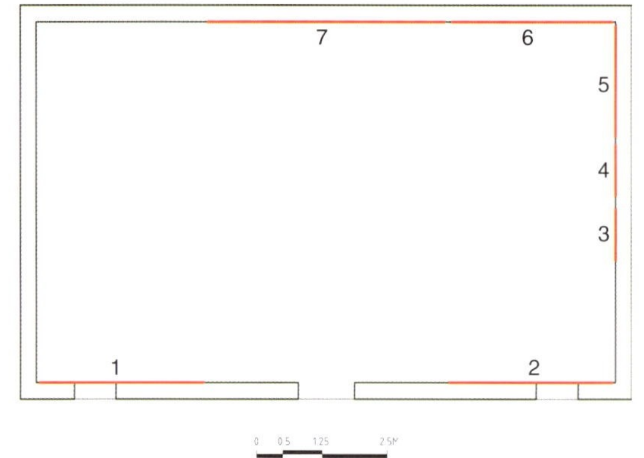

壁画名称	尺寸
1：花鸟画	200×54cm
2：花鸟画	200×54cm
3：花鸟画	110cm
4：书法画	86cm
5：花鸟画	160cm
6：花鸟画	202×57cm
7：墨水龙	278×57cm

1	2	
3	4	5
6	7	

4. 铺锦炮楼

铺锦炮楼位于鳌头镇棋杆铺锦村。建于咸丰年间（1851~1861）。坐南朝北。砖、木、石结构，硬山顶。原有7层，现只剩下3层。建筑布局为上、下厅，上厅为炮楼，深两进23.6米，宽三间14米，建筑占地面积约330.4平方米，高3层15米。 下厅地面低于上厅炮楼1米，深三进7.5米，宽三间12米，建筑占地面积90平方米，高两层8米。建筑内水墨丹青花鸟画、诗词书法等现仍保存较好。2020年3月，公布为从化区文物保护单位。

铺锦炮楼共绘有10幅壁画，根据壁画上的落款：时庚申仲春，壁画绘制于咸丰十年（1860），作者为邓华芬等。壁画现状保存较为一般。

位置示意图

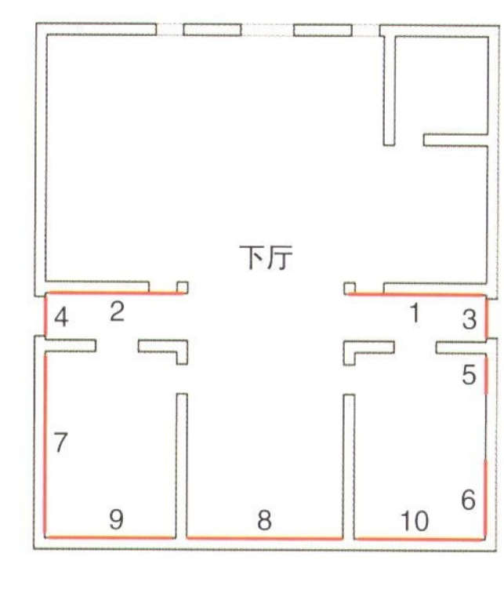

壁画名称	尺寸
1：组合画	349×68cm
2：组合画	349×68cm
3：人物画	108×80cm
4：人物画	108×80cm
5：花鸟画	102×89cm
6：花鸟画	157×89cm
7：组合画	508×89cm
8：组合画	428×67cm
9：组合画	352×67cm
10：组合画	352×67cm

1

2

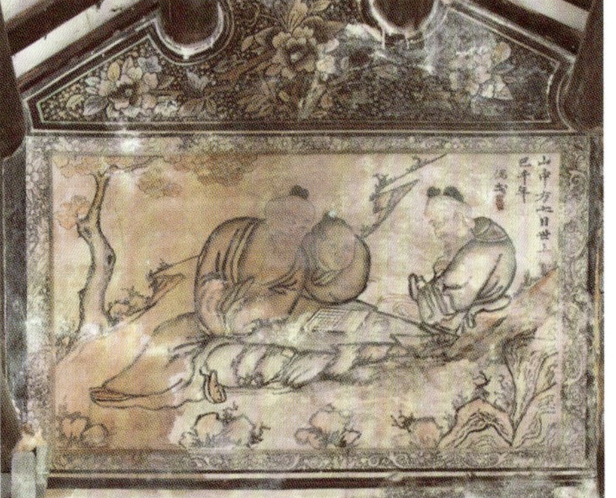

3	4
5	6
7	
8	
9	

10

5. 铺锦西门

铺锦西门位于鳌头镇棋杆铺锦村。始建年代不详。坐南朝北，面阔 4.7 米，进深 6.3 米，高 5 米左右，硬山顶，镬耳山墙，两坡瓦面，龙船脊，青砖墙，石门框。

铺锦西门共绘有 3 幅壁画，根据建筑风格，该建筑的壁画绘制于清末，作者不详。壁画现状保存较为一般，壁画内容主要为山水花鸟等画。

位置示意图

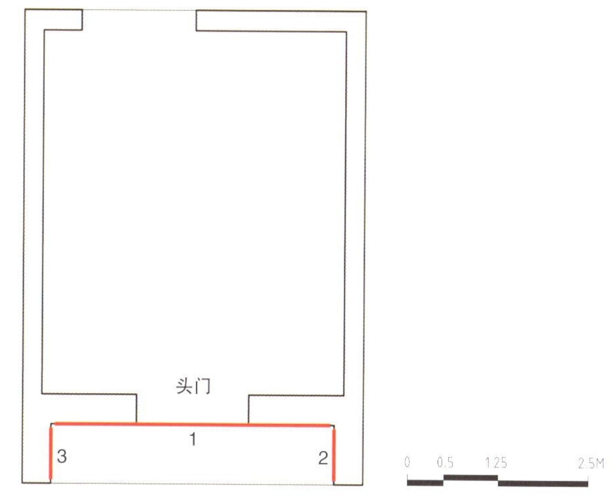

壁画名称	尺寸
1：组合画	389×34cm
2：花鸟画	54×46cm
3：花鸟画	54×46cm

1

2　3

6. 铺锦中门

铺锦中门位于鳌头镇棋杆铺锦村。该门楼始建年代不详。坐南朝北，面阔3.78米，进深2.1米，高4.5米左右，硬山顶，两坡瓦面，青砖墙。

铺锦中门共绘有5幅壁画，根据建筑风格，该建筑的壁画绘制于清末，作者不详。壁画现状保存较为一般，壁画内容主要为山水花鸟等画。

位置示意图

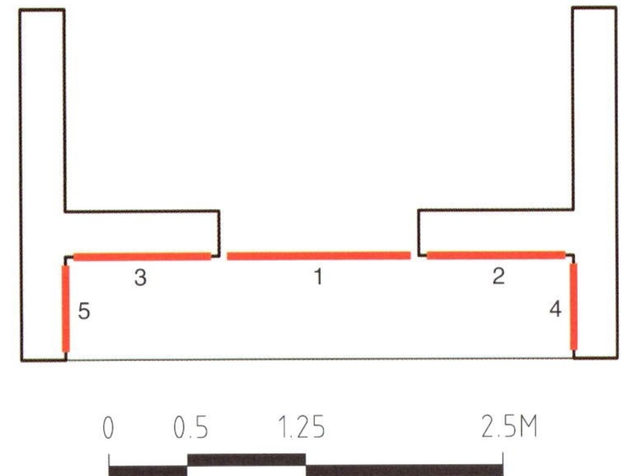

壁画名称	尺寸
1：花鸟画	143×25cm
2：书法画	54×25cm
3：书法画	54×25cm
4：花鸟画	37×29cm
5：花鸟画	37×29cm

1	
2	3
4	5

7. 琼峰书舍

琼峰书舍位于鳌头镇棋杆铺锦村。始建年代不详，清末有重修。坐北朝南，面阔 11.86 米，进深 11.1 米，占地 130 多平方米，硬山顶，博古正脊，两坡瓦面，青砖墙花岗石脚，凹斗门，石门框。

琼峰书舍共绘有 5 幅壁画，根据壁画上的落款：龙岩霖泉戏墨，该建筑壁画为霖泉绘制，绘制年代推断为清末。壁画现状保存较为一般，壁画绘有“日近龙颜图”等。

壁画名称	尺寸
1：山水画	47×95cm
2：山水画	47×95cm
3：日近龙颜图	261×59cm
4：花鸟画	80×59cm
5：花鸟画	80×59cm

位置示意图

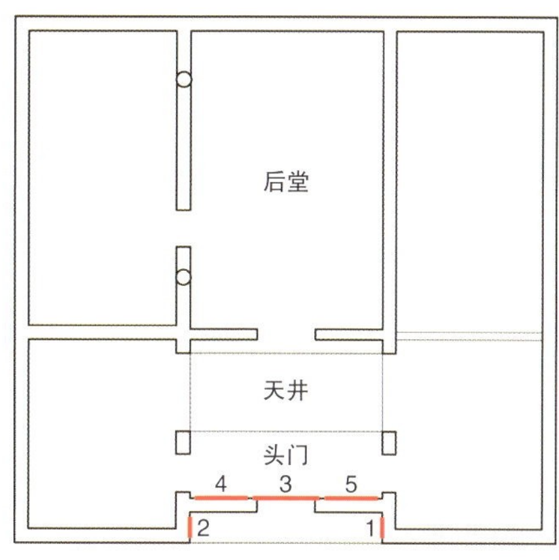

1	2
3	
4	5

8. 铺锦一弄门

铺锦一弄门位于鳌头镇棋杆铺锦村。该门楼始建年代不详。坐南朝北，面阔 3.78 米，进深 2.1 米，高 4 米左右，硬山顶，两坡瓦面，青砖墙。

铺锦一弄门共绘有 2 幅壁画，未见作者与年代信息。根据建筑形式推断，壁画创作年代为清末。壁画现状保存较为一般，壁画内容主要为花鸟画。

位置示意图

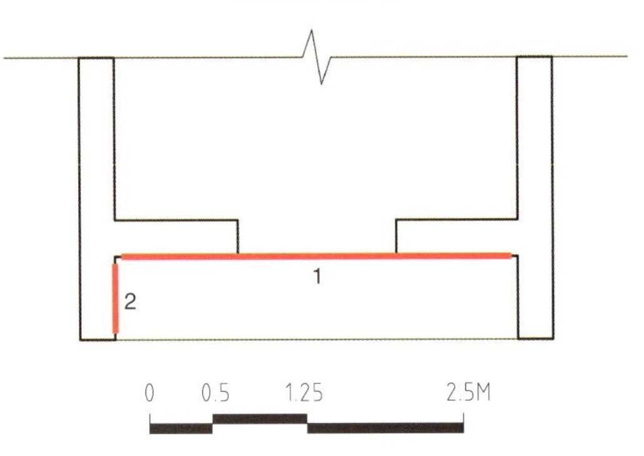

壁画名称	尺寸
1：花鸟画	165×49cm
2：花鸟画	34×56cm

1　2

9. 铺锦二弄门

铺锦二弄门位于鳌头镇棋杆铺锦村。该门楼始建年代不详。坐南朝北，面阔 3.8 米，进深 2.3 米，高 4 米左右，硬山顶，两坡瓦面，青砖墙。

铺锦二弄门共绘有 2 幅壁画，未见作者与年代信息。根据建筑形式推断，壁画绘制于清末。壁画现状保存较为一般，壁画内容主要为花鸟画。

位置示意图

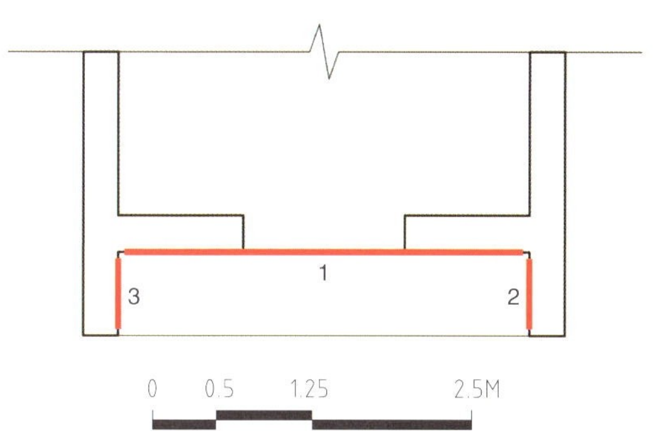

壁画名称	尺寸
1：花鸟画	128×49cm
2：花鸟画	37×57cm

1 2

10. 复初书舍

复初书舍位于鳌头镇棋杆铺锦村古村。始建年代不详。坐北朝南，面阔 14.14 米，进深 12.02 米，占地约 170 平方米，硬山顶，两坡瓦面，青砖墙，凹斗门，石门框。

铺锦中门共绘有 3 幅壁画，根据壁画上的落款：光绪十三年孟春，壁画绘制于光绪十三年（1887），作者不详。壁画现状保存较为一般，壁画内容多为花鸟及人物画等。

位置示意图

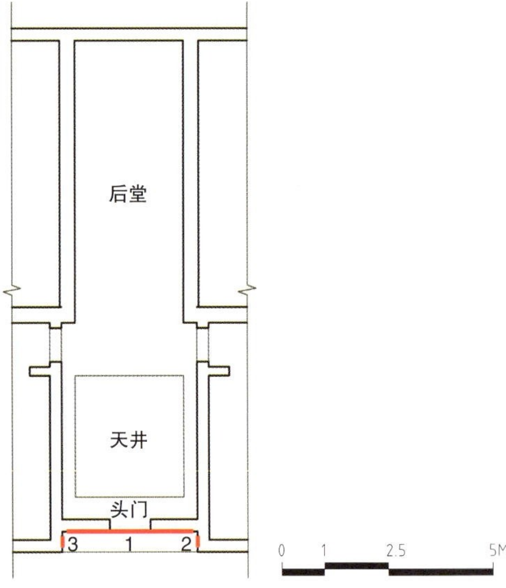

壁画名称	尺寸
1：组合画	308×47cm
2：花鸟画	40×41cm
3：花鸟画	40×41cm

1	
2	3

11. 积安陈公祠

积安陈公祠位于鳌头镇棋杆西塘村。建于清咸丰元年（1851）。坐西南朝东北。三间两进，总面阔 12 米，总进深 19.7 米，建筑占地面积约 236.4 平方米，硬山顶，砖、木、石结构。2012 年 9 月，积安陈公祠公布为从化区登记保护文物单位。

积安陈公祠共绘有 16 幅壁画，根据壁画上的落款：岁在庚申秋日，其壁画绘制于咸丰十年（1860），作者不详。壁画现状保存较为一般，绘有“英雄得鹿”“岁寒三友”“日兴斗酒”“叱石成羊”等壁画。

位置示意图

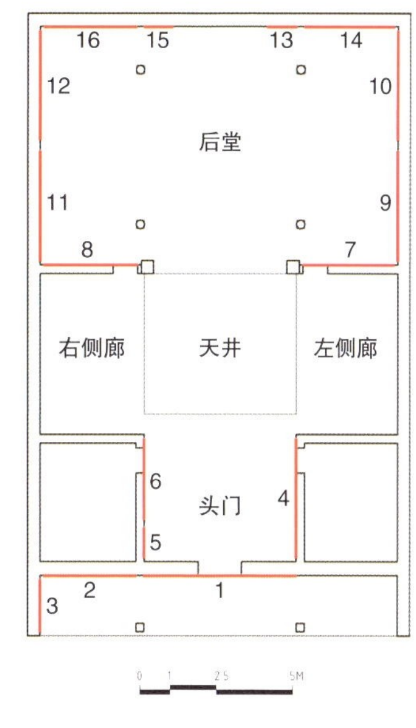

	壁画名称	尺寸
1:	组合画	564×78cm
2:	英雄得鹿	285×78cm
3:	花鸟画	151×103cm
4:	组合画	231×56cm
5:	花鸟画	107×56cm
6:	书法画	47×56cm
7:	组合画	297×63cm
8:	组合画	292×63cm
9:	花鸟画	219×70cm
10:	岁寒三友	252×70cm
11:	花鸟画	219×70cm
12:	花鸟画	252×70cm
13:	日兴斗酒图	90×57cm
14:	组合画	306×57cm
15:	叱石成羊	90×57cm
16:	组合画	306×57cm

1		
2	3	
4	5	6

7	
8	
10	9
11	12
13	14
15	16

12. 圣堂古庙

圣堂古庙位于城郊街道城康村。据《重修圣堂古庙神像碑记》碑文载，古庙始建于明万历丁亥年（1587）。乾隆二十四年（1759）、嘉庆六年（1801）、道光十一年（1831）、道光二十九年（1849）、民国32年（1943）、1995年六次重修。古庙坐东北朝西南。硬山顶，三间两进，总面阔10.7米，总进深14.3米，建筑占地面积约153平方米。

圣堂古庙共绘有5幅壁画，建筑壁画绘制时间分为道光十二年（1832）和民国22年（1933）两个时期，作者为逍遥山人、李应等。壁画现状保存较为一般，壁画内容主要为书法画、花鸟画、人物画等。

位置示意图

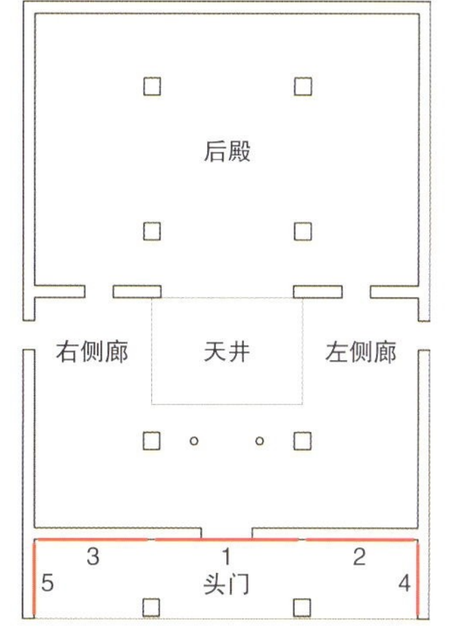

壁画名称	尺寸
1：组合画	385×64cm
2：人物画	270×58cm
3：人物画	270×58cm
4：花鸟画	170×61cm
5：花鸟画	170×61cm

1	
2	3
5	4

13. 殷氏宗祠

东风殷氏宗祠位于城郊街道东风村。祠分三进，坐北朝南。三进深34.639米，面阔三间12.639米，建筑占地面积约437.8平方米。2012年9月，东风殷氏宗祠公布为从化区登记保护文物单位。

东风殷氏宗祠共绘有20幅壁画，根据壁画上的落款：光绪壬辰年，壁画绘制于光绪十八年（1892），作者为周恒山等。壁画现状保存较为一般，壁画内容主要为书法画、花鸟画、人物画等。

位置示意图

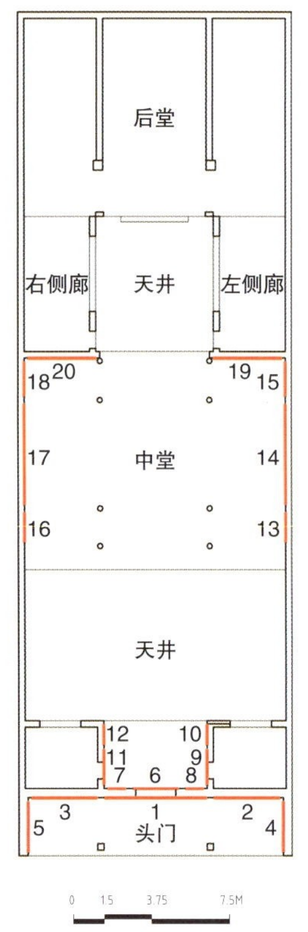

壁画名称	尺寸
1：组合画	477×92cm
2：组合画	311×92cm
3：组合画	311×92cm
4：组合画	270×130cm
5：组合画	270×130cm
6：山水画	297×67cm
7：花鸟画	86×67cm
8：花鸟画	86×67cm
9：组合画	206×80cm
10：书法画	80×45cm
11：组合画	206×80cm
12：书法画	74×80cm
13：花鸟画	199×80cm
14：组合画	430×100cm
15：花鸟画	199×80cm
16：花鸟画	199×80cm
17：组合画	430×100cm
18：花鸟画	199×80cm
19：组合画	322×70cm
20：组合画	322×97cm

1	
2	3
5	4

6
7 8
9 10 11 12
15 14 13
16 17 18
19 20

14. 善仕黄公祠

善仕黄公祠位于城郊街道黄场村。始建于明崇祯三年（1630），清雍正四年（1726）、乾隆三十九年（1774）重修。坐西北朝东南。三进三间，总面阔 13.2 米，进深 34.257 米，建筑占地面积约 452.1 平方米，砖、木、石结构。保留明、清两代建筑构件和精美装饰。2012 年 9 月，善仕黄公祠公布为从化区登记保护文物单位。

善仕黄公祠共绘有 4 幅壁画，根据壁画上的落款：岁在丙子清明偶书，该建筑壁画绘制于民国 25 年（1936），作者不详。壁画现状保存一般，壁画内容主要为书法画、花鸟画等。

位置示意图

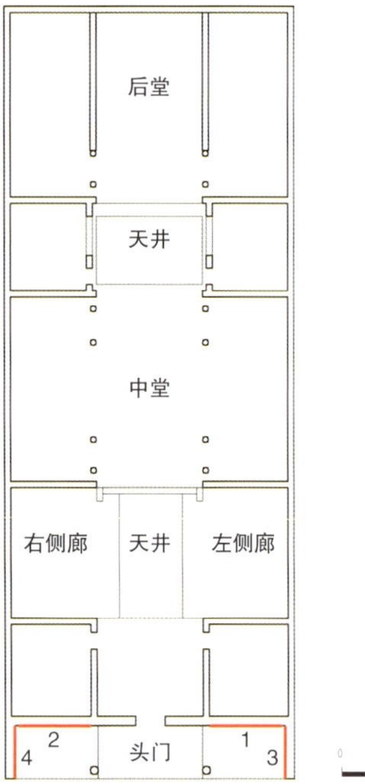

壁画名称	尺寸
1：组合画	387×52cm
2：组合画	387×52cm
3：花鸟画	182×51cm
4：花鸟画	182×51cm

1	
2	
3	4

15. 仁卿李公祠

仁卿李公祠位于城郊街麻一村，三间两进，硬山顶，人字封火山墙，灰塑龙船脊，石脚青砖墙。建筑整体基本保存完好，壁画保存较好。

仁卿李公祠共绘有8幅壁画，根据壁画上的落款：咸□岁次辛酉，该建筑壁画绘制于咸丰十一年（1861），作者为丹邱羽人。壁画现状保存较为一般，绘有“三友图”等壁画。

位置示意图

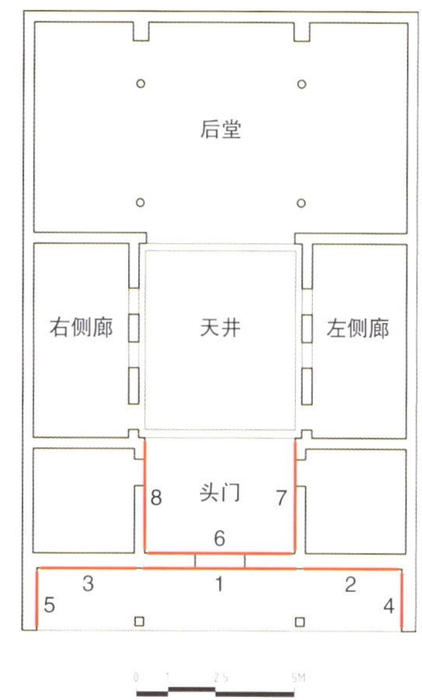

壁画名称	尺寸
1：组合画	448×75cm
2：组合画	207×64cm
3：组合画	207×64cm
4：三友图	165×85cm
5：花鸟画	165×85cm
6：组合画	522×54cm
7：组合画	58cm
8：组合画	58cm

1	
2	3
4	5
6	

7 8

16. 邝氏宗祠

邝氏宗祠位于城郊街向阳村，三间三进，镬耳山墙，青砖砌筑，龙船正脊，头门有壁画，墙面贴瓷砖，建筑整体保存完好。

邝氏宗祠共绘有4幅壁画，根据建筑形式推断，该处壁画应绘制于清末，作者为柳深。壁画现状保存较为一般，绘有“竹林七贤图”“时夜宴桃李园图”等壁画。

位置示意图

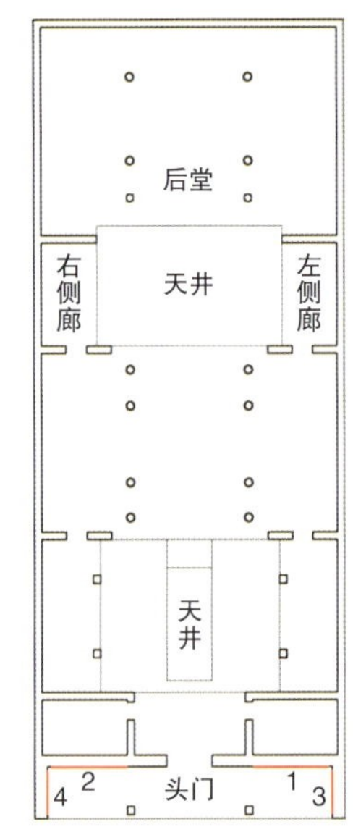

壁画名称	尺寸
1：竹林七贤图	308×87cm
2：时夜宴桃李园图	308×87cm
3：人物画	164×79cm
4：人物画	164×79cm

1 2
4 3

17. 春花秋月山房

春花秋月山房位于江埔街道大江埔村。山房坐西北朝东南。阔五间 19.55 米，深两进 13.4 米，建筑占地面积约 262 平方米。砖、木、石结构，悬山顶，龙船脊。2012 年 9 月，春花秋月山房公布为从化区登记保护文物单位，正式文物单位名称为“大江埔村古建筑群－春花秋月山房”。

春花秋月山房共绘有 3 幅壁画，根据壁画上的落款：时壬戌深春，该建筑壁画应绘制于同治元年（1862），作者为邓华芬。建筑大门匾额作者为林彭年，为咸丰十年（即 1860 年）庚申科进士。壁画现状保存较为一般，壁画内容为山水画及书法画。

位置示意图

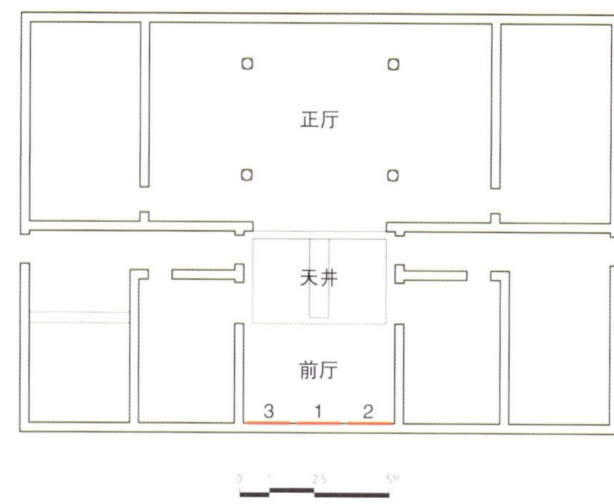

壁画名称	尺寸
1：春花秋月山房	143×38cm
2：山水画	170×60cm
3：山水画	170×60cm

1

2 3

18. 石峰冯公祠

石峰冯公祠位于街口街道大坳村。清代建筑。坐北朝南。三间三进，总面阔 11.6 米，总进深 27.1 米，建筑占地面积约 314.36 平方米。硬山顶，镬耳封火山墙，灰塑博古脊，石脚青砖墙。2012 年 9 月，石峰冯公祠公布为从化区登记保护文物单位。

石峰冯公祠共绘有 28 幅壁画，根据壁画上的两处落款：癸巳及癸卯年，该处建筑壁画分别绘制于光绪十九年（1893）及光绪二十九年（1903），光绪十九年的壁画作者为半行子，光绪二十九年的壁画作者为罗子元居士桐萍。壁画现状保存较为一般。

位置示意图

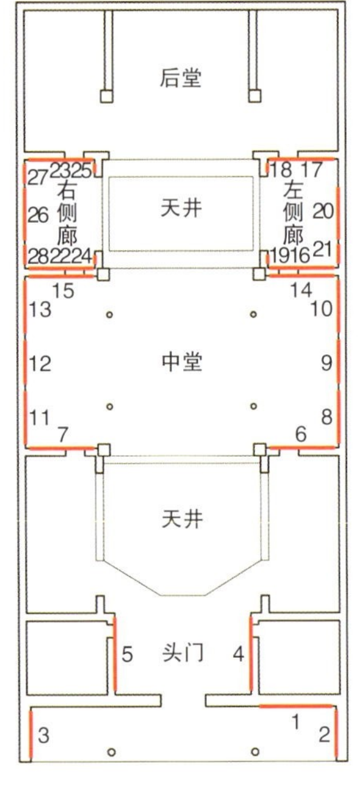

壁画名称	尺寸
1：人物画	250×80cm
2：山水画	160×94cm
3：山水画	160×94cm
4：花鸟画	157×46cm
5：花鸟画	157×46cm
6：组合画	254×50cm
7：组合画	124×50cm
8：花鸟画	180×55cm
9：组合画	156×55cm
10：花鸟画	180×55cm
11：花鸟画	180×55cm
12：组合画	156×55cm
13：山水画	180×55cm
14：组合画	254×50cm
15：组合画	124×50cm
16：组合画	242×40cm
17：组合画	242×40cm
18：山水画	59×40cm
19：山水画	59×40cm
20：山水画	176×32cm
21：鱼樵之图	59×40cm
22：山水画	59×40cm
23：组合画	242×40cm
24：山水画	242×40cm
25：山水画	59×40cm
26：山水画	77×32cm
27：白（伯）牙辟琴之图	77×32cm
28：山水画	176×32cm

1

2 3 4 5
6 7
10 9 8
11 12 13
14 15
16 17
18 19

20	
21	
22	23
24	25
26	
27	28

19. 戚氏公祠

枧村戚氏宗祠位于良口镇枧村。祠建于清道光十三年（1833）。坐东朝西。三间三进，总面阔 10.6 米，总进深 33.3 米，建筑占地面积约 352.98 平方米。人字封火山墙，灰塑博古脊，青砖石脚。建筑装饰细致繁复，风格疏朗高俊。

枧村戚氏宗祠共绘有 5 幅壁画，根据壁画上的落款：同治九年仲夏造、甲午岁春日画意，壁画绘制时间为同治九年（1870）或光绪二十年（1894），作者为半间子等。壁画现状保存较为一般，绘有“九老图”“五桂全图”“一家词赋”“桐开富贵风朝阳”等壁画。

位置示意图

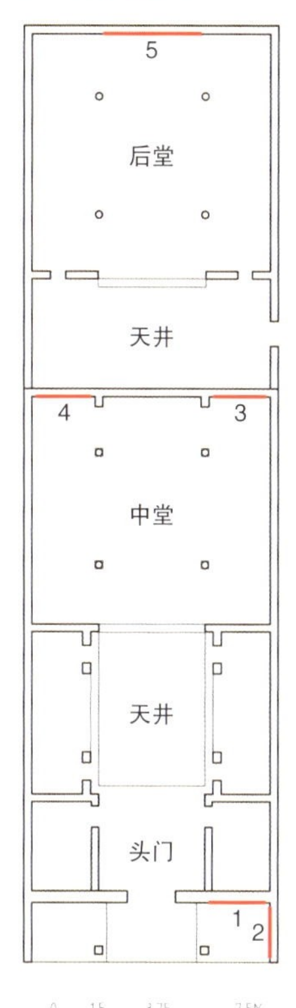

壁画名称	尺寸
1：九老图	183×70cm
2：花鸟画	115×73cm
3：五桂全图	165×52cm
4：一家词赋	164×52cm
5：桐开富贵风朝阳	275×55cm

1	2
3	4
5	

20. 金紫里

金紫里位于良口镇溪头村。该建筑由门楼及主体建筑组成，始建年代不详，有重修。入口门楼面阔 3.8 米，进深 4.56 米，高 4 米左右，悬山顶，两坡瓦面，青砖墙花岗岩石脚，石门框。主体建筑三间三进，总面阔 13.5 米，进深 25.6 米，建筑占地面积约 346.53 平方米。人字封火山墙，灰塑正脊，青砖石脚。

金紫里共绘有 7 幅壁画，根据壁画上的落款：光绪拾贰年，其壁画绘制于光绪十二年（1886），作者为半行子等。壁画现状保存一般。

位置示意图

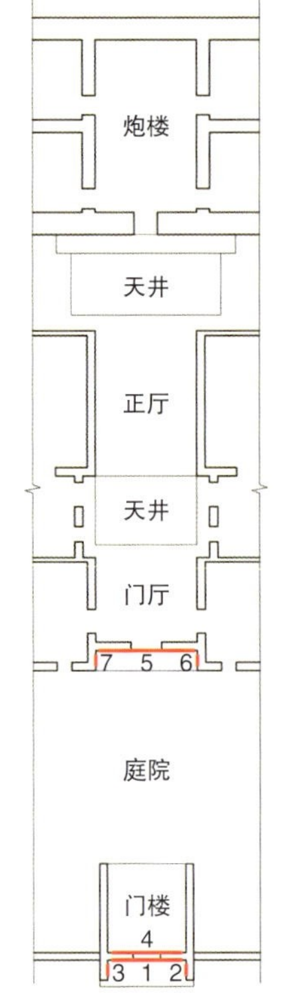

	壁画名称	尺寸
1：	组合画	227×53cm
2：	一品□图	53×63cm
3：	花鸟画	302×45cm
4：	组合画	302×45cm
5：	组合画	406×50cm
6：	花鸟画	65×44cm
7：	花鸟画	65×44cm

1			
2	3	6	7
4			

5

21. 儒林第

三村儒林第位于在吕田镇三村。建于清道光十一年（1831）。儒林第是一座含祠堂、碉楼、横屋的客家围屋建筑，广三路，总面阔 32 米，深三进外加后楼，总进深 53.5 米，建筑面积约 1712 平方米。建筑坐北朝南。2001 年 12 月，儒林第公布为从化区文物保护单位。

三村儒林第共绘有 3 幅壁画，根据壁画上的落款：时在乙丑年，该壁画绘制于同治四年（1865），作者为杨永年。壁画现状保存一般。

位置示意图

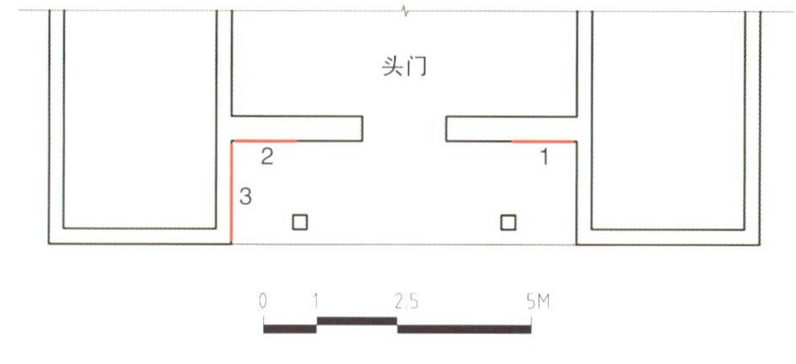

壁画名称	尺寸
1：山水画	105×65cm
2：山水画	105×65cm
3：花鸟画	108×61cm

1	2
3	

22. 广裕祠

广裕祠位于太平镇钱岗村，广裕祠依地势而建，坐北朝南，面阔三间 13.94 米，进深三间至照壁总长 61.83 米，总建筑占地面积达 861 平方米。从南至北依次由低而高建有照壁、河砾石铺明堂八字翼墙、第一进门堂、天井及东西廊、第二进中堂、天井及东西廊、第三进后堂。建筑为砖、木、石结构，悬山顶。2006 年 5 月，广裕祠公布为全国重点文物保护单位。

广裕祠共绘有 8 幅壁画，未见作者与年代信息。壁画现状保存较为一般，壁画内容主要以山水画、花鸟画、书法画等。

位置示意图

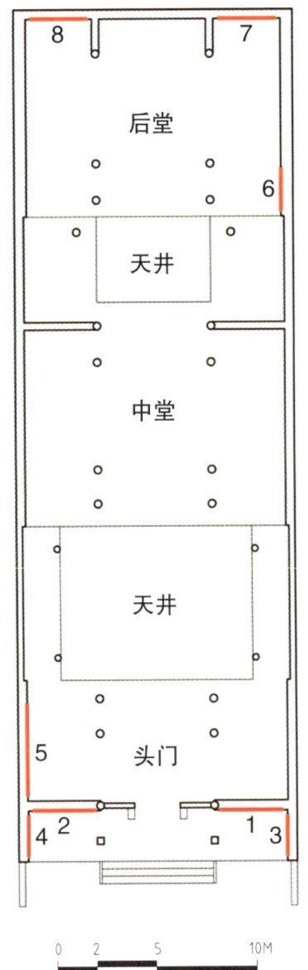

壁画名称	尺寸
1：组合画	165×63cm
2：组合画	165×63cm
3：组合画	231×37cm
4：组合画	231×37cm
5：组合画	308×54cm
6：花鸟画	76×51cm
7：组合画	322×41cm
8：组合画	322×41cm

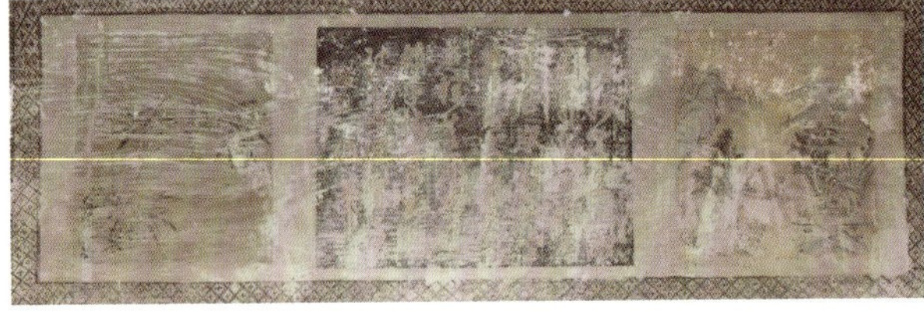

1	2
3	4
5	6

7

8

23. 羽善西公祠

木棉羽善西公祠位于太平镇木棉村，坐西朝东。公祠面阔三间 12.46 米，深三进 35.75 米，建筑占地约 445.3 平方米。硬山顶，砖、木、石结构。灰塑龙船脊，琉璃瓦剪边，木雕封檐板。墙体顶端装饰有花鸟、人物、山水及书法画。2001 年 12 月，羽善西公祠公布为从化区文物保护单位。

木棉羽善西公祠共绘有 25 幅壁画，由于建筑重修时间有差别，根据壁画上的落款：时在甲申及岁次庚戌秋月，该建筑壁画分别绘制于光绪十年（1884）及宣统二年（1910）等，作者为周恒山、垚云川等。壁画现状保存较为一般，壁画内容主要以人物画、花鸟画、书法画等。

位置示意图

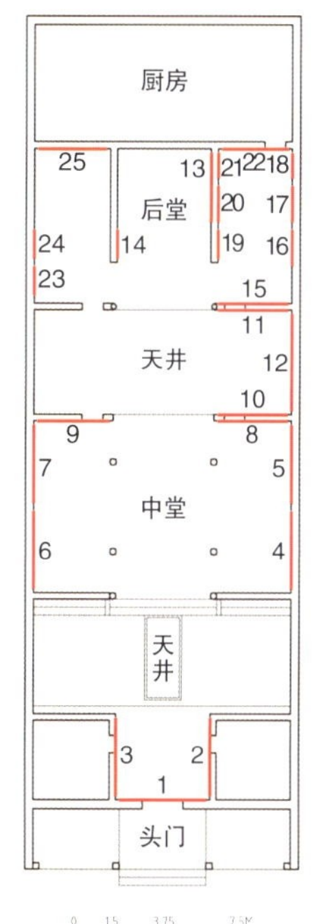

壁画名称	尺寸
1：组合画	530×52cm
2：组合画	308×70cm
3：组合画	308×70cm
4：组合画	332×75cm
5：组合画	279×75cm
6：组合画	332×75cm
7：组合画	279×75cm
8：组合画	231×57cm
9：组合画	231×57cm
10：组合画	313×49cm
11：组合画	207×54cm
12：山水画	191×47cm
13：人物画	165×61cm
14：花鸟画	87×61cm
15：组合画	317×57cm
16：花鸟画	117×70cm
17：花鸟画	117×70cm
18：组合画	117×70cm
19：花鸟画	63×61cm
20：花鸟画	130×61cm
21：组合画	145×61cm
22：组合画	298×56cm
23：书法画	49×61cm
24：花鸟画	117×70cm
25：组合画	298×56cm

1

3	2
5	4
6	7
8	9
10	11
12	

13 14
15
18 17 16
19 20 21
22

23	24
25	

24. 云衢谭公祠

云衢谭公祠位于太平镇神岗上塘村。建于清朝道光甲申年（1824）。坐西朝东。三间三进，总面阔 15.4 米，总进深 18.15 米，建筑占地面积约 279.51 平方米。灰塑博古脊，墙楣有灰塑和壁画。2012 年 9 月，云衢谭公祠公布为从化区登记保护文物单位。

云衢谭公祠共绘有 19 幅壁画，但大部分已重绘根据壁画上的落款：光绪卅四年孟秋月造，壁画绘制于光绪三十四年（1908），作者为半行子等。壁画现状保存较为一般，壁画内容主要以山水画、花鸟画等。

位置示意图

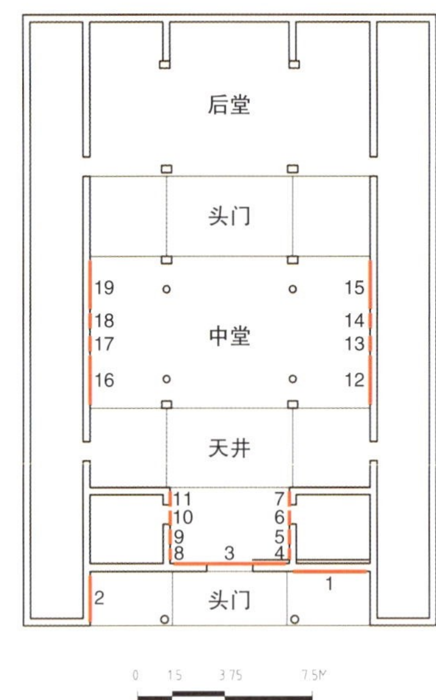

壁画名称	尺寸
1：组合画	425×72cm
2：山水画	150×88cm
3：组合画	472×39cm
4：花鸟画	30×42cm
5：花鸟画	38×42cm
6：山水画	48×42cm
7：花鸟画	118×42cm
8：花鸟画	30×42cm
9：山水画	38×42cm
10：山水画	48×42cm
11：山水画	118×42cm
12：山水画	65×52cm
13：山水画	55×52cm
14：花鸟画	140×52cm
15：花鸟画	140×52cm
16：花鸟画	133×94cm
17：花鸟画	65×52cm
18：山水画	55×52cm
19：花鸟画	133×52cm

1	2

3			
4	5	6	7
8	9	10	11
12	13	14	15
16	17	18	19

25. 子通谢公祠

子道谢公祠位于太平镇上塘村。始建于清代。祠堂坐西朝东。三间两进，总面阔 13.4 米，总进深 37.4 米，建筑占地面积 501 平方米。硬山顶，盖素瓦，灰塑博古脊，风火山墙。2012 年 9 月，子道谢公祠公布为从化区登记保护文物。

子道谢公祠共绘有 9 幅壁画，根据建筑形式推断，该建筑壁画应绘制于清末，作者不详。壁画现状保存较为一般，壁画内容主要有"烂柯图""白鹅换诗"等。

位置示意图

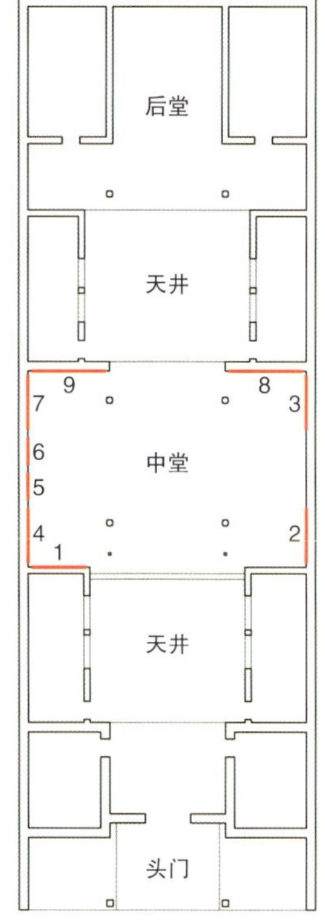

壁画名称	尺寸
1：山水画	221×49cm
2：山水画	219×68cm
3：花鸟画	205×68cm
4：山水画	219×68cm
5：书法画	58×68cm
6：书法画	58×68cm
7：山水画	205×68cm
8：白鹅换诗	272×54cm
9：烂柯图	272×54cm

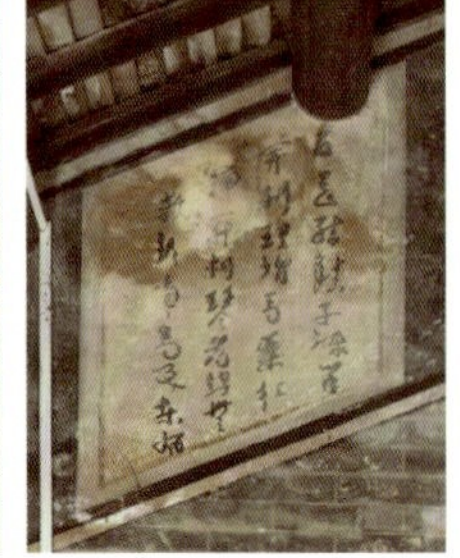

1			
2		3	
4	5	7	6

8　9

26. 陆氏大宗祠

颜村陆氏大宗祠位于太平镇颜村，始建于明弘治十二年（1499），多次重修。坐北朝南。总面阔 17.6 米，总进深 38.6 米，建筑占地 679.36 平方米。广三路，深三进，前建照壁。硬山顶。辘灰筒瓦，素瓦当，龙船屋脊。2008 年 12 月，颜村陆氏大宗祠公布为广州市文物保护单位。

颜村陆氏大宗祠共绘有 17 幅壁画，根据壁画上的落款：戊辰岁，该建筑壁画绘制于同治七年（1868），作者为石文瑞。壁画现状保存较为一般，壁画内容主要有"英雄聚会图""竹林七贤图"等。

位置示意图

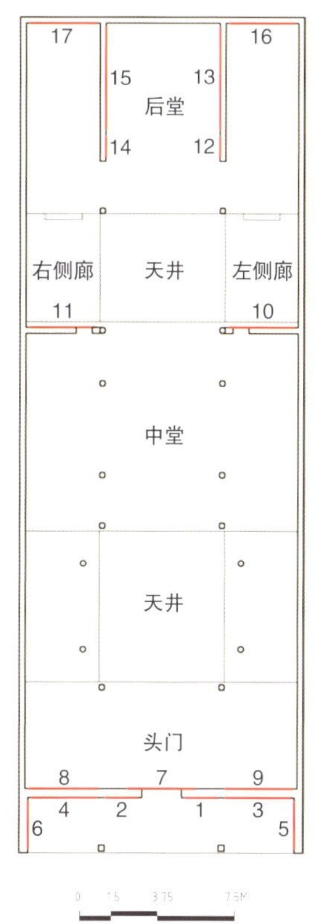

壁画名称	尺寸
1：山水画	92×81cm
2：游赤壁	92×81cm
3：英雄聚会图	291×81cm
4：竹林七贤图	291×81cm
5：组合画	213×100cm
6：组合画	213×100cm
7：花鸟画	160×46cm
8：功名富贵	233×46cm
9：花鸟画	160×46cm
10：组合画	355×51cm
11：组合画	355×51cm
12：花鸟画	75×50cm
13：花鸟画	191×50cm
14：花鸟画	75×50cm
15：一品高官	191×50cm
16：花鸟画	179×47cm
17：花鸟画	179×47cm

1　2

3	4
5	6
7	
8	9
10	11
12 13	14 15
16	17

27. 镇韶萧公祠

镇韶萧公祠位于温泉镇南星村，建于清末，坐西北朝东南，三间两进，总面阔 11 米，总进深 19 米，建筑占地约 217 平方米。悬山顶，砖、木、石结构。灰塑平脊，辘灰筒瓦，素胎勾头滴水剪边。2012 年 9 月，镇韶萧公祠公布为从化区登记保护文物单位。

镇韶萧公祠共绘有 5 幅壁画，根据壁画上的落款：同治癸酉，该处建筑壁画绘制于同治十二年（1873），作者半间子。壁画现状保存较为一般，壁画内容主要有“刘伶饮酒”“指石成羊”等。

位置示意图

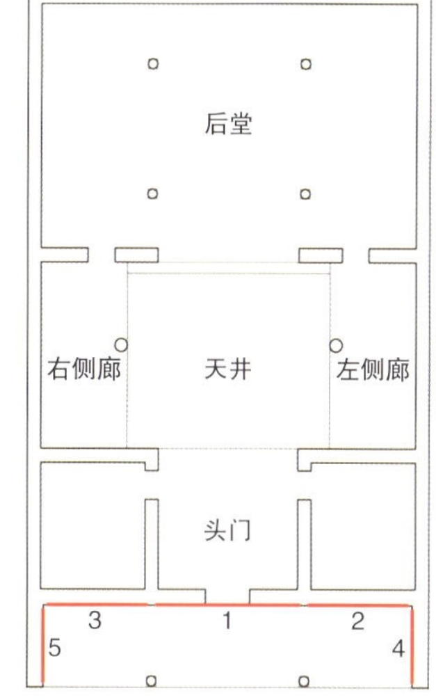

壁画名称	尺寸
1：组合画	443×66cm
2：组合画	263×62cm
3：组合画	263×62cm
4：组合画	168×73cm
5：组合画	168×73cm

1	
2	3
5	4

28. 帅保莫公祠

帅保莫公祠位于温泉桃源峒平岗村芦敌角。始建于清光绪癸卯年（1903），1943 重修。坐东朝西，三间两进，总面阔 13 米，总进深 25 米，建筑占地 325 平方米。硬山顶，砖、木结构。灰塑博古脊，辘灰筒瓦，绿琉璃瓦勾头、滴水剪边。2012 年 9 月，帅保莫公祠公布为从化区登记保护文物单位。

帅保莫公祠共绘有 10 幅壁画，根据壁画上的落款：民国三十四年春月偶书，该建筑壁画绘制于 1945 年，作者伴间子。壁画现状保存较为一般，壁画内容主要有“葫芦乾坤”等。

位置示意图

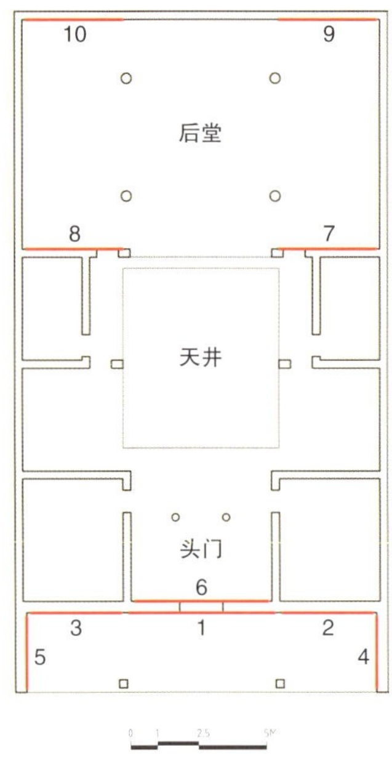

壁画名称	尺寸
1：组合画	454×70cm
2：组合画	454×70cm
3：组合画	314×70cm
4：花鸟画	198×81cm
5：花鸟画	198×81cm
6：组合画	567×78cm
7：书法画	175×35cm
8：书法画	175×35cm
9：书法画	177×36cm
10：书法画	177×36cm

1	
2	3
5	4

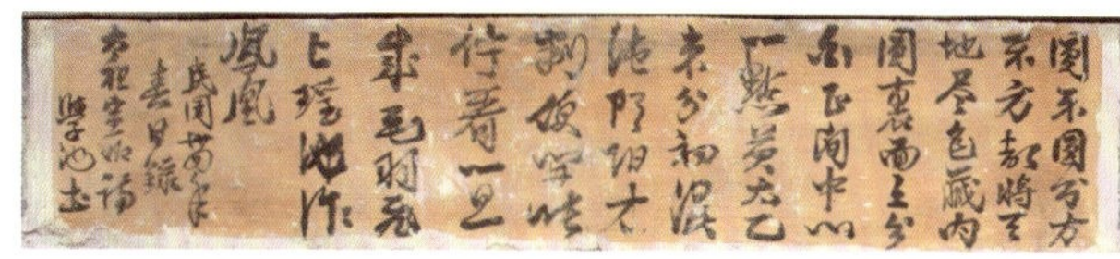

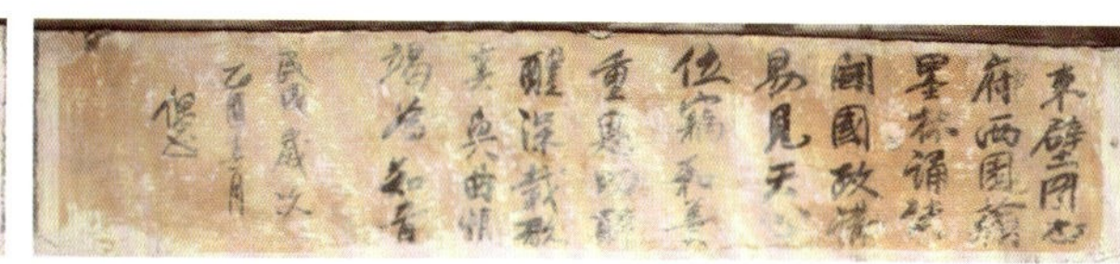

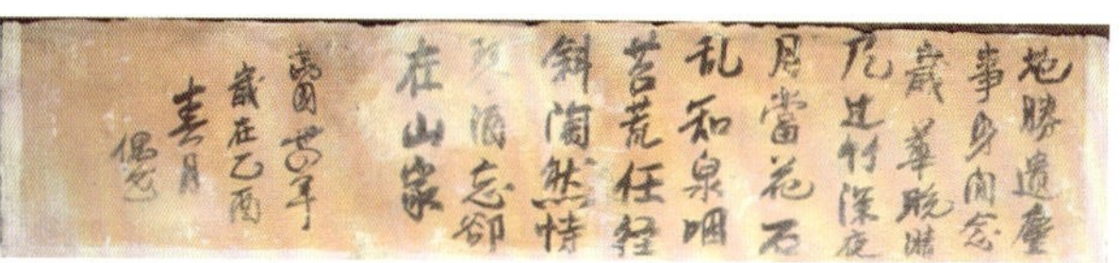

6

7 8

9 10

29. 裕祚祥萧公祠

裕祚祥萧公祠位于温泉镇桃源峒，坐南朝北。三间三进，建筑总面阔 13 米，总进深 43.2 米，总面积约 562 平方米。硬山顶，青砖墙。灰塑瓦脊。2012 年 9 月，裕祚祥萧公祠公布为从化区登记保护文物单位。

裕祚祥萧公祠共绘有 4 幅壁画，根据建筑形式推断，该处建筑壁画绘制于清代，作者不详。壁画现状保存较为一般，壁画内容主要为花鸟画、山水画等。

位置示意图

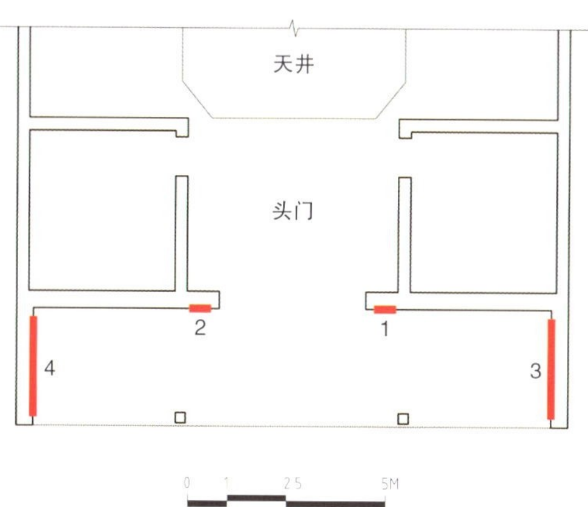

壁画名称	尺寸
1：花鸟画	85×80cm
2：花鸟画	85×80cm
3：山水画	230×98cm
4：山水画	230×98cm

2 1

4 3

30. 秀庭高公祠

秀庭高公祠位于温泉镇卫东村。建于清光绪庚辰年（1880）。坐西朝东，三间三进，总面阔 12 米，总进深 34 米，建筑占地约 408 平方米。悬山顶，平脊。

秀庭高公祠共绘有 5 幅壁画，未见年代信息。作者为半间子等。壁画现状保存较为一般，壁画内容主要为“三田和合图”“醉酒图”等。

位置示意图

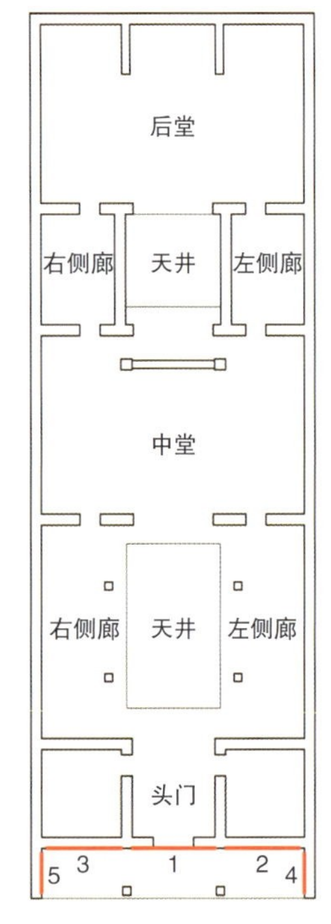

壁画名称	尺寸
1：组合画	413×79cm
2：组合画	310×83cm
3：组合画	310×83cm
4：组合画	287×100cm
5：组合画	287×100cm

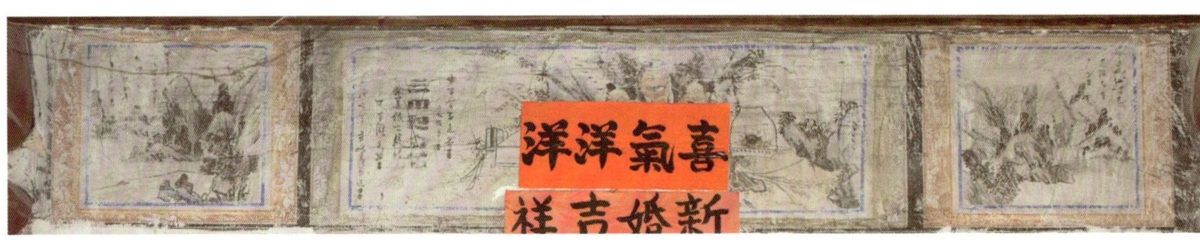

1
2 3

31. 宗华萧公祠

宗华萧公祠位于温泉镇萧山下村，始建于清顺治年间（1644~1661），民国 8 年（1919）、民国 31 年（1942）重修。坐南朝北，广三路，深两进，总面阔 24.4 米，总进深 22.5 米，建筑占地约 549 平方米。2001 年 12 月，公布为从化区文物保护单位。

宗华萧公祠共绘有 15 幅壁画，根据壁画上的落款：癸丑年及己未年，推测该建筑现存壁画最早绘制于咸丰三年（1853），作者不详。部分壁画于 1919 年重修时绘制，作者为陈王。壁画现状保存一般，壁画内容主要为“五贵图”“饮中八仙”等。

位置示意图

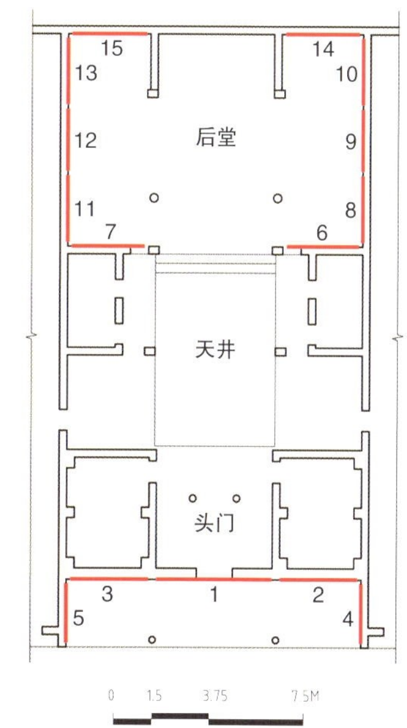

壁画名称	尺寸
1：组合画	453×94cm
2：五贵图	293×94cm
3：饮中八仙	293×94cm
4：山水画	185×118cm
5：山水画	185×118cm
6：鸟兽画	184×65cm
7：花鸟画	184×65cm
8：花鸟画	216×80cm
9：组合画	240×80cm
10：人物画	272×54cm
11：花鸟画	216×80cm
12：组合画	291×105cm
13：花鸟画	240×80cm
14：组合画	72cm
15：组合画	294×72cm

1

2	3	
4	5	
6	7	
10	9	8
11	12	13
14	15	

32. 才宽邝公祠

才宽邝公祠位于温泉镇萧山下村，始建年代不详。坐南朝北，广三路，深两进，总面阔 11.39 米，总进深 19.02 米，建筑占地约 217 平方米。

才宽邝公祠共绘有 5 幅壁画，根据壁画上的落款：丙申岁画，该建筑壁画绘制于光绪二十二年（1896），作者为王焕轩等。壁画现状保存较为一般，壁画内容主要为"石化羊群""商山四皓图"等。

位置示意图

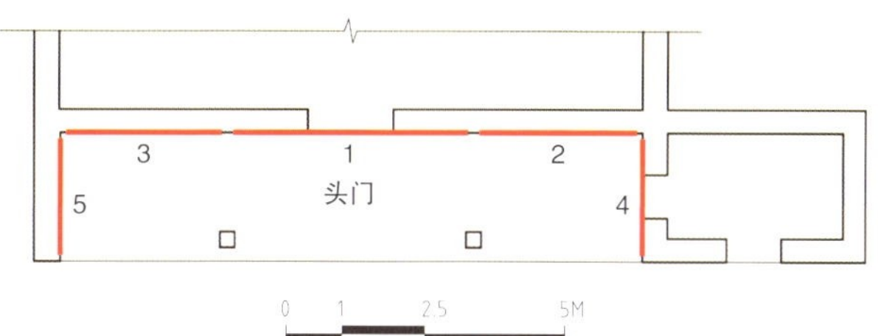

壁画名称	尺寸
1：组合画	420×110cm
2：组合画	258×77cm
3：组合画	258×77cm
4：花鸟画	166×89cm
5：花鸟画	166×89cm

1	
2	3
5	4

33. 存珍叶公祠

存珍叶公祠位于温泉镇源湖村，建于清乾隆十年乙丑年（1745）。坐北朝南。广三路，深两进，总面阔 16.54 米，总进深 17.9 米，建筑占地约 296.07 平方米。硬山顶，砖、木、石结构。屋顶盖素瓦，素胎勾头滴水，灰塑博古脊。2012 年 9 月，存珍叶公祠公布为从化区登记保护文物单位。

存珍叶公祠共绘有 8 幅壁画，根据壁画上的落款：岁在光绪甲午年，该建筑壁画绘制于光绪二十年（1894），作者为周恒山等。壁画现状保存较为一般，壁画内容主要为“三田富贵图”“山中隐士图”等。

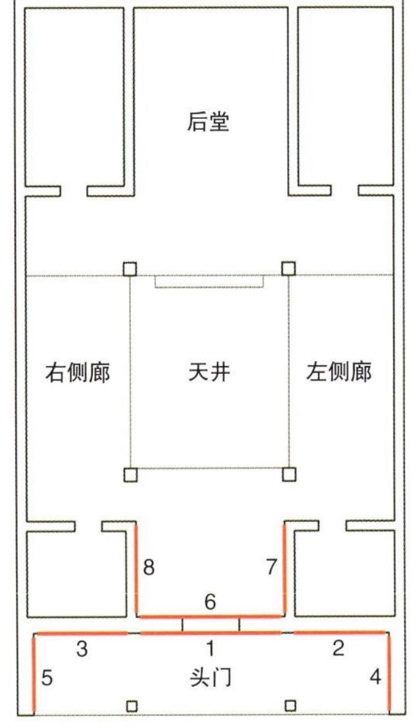

壁画名称	尺寸
1：组合画	369×87cm
2：三田富贵图	219×87cm
3：山中隐士图	87×219cm
4：组合画	155×102cm
5：组合画	155×102cm
6：组合画	399×51cm
7：组合画	258×52cm
8：组合画	258×52cm

1	
2	3
6	

5	4
7	8

34. 溪山黎公祠

溪山黎公祠位于温泉镇石坑村，始建于清，1987年重修。坐西朝东。三间两进，面阔13.9米，进深33.1米，建筑总面积约461平方米。硬山顶，灰塑博古脊，青砖墙。壁画位于头门，共7幅，未见作者及年代信息，推测为清末。整体保存一般。2012年8月，溪山黎公祠公布为从化区登记保护文物单位。

壁画名称

1：花鸟画
2：花鸟画
3：花鸟画
4：书法画
5：花鸟画
6：花鸟画
7：书法画
8：花鸟画
9：花鸟画

1

2	3
5	4
7	6

十一　增城区

增城区位于广州市东部、珠江三角洲东北角。东接博罗，北连龙门，西携从化，西南邻黄埔，南与东莞隔江相望。文化上处于客家文化与广府文化交会处，民风民俗兼有两种文化的特点。

增城有着悠久的历史。现境内有各级文物保护单位 91 处，其中省级 2 处，市级 25 处，区级 60 处，此外还有各类登记不可移动文物 420 处。（截至 2021 年 2 月）

区内的传统建筑主要包括寺庙、祠堂、书舍、民宅、门楼等。其中，寺庙、祠堂、民宅的数量较多，基本上以清代建筑风格为主。宗祠是族人进行祭祖、议事等活动的重要场所，在建筑结构方面要求严谨。规模较大的祠堂三间三进，石雕、木雕、砖雕构件精湛，并在墙楣上辅以精美的壁画，其建材用料和装饰工艺精湛。

1. 上塘观音堂

上塘观音堂位于派潭镇上塘村，是奉祀该村守护神观音的庙堂。始建于清康熙年间，坐北朝南稍偏东。由门楼、正屋、两横屋组成，是一组客家与广府特色相结合的砖木石结构建筑。总面阔 40.6 米，总进深 37.6 米，占地面积约 1526.56 平方米。2010 年 3 月，公布为增城区登记保护文物单位。

壁画位于门楼及正屋头门，共 6 幅。根据画上题款“同治壬申岁画于渔人独钓之景”“□川笔”可知，作者姓名信息保存不全，创作年代为同治十一年（1872）。整体保存较差，褪变色、点状剥落严重。

位置示意图

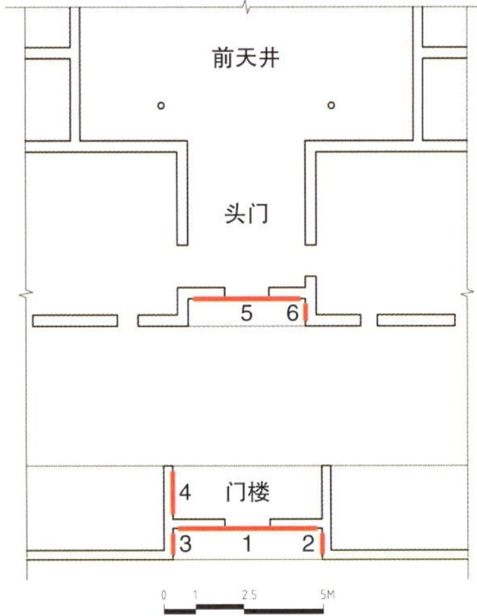

壁画名称	尺寸
1：组合画	448×62cm
2：人物画	30×61cm
3：人物画	30×61cm
4：花鸟画	175×47cm
5：商山四皓图	336×48cm
6：花鸟画	48×64cm

1		
2	3	4
5	6	

2. 昌华公祠

昌华公祠位于派潭镇旧高埔村。始建于清道光甲辰年（1844），坐西南向东北，三间三进，面阔13.6米，深34.3米，占地面积为466.48平方米。硬山顶，人字封火山墙，灰塑龙船脊，镬灰筒瓦，石脚青砖墙。2009年9月，公布为增城区文物保护单位。

壁画位于头门、一进侧廊及中堂，共16幅。从画上题款可知，作者为游平远，创作时间推测为清末。整体保存较差，大部分有褪变色、灰水覆盖等状况。

位置示意图

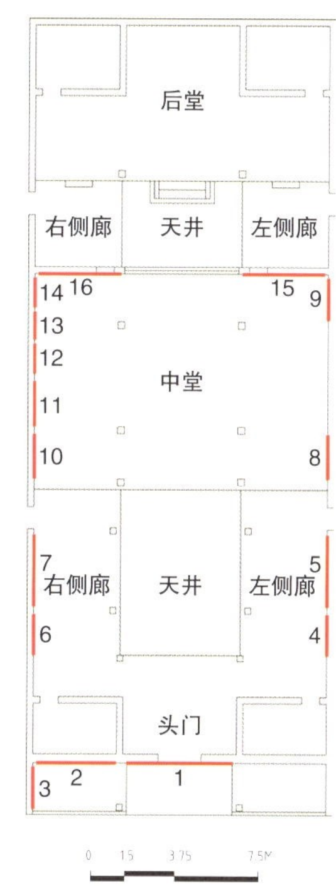

壁画名称	尺寸
1：书法画	47×78cm
2：人物画	194×78cm
3：山水画	130×92cm
4：组合画	181×51cm
5：组合画	309×67cm
6：组合画	309×67cm
7：组合画	190×51cm
8：花鸟画	149×78cm
9：花鸟画	149×73cm
10：花鸟画	149×78cm
11：书法画	965×73cm
12：书法画	170×73cm
13：花鸟画	96×71cm
14：花鸟画	149×73cm
15：组合画	365×76cm
16：组合画	354×58cm

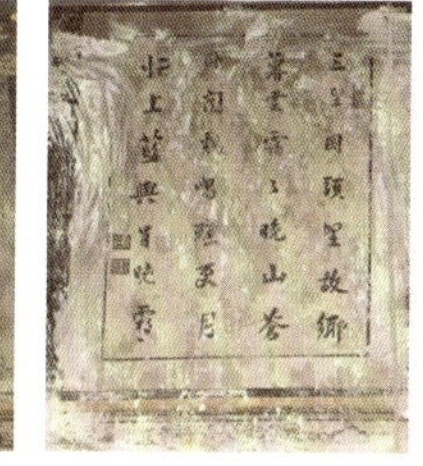

3	2	1
4	7	
5	6	
10	8	

11	12	13
14	9	
16	15	

3. 万祥杜公祠

万祥杜公祠位于石滩镇龙地村。始建于清光绪二年（1876），坐西北向东南，三间三进，总面阔11.1米，总进深30.5米，占地面积约338.55平方米。硬山顶，人字封火山墙，头门灰塑博古脊，中堂、后堂灰塑龙船脊，石脚青砖墙。2010年3月，公布为增城区登记保护文物单位。

壁画位于头门及中堂，共20幅。从画上题款“张寿田弄墨”“丙子中秋节戏墨”“连轩刘焯新弄墨”可知，作者为张寿田、刘焯新，推测创作于光绪二年（1876）。整体保存较差，褪变色、灰水覆盖严重，局部还有块状剥落等状况。

位置示意图

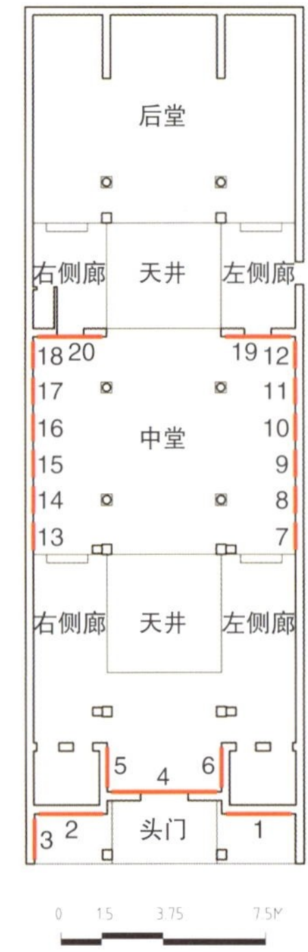

壁画名称	尺寸
1：福来会和图	237×77cm
2：四皓图	237×77cm
3：花鸟画	113×87cm
4：组合画	376×55cm
5：花鸟画	158×56cm
6：花鸟画	158×56cm
7：花鸟画	104×60cm
8：书法画	50×60cm
9：人物画	116×60cm
10：人物画	130×125cm
11：人物画	116×60cm
12：英雄到白头图	104×60cm
13：花鸟画	104×60cm
14：书法画	50×60cm
15：白石求羊	116×60cm
16：山水画	116×60cm
17：书法画	50×60cm
18：花鸟画	104×60cm
19：静坐观松	231×74cm
20：人物画	231×74cm

2	1	
	4	
3	5	6
9	8	7
12	10	11

13	14	15
16	17	18
20		19

4. 何氏宗祠

何氏宗祠位于石滩镇南坣村塘面社。始建于明代，清代有维修。坐北向南稍偏西，五间三进（左右为衬祠），总面阔 21 米，总进深 43 米，占地面积约 903 平方米。硬山顶，人字封火山墙，灰塑龙船脊，辘灰筒瓦，石脚青砖墙。2010 年 3 月，公布为增城区登记保护文物单位。

壁画位于头门，共 6 幅，未见作者及年代信息，推测为清末整体保存较差，褪变色、灰水覆盖严重，局部还有块状剥落等状况。

位置示意图

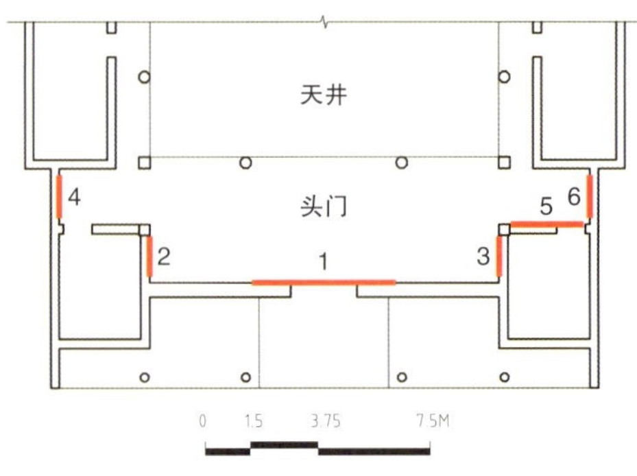

壁画名称	尺寸
1：花鸟画	106×54cm
2：花鸟画	89×32cm
3：花鸟画	89×32cm
4：花鸟画	77×54cm
5：山水画	132×45cm
6：花鸟画	77×54cm

3	1	2
	5	
4	6	

5. 三益别墅

增城区

现存壁画 19 幅，位于头门及侧室。根据画上题款“光绪乙巳中秋后，张寿田画”可知，作者为张寿田，创作于光绪三十一年（1905）。整体保存一般，局部有灰尘覆盖及块状剥落等状况。

位置示意图

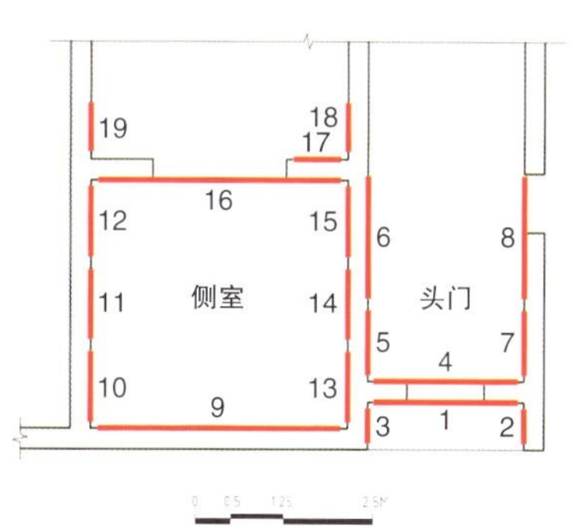

壁画名称	尺寸
1：晋七贤图	190×73cm
2：花鸟画	45×88cm
3：花鸟画	45×86cm
4：山水画	209×72cm
5：花鸟画	110×56cm
6：花鸟画	160×56cm
7：花鸟画	160×56cm
8：花鸟画	110×56cm
9：组合画	346×46cm
10：花鸟画	90×52cm
11：组合画	188×52cm
12：花鸟画	124×52cm
13：花鸟画	110×52cm
14：组合画	188×52cm
15：花鸟画	90×52cm
16：组合画	346×55cm
17：木兰从军图	71×73cm
18：花鸟画	43×87cm
19：花鸟画	43×87cm

3	1	2
4		
5	7	
6	8	
9		

10	13
11	14
12	15
16	
17 18	19

6. 三益家塾

三益家塾位于石滩镇桥头村。始建于清光绪辛卯年（1891）。坐北朝南稍偏东，三间两进，总面阔 12.55 米，总进深 13.85 米，占地面积约 173.82 平方米。硬山顶，人字封火山墙，灰塑脊，辘灰筒瓦，青砖石脚墙。2010 年 3 月，公布为增城区登记保护文物单位。

壁画位于头门及后堂，共 16 幅。从画上题款“风城半樵袁云川”可知，作者为袁云川，创作年代推测为清末。整体保存一般，局部有褪变色、开裂、灰尘污物覆盖等状况。

位置示意图

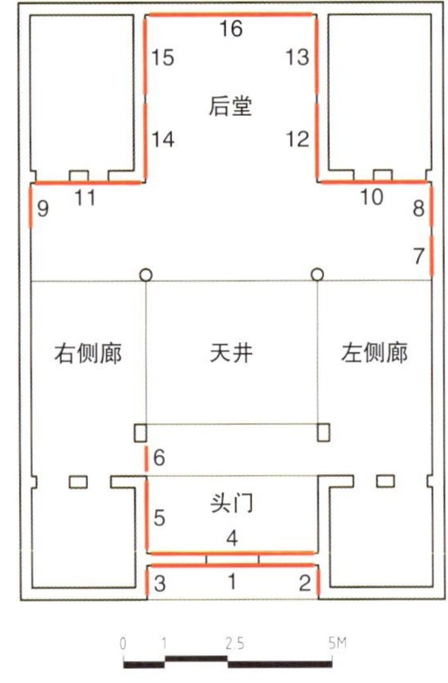

壁画名称	尺寸
1：组合画	410×96cm
2：花鸟画	42×86cm
3：梅红柳绿	42×86cm
4：组合画	379×64cm
5：组合画	217×68cm
6：花鸟画	54×27cm
7：山水画	76×46cm
8：花鸟画	126×46cm
9：花鸟画	126×46cm
10：人物画	180×75cm
11：人物画	180×75cm
12：山水画	132×78cm
13：花鸟画	132×78cm
14：山水画	132×78cm
15：花鸟画	132×78cm
16：组合画	368×60cm

1		
3	2	7
4		

5 6
9 8
11 10
14 12
15 13
16

7. 毓基书室

毓基书室位于石滩镇桥头村。始建于清光绪辛卯年（1891），坐北朝南稍偏东。五间两进，总面阔 17.4 米，总进深 13.85 米，占地面积约 240.99 平方米。硬山顶，人字封火山墙，灰塑脊，镬灰筒瓦，石脚青砖墙。2010 年 3 月，公布为增城区登记保护文物单位。

壁画位于头门，共 3 幅。从画上题款“时维光绪乙已重阳”“南山张寿田戏墨”可知，作者为张寿田，创作于光绪三十一年（1905）。整体保存一般，局部有褪色、变色、灰尘覆盖等状况。

位置示意图

头门

1　2　3

0　0.5　1.25　2.5M

壁画名称	尺寸
1：组合画	346×83cm
2：花鸟画	40×87cm
3：花鸟画	40×87cm

1	
3	2

8. 长三四房刘公祠

长三四房刘公祠位于石滩镇石厦村。始建于清代，坐北向南稍偏东，三间三进，总面阔 12.65 米，总进深 30.4 米，占地面积约 384.56 平方米。硬山顶，人字封火山墙，灰塑龙船脊，辘灰筒瓦，石脚青砖墙。2010 年 3 月，公布为增城区登记保护文物单位。

壁画位于头门及中堂，共 10 幅。从画上题款“光绪己亥年”“周世恒笔书”可知，作者为周世恒，创作年代为 1899 年。整体保存很差，褪变色、灰水覆盖状况严重，多处已无法辨认。

位置示意图

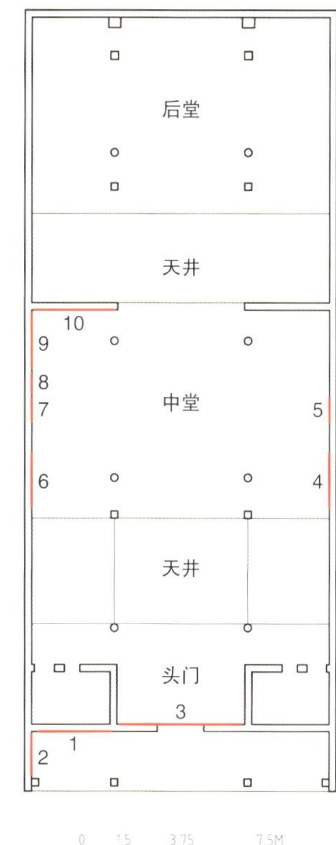

壁画名称	尺寸
1：人物画	236×100cm
2：山水画	135×117cm
3：组合画	550×88cm
4：花鸟画	180×97cm
5：人物画	137×110cm
6：人物画	152×97cm
7：福自天来	137×110cm
8：书法画	41×97cm
9：太白斗酒图	180×97cm
10：苏武牧羊	250×85cm

2	1
3	
6	4

7	5
8	9
10	

9. 卜氏宗祠

卜氏宗祠位于石滩镇土江村。始建于清道光二十四年（1844），1996 年有维修。坐东朝西稍偏南，三间三进，总面阔 9.5 米，总进深 24 米，占地面积约 228 平方米。硬山顶，镬耳封火山墙，灰塑龙船脊，辘灰筒瓦，红砂岩石脚青砖墙。2009 年 9 月，公布为增城区文物保护单位。

壁画位于头门、中堂及后堂，共 18 幅。从画上题款“道光乙巳于□秋□，半痴子偶画”“时在丙辰年清明节后，罗山人戏弄”“苏荣戏墨”可知，作者为半痴子、罗山人、苏荣，创作年代分为两期，早期为道光二十五年（1845），晚期推测为 1916 年。整体保存较差，褪变色、灰水覆盖、局部脱落状况严重。

位置示意图

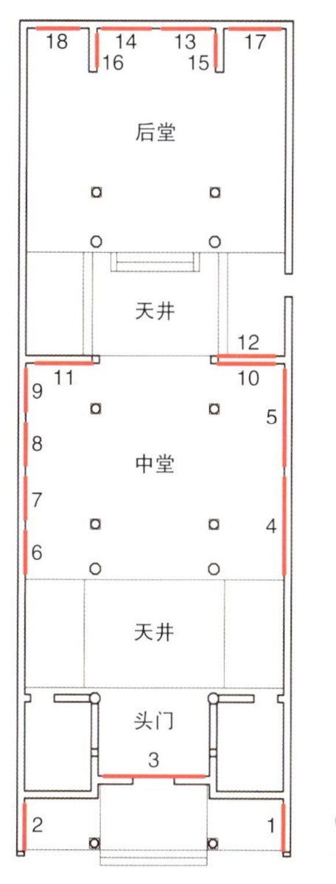

壁画名称	尺寸
1：苏荣戏墨	120×78cm
2：花鸟画	120×78cm
3：花鸟画	358×63cm
4：花鸟画	108×85cm
5：花鸟画	78×73cm
6：花鸟画	108×85cm
7：花鸟画	78×73cm
8：三友图	78×73cm
9：隐石画	116×73cm
10：人物画	220×73cm
11：金带围四相图	185×76cm
12：组合画	209×68cm
13：万紫千红	56cm
14：如意吉祥	56cm
15：花鸟画	116×54cm
16：花鸟画	116×54cm
17：二仙醉酒	201×42cm
18：老少平安	201×42cm

2	1
3	
5	4

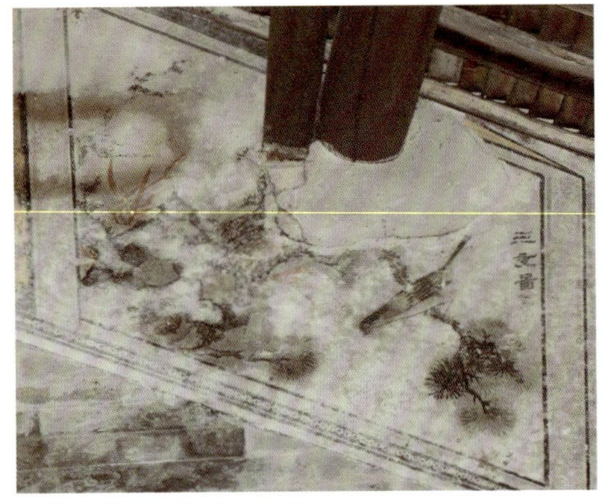

6	7
8	9
11	10
12	
14	13

16	15
18	17

10. 伯坚袁公祠

伯坚袁公祠位于石滩镇岳埔村。始建于清康熙年间，民国 19 年（1930）和 1991 年先后两次维修。坐南向北稍偏东，三间两进，总面阔 9.5 米，总进深 15 米，占地面积约 142.5 平方米。硬山顶，人字封火山墙，灰塑博古脊，辘灰筒瓦，青砖砌墙，红砂岩石脚，红阶砖铺地。2010 年 3 月，公布为增城区登记保护文物单位。

壁画位于头门，共 6 幅。从画上题款“民国十九年吉立 陈蒲石氏”可知，作者为陈蒲石，创作年代为 1930 年。整体保存一般，局部稍有褪色、变色、灰尘覆盖等状况。

位置示意图

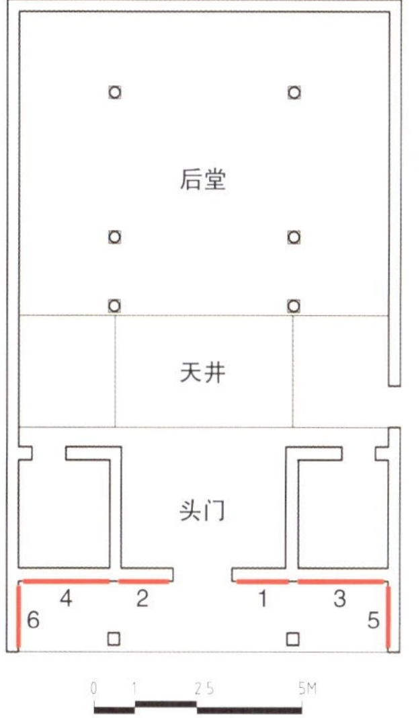

壁画名称	尺寸
1：山水画	53×57cm
2：山水画	67×53cm
3：一家诗赋	170×57cm
4：花鸟画	95×71cm
5：伍柳归庄	170×57cm
6：赤鸟同鸣	95×71cm

2	1

4	3
6	5

11. 关氏祠堂

关氏祠堂位于小楼镇黄村。始建于清。坐东北朝西南，五间三进，左右为衬祠。总面阔 16.75 米，总进深 32.15 米，占地面积约 538.51 平方米。硬山顶，人字封火山墙，灰塑龙船脊，镬灰筒瓦，石脚青砖墙。2010 年 3 月，公布为增城区登记保护文物单位。

壁画位于头门及中堂，共 3 幅。从画上题款“时于道光辛卯岁桃月□前一日上午 樵山居士”可知，作者自号樵山居士，创作年代为 1831 年。整体保存较差，多处有污物覆盖，局部有褪变色等状况。

壁画名称	尺寸
1：山水画	153×95cm
2：李太白赏酒	198×85cm
3：花鸟图	160×56cm

位置示意图

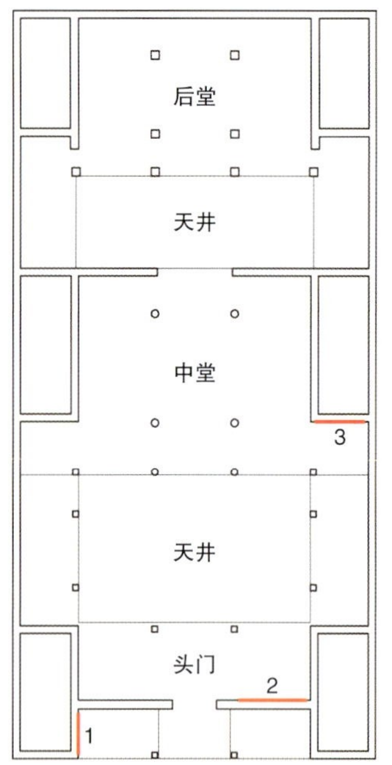

1

2 3

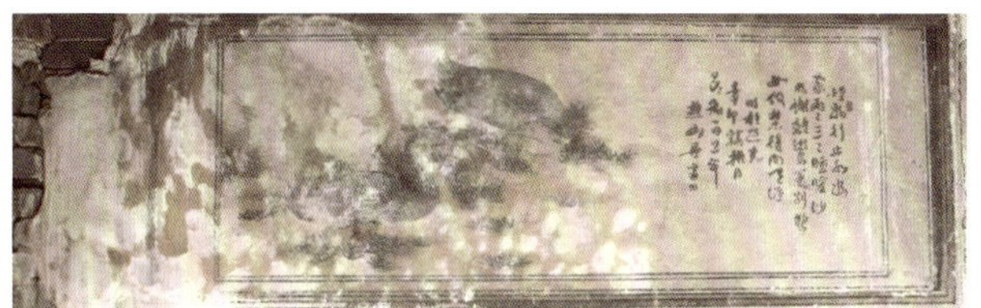

12. 涓钓遗风门楼

涓钓遗风门楼位于新塘镇白石村。始建年代不详，清光绪甲申年（1884）重修。坐西南向东北，面阔一间 4.7 米，进深两间 5.25 米，建筑占地约 24.68 平方米。硬山顶，人字封火山墙，灰塑脊，辘灰筒瓦，青砖砌墙，花岗岩石脚。2010 年 3 月，公布为增城区登记保护文物单位。

壁画位于门楼正门檐下，共 3 幅。从画上题款“五桂图 李雨圃”“时乙酉春二月上瀚书”可知，作者为李雨圃，创作年代推测为 1885 年。整体保存较好，局部稍有褪色、变色等状况。

位置示意图

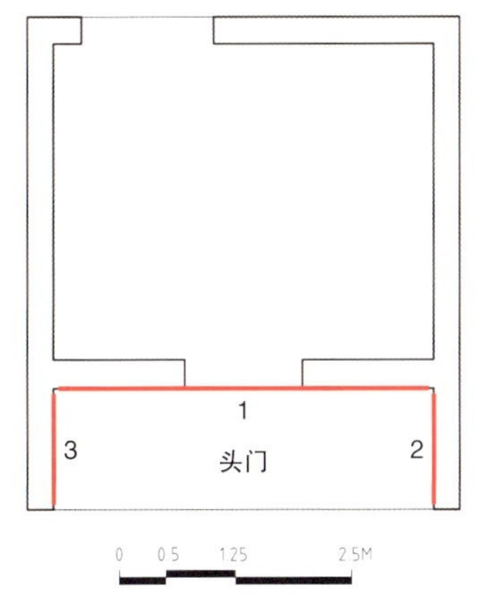

壁画名称	尺寸
1：组合画	380×82cm
2：人物画	85×87cm
3：人物画	85×87cm

1

3 2

13. 石溪古庙

石溪古庙位于新塘镇石下村，是供奉太月真人、华光、医灵等塑像的庙宇。始建年代不详，清乾隆五十八年(1793)、道光二十八年（1848）、光绪戊戌年（1898）和1991年均有维修。坐东北向西南，三间三进（天井建拜亭），总面阔11.55米，总进深17.05米，占地面积约196.93平方米。硬山顶，人字封火山墙，绿色琉璃筒瓦，青砖墙，花岗岩石脚。2009年9月，公布为增城区文物保护单位。

壁画位于山门，共3幅。作者不详，创作年代为1898年。整体保存较好，局部稍有褪色、变色等状况。

位置示意图

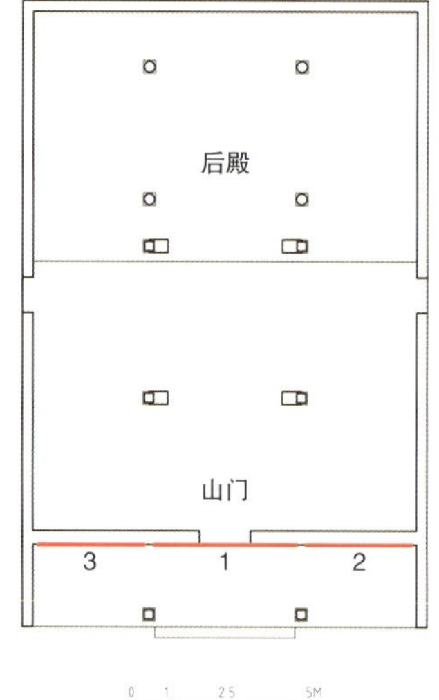

壁画名称	尺寸
1：曲水流觞	298×84cm
2：度牡丹	234×84cm
3：四仙醉酒	234×84cm

1	
3	2

14. 晓盛刘公祠

壁画位于头门、后堂及侧廊，共23幅。从画上题款“乙酉岁冬月中浣”和建筑年代可知，创作年代为光绪十一（1885）年，作者为樵西子、黄桂良。整体保存较差，多处有污物覆盖，局部有褪变色等状况。

位置示意图

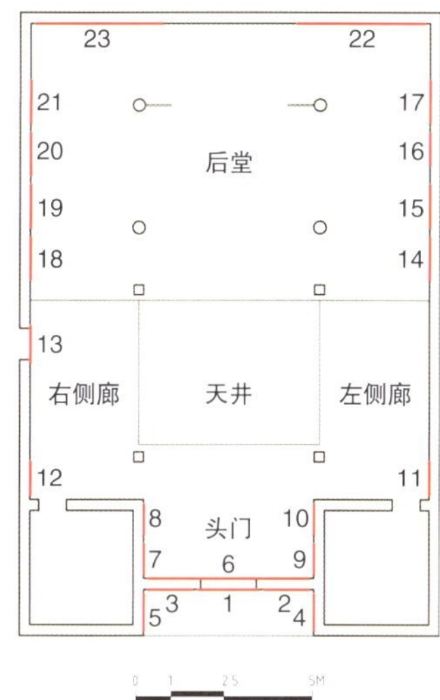

壁画名称	尺寸	壁画名称	尺寸
1：高官富贵图	245×42cm	13：山水画	112×50cm
2：山水画	83×67cm	14：英雄到白郎	156×67cm
3：山水画	83×67cm	15：书法画	73×67cm
4：人物画	100×85cm	16：杂画	101×67cm
5：松芝益寿	100×85cm	17：花鸟画	156×67cm
6：组合画	459×54cm	18：花鸟画	156×67cm
7：花鸟画	47×64cm	19：书法画	73×67cm
8：花鸟画	70×64cm	20：杂画	101×67cm
9：花鸟画	70×64cm	21：书法画	156×67cm
10：花鸟画	47×64cm	22：琴棋	276×61cm
11：花鸟画	107×76cm	23：教读图	276×61cm
12：花鸟画	107×76cm		

1	
3	2
5	4

<table>
<tr><td colspan="4">6</td></tr>
<tr><td>7</td><td>9</td><td>8</td><td>10</td></tr>
<tr><td>11</td><td>12</td><td colspan="2">13</td></tr>
<tr><td colspan="2">18</td><td colspan="2">14</td></tr>
<tr><td colspan="2">19</td><td colspan="2">15</td></tr>
</table>

20	16
21	17
23	22

15. 显宗黄公祠

显宗黄公祠位于宁西街道白水村。建于民国。坐北向南稍偏西，三间两进，面宽 21.4 米，进深 22 米，占地面积约 470 平方米。硬山顶，镬耳封火山墙，头门灰塑博古脊、后堂灰塑龙船脊，辘灰筒瓦，青砖墙，麻石脚。2010 年 3 月，公布为增城区登记保护文物单位。

壁画位于头门及侧廊，共 8 幅。从画上题款“民国廿二年吉日书 陈蒲石氏”可知，作者为陈蒲石，创作年代为 1933 年。整体保存较差，灰尘覆盖严重，并伴有褪变色等状况。

位置示意图

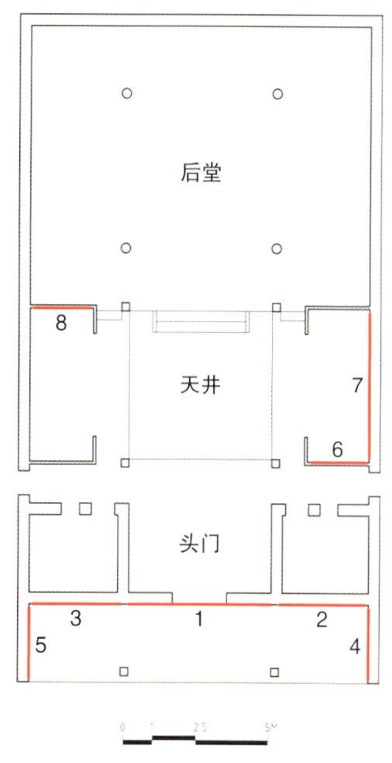

壁画名称	尺寸
1：人物画	362×108cm
2：人物画	215×120cm
3：人物画	215×120cm
4：花鸟画	160×120cm
5：花鸟画	160×120cm
6：花鸟画	107×75cm
7：组合画	570×670cm
8：山水画	107×75cm

1	
3	2
5	4
8	6
7	

16. 子聪江公祠

子聪江公祠位于增江街陆村。始建于民国26年（1937）。坐西北朝东南，三间两进。面阔7.73米，进深15.66米，占地面积约120.58平方米。硬山顶，人字封火山墙，灰塑博古脊，镬灰筒瓦，石脚青砖墙。2010年3月，公布为增城区登记保护文物单位。

壁画位于头门、侧廊及后堂，共18幅。从画上题款“时在民国丁丑年重阳前二日 张碧墀画”可知，作者为张碧墀，创作年代为1937年。整体保存较差，灰尘覆盖严重，局部有褪变色、块状脱落等状况。

位置示意图

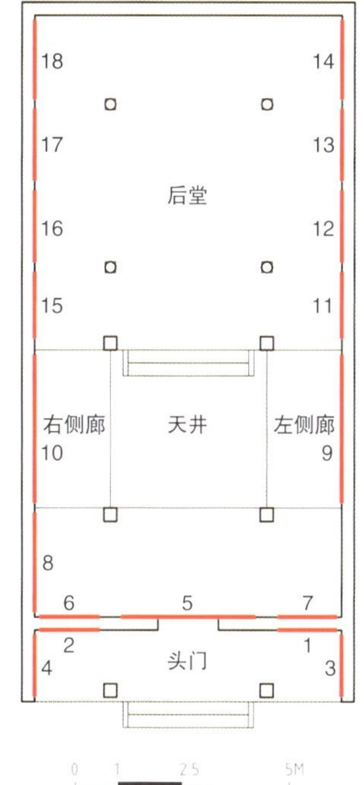

壁画名称	尺寸
1：太白斗酒图	120×68cm
2：赏菊图	120×68cm
3：山水画	102×76cm
4：山水画	76×102cm
5：组合画	276×55cm
6：人物画	117×55cm
7：人物画	117×55cm
8：花鸟画	173×55cm
9：组合画	351×55cm
10：组合画	351×55cm
11：花鸟画	149×49cm
12：组合画	166×49cm
13：组合画	171×49cm
14：花鸟画	180×49cm
15：花鸟画	149×49cm
16：组合画	166×49cm
17：组合画	171×49cm
18：组合画	180×49cm

2	1
4	3
5	

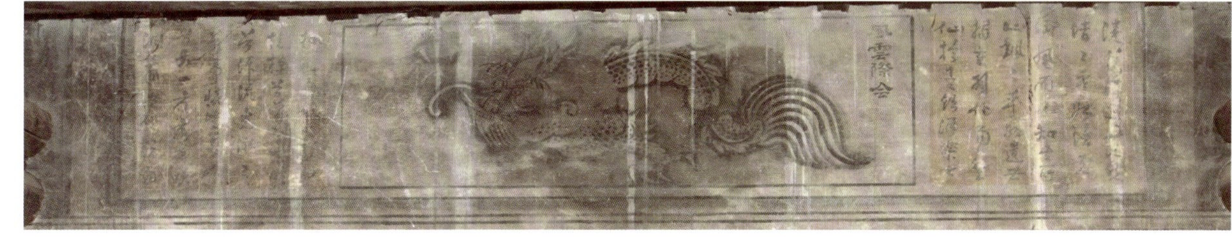

<table>
<tr><td>6</td><td>7</td></tr>
<tr><td rowspan="2">8</td><td>9</td></tr>
<tr><td>10</td></tr>
<tr><td>15</td><td>11</td></tr>
<tr><td>16</td><td>12</td></tr>
<tr><td>17</td><td>13</td></tr>
</table>

18 14

17. 双桂堂

双桂堂位于正果镇到蔚村。始建于清光绪年间。坐东北朝西南，门口朝西南，由门楼、祠堂、书室和小花园组成，总面阔25.65米，总进深15.9米，占地面积约391.16平方米。主体建筑为硬山顶，人字封火山墙，灰塑龙船脊，镬灰筒瓦，石脚青砖墙。2009年9月，公布为增城区文物保护单位。

壁画位于正厅及偏厅，共8幅。整体保存很差，污物覆盖严重，并伴有块状脱漏等状况。

位置示意图

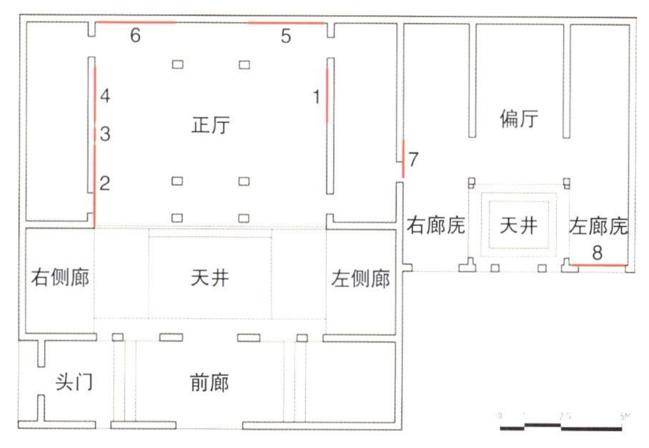

壁画名称	尺寸	壁画名称	尺寸
1：花鸟画	58×71cm	5：人物画	210×53cm
2：组合画	186×71cm	6：人物画	210×53cm
3：花鸟画	58×71cm	7：人物画	
4：花鸟画	58×71cm	8：组合画	

2 1

3 4

6	5
7	8

18. 慎之家塾

慎之家塾位于中新镇联安村，是清代马来西亚华侨富商郑景贵出资创办的“家塾”。始建于光绪丁酉年（1897）。坐东北朝西南，五间三进，左右附设青云巷和东西厢，通宽 41.8 米，通深 24.4 米，占地面积约 1019.92 平方米。2009 年 9 月，公布为增城区文物保护单位。

壁画共 6 幅。从画上题款“光绪戊戌年春月 周世恒笔意”可知，作者为周世恒，创作于光绪二十四年（1898）。整体保存一般，局部有褪变色、灰水覆盖、裂隙等状况。

位置示意图

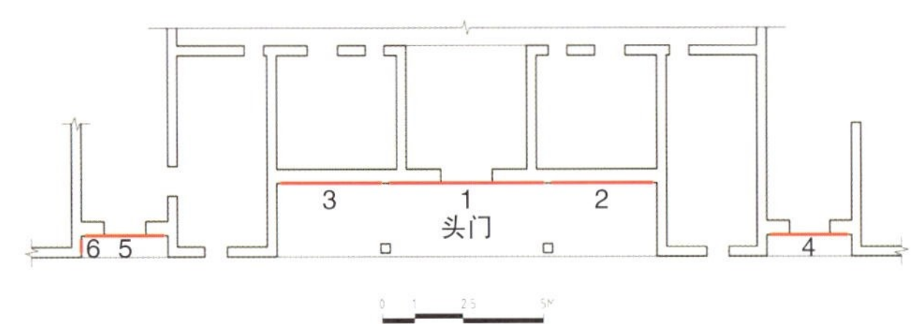

壁画名称	尺寸
1：组合画	495×86cm
2：海屋求寿图	303×100cm
3：人物画	303×100cm
4：组合画	220×52cm
5：花鸟画	220×52cm
6：花鸟画	44×65cm

1

3	2
4	6
5	

19. 山角村民居

山角村民居位于朱村街道山角村。

壁画位于头门，共 5 幅。从画上题款“民国庚寅年 周世恒笔”可知，作者为周世恒，创作于 1920 年。整体保存一般，局部有褪变色、白灰覆盖、裂隙等状况。

位置示意图

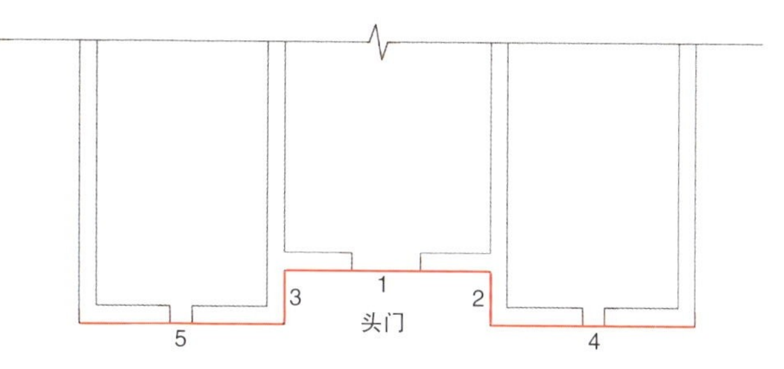

壁画名称	尺寸
1：组合画	381×82cm
2：山水画	58×67cm
3：山水画	58×67cm
4：组合画	325×59cm
5：组合画	325×59cm

1

3	2
4	
5	

20. 吴伯雄民宅

吴伯雄民宅位于朱村街山角村。始建于清代，坐东北朝西南，三间三进，总面阔 11.8 米，总进深 29.1 米，占地面积约 343.38 平方米。悬山顶，灰塑龙船脊，镬灰筒瓦，青砖墙，花岗岩石脚。2010 年 3 月，公布为增城区登记保护文物单位。

壁画位于头门及后堂，共 7 幅。未见作者及年代信息，推测为清末。整体保存一般，局部有褪变色、灰水覆盖、颜料层脱落等状况。

位置示意图

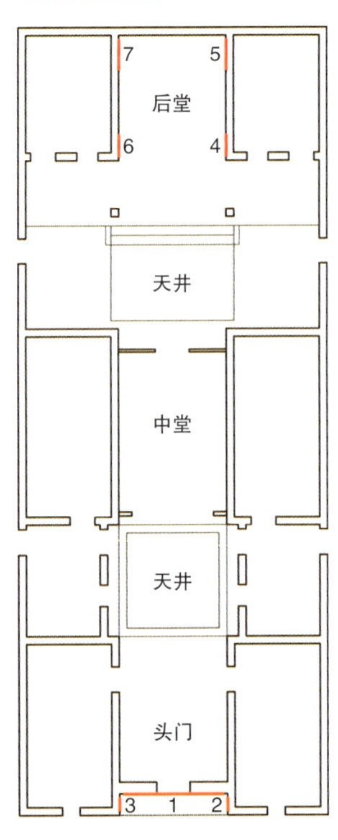

壁画名称	尺寸
1：组合画	410×73cm
2：花鸟画	62×51cm
3：花鸟画	62×51cm
4：花鸟画	90×59cm
5：花鸟画	130×59cm
6：花鸟画	90×59cm
7：花鸟画	130×59cm

1	
3	2
6	4
7	5

21. 油元路民居

油元路民居位于朱村街道山角村油元路 6-1 号。

壁画位于头门，共 5 幅。未见年代及作者信息，推测为清末。整体保存一般，存在裂隙、划痕及灰尘覆盖等状况。

位置示意图

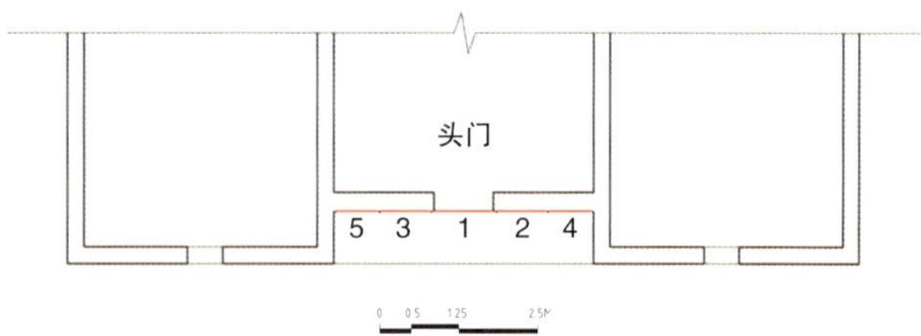

壁画名称	尺寸
1：花鸟画	92×30cm
2：书法画	33×29cm
3：书法画	33×29cm
4：花鸟画	68×40cm
5：花鸟画	68×40cm

1	
3	2
5	4

附 录

广州传统建筑壁画出版情况 *

广东省文物局2014年编著的《广府传统建筑壁画》是第一本结集出版的此类壁画专集。书中收录的壁画来自广州、佛山、中山、江门、东莞、深圳、肇庆、高要的古祠堂、庙宇和古民居，共计150余幅（其中属广州者76幅），按壁画年代排序，最早的绘于道光七年（1827），最晚的绘于民国26年（1937）。《广府传统建筑壁画》一书开辟了新的研究领域和方向。

在广州市文化遗产普查（2014~2016）中，文物工作者发现了大量具有历史和艺术价值的清代、民国时期的壁画，并对它们进行了专项普查和登记。这些分散在村落中传统建筑之上的壁画图像，由广州市文化广电新闻出版局、广州市文物考古研究院整理编辑，并于2015年出版了《广州传统建筑壁画选录》。它是一本系统介绍清代、民国广州传统建筑壁画的图录，填补了壁画图像资料保存上的空白。书中共选录了全市各区共200幅传统建筑壁画。

其后，花都区洪秀全纪念馆编的《花都祠堂壁画》和番禺区文物管理委员会办公室编的《番禺古建壁画》先后出版。花都区和番禺区区境内的壁画较多，保存状况较好，这两本书是对《广州传统建筑壁画选录》的补充。

此外，专家学者对广州传统壁画保持持续的关注，发表多篇学术论文，其中，刘兆江先生编著了《广州祠堂壁画》，上册已于2015年出版。他们的成果为传统建筑壁画的进一步研究带来诸多的启迪。

* 统计截至2016年。

已出版图书中收录的广州传统建筑壁画信息汇总

序号	名称	建筑年代	保护级别	地址	收录书目	收录壁画数
1	三元宫	清	市保	越秀区应元路 11 号	广州传统建筑壁画选录	存目
2	庐江书院	清	市保	越秀区西湖路流水井 29 号之一	广州传统建筑壁画选录	存目
3	简氏祖祠	清	市保	越秀区盘福路 98 号越秀外国语学校	广州传统建筑壁画选录	5
4	玉虚宫	明—清	未核定	越秀区梅花村街道杨箕社区	广州传统建筑壁画选录	存目
5	北溪郭公祠	清	未核定	荔湾区东滘街道东滘社区	广州传统建筑壁画选录	1
6	晚兴麦公祠	民国	未核定	荔湾区东滘街道西塱社区	广州传统建筑壁画选录	1
7	咏梅关公祠	明	未核定	荔湾区东滘街道西塱社区	广州传统建筑壁画选录	存目
8	龙潭村洪圣殿	清	未核定	海珠区华洲街道龙潭社区	广州传统建筑壁画选录	1
9	穗乔简公祠	清	未核定	海珠区华洲街道小洲社区	广州传统建筑壁画选录	3
10	车陂村苏氏宗祠	清	区保	天河区车陂街道龙口社区	广州传统建筑壁画选录	存目
11	华帝古庙	清	区保	天河区黄村街道江夏社区	广州传统建筑壁画选录	4
12	子俊黄公祠	民国	区保	天河区黄村街道江夏社区	广州传统建筑壁画选录	3
13	贵成家塾	民国	区保	天河区黄村街道江夏社区	广州传统建筑壁画选录	4
14	景祚樊公祠	清	区保	天河区龙洞街道上社社区	广州传统建筑壁画选录	4
15	石溪村刘氏大宗祠	清	区保	天河区前进街道石溪社区	广州传统建筑壁画选录	4
16	冼村姚氏宗祠	清	区保	天河区冼村街道潭村社区	广州传统建筑壁画选录	存目
17	梅隐潘公祠	清	区保	天河区珠吉街道珠村北社区	广州传统建筑壁画选录	5
18	禘长钟公祠	清	区保	天河区珠吉街道珠村北社区	广府传统建筑壁画	5
					广州传统建筑壁画选录	存目
19	桂庭梁公祠	清	未核定	天河区长兴街道长湴社区	广州传统建筑壁画选录	1
20	文翘李公祠	清	未核定	天河区棠下街道丰乐社区	广州传统建筑壁画选录	存目
21	程介西村李氏宗祠	清－民国	未核定	天河区员村街道程介西社区	广州传统建筑壁画选录	存目
22	仁可潘公祠	民国	未核定	天河区珠吉街道珠村北社区	广州传统建筑壁画选录	4
23	世韬潘公祠	清	未核定	天河区珠吉街道珠村北社区	广州传统建筑壁画选录	存目
24	竹一村龙氏宗祠	清	未核定	白云区钟落潭镇竹一村	广州传统建筑壁画选录	4
25	坚祖彭公祠	清	未核定	白云区嘉禾街道彭西居委	广州传统建筑壁画选录	6
26	大石岗村西社黄氏宗祠	清	未核定	白云区江高镇大石岗村	广州传统建筑壁画选录	存目
27	宏瑶书舍	民国	未核定	白云区钟落潭镇寮采村	广州传统建筑壁画选录	9
28	文冲陆氏大宗祠	清	市保	黄埔区文冲街道文冲社区	广州传统建筑壁画选录	1
29	南湾麦氏宗祠	明	区保	黄埔区穗东街道南湾社区	广州传统建筑壁画选录	2
30	初泰麦公祠	清	未核定	黄埔区穗东街道南湾社区	广州传统建筑壁画选录	存目
31	康养周公祠	清	未核定	黄埔区大沙街道姬堂社区	广州传统建筑壁画选录	存目
32	艺圃别墅	清	未核定	黄埔区红山街道双沙社区	广州传统建筑壁画选录	存目
33	廷亨陆公祠	清	未核定	黄埔区文冲街道文冲社区	广州传统建筑壁画选录	2
34	南湾村护龙庙	明－清	未核定	黄埔区穗东街道南基社区	广州传统建筑壁画选录	存目

说明：“存目”指仅有目录，没有壁画照片。

序号	名称	建筑年代	保护级别	地址	收录书目	收录壁画数
35	庆堂书室	清	未核定	黄埔区萝岗街道萝峰社区	广州传统建筑壁画选录	1
36	启荣何公祠	清	未核定	黄埔区九龙镇新田村	广州传统建筑壁画选录	4
37	青紫社学	清	未核定	黄埔区萝岗街道萝峰社区	广州传统建筑壁画选录	3
38	四约庙	清	未核定	黄埔区东区街道刘村社区	广州传统建筑壁画选录	5
39	什二汤公祠	清	未核定	黄埔区九龙镇汤村村	广州传统建筑壁画选录	2
40	羡名欧阳公祠	清	未核定	黄埔区永和街道永岗社区	广州传统建筑壁画选录	3
41	三六汤公祠	清	未核定	黄埔区九龙镇汤村村	广州传统建筑壁画选录	2
42	悦珠陈公祠	清	未核定	黄埔区九龙镇镇龙村	广州传统建筑壁画选录	存目
43	时四陈公祠	清	区保	黄埔区九龙镇莲塘村	广州传统建筑壁画选录	5
44	庆一汤公祠	清	未核定	黄埔区九龙镇埔心村	广州传统建筑壁画选录	3
45	南山书院	清	省保	花都区新华街道三华村	花都祠堂壁画	13
46	亨之徐公祠	清	省保	花都区新华街道三华村	广州传统建筑壁画选录	4
					花都祠堂壁画	5
47	明峯汤公祠	清	省保	花都区炭步镇茶塘村	广州祠堂壁画（上）	6
					花都祠堂壁画	6
48	万成汤公祠	清	省保	花都区炭步镇茶塘村	广州祠堂壁画（上）	6
					花都祠堂壁画	3
49	肯堂书室	清	省保	花都区炭步镇茶塘村	广州传统建筑壁画选录	4
					广州祠堂壁画（上）	7
					花都祠堂壁画	13
50	友兰公祠	清	省保	花都区炭步镇塱头村塱西社	花都祠堂壁画	26
51	乡贤栎坡祠	清	省保	花都区炭步镇塱头村塱西社	广府传统建筑壁画	1
52	文一村谭氏宗祠	明－清	市保	花都区炭步镇文一村	广州传统建筑壁画选录	5
					广州祠堂壁画（上）	23
53	赤坭村进士第	清	市保	花都区赤坭镇赤坭社区三和庄	花都祠堂壁画	2
54	默奄徐公祠	清	市保	花都区新华街道三华村中华社	花都祠堂壁画	2
55	八角古庙	明	市保	花都区花东镇莘田二村	花都祠堂壁画	5
56	谷诒书室	清	市保	花都区炭步镇塱头村塱东社	广州传统建筑壁画选录	1
57	田心村麦氏大宗祠	清	区保	花都区赤坭镇田心村	广州祠堂壁画（上）	22
					花都祠堂壁画	33
58	嘉祥麦公祠	清	区保	花都区赤坭镇田心村	广州祠堂壁画（上）	1
59	京塘村梁氏宗祠	明－清	区保	花都区花东镇京塘村	花都祠堂壁画	14
60	张建若书院	清	区保	花都区花山镇城西村	花都祠堂壁画	17
61	和郁村王氏大宗祠	清	区保	花都区花山镇和郁村	花都祠堂壁画	4
62	五星村欧阳氏宗祠	清	区保	花都区花山镇五星村	花都祠堂壁画	28
63	瑞岭村朱氏大宗祠	清	区保	花都区赤坭镇瑞岭村	广州祠堂壁画（上）	2

序号	名称	建筑年代	保护级别	地址	收录书目	收录壁画数
64	乌石村黄氏大宗祠	清	区保	花都区赤坭镇乌石村	广州祠堂壁画（上）	17
					花都祠堂壁画	13
65	伯昭汤公祠	清	区保	花都区狮岭镇军田村	广州传统建筑壁画选录	4
					广州祠堂壁画（上）	14
					花都祠堂壁画	3
66	南枝王公祠	清	区保	花都区狮岭镇前进村	广州祠堂壁画（上）	23
67	平岭头村任氏宗祠	清 – 民国	区保	花都区炭步镇平岭头村	广州传统建筑壁画选录	存目
					花都祠堂壁画	9
68	翔斋何公祠	清	未核定	花都区花山镇东湖村	花都祠堂壁画	7
69	东湖村邝氏大宗祠	清	未核定	花都区花山镇东湖村	花都祠堂壁画	3
70	龙口村范氏宗祠	清	未核定	花都区花山镇龙口村	广州传统建筑壁画选录	3
					花都祠堂壁画	4
71	濯斯江公祠	民国	未核定	花都区花山镇洛场村	花都祠堂壁画	4
72	著贤江公祠	清	未核定	花都区花山镇平山村	花都祠堂壁画	3
73	平山村江氏大宗祠	清	未核定	花都区花山镇平山村	花都祠堂壁画	8
74	志善江公祠	清	未核定	花都区花山镇平山村	花都祠堂壁画	12
75	万青刘公祠	清 – 民国	未核定	花都区花山镇平西村	花都祠堂壁画	16
76	光远邵公祠	清	未核定	花都区花山镇铁山村	花都祠堂壁画	5
77	康明梁公祠	清	未核定	花都区花山镇五星村	花都祠堂壁画	2
78	税恩严公祠	清	未核定	花都区花山镇永明村	花都祠堂壁画	9
79	作宏商公祠	清	未核定	花都区花东镇水口营村	花都祠堂壁画	3
80	莘田村庾氏大宗祠	清	未核定	花都区花东镇莘田二村	花都祠堂壁画	9
81	莘田二村明氏宗祠	清	未核定	花都区花东镇莘田二村	广州传统建筑壁画选录	2
					花都祠堂壁画	3
82	官铭谢公祠	清	未核定	花都区花东镇莘田二村	广府传统建筑壁画	1
					花都祠堂壁画	4
83	莘田二村谢氏祖祠	清	未核定	花都区花东镇莘田二村	广府传统建筑壁画	4
					花都祠堂壁画	11
84	阳升村胡氏宗祠	清	未核定	花都区花东镇阳升村	花都祠堂壁画	7
85	志清高公祠	清	未核定	花都区花东镇杨三村	花都祠堂壁画	15
86	布头村刘氏宗祠	清	未核定	花都区炭步镇布头村	广州祠堂壁画（上）	5
87	步云村北社李氏宗祠	清	未核定	花都区炭步镇步云村	广州祠堂壁画（上）	4
88	万良汤公祠	清	未核定	花都区炭步镇茶塘村	花都祠堂壁画	5
89	性所书舍	清	未核定	花都区炭步镇茶塘村	花都祠堂壁画	3
90	敬止汤公祠	清	未核定	花都区炭步镇茶塘村	广州祠堂壁画（上）	1
91	东风村黄氏宗祠	清	未核定	花都区炭步镇东风村	广州祠堂壁画（上）	3
92	积公书舍	清	未核定	花都区炭步镇东风村	广州祠堂壁画（上）	3

序号	名称	建筑年代	保护级别	地址	收录书目	收录壁画数
93	肇基甘公祠	清	未核定	花都区炭步镇东风村	广府传统建筑壁画	1
					广州祠堂壁画（上）	1
94	云液骆公祠	清	未核定	花都区炭步镇华岭村	广州传统建筑壁画选录	2
					广州祠堂壁画（上）	5
					花都祠堂壁画	5
95	松石骆公祠	清	未核定	花都区炭步镇华岭村	广州祠堂壁画（上）	2
96	台华公书院	清	未核定	花都区炭步镇塱头村	花都祠堂壁画	1
97	以湘公祠	清	未核定	花都区炭步镇塱头村	广州传统建筑壁画选录	1
					花都祠堂壁画	3
98	雪轩骆公祠	清－民国	未核定	花都区炭步镇骆村	广州祠堂壁画（上）	3
99	康辅应元祖祠	清	未核定	花都区炭步镇社岗村	广州祠堂壁画（上）	1
					花都祠堂壁画	2
100	仰湖汤公祠	清－民国	未核定	花都区炭步镇石湖山村	广州祠堂壁画（上）	5
					花都祠堂壁画	30
101	唐美村庾氏大宗祠	清	未核定	花都区炭步镇唐美村	广州祠堂壁画（上）	4
102	松石谢公祠	清	未核定	花都区炭步镇文二村	广州祠堂壁画（上）	3
103	文二村谢氏宗祠	清	未核定	花都区炭步镇文二村	广州祠堂壁画（上）	4
104	西园庾公祠	清	未核定	花都区炭步镇新太村	广州祠堂壁画（上）	3
105	朝伯张公祠	清	未核定	花都区炭步镇鸭湖村	广州祠堂壁画（上）	9
106	缠岗村鹤楼布郭氏宗祠	清	未核定	花都区赤坭镇缠岗村	广州祠堂壁画（上）	5
					花都祠堂壁画	5
107	赤坭村沙湾黄氏宗祠	清	未核定	花都区赤坭镇赤坭村	广州祠堂壁画（上）	4
					花都祠堂壁画	7
108	云史曾公祠	清	未核定	花都区赤坭镇荷塘村	广府传统建筑壁画	1
					广州祠堂壁画（上）	1
					花都祠堂壁画	3
109	荷溪村赖氏宗祠	清－民国	未核定	花都区赤坭镇荷溪村	广州祠堂壁画（上）	3
110	荷溪村叶氏宗祠	清	未核定	花都区赤坭镇荷溪村	广州祠堂壁画（上）	4
					花都祠堂壁画	3
111	荷溪村利氏宗祠	清－民国	未核定	花都区赤坭镇荷溪村	广州祠堂壁画（上）	1
					花都祠堂壁画	4
112	栋宇周公祠	清	未核定	花都区赤坭镇横沙村	广州祠堂壁画（上）	1
					花都祠堂壁画	2
113	帝王古庙	清	未核定	花都区赤坭镇横沙村	广州祠堂壁画（上）	5
					花都祠堂壁画	5

序号	名称	建筑年代	保护级别	地址	收录书目	收录壁画数
114	廷芳李公祠	清	未核定	花都区赤坭镇蓝田新村	广府传统建筑壁画	1
					广州祠堂壁画（上）	6
					花都祠堂壁画	12
115	莲塘村钟氏宗祠	清－民国	未核定	花都区赤坭镇莲塘村	广州祠堂壁画（上）	19
					花都祠堂壁画	16
116	莲塘村卢氏大宗祠	清	未核定	花都区赤坭镇莲塘村	广州祠堂壁画（上）	5
117	茂英卢公祠	清	未核定	花都区赤坭镇莲塘村	广州祠堂壁画（上）	7
					花都祠堂壁画	8
118	卿品骆公祠	清	未核定	花都区赤坭镇莲塘村	广州祠堂壁画（上）	2
					花都祠堂壁画	11
119	泉石骆公祠	清	未核定	花都区赤坭镇莲塘村	广州祠堂壁画（上）	2
120	文湛骆公祠	清	未核定	花都区赤坭镇莲塘村	广州祠堂壁画（上）	4
121	瑞岭村矮岭姚氏宗祠	清	未核定	花都区赤坭镇瑞岭村	广州祠堂壁画（上）	4
					花都祠堂壁画	15
122	长裕姚公祠	清	未核定	花都区赤坭镇瑞岭村	广州祠堂壁画（上）	6
					花都祠堂壁画	5
123	坤高张公祠	清	未核定	花都区赤坭镇石坑村	广府传统建筑壁画	1
					广州祠堂壁画（上）	3
					花都祠堂壁画	9
124	豪斌麦公祠	清	未核定	花都区赤坭镇田心村	广州祠堂壁画（上）	7
					花都祠堂壁画	3
125	西边村岗头东梁氏宗祠	清－民国	未核定	花都区赤坭镇西边村	广州祠堂壁画（上）	1
					花都祠堂壁画	7
126	超远张公祠	清	未核定	花都区赤坭镇下连珠村	广州祠堂壁画（上）	2
127	竹洞村蓝珠吴氏宗祠	清－民国	未核定	花都区赤坭镇竹洞村	花都祠堂壁画	4
128	玉山林公祠	清	未核定	花都区狮岭镇西头村	广州祠堂壁画（上）	1
					花都祠堂壁画	2
129	翠琳李公祠	清	未核定	花都区狮岭镇中心村	广州祠堂壁画（上）	1
130	静轩宋公祠	清	未核定	花都区狮岭镇中心村	广州祠堂壁画（上）	6
					花都祠堂壁画	3
131	裕轩宋公祠	清－民国	未核定	花都区狮岭镇中心村	广州传统建筑壁画选录	1
					花都祠堂壁画	7
132	次华徐公祠	清	未核定	花都区新华街三华村	广府传统建筑壁画	1
					花都祠堂壁画	13
133	昌甫刘公祠	清－民国	未核定	花都区新华街田美村	广州传统建筑壁画选录	存目
					花都祠堂壁画	4
134	田美村杜氏宗祠	清	未核定	花都区新华街田美村	花都祠堂壁画	25

序号	名称	建筑年代	保护级别	地址	收录书目	收录壁画数
135	宣礼杨公祠	清	未核定	花都区花城街杨二村	广州祠堂壁画（上）	1
					花都祠堂壁画	7
136	粤山杨公祠	清－民国	未核定	花都区花城街杨二村	花都祠堂壁画	3
137	宣义杨公祠	清	未核定	花都区花城街杨一村	广州祠堂壁画（上）	2
					花都祠堂壁画	10
138	纯斋卢公祠	明－清	未核定	花都区花城街长岗村	广州祠堂壁画（上）	10
139	毓畦邓公祠	清	未核定	花都区花城街罗仙村	广州祠堂壁画（上）	3
					花都祠堂壁画	5
140	嘉儒卢公祠	清－民国	未核定	花都区花城街罗仙村	广州祠堂壁画（上）	18
					花都祠堂壁画	22
141	慎衷卢公祠	清－民国	未核定	花都区花城街罗仙村	广州祠堂壁画（上）	2
					花都祠堂壁画	15
142	罗山卢公祠	清	未核定	花都区花城街罗仙村	广州祠堂壁画（上）	2
143	联英张公祠	清	未核定	花都区新雅街三向村	花都祠堂壁画	10
144	广塘村白鳝塘陈氏宗祠	清	未核定	花都区新雅街广塘村	花都祠堂壁画	5
145	花县乡村教育实验区基础学校旧址	民国	未核定	花都区新雅街清布村	花都祠堂壁画	4
146	大布村洪氏宗祠	清	未核定	花都区秀全街大布村	花都祠堂壁画	3
147	广福书舍	清	未核定	花都区秀全街马溪村	花都祠堂壁画	2
148	裔广姚公祠	清	未核定	花都区秀全街马溪村	花都祠堂壁画	3
149	淮阳姚公祠	清	未核定	花都区秀全街马溪村	花都祠堂壁画	7
150	道显黄公祠	清	未核定	花都区秀全街岐山村	花都祠堂壁画	14
151	莘汀屈氏大宗祠	清	省保	番禺区化龙镇莘汀村	番禺古建壁画	9
152	孔尚书祠	清	市保	番禺区大龙街道大龙村	广府传统建筑壁画	1
					广州传统建筑壁画选录	1
					番禺古建壁画	12
153	鳌山古建筑	清	市保	番禺区沙湾镇三善村	广府传统建筑壁画	1
					广州传统建筑壁画选录	4
					番禺古建壁画	15
154	广游二支队独立一中队队部旧址	民国	市保	番禺区沙湾镇涌边村陈氏祖祠	广府传统建筑壁画	5
					广州传统建筑壁画选录	2
					番禺古建壁画	5
155	屏山二村黄氏大宗祠	清	市保	番禺区石壁街道屏山二村	广府传统建筑壁画	1
					广州传统建筑壁画选录	存目
					番禺古建壁画	1
156	官堂康公古庙	清	区保	番禺区南村镇官堂村	广州传统建筑壁画选录	2
					番禺古建壁画	4

序号	名称	建筑年代	保护级别	地址	收录书目	收录壁画数
157	茭塘东文武庙	清	区保	番禺区石楼镇茭塘东村	番禺古建壁画	5
158	敬修堂	民国	区保	番禺区大龙街茶东村	番禺古建壁画	2
159	汀根梁氏大宗祠	清	未核定	番禺区沙头街道汀根村	广府传统建筑壁画	2
					广州传统建筑壁画选录	2
					番禺古建壁画	2
160	月堂王公祠	明－清－民国	未核定	番禺区沙头街道沙头村	番禺古建壁画	3
161	永佳黎公祠	清	未核定	番禺区沙头街道横江村	广州传统建筑壁画选录	1
					番禺古建壁画	3
162	胜惠何公祠	清	未核定	番禺区沙头街道横江村	番禺古建壁画	2
163	赤泉黄公祠	清－民国	未核定	番禺区沙头街道横江村	番禺古建壁画	3
164	林隐公祠	清	未核定	番禺区石楼镇赤山东村	番禺古建壁画	3
165	石庄戴公祠	清	未核定	番禺区石楼镇赤山东村	广府传统建筑壁画	1
					广州传统建筑壁画选录	存目
					番禺古建壁画	1
166	官桥袁氏宗祠	清	未核定	番禺区石楼镇官桥村	广府传统建筑壁画	1
					广州传统建筑壁画选录	存目
					番禺古建壁画	4
167	蓝田戴公祠	清	未核定	番禺区石楼镇赤山东村	广府传统建筑壁画	2
					广州传统建筑壁画选录	存目
					番禺古建壁画	2
168	表海黄公祠	清	未核定	番禺区石楼镇茭塘东村	番禺古建壁画	9
169	半峰黄公祠	清	未核定	番禺区石楼镇茭塘西村	广府传统建筑壁画	1
					广州传统建筑壁画选录	存目
					番禺古建壁画	3
170	大富张氏宗祠	清	未核定	番禺区沙头街道沙头居委	广府传统建筑壁画	1
					广州传统建筑壁画选录	存目
					番禺古建壁画	2
171	桂林劳公祠	清	未核定	番禺区大龙街茶东村	番禺古建壁画	3
172	灵蟠庙	清	未核定	番禺区石楼镇石一村	番禺古建壁画	2
173	二田刘公家塾	清	未核定	番禺区化龙镇明经村	番禺古建壁画	3
174	应麟黄公祠	清	未核定	番禺区小谷围街道穗石村	番禺古建壁画	3
175	福涌莫氏宗祠	清	未核定	番禺区沙湾镇福涌村	广州传统建筑壁画选录	2
					番禺古建壁画	2
176	三善梁氏宗祠	清	未核定	番禺区沙湾镇三善村	广府传统建筑壁画	4
					广州传统建筑壁画选录	2
					番禺古建壁画	4

序号	名称	建筑年代	保护级别	地址	收录书目	收录壁画数
177	竹溪公祠	清	未核定	番禺区化龙镇潭山村	广府传统建筑壁画	5
					广州传统建筑壁画选录	存目
					番禺古建壁画	13
178	眉山苏氏宗祠	清	未核定	番禺区化龙镇眉山村	广府传统建筑壁画	1
					番禺古建壁画	4
179	渐明苏公祠	清	未核定	番禺区化龙镇眉山村	番禺古建壁画	1
180	福涌黄氏宗祠	清	未核定	番禺区沙湾镇福涌村	广府传统建筑壁画	2
					广州传统建筑壁画选录	3
					番禺古建壁画	3
181	北城侯庙	清	未核定	番禺区沙湾镇紫坭村	番禺古建壁画	1
182	德光麦公祠	民国	未核定	番禺区大石街道官坑村	广州传统建筑壁画选录	2
183	存著堂	清	未核定	番禺区沙湾镇东村	广府传统建筑壁画	4
					广州传统建筑壁画选录	2
184	裔菴曹公祠	清	未核定	番禺区大龙街茶东村	广府传统建筑壁画	2
					广州传统建筑壁画选录	存目
					番禺古建壁画	3
185	曾氏十世司马祠	清	未核定	番禺区沙湾镇龙岐村	广府传统建筑壁画	2
					广州传统建筑壁画选录	1
					番禺古建壁画	2
186	东村北帝祠	清	未核定	番禺区沙湾镇东村	番禺古建壁画	4
187	性存谭公祠	清	未核定	番禺区大龙街大龙村	广府传统建筑壁画	1
					广州传统建筑壁画选录	存目
					番禺古建壁画	2
188	南川何公祠	清	未核定	番禺区沙湾镇西村	广府传统建筑壁画	4
					广州传统建筑壁画选录	3
					番禺古建壁画	6
189	贵达家塾	民国	未核定	番禺区新造镇北约村	广府传统建筑壁画	1
					广州传统建筑壁画选录	存目
					番禺古建壁画	4
190	甘棠陈氏宗祠	清	未核定	番禺区东环街道甘棠村	广府传统建筑壁画	3
					广州传统建筑壁画选录	存目
191	宏勋古公祠	清	未核定	番禺区大龙街傍江东村	番禺古建壁画	3
192	韦涌苏氏宗祠	清	未核定	番禺区石壁街韦涌村	广府传统建筑壁画	2
					广州传统建筑壁画选录	存目
					番禺古建壁画	2
193	南塘李公祠	清	未核定	番禺区钟村街谢村	番禺古建壁画	2
194	仑番张公祠	民国	未核定	番禺区钟村街谢村	广州传统建筑壁画选录	1

序号	名称	建筑年代	保护级别	地址	收录书目	收录壁画数
195	延载马公祠	民国	未核定	番禺区钟村街谢村	番禺古建壁画	5
196	培桂家塾	清	未核定	番禺区钟村街谢村	番禺古建壁画	3
197	祖立李公祠	民国	未核定	番禺区钟村街谢村	番禺古建壁画	1
198	康公主帅庙	清	未核定	番禺区钟村街诜敦村	番禺古建壁画	4
199	新桥周氏宗祠	清	未核定	番禺区大龙街新桥村	广府传统建筑壁画	2
					广州传统建筑壁画选录	存目
					番禺古建壁画	3
200	袗志凌公祠	清	未核定	番禺区石碁镇凌边村	广府传统建筑壁画	2
					广州传统建筑壁画选录	存目
					番禺古建壁画	4
201	南约大街二巷16号古民居	民国	未核定	番禺区石碁镇凌边村	广府传统建筑壁画	1
					广州传统建筑壁画选录	1
					番禺古建壁画	5
202	龚洁波祖祠	清	未核定	番禺区大龙街罗家村	广州传统建筑壁画选录	1
					番禺古建壁画	1
203	潮溪苏公祠	清	未核定	番禺区大龙街罗家村	广府传统建筑壁画	1
					广州传统建筑壁画选录	存目
					番禺古建壁画	3
204	雪松麦公祠	清	未核定	番禺区石碁镇官涌村	广州传统建筑壁画选录	1
205	廷吉郭公祠	清	未核定	番禺区石碁镇官涌村	番禺古建壁画	2
206	南潮江公祠	清	未核定	番禺区大龙街沙涌村	番禺古建壁画	5
207	子集陈公祠	清	未核定	南村镇坑头村北约街	番禺古建壁画	2
208	镜湖书室	清		番禺区化龙镇沙亭村	广府传统建筑壁画	5
					番禺古建壁画	3
209	恭敬里2号古民居	清		番禺区化龙镇塘头村心街	广府传统建筑壁画	1
					番禺古建壁画	1
210	莲溪村麦氏大宗祠	清	市保	南沙区黄阁镇莲溪村	广府传统建筑壁画	1
					广州传统建筑壁画选录	1
211	辅党麦公祠	清	未核定	南沙区黄阁镇东里村	广府传统建筑壁画	4
					广州传统建筑壁画选录	2
212	湛怀德祠	明－清	市保	增城区新塘镇群星乡群星村	广州传统建筑壁画选录	8
213	敏学邵公祠	清	区保	增城区新塘镇上邵村	广州传统建筑壁画选录	存目
214	号斌邵公祠	民国	区保	增城区新塘镇上邵村	广州传统建筑壁画选录	存目
215	上邵邵氏大宗祠	清	区保	增城区新塘镇上邵村	广州传统建筑壁画选录	存目
216	石溪古庙	清	区保	增城区新塘镇石下村	广州传统建筑壁画选录	存目
217	秋江吴公祠	民国	区保	增城区新塘镇塘边村	广州传统建筑壁画选录	3
218	土江卜氏宗祠	清	区保	增城区石滩镇土江村	广州传统建筑壁画选录	存目

序号	名称	建筑年代	保护级别	地址	收录书目	收录壁画数
219	茹芳家塾	清	区保	增城区派潭镇邓路吓村	广州传统建筑壁画选录	2
220	昌华公祠	清	区保	增城区派潭镇旧高埔村	广州传统建筑壁画选录	存目
221	振贤何公祠	清	未核定	增城区荔城街道明星村	广州传统建筑壁画选录	存目
222	下角门楼	清	未核定	增城区荔城街道棠村街前	广州传统建筑壁画选录	1
223	卞龙堂	清	未核定	增城区荔城街道棠厦村	广州传统建筑壁画选录	存目
224	横塱新祠堂	清	未核定	增城区朱村街道横塱村	广州传统建筑壁画选录	存目
225	吴伯雄民宅	清	未核定	增城区朱村街道山角村	广州传统建筑壁画选录	存目
226	乔林余公祠	清	未核定	增城区新塘镇白江村	广州传统建筑壁画选录	1
227	白石涓钓遗风门楼	清	未核定	增城区新塘镇白石村社	广州传统建筑壁画选录	存目
228	应求黄公祠	清	未核定	增城区新塘镇白石村	广州传统建筑壁画选录	存目
229	云庄董公祠	清	未核定	增城区新塘镇新街村	广州传统建筑壁画选录	存目
230	新街董氏宗祠	清	未核定	增城区新塘镇新街村	广州传统建筑壁画选录	1
231	显宗黄公祠	民国	未核定	增城区永宁街白水村	广州传统建筑壁画选录	存目
232	贞吉罗公祠	清	未核定	增城区永宁街湖中村	广州传统建筑壁画选录	2
233	奇锦罗公祠	清－民国	未核定	增城区永宁街湖中村后山	广州传统建筑壁画选录	存目
234	佑初顾公祠	清	未核定	增城区石滩镇顾屋村	广州传统建筑壁画选录	存目
235	顺庵顾公祠	明－清	未核定	增城区石滩镇顾屋村	广州传统建筑壁画选录	3
236	旧山吓姚氏大宗祠	明	未核定	增城区石滩镇旧山吓村	广州传统建筑壁画选录	5
237	新山吓门楼	清	未核定	增城区石滩镇新山吓村	广州传统建筑壁画选录	2
238	岳埔袁氏宗祠	明－清	未核定	增城区石滩镇岳埔村	广州传统建筑壁画选录	存目
239	伯坚袁公祠	清－民国	未核定	增城区石滩镇岳埔村	广州传统建筑壁画选录	存目
240	毛先儒祠	清	未核定	增城区中新镇坑贝村	广州传统建筑壁画选录	1
241	砭愚毛公祠	清	未核定	增城区中新镇莲塘村	广州传统建筑壁画选录	存目
242	武威祠堂	清	未核定	增城区派潭镇邓村	广州传统建筑壁画选录	存目
243	培青叶公祠	清	未核定	增城区派潭镇邓路吓村	广州传统建筑壁画选录	存目
244	上塘观音堂	清	未核定	增城区派潭镇高滩村	广州传统建筑壁画选录	存目
245	韩村官厅	清	未核定	增城区小楼镇二龙村	广州传统建筑壁画选录	存目
246	田心司马第	清	未核定	增城区小楼镇江坳村	广州传统建筑壁画选录	1
247	春湖赖公祠	明－清	未核定	增城区小楼镇腊圃村	广州传统建筑壁画选录	存目
248	潭村官厅	清	未核定	增城区小楼镇正隆村	广州传统建筑壁画选录	3
249	潭村厅厦	清	未核定	增城区小楼镇正隆村	广州传统建筑壁画选录	6
250	存理李公祠	清－民国	市保	从化区鳌头镇家新村	广州传统建筑壁画选录	6

广州传统建筑壁画

（下）

广州市文物考古研究院　编著

文物出版社

下册目录

壁画与建筑

人物画

山水画

花鸟画

诗词书法

广州作为首批国家历史文化名城，拥有众多历史文化景观。其中传统建筑，尤其是明清古建筑占有相当大的比例。而在明清古建筑类别中，祠堂为大宗。作为家族凝聚力的一个象征，实力雄厚的或有一定经济实力的家族，在修建或重修祠堂时，聘请民间工匠在建筑上施以各种装饰工艺，如“三雕二塑”（砖雕、木雕、石雕、陶塑、灰塑）等。这其中，引人注目的，还有丰富多彩的壁画。

根据所附空间或材质的不同，中国画有壁画、卷轴（绢、帛、纸）和版画。壁画历史最为久远，可追溯至史前的岩画，至迟在周代建筑墙壁上绘有壁画，孔子将“尧舜之容，桀纣之象”的壁画作为国家兴衰的镜鉴。唐张彦远认为绘画有益于“成教化，助人伦”，使得壁画和其他类别绘画功能凸显，儒家政治理想、道德伦理贯穿其中。

广州传统建筑壁画（清代至民国时期）主要依附于祠堂、庙宇，以及民居和门楼等，共计 437 个传统建筑，涉及广州 11 个区，本卷从 2678 幅旧壁画（指 1949 年以前）中精选人物画、花鸟画、山水画、诗词书法等题材共 284 幅，内容丰富，有传说、历史人物、典故、诗词歌赋、梅兰竹菊、松石、鸟兽虫鱼、高山渔隐等，蕴含诸多中国传统文化因子，具有非常重要的历史价值、艺术价值和科学价值。

壁画与建筑

广州传统建筑壁画作为独特的装饰艺术，其位置通常在建筑室内，墙壁顶部，紧贴屋面。从建筑构造上来看，硬山搁檩的建筑，檩条嵌入砖墙的交接处砖缝不齐整，壁画和地仗层起到一定的修饰与保护作用。

为应对高温多雨的自然环境，广州传统建筑前后进之间以廊相连。青砖墙、屋檐和连廊形成了虚实相间的建筑空间和连续的壁面形态。从空间效果上来看，采用壁画装饰的建筑，从头门到天井两廊，再到厅堂，连贯绵长的独特艺术形式，营造出华丽的观感，丰富了建筑的空间层次。

祠堂、寺庙、民居、门楼等不同类型的建筑，壁画的选题较为一致，表达了对繁衍宗族、家庭美满、健康长寿的普遍追求，而画面构图、着色、用笔反映了趋向“文人画”的审美意趣。本章选取有代表性的祠堂与庙宇各一例，全面展示壁画与建筑空间的对应关系。

欧阳氏宗祠

欧阳氏宗祠位于广东省广州市花都区花山镇五星村。建于清道光二十六年（1846），1985年重修。坐西朝东，建筑三间三进，左路建筑为衬祠，与中路以青云巷相隔。总面阔18.5米，总进深33.8米，建筑占地约625.3平方米。建筑为人字封火山墙，灰塑博古脊，石脚青砖墙。头门共十三架，大门嵌花岗岩门夹，石门额阴刻“欧阳氏宗祠”。

中堂共十五架，前带两廊，六架卷棚顶，中堂金柱上悬“斯敬堂”木匾，后堂共十五架，前带两廊，六架卷棚顶，后堂上设有欧阳氏祖先神龛。祠堂门前立旗杆夹石一对，为光绪五年（1879）己卯科中试第四十九名武举人欧阳清所立。该祠是研究清代岭南建筑和民间工艺的珍贵实物资料。2017年1月，公布为花都区文物保护单位。

现存壁画位于头门、中堂、后堂、侧廊，共有壁画56幅。根据壁画上的落款，壁画的绘制年代为道光丙午年（1846）、丁未年（1847），壁画作者为杜锦澜、柏洲等。壁画较为完整，保存现状较好，工艺精湛。

欧阳氏宗祠正立面

欧阳氏宗祠头门前廊墙楣壁画

欧阳氏宗祠中堂

壁画位置图

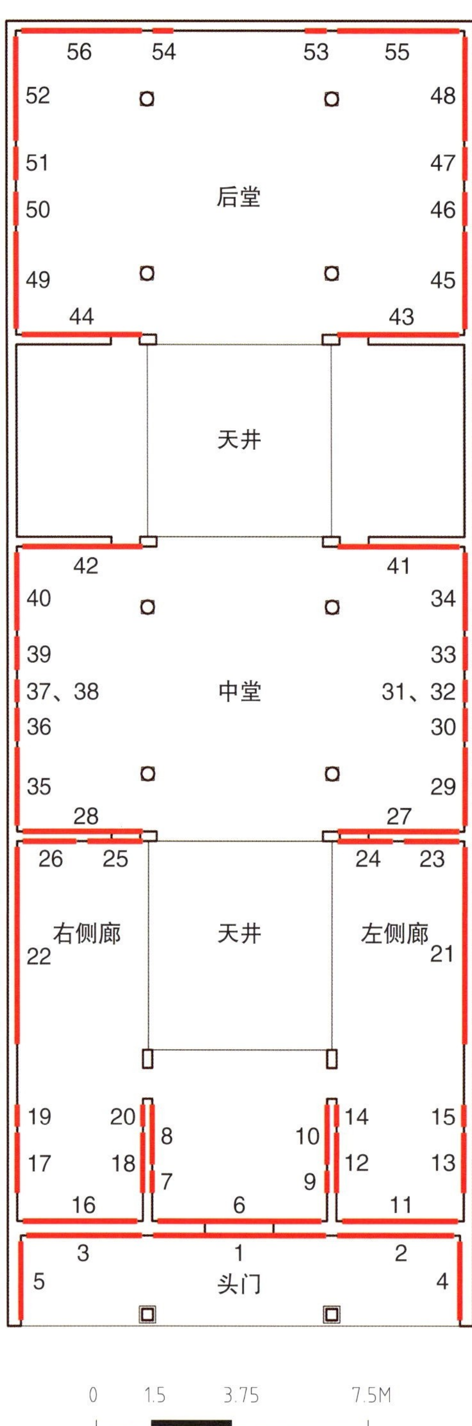
56
54
53
55
52
48
51
47
后堂
50
46
49
45
44
43
天井
42
41
40
34
39
33
37、38
中堂
31、32
36
30
35
29
28
27
26
25
24
23
右侧廊
天井
左侧廊
22
21
19
20
8
10
14
15
17
18
7
9
12
13
16
6
11
3
1
2
5
头门
4
0
1.5
3.75
7.5M

壁画目录

编号	壁画名称	尺寸（单位：cm）	编号	壁画名称	尺寸（单位：cm）
1	组合画	438×90	29	花鸟画	223×104
2	魏犨伏貘之图	303×112	30	书法画	46×104
3	三聘草庐	303×112	31	人物画	123×123
4	仙杖化龙图	172×131	32	人物画	123×342
5	人物画	172×131	33	书法画	45×104
6	教子朝天	310×76	34	花鸟画	253×104
7	书法画	60×94	35	花鸟画	223×104
8	花鸟画	220×94	36	书法画	46×104
9	书法画	60×94	37	山水画	123×123
10	花鸟画	220×94	38	人物画	123×342
11	花鸟画	160×43	39	书法画	45×104
12	花鸟画	118×50	40	花鸟画	253×104
13	花鸟画	118×50	41	人物画	291×85
14	人物画	68×68	42	人物画	291×85
15	寿芝图	68×68	43	烟波钓徒	283×72
16	花鸟画	160×43	44	山水画	283×72
17	花鸟画	118×50	45	花鸟画	230×85
18	花鸟画	118×50	46	书法画	56×85
19	山水画	68×68	47	书法画	55×85
20	花鸟画	68×68	48	花鸟画	254×85
21	组合画	512×49	49	花鸟画	230×85
22	组合画	512×49	50	书法画	56×85
23	花鸟画	119×68	51	书法画	55×85
24	组合画	142×68	52	花鸟画	254×85
25	组合画	142×68	53	杨贵妃教鹦鹉	68×71
26	花鸟画	119×68	54	引福归堂	68×71
27	壶里乾坤	300×90	55	英雄得鹿	307×72
28	福禄寿	300×90	56	苏武牧羊	307×72

壁画 1：组合画

位置：头门前廊心间墙楣

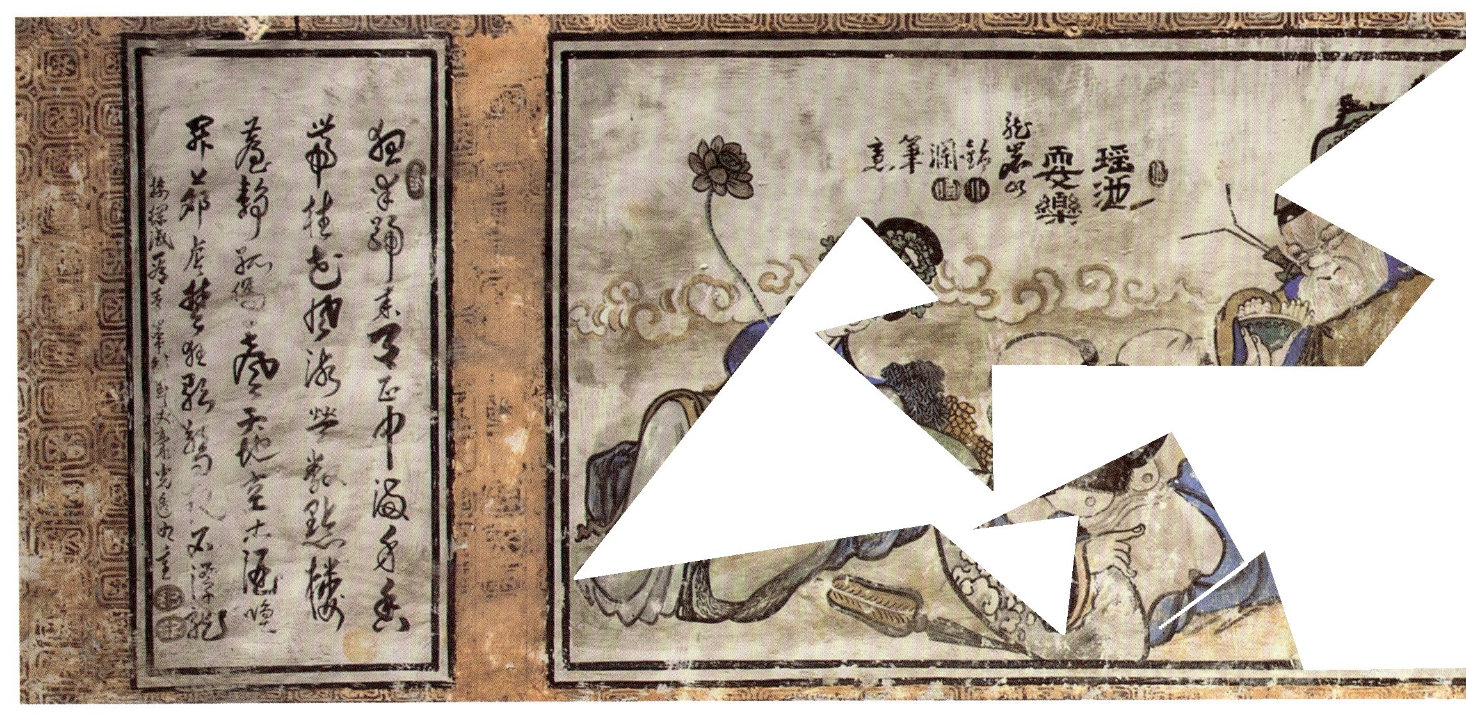

壁画 1-1：书法画

款识：夜半归来月正中，满身香带桂花风。
流萤数点楼台静，孤雁一声天地空。
沽酒唤醒茅店梦，狂歌惊起石潭龙。
倚栏试看青锋剑，万丈豪光透九重。
（清·宋湘《五更》）

壁画 1-2：瑶池耍乐

作者：杜锦澜

款识：瑶池耍乐。龙岩山锦澜笔意。

壁画 1-3：书法画

款识：炊烟落落见人居，风景依然太古馀。
　　　[树]木自生无税地，子孙去读未烧书。
　　　鸡鸣白日来洞，犬吠红云出草庐。
　　　若使篇舟能雨到，十年余欲去为鱼。

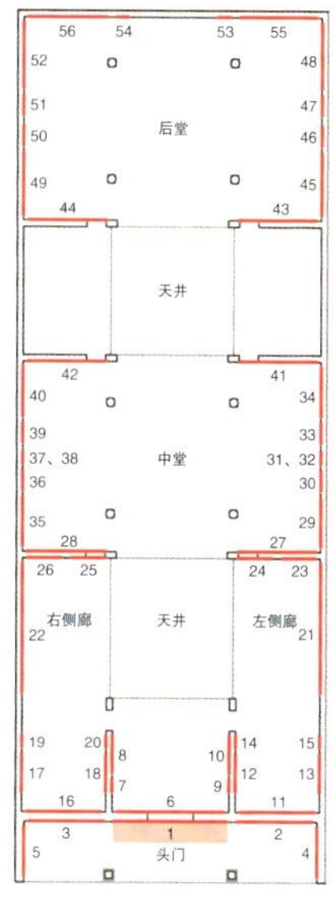

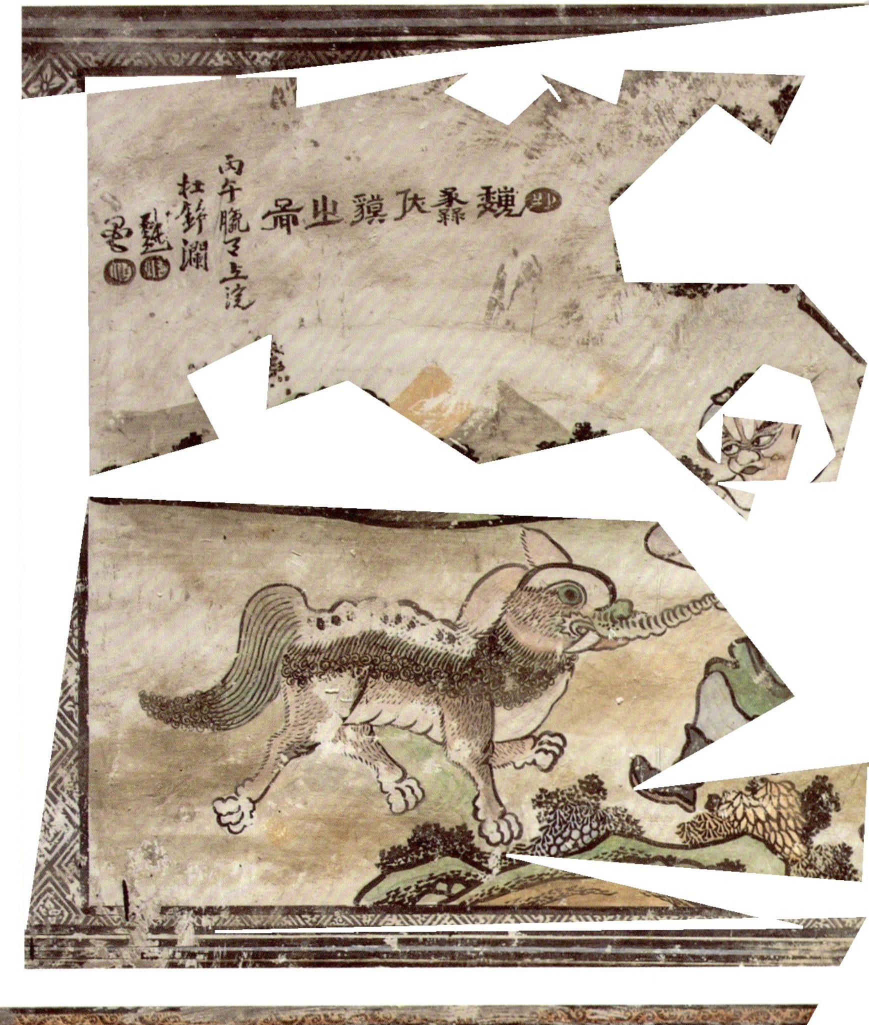

壁画 2：魏犨伏獏之图

位置：头门前廊左次间墙楣

作者：杜锦澜

年代：1846

款识：魏犨伏獏之图。丙午腊月上浣。杜锦澜戏墨。

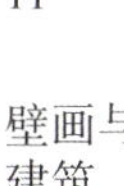

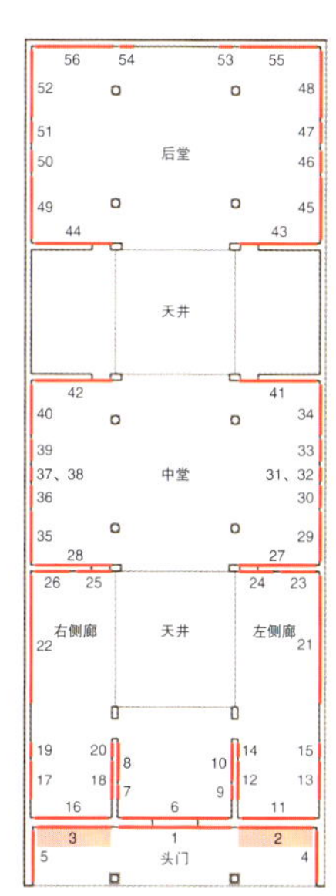

壁画 3：三聘草庐

位置：头门前廊右次间墙楣

款识：三聘草庐

壁画 5：人物画

位置：头门前廊右山墙墙楣

壁画 16：花鸟画

位置：头门后廊右次间墙楣

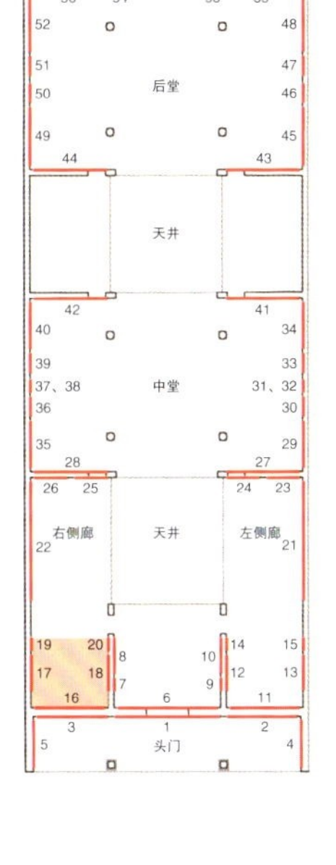

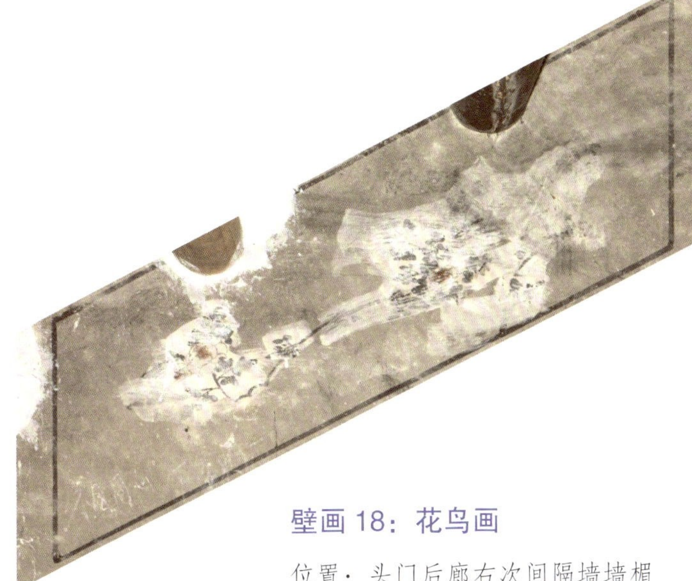

壁画 18：花鸟画

位置：头门后廊右次间隔墙墙楣

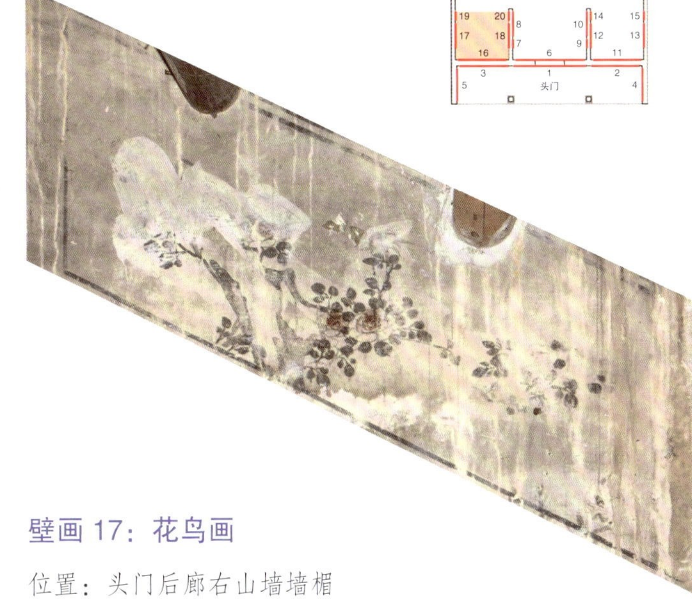

壁画 17：花鸟画

位置：头门后廊右山墙墙楣

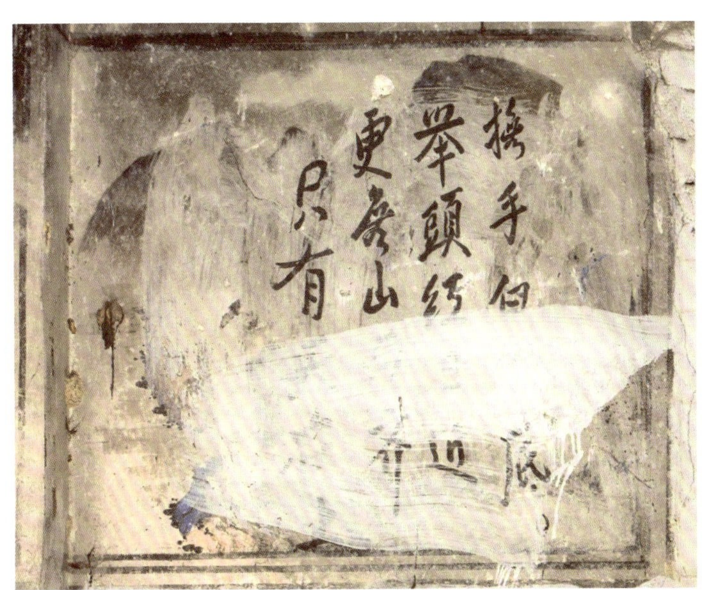

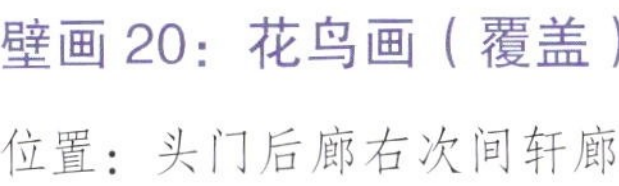

壁画 20：花鸟画（覆盖）

位置：头门后廊右次间轩廊

壁画 19：山水画

位置：头门后廊右次间轩廊

壁画 21：组合画

位置：一进天井左侧廊墙

壁画 21-1：书法画

款识：一帘风月王维画，四壁清山杜甫诗。龙岩子临。东风昨夜过园林，吹得黄花满地金。秋花不比春花发，吩咐诗人仔细吟。宋句。扬子江头杨柳春，杨花愁杀渡江人。数声风笛离亭晚，君向潇湘我向秦。（唐·郑谷《淮上与友人别》）武溪陵（武陵溪）口驻扁舟，溪水随君向北流。行到荆门上山峡，莫将孤月对猿愁。（唐·王昌龄《卢溪主人》）

壁画 21-2：云里帝城双凤阙

款识：云里帝城双凤阙。□□□书。

壁画 21-3：书法画

作者：杜锦澜

款识：积善之家庆有余，玩池日暖化龙鱼。儿孙满地□上秀，锦绣堂中好读书。柏洲书。苏东坡与小妹三人径□□曰：轻风细柳，淡月梅花。加一字□要。山谷云：轻风舞细柳，淡月隐梅花。妹曰：佳以，犹未也。东坡云：轻风摇细柳，淡月照梅花。妹曰：亦未也矣。山谷曰妹□：轻风扶细柳，淡月映梅花。二人鼓掌称善。岭南龙岩锦澜春新月书为。谢草郑兰燕桂树，唐诗晋字汉文章。

壁画 24：组合画

位置：一进天井左侧廊与中堂隔墙

壁画 24-1：人物画

壁画 24-2：书法画

款识：落落山园□□来，江树□雪□春台。黄花无□秋光老，独自□带开。（原诗为“落拓山园载酒来，江梅含雪倚春台。菊花无藉秋光老，犹自离披带雨开。”宋·赵葵《十月见菊》）

壁画 23：花鸟画

位置：一进天井左侧廊与中堂隔墙

作者：杜锦澜

款识：占了春魁又占魁，岭南先后一枝梅。风飘□萼香微，散雪压金英艳玉堆东阁吾□花□孤山常□为桃花将百卉同平谁能□君王□乱崔。岭南龙岩山锦澜与君一叙。

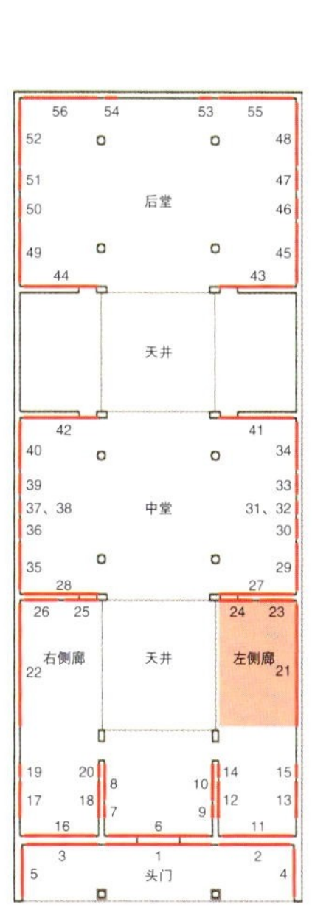

壁画 22：组合画

位置：一进天井右侧廊墙

壁画 22-1：书法画

款识：寒雨连江夜入吴，平明送客楚山孤。洛阳亲友如相问，一片冰心在玉壶。（唐·王昌龄《芙蓉楼送辛渐》）玉树（露）凋霜（伤）枫树林，无（巫）山无（巫）峡气萧森。江间波浪兼天涌，塞上风云接地阴。（唐·杜甫《秋兴八首》）□□。

壁画 22-2：唐白乐天□□□图

款识：唐白乐天□□□图。丁未□……□作。

壁画 22-3：书法画

款识：陇西良会骑，簾升红白样。锦绣□此事，明吟咏处□。词赋属仙才李白。春遗赐宴一则，龙岩柏洲书。春影桃花隔岸红，夏天荷叶满池中。秋风丹桂香千里，冬雪寒梅伴老松。

壁画 25：组合画

位置：一进天井右侧廊与中堂隔墙

壁画 25-1：书法画

款识：带书鸿通□头花统黄金黄秋。不是白依能送酒，渊明难处醉乡候。右录陶渊明先生咏菊诗一则。

壁画 25-2：（画面覆盖）

壁画 26：花鸟画

位置：一进天井右侧廊与中堂隔墙

作者：杜柏洲

款识：枝头似欲飞栖鸟，叶下如今可作羹。龙岩山柏洲。

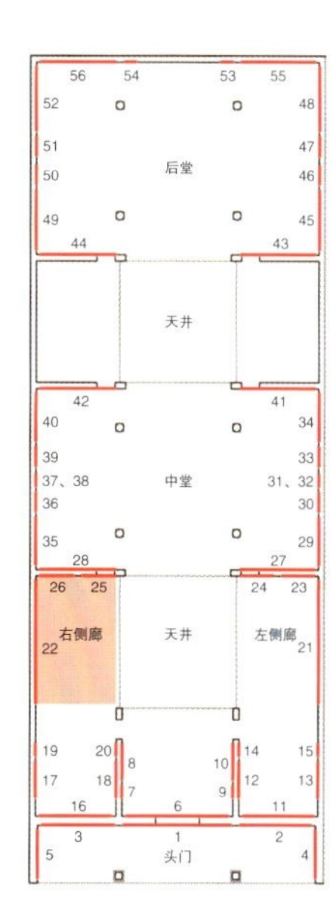

壁画 27：壶里乾坤图

位置：中堂左次间前檐墙

作者：杜柏洲

年代：1846

款识：此处无云别有天，桃花如水柳如烟。神仙不解论冬夏，石烂松枯几万年。丙午年霞月下浣，岭南龙岩杜柏洲戏墨。

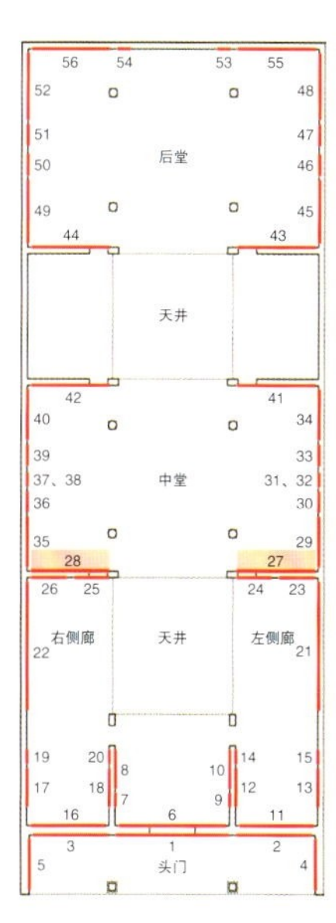

壁画 28：福禄寿图

位置：中堂右次间前檐墙

壁画 34：花鸟画

位置：中堂后檐左山墙

款识：当庭始觉春风贵，带雨芳（方）知国色香。
（唐·罗隐《牡丹》）

壁画 33：书法画

位置：中堂后檐左山墙

款识：湖光秋月两相和，潭面无风镜未磨。遥望洞庭山翠色，白云盘里一青螺。
（唐·刘禹锡《望洞庭》）

壁画 31：人物画

位置：中堂左山墙（上）

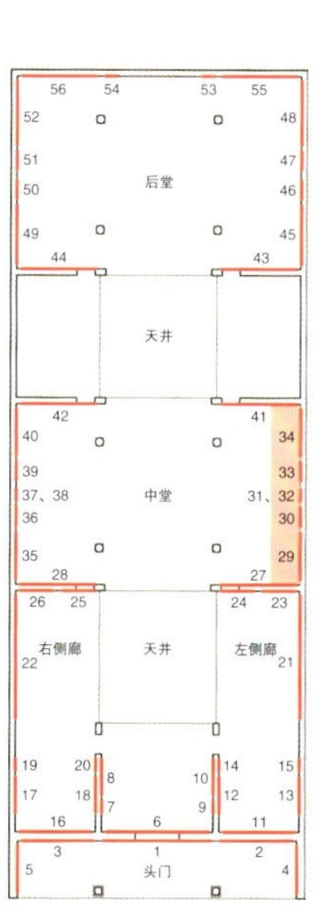

壁画 32：人物画

位置：中堂左山墙（下）

壁画 30：书法画

位置：中堂前檐左山墙

款识：中庭地白树栖鸦，冷露无声湿桂花。

今夜月明人尽望，不知秋思在谁家。

□□。

（唐·王建《十五夜望月寄杜郎中》）

壁画 29：花鸟画

位置：中堂前檐左山墙

款识：（画面覆盖）

壁画 35：花鸟画

位置：中堂前檐右山墙

作者：半间子

款识：近来花样无高下，
得入时人眼便佳。
半间子并书。

壁画 36：书法画

位置：中堂前檐右山墙

款识：云想衣裳花想容，春风拂槛露华浓。若非群玉山头见，会向瑶台月下逢。
（唐·李白《清平调·其一》）

壁画 37：山水画

位置：中堂右山墙（上）

壁画 38：人物画

位置：中堂右山墙（下）

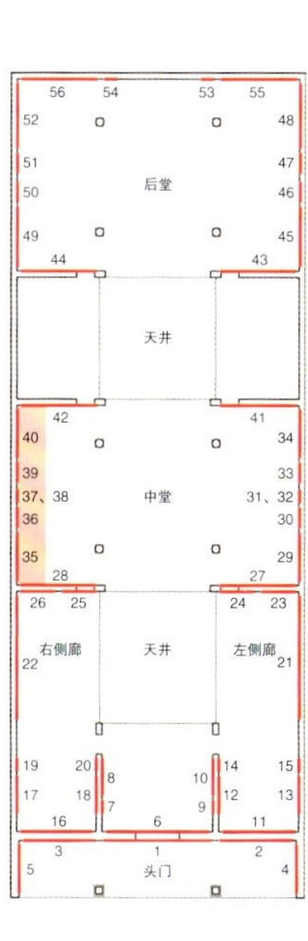

壁画 39：书法画

位置：中堂后檐右山墙

款识：□人□□□……知蓬□□夫□□陵□□。

壁画 40：花鸟画

位置：中堂后檐右山墙

作者：半间子

款识：残香□随风□里色凄凄带露披，不学群芳浑冷淡，（到）头终有傲霜枝。半间子偶书。

中堂后檐右山墙

中堂前檐右山墙

中堂后檐左山墙

中堂前檐左山墙

壁画 41：旨诏李太白赏牡丹

位置：中堂左次间后檐墙

作者：杜锦澜

款识：旨诏李太白赏牡丹。龙岩杜锦澜画。

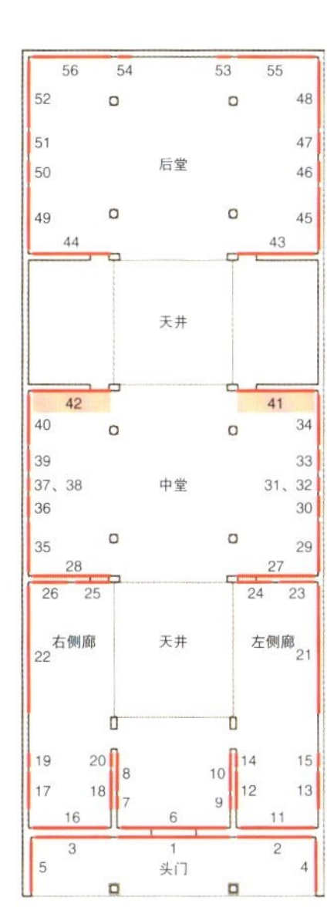

壁画 42：竹林七贤

位置：中堂右次间后檐墙

作者：半间子

年代：1846

款识：不向竹林称多士，且茫山上作幽人。
书于道光岁丙午，偶书。吉江半间子。

壁画 48：花鸟画

位置：后堂后檐左山墙

壁画 47：书法画

位置：后堂后檐左山墙

款识：汉文皇帝有高台，此日登临曙色开。
三晋云山皆北向，二陵风雨自东来。
关门令尹谁能识，河上仙翁去不回。
且欲近寻彭泽宰，陶然共醉菊花杯。
（唐·崔曙《九日登望仙台呈刘明府容》）

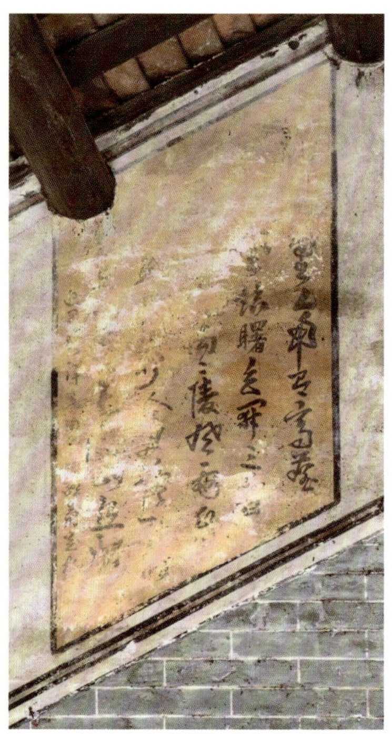

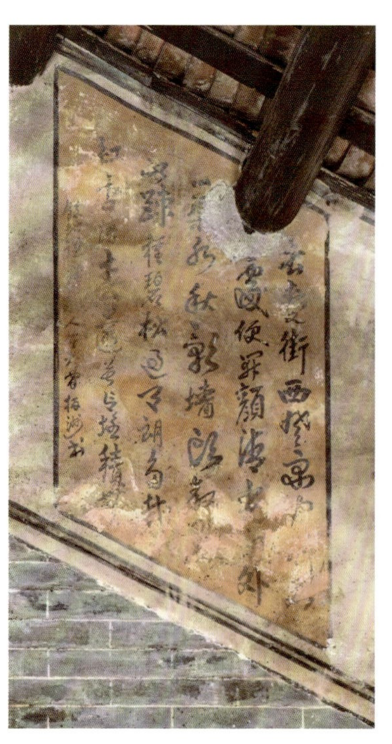

壁画 46：书法画

位置：后堂前檐左山墙

作者：杜柏洲

款识：长爱街西风景闲，到君居处便开颜。清光门外一渠水，秋影墙头数点山。疏种碧松通月朗，多栽红药待春还。莫言堆积（案）无余地，认得诗人在此间。柏洲书。

（唐·刘禹锡《秋日题窦员外崇德里新居》）

壁画 45：花鸟画

位置：后堂前檐左山墙

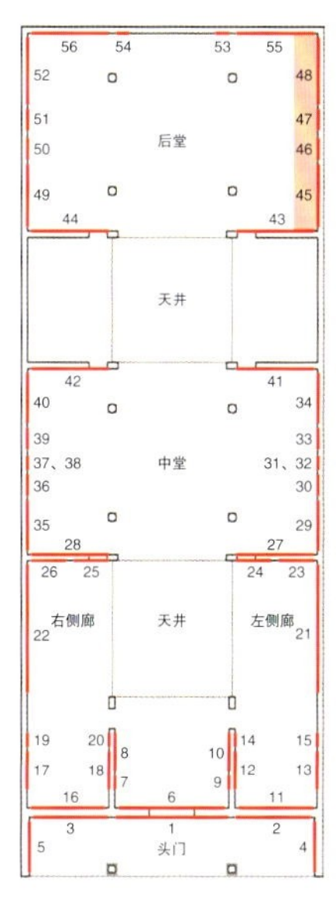

壁画 49：花鸟画

位置：后堂前檐右山墙

作者：半间子

款识：而今未问和美事，且向百花头上开。偶书。半间子。

壁画 50：书法画

位置：后堂前檐右山墙

款识：天付我愁饶白壁，□客吾□长山。世人要问浮谅□，□□□□即□□。

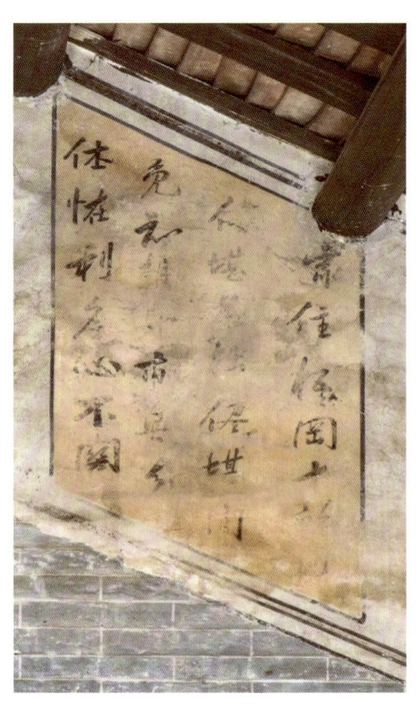

壁画 51：书法画

位置：后堂后檐右山墙

款识：家住梧冈十亩间，尽堪藏拙尽堪闲。
免知朝身市无分，休怪利名心不关。

壁画 52：花鸟画

位置：后堂后檐右山墙

作者：半间子

年代：1846

款识：近来多种王侯第，怪得人称富贵花。
岁在丙午，并书。半间子。

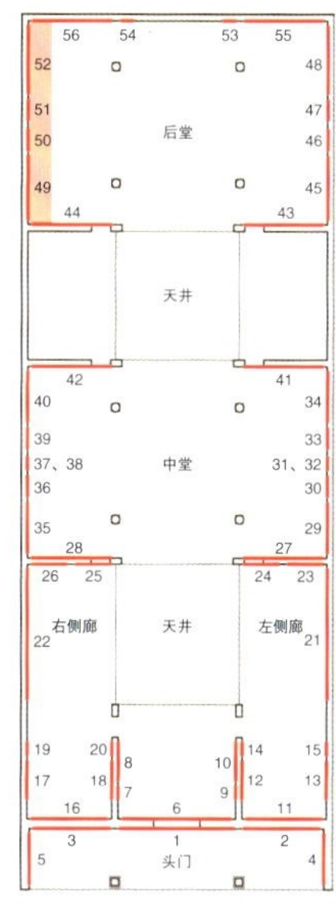

壁画 43：烟波钓徒

位置：后堂左次间前檐墙

作者：杜锦澜

款识：春江水暖下银钩，一片风清到艇头。湖荡明烟波面皱，静睡水钓峡中流。锦澜画。

壁画 55：英雄得鹿

位置：后堂左次间后檐墙

作者：杜柏洲

年代：1846

款识：英雄得鹿。丙午岁仲冬上浣，岭南龙岩柏洲戏墨。

壁画 53：杨贵妃教鹦鹉

位置：后堂心间后檐墙

作者：杜锦澜

款识：杨贵妃教鹦鹉。杜锦澜画

蘇武牧羊

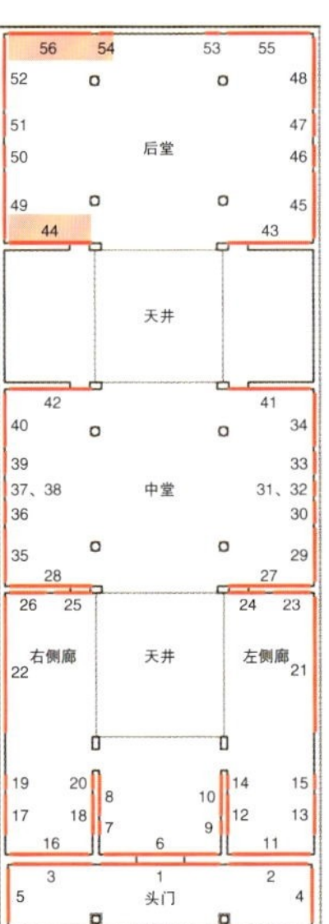
后堂
天井
中堂
天井
右侧廊
左侧廊
头门

壁画 44：山水画

位置：后堂右次间前檐墙

款识：古寺隐何处，冷月响梵钟。依稀东半岭，缥缈隔层峰。岁在丙午冬日，并写，半间子。

壁画 56：苏武牧羊

位置：后堂右次间后檐墙

壁画 54：引福归堂

位置：后堂心间后檐墙

金花古庙

长洲金花古庙位于广东省广州市黄埔区长洲街道长洲社区白鹤岗山下。始建年代待考，最后一次重建于清光绪二年（1876）。坐北朝南，单间两进，总面阔 5.57 米、总进深 14.65 米，建筑占地总面积约 81.6 平方米。

硬山顶，镬耳封火山墙，灰塑博古脊，辘灰筒瓦，滴水剪边，木雕封檐板，青砖石脚。山门面阔一间，深两间共十一架。大门呈凹门斗状，花岗岩石门夹，石门额阳刻“金花古庙”，上款“光绪二年岁次丙子春月”，下款“信绅，曾贯雄（按：其他人名省略）仝敬”。后殿面阔一间，深两间共十三架，前檐四架卷棚顶，水泥地面。该庙是广州市区唯一的一座保存尚好的金花古庙，庙内保存有 5 方重修金花古庙石碑，是研究当地民间信仰以及风俗习惯的实物资料。2008 年 12 月，公布为广州市文物保护单位。

现存壁画位于山门及侧廊，共 22 幅。根据画上题款，作者为杨瑞石，但创作年代不详。整体保存一般，局部有褪色、灰水覆盖等状况。

金花古庙正立面

壁画目录

编号	壁画名称	尺寸（单位：cm）	编号	壁画名称	尺寸（单位：cm）
1	人物画	242×68	12	花鸟画	150×82
2	山水画	88×68	13	知章访道	137×68
3	山水画	88×68	14	福寿绵绵	137×68
4	花鸟画	72×64	15	花鸟画	101×62
5	花鸟画	72×64	16	花鸟画	101×62
6	教子朝天	255×68	17	人物画	195×56
7	书法画	75×68	18	爱莲图	96×68
8	书法画	75×68	19	嵇琴阮啸	195×56
9	花鸟画	56×75	20	炼丹图	96×68
10	花鸟画	150×82	21	山水画	84×68
11	花鸟画	56×75	22	山水画	84×68

壁画位置图

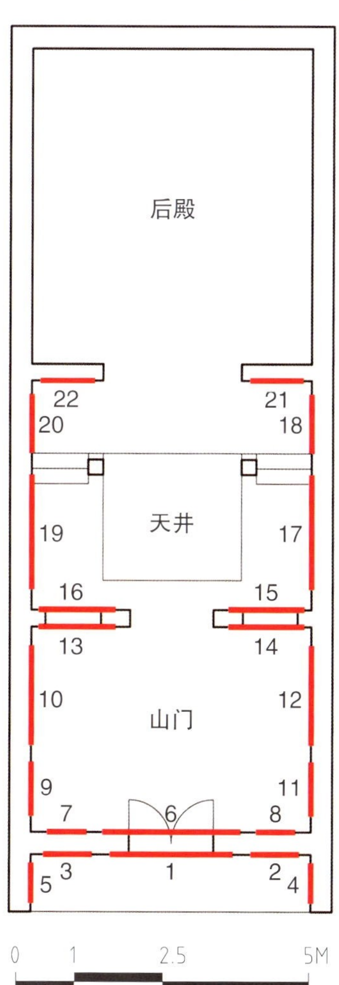

壁画 3：山水画

位置：山门外廊右次间墙楣

壁画 1：人物画

位置：山门外廊心间墙楣

作者：杨瑞石

壁画 5：花鸟画

位置：山门外廊右山墙墙楣

壁画 2：山水画

位置：山门外廊左次间墙楣

作者：杨瑞石

款识：水抱孤村远，山通石径斜。不知深里树，还住几人家。
（明·刘球《山居》）

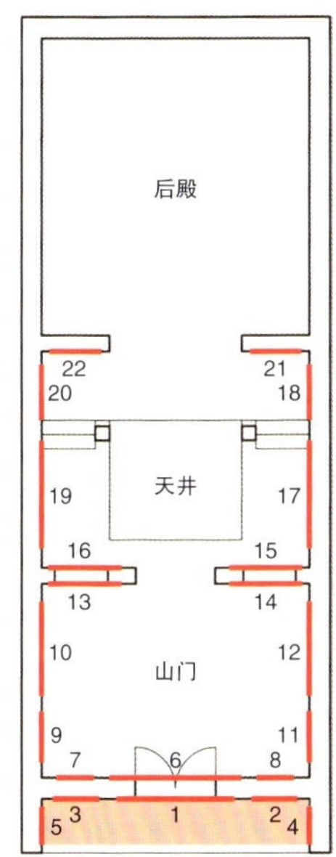

壁画 4：花鸟画

位置：山门外廊左山墙墙楣

作者：杨瑞石

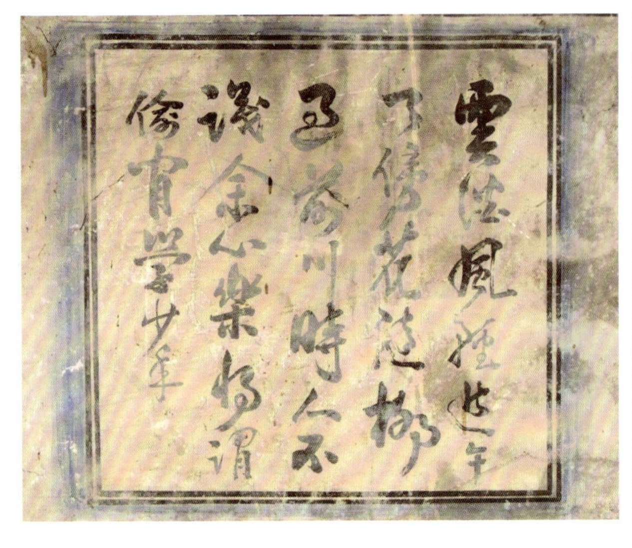

壁画 8：书法画

位置：山门左次间墙楣

款识：云淡风轻近午天，傍花随柳过前川，
时人不识余心乐，将谓偷闲学少年。
（宋·程颢《春日偶成》）

壁画 6：教子朝天

位置：山门心间墙楣

款识：教子朝天

山门右山墙壁画

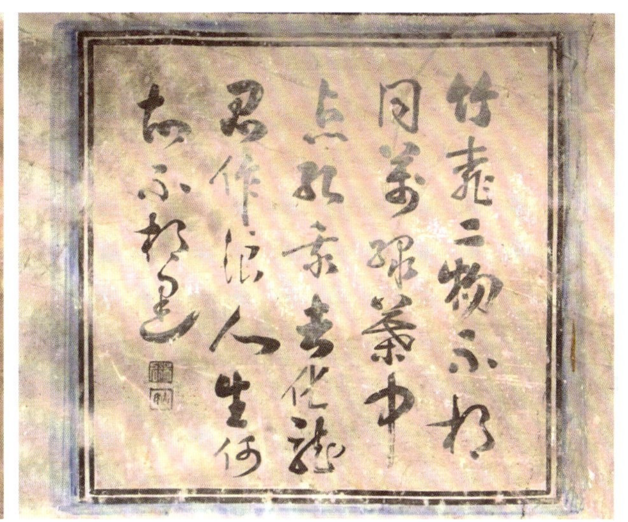

壁画 7：书法画

位置：山门右次间墙楣

款识：竹桃二物不相同，万绿丛中一点红。
我去化龙君作浪，人生何处不相逢。
（明·周如磐《题夹竹桃画》）

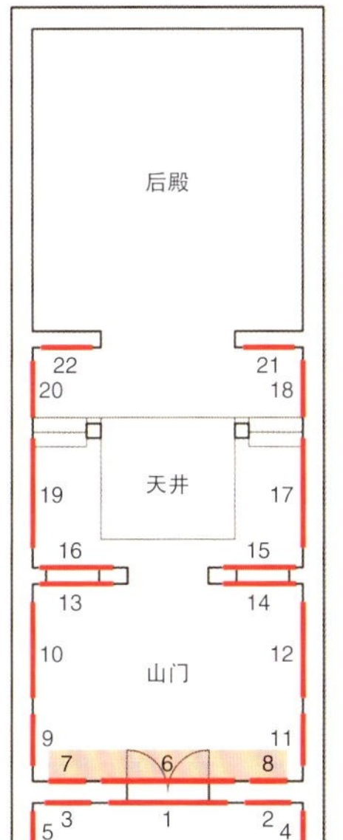

山门左山墙壁画

壁画 11：花鸟画

位置：山门左山墙墙楣

壁画 12：花鸟画

位置：山门左山墙墙楣

作者：杨瑞石

款识：倦飞本为知还计，欲依然择地栖。

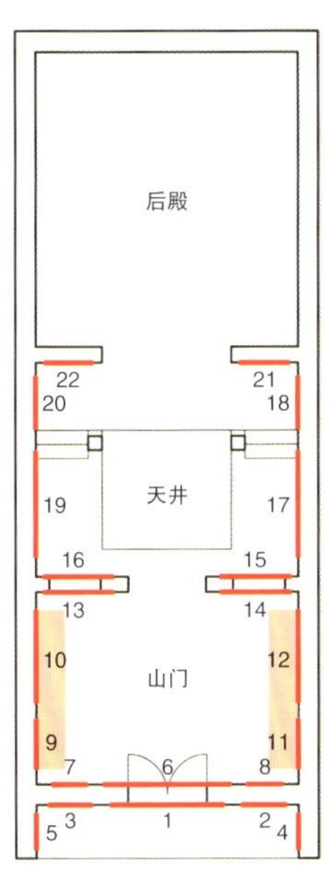

壁画 9：花鸟画

位置：山门右山墙墙楣

壁画 10：花鸟画

位置：山门右山墙墙楣

作者：杨瑞石

款识：江南留一种，万卉独称王。

壁画 14：福寿绵绵

位置：山门后檐墙墙楣

作者：杨瑞石

款识：福寿绵绵。杨瑞石画。

壁画 13：知章访道

位置：山门后檐墙墙楣

作者：杨瑞石

款识：知章访道。杨瑞石画。

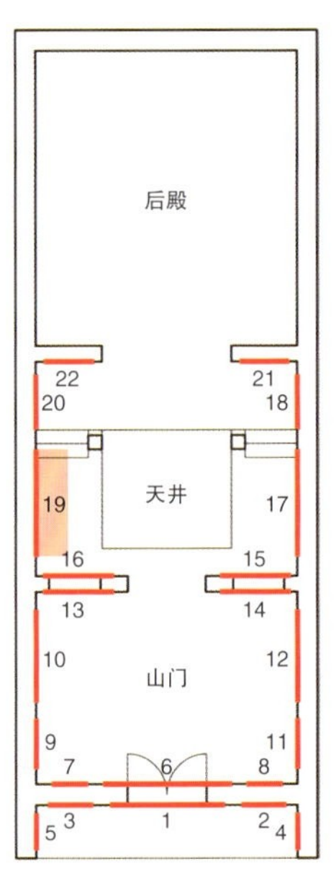

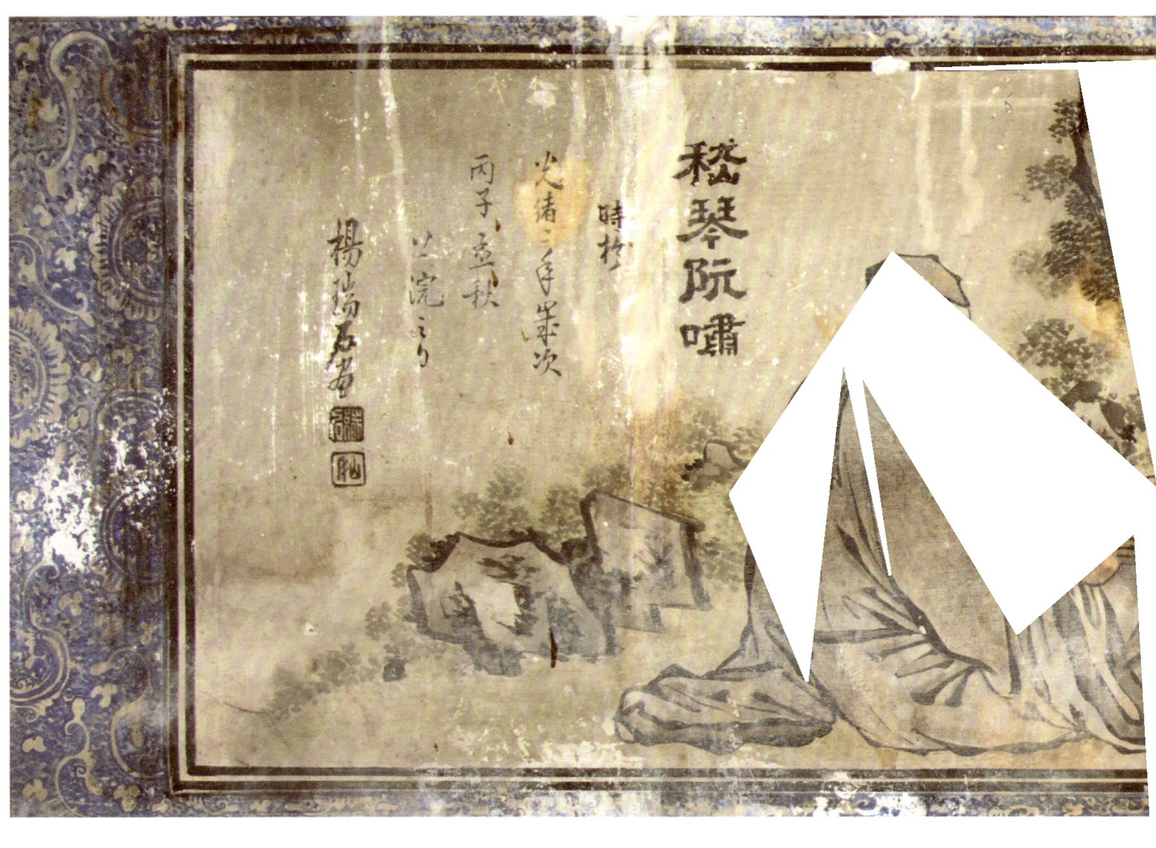

壁画 19：嵇琴阮啸

位置：天井右侧廊墙楣

年代：1876

作者：杨瑞石

款识：嵇琴阮啸。时于光绪二年，岁次丙子，孟秋上浣之日。杨瑞石画。

壁画 17：人物画

位置：天井左侧廊墙楣

作者：杨瑞石

款识：杨瑞石偶画。

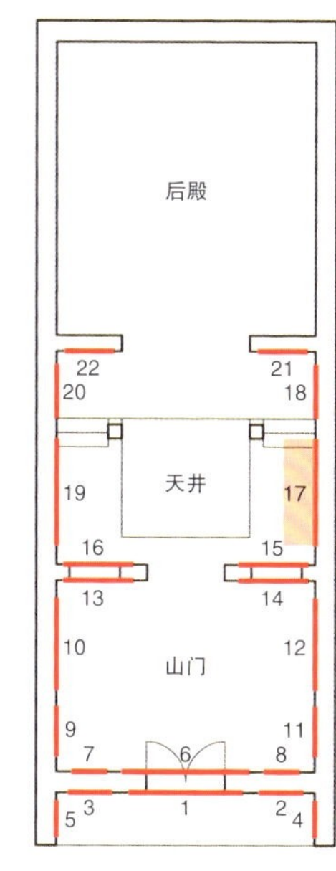

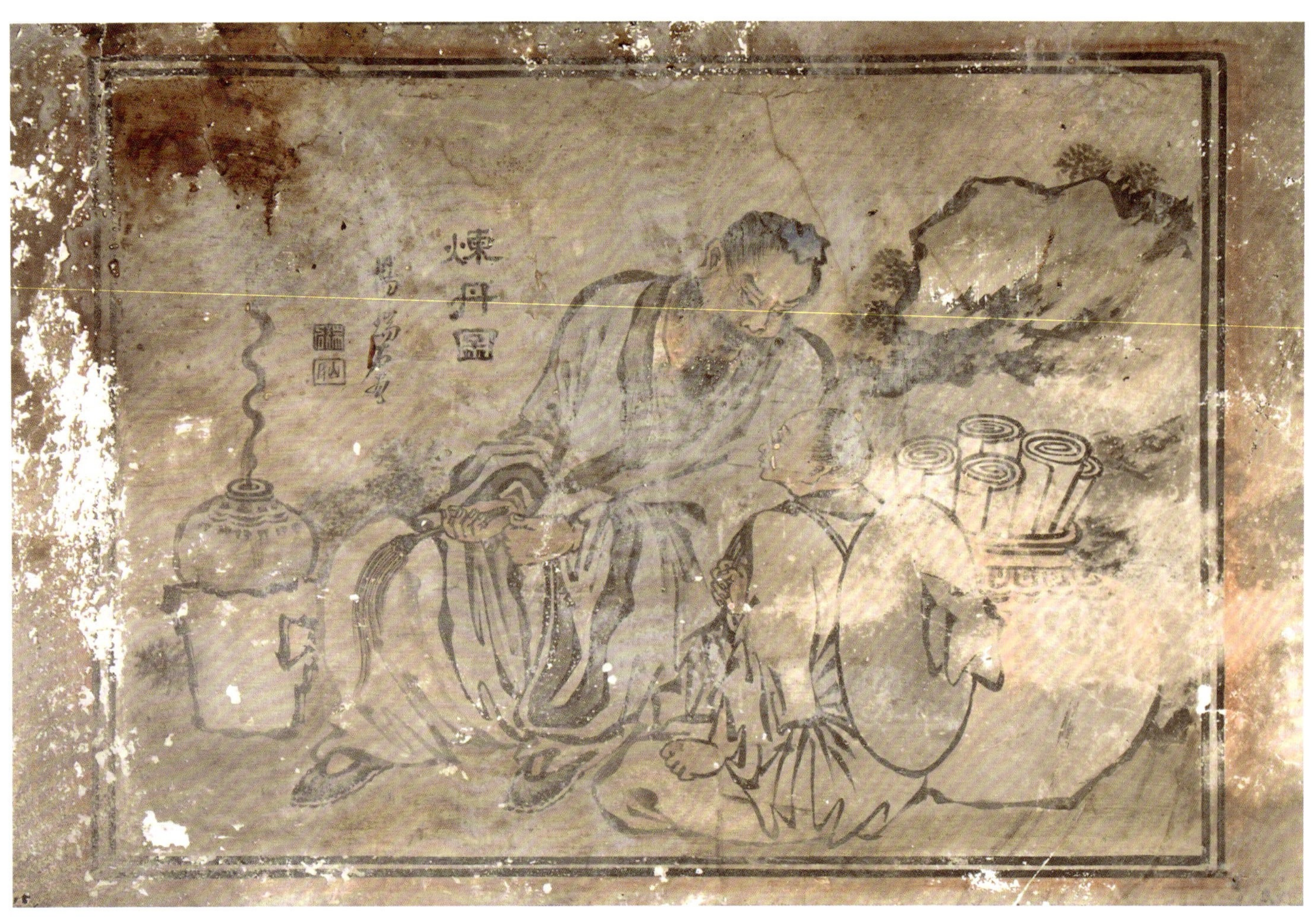

壁画 20：炼丹图

位置：天井右侧廊墙楣

作者：杨瑞石

款识：炼丹图。杨瑞石画。

壁画 18：爱莲图

位置：天井左侧廊墙楣

作者：杨瑞石

款识：爱莲图。杨瑞石画。

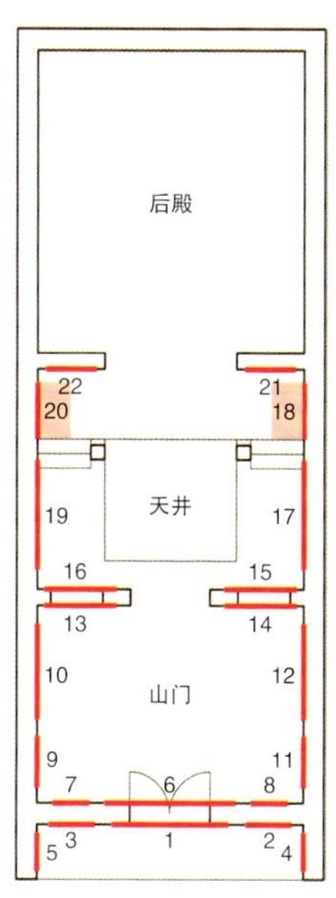

壁画 16：花鸟画

位置：天井右侧廊与前厅隔墙

作者：杨瑞石

壁画 22：山水画

位置：天井右侧廊与后堂隔墙

作者：杨瑞石

款识：碧涧恍从千里泻，绿林隐翠半溪烟。杨瑞石画。

壁画 15：花鸟画

位置：天井左侧廊与前厅隔墙

壁画 21：山水画

位置：天井左侧廊与后堂隔墙

作者：杨瑞石

款识：两岸隔溪□□远□□□□□□□□。杨瑞石画。

人物画

在传统中国画中，人物画出现，较山水画、花鸟画早。汉代，人物画发展已基本成熟。人物画创作，不仅有造型准确的画像，还有以形传神和夸张、变形的作品。魏晋时期，思想的解放，佛教的传入，玄学的风行，专业画家队伍的确立，促成人物画由略而精。五代两宋是中国人物画深入发展时期，尤其宋代，随着城乡经济的发展，社会风俗画和具有现实意义的历史故事画蓬勃发展。

广州传统建筑上的壁画主要绘制于清中后期以至民国，继承传统的笔墨造型，重线条、重写实、重传神。人物画主要以历史、传说、故事画为主。虽然出自民间工匠之手，但人物个性刻画描摹得也逼真传神、形神兼备。如“太白醉酒”“竹林七贤”“赏菊图”“公孙要乐”“和合二仙”，等等。民间工匠通过对人物活动、所处情境等要素的精心描绘，使得人物心理、情感、风度精神跃然“壁”上。

1. 福禄寿

作者：梁锦轩

年代：1913

款识：福禄寿。梁锦轩。

位置：海珠区新滘南路上涌村梁氏宗祠头门外檐心间顶部

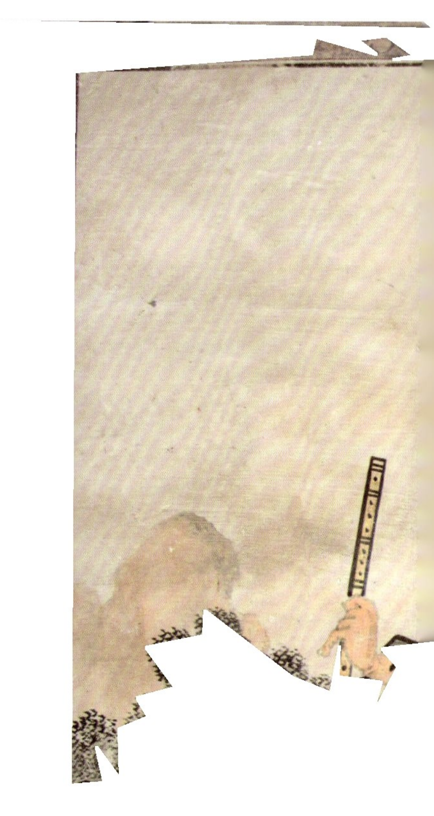

2. 蓬莱仙境

作者：梁锦轩

年代：1913

款识：蓬莱仙境。梁锦轩。

位置：海珠区新滘南路上涌村梁氏宗祠头门外檐左侧顶部

4. 醉里洞天

作者：钟瑞轩

年代：1920

款识：醉里洞天。洞庭多妙法，壶里有乾坤。粉壁墙中，一笑云耳。半醉轩画。

位置：海珠区黄埔村禄贤梁公祠头门外檐右次间顶部

3. 瑶池醉乐

作者：梁锦轩

年代：1913

款识：瑶池醉乐。梁锦轩。

位置：海珠区新滘南路上涌村梁氏宗祠头门右侧外檐顶部

5. 三多吉庆

作者：钟瑞轩

年代：1920

款识：三多吉庆。多福多寿多男子，曰富曰贵曰康宁。庚申年春一月中浣，粉壁墙中，一笑云耳，青罗峰居士禺山颍川半醉轩画。

位置：海珠区黄埔村禄贤梁公祠头门外檐顶部

6. 壶里乾坤

作者：半石

年代：约 1820

款识：壶里乾坤。半石偶作。

位置：天河区棠下街道龙葵钟公祠头门心间外檐正立面顶部

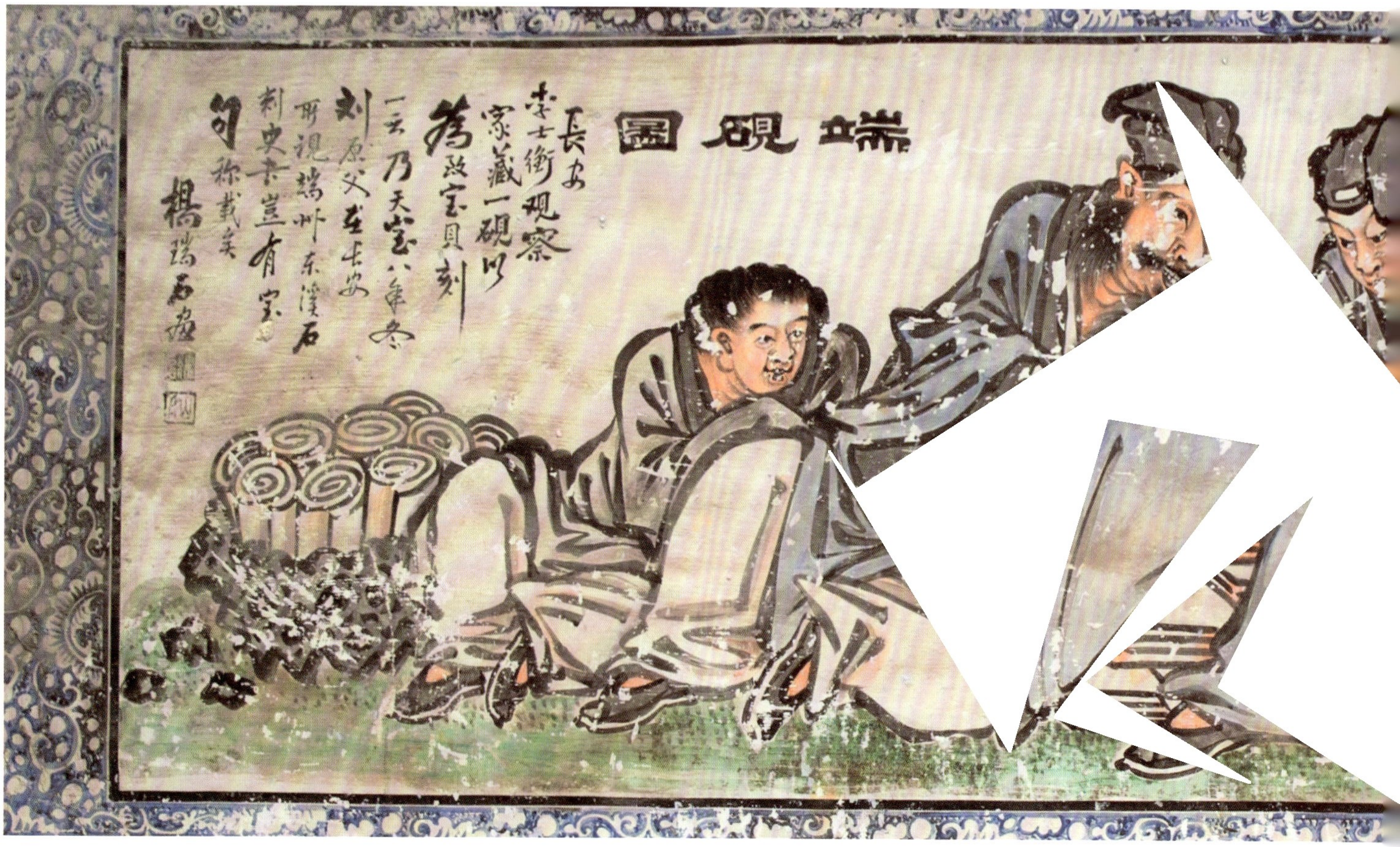

7. 秋饮黄花酒

作者：杨瑞石

年代：1884

款识：秋饮黄花酒。陶渊明素性爱菊，九月九日静坐于东篱，时郡守王弘知其故，遣白衣人送酒与之，陶得酒，采花赏之，尽饮而归。杨瑞石画。

位置：天河区长兴街道周总理视察岑村纪念旧址头门右次间外檐正立面顶部

8. 端砚图

作者：杨瑞石

年代：1884

款识：端砚图。长安李子衡观察家藏一砚，以为致宝，具刻。一云，乃天宝八年冬，刘原父在长安所视端州东溪石。刺史书岂有宝自称载矣？杨瑞石画。

位置：天河区长兴街道周总理视察岑村纪念旧址头门左次间外檐正立面顶部

9. 白鹅换诗图

作者：梁锦轩

年代：1894

款识：白鹅焕诗图。时于岁次光绪滁在甲午冬日浣于粉壁之中，以笑云耳，如泉山人梁锦轩画。

位置：白云区石井街鸦岗村萧氏大宗祠头门右侧外檐正立面顶部

10. 甘酒听黄鹊图

作者：梁锦轩

年代：1894

款识：甘酒听黄鹊图。时于岁次光绪滁在甲午浣在粉壁之中，以笑云耳，半墨子如泉山人梁锦轩画氏。

位置：白云区石井街鸦岗村萧氏大宗祠头门左侧外檐正立面顶部

12. 东坡赏荔

作者：江玉舟

年代：1885

款识：东坡赏荔。日啖荔枝三百颗，何妨长作岭南人。无暇玉仿古。

位置：白云区石马村洪圣古庙头门正立面顶部

11. 乘槎进宝

作者：江玉舟

年代：1885

款识：乘槎进宝。江边钓叟、爱石玉舟偶草。

位置：白云区石马村洪圣古庙头门正立面顶部

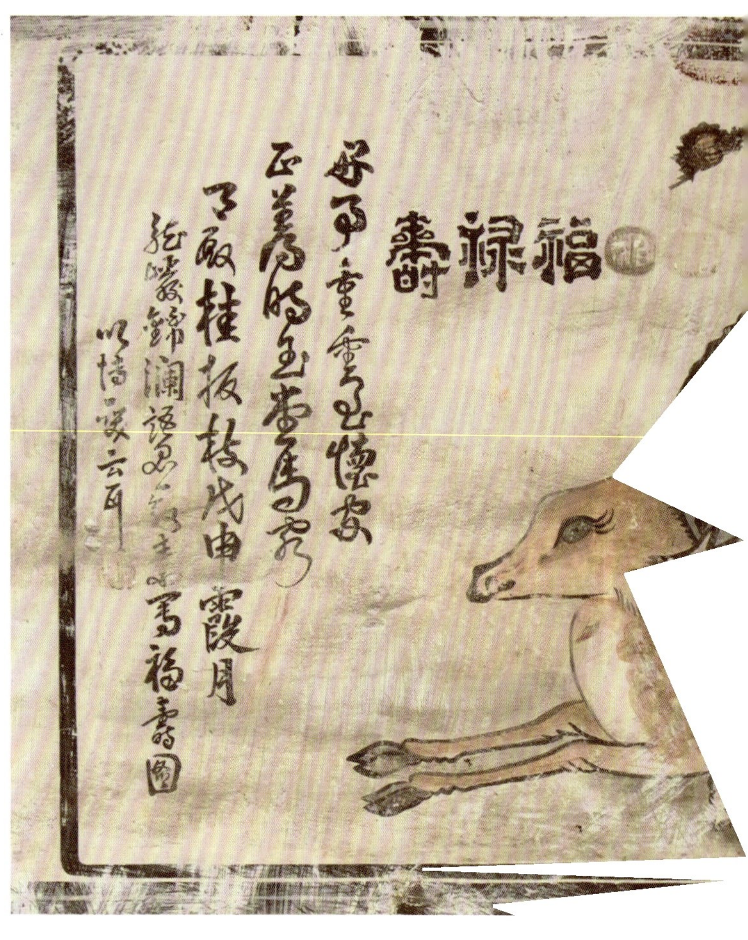

13. 福禄寿

作者：杜锦澜

年代：1908

款识：福禄寿。好事重重至，怀安正羡时。玉堂马客，月殿桂扳枝。戊申霞月龙岩锦澜语君一叙，素写福寿图，以博一笑云耳。

位置：白云区石井街杨梅自然村水月宫头门正立面顶部

14. 耕云读雪

作者：韩昌

年代：1932

款识：岁次壬申仲秋吉立，民国二十一写意。

位置：白云区钟落潭镇白沙村曹氏宗祠头门外檐右侧正立面顶部

漁樵問搭
歲次壬申
仲秋吉立

15. 瑶池耍乐

作者：韩昌

年代：1932

款识：岁次壬申吉旦，民国二十一年，韩昌画。

位置：白云区钟落潭镇白沙村曹氏宗祠头门外檐心间正立面顶部

16. 渔樵问答

作者：韩昌

年代：1932

款识：渔樵问搭。岁次壬申仲秋吉立。

位置：白云区钟落潭镇白沙村曹氏宗祠头门外檐左侧正立面顶部

17. 公孙耍乐图

作者：郑松鹤

年代：1872

款识：公孙耍乐图。仿元人笔法，莲溪画。

位置：白云区石马村仕安黎公祠头门正立面顶部

18. 和气生财

作者：李镜泉

年代：1899

款识：和气生财。

位置：白云区太和镇大源村扬浩徐公祠天井左侧廊顶部

19. 葫公弄术

作者：韩炽山

年代：1906

款识：葫公弄术。时于光绪岁次丙午秋下浣，偶草，韩炽山画

位置：白云区石井街大朗村黄氏大宗祠头门外檐右侧正立面顶部

20. 烂柯图

作者：不详

年代：1910

款识：烂柯图。时于宣统庚戌。

位置：白云区均禾街长红村元辅书社头门正立面顶部

21. 刘伶醉酒

作者：铭山道人

年代：不详

款识：刘伶醉酒。酒能养性，仙者饮之；酒能乱性，佛者戒之。有酒则仙，无酒是佛。

位置：白云区钟落潭镇华坑村冯氏宗祠中庭右廊

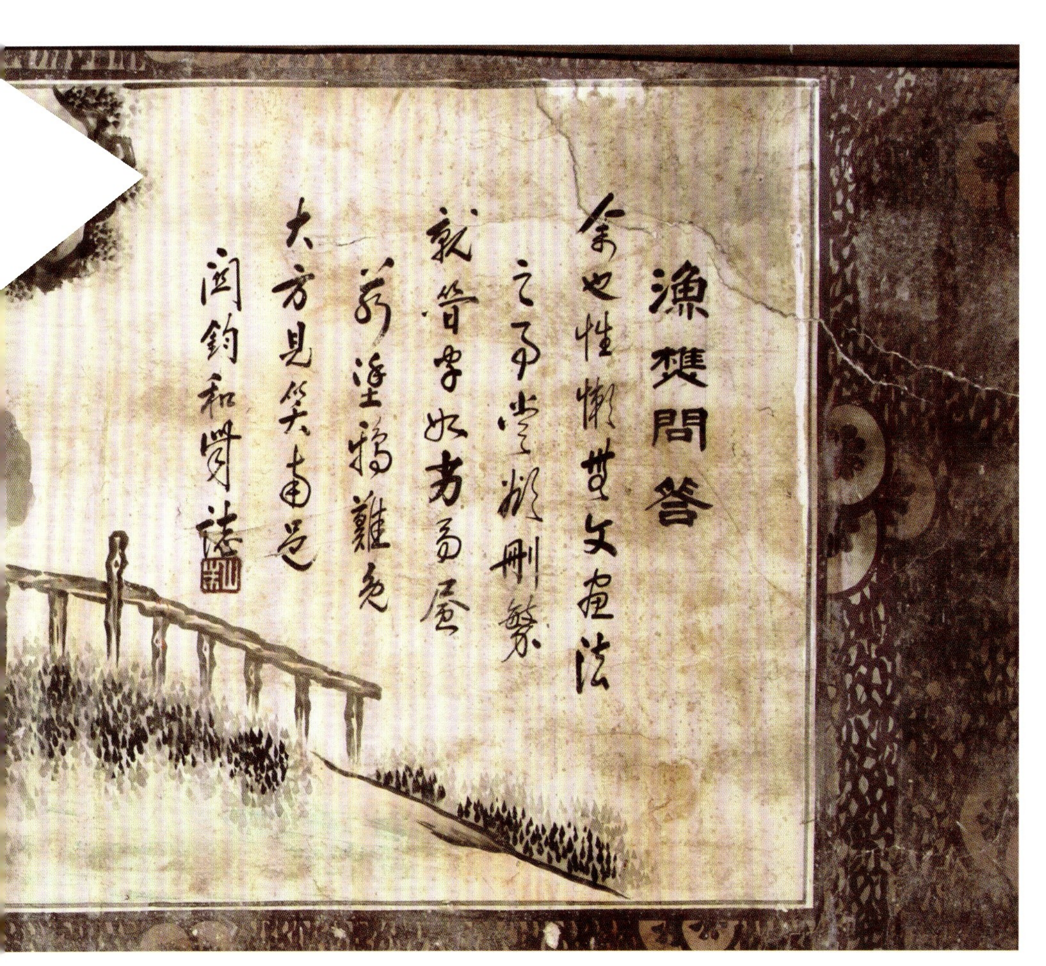

22. 渔樵问答

作者：关钧和

年代：1948

款识：渔樵问答。余也性懒，无文画法之事，尝欲删繁就简，字如劣□，画前涂鸦，难免大方见笑。南邑关钧和自志。

位置：白云区石井街大朗村刘氏大宗祠左偏房游廊左立面顶部

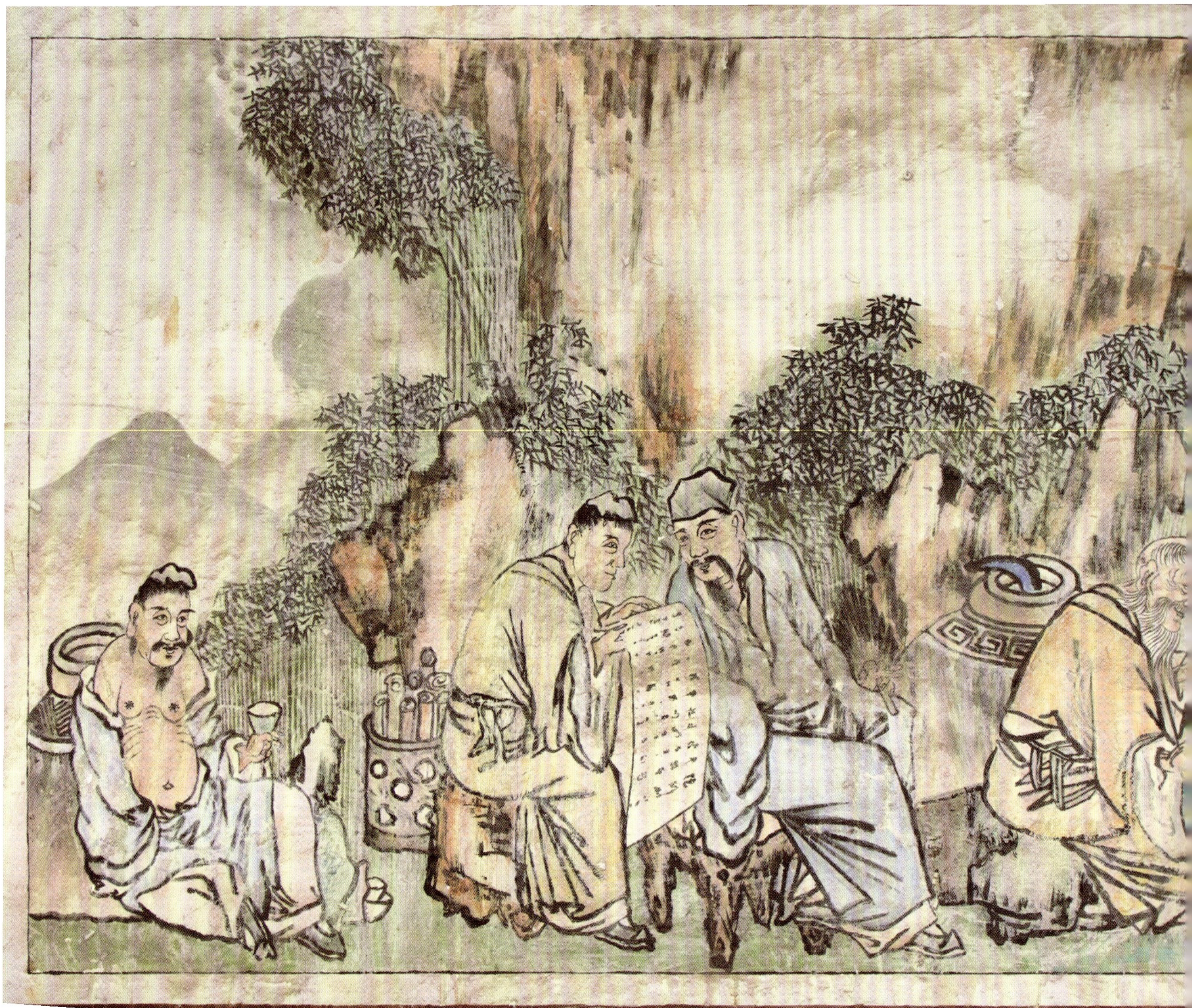

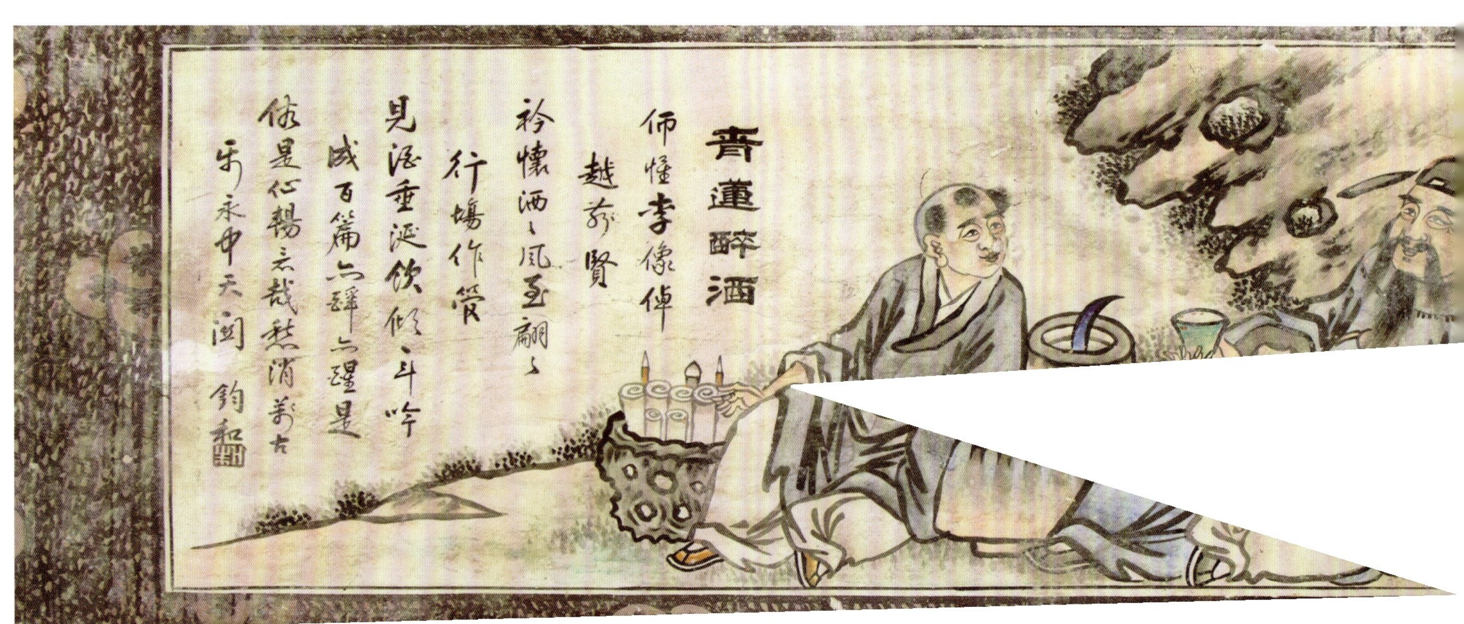
青蓮醉酒

23. 竹林七贤

作者：关钧和

年代：1948

款识：竹林七贤。竹阴深处七贤居，读书敲棋戏自娱。长处此间殊不俗，醉余琴韵骁庭除。余也南邑联镳后素轩主人关钧画法。

位置：白云区石井街大朗村刘氏大宗祠头门正立面顶部

24. 青莲醉酒

作者：关钧和

年代：1948

款识：仰怀李像，倬越前贤，衿怀洒洒，风至翩翩，行场作管，见酒垂涎，饮倾一斗，吟成百篇。亦醉亦醒，是佛是仙，畅意哉，愁消万古，乐永中天。关钧和。

位置：白云区石井街大朗村刘氏大宗祠左偏房游廊左立面顶部

25. 青莲醉酒

作者：郭耀石

年代：1944

款识：李太白斗酒诗百篇，长安市上酒家眠，天子呼来不上船，自称臣是酒中仙。时在岁次甲申年仲夏□月下旬念四日，居士郭耀石绘。

位置：白云区石井街唐阁村何氏宗祠头门正立面顶部

26. 传经图

作者：南山

年代：1884

款识：时在光绪十年甲申孟夏下浣，拟仿绘粉壁之中，以为如是观云耳。南山偶草。

位置：白云区太和镇龙归南村南亩周公祠头门正立面顶部

27. 传经授错

作者：王雪舫

年代：1895

款识：传经授错。乙未元宵景节偶画于粉壁中。王雪舫。

位置：白云区江高镇两上村黄氏宗祠头门右侧外檐正立面顶部

和氣生財

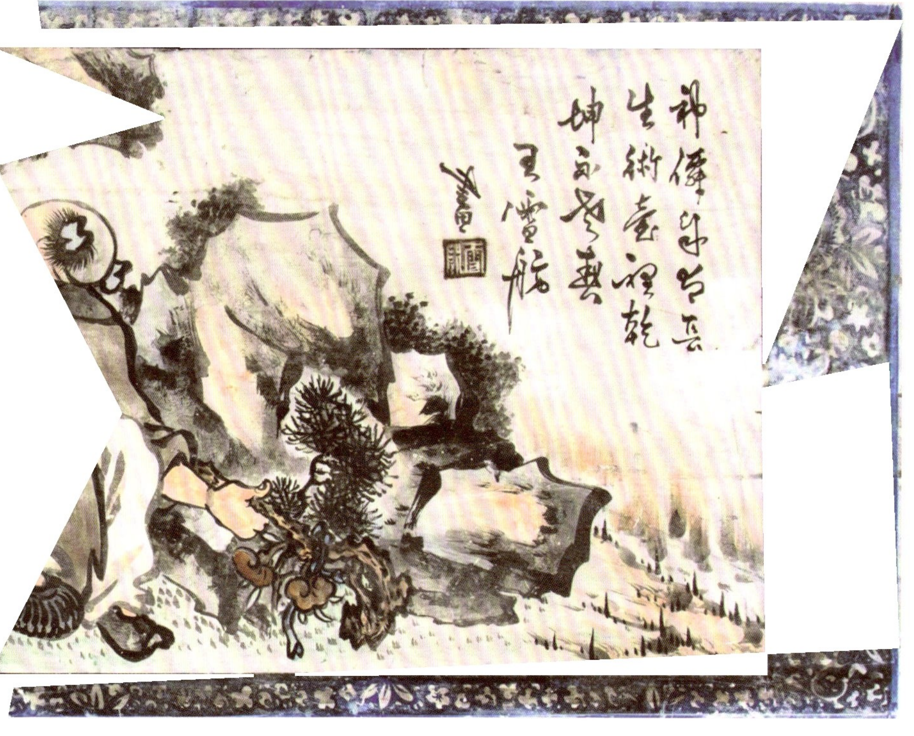

28. 葫里乾坤

作者：王雪舫

年代：1895

款识：神仙自有长生术。壶里乾坤不老春。王雪舫书。

位置：白云区江高镇两上村黄氏宗祠后堂正立面墙壁顶部

29. 和气生财

作者：王雪舫

年代：1895

款识：和气生财。半痴氏画。

位置：白云区江高镇两上村黄氏宗祠前厅右边背立面顶部

書中有金玉

知章訪道

30. 书中有金玉

作者：王雪舫
年代：1895
款识：书中有金玉。王雪舫写。
位置：白云区江高镇两上村黄氏宗祠后堂右边背立面墙壁顶部

31. 知章访道

作者：王雪舫
年代：1895
款识：知章访道。王雪舫画。
位置：白云区江高镇两上村黄氏宗祠后堂正立面墙壁顶部

32. 太白醉酒

作者：梁锦轩

年代：1883

款识：太白斗酒诗百篇，长安市上酒家眠。天子呼来不上船，自称臣是酒中仙。时于光绪癸未年夏日，山人梁锦轩。

位置：白云区钟落潭镇梅田村文贵董公祠头门正立面顶部

33. 公孙耍乐

作者：梁锦轩

年代：1883

款识：公孙耍乐。梁锦轩墨氏。

位置：白云区钟落潭镇梅田村文贵董公祠头门正立面顶部

34. 携柑送酒

作者：韩炽山

年代：1906

款识：携柑送酒。时于光绪岁次丙午秋菊月上浣，偶韩炽山画。

位置：白云区石井街大朗村黄氏大宗祠头门外檐左侧正立面顶部

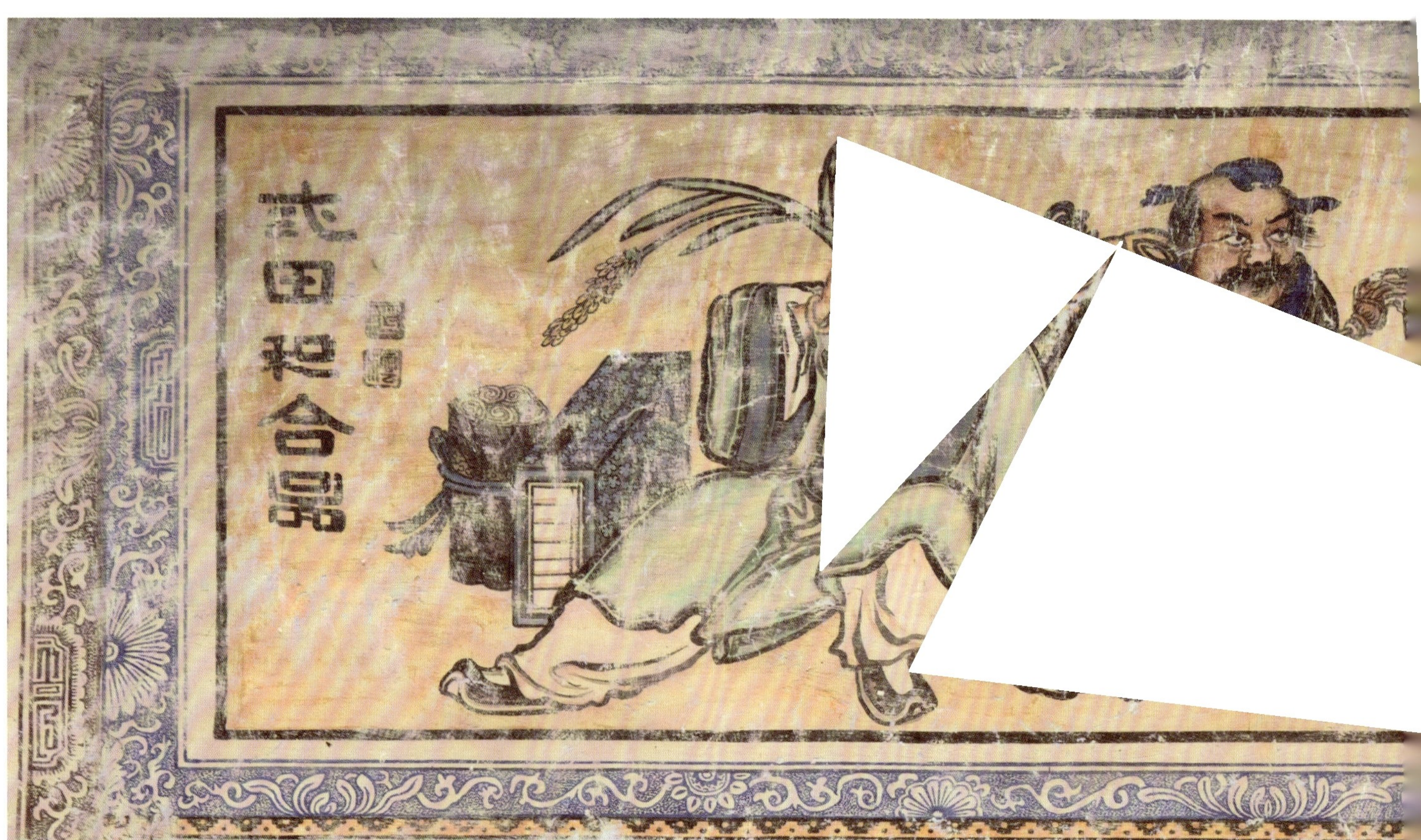
武田耙合器

35. 七贤图

作者：韩炽山

年代：1906

款识：七贤图。时于光绪岁次丙午秋下浣，偶韩炽山画。

位置：白云区石井街大朗村黄氏大宗祠头门外檐心间顶部

36. 三田和合图

作者：铭山道人

年代：清末

款识：三田和合图。

位置：白云区钟落潭镇华坑村冯氏宗祠头门心间正立面顶部

37. 公孙图

作者：钟瑞轩

年代：1903

款识：公孙图。青萝峰居士半醉山人笔，瑞轩偶画。

位置：黄埔区官洲村陈氏大宗祠中厅

38. 教子一经

作者：钟瑞轩

年代：1903

款识：教子一经。青萝峰居士，钟瑞轩画。

位置：黄埔区官洲村陈氏大宗祠中厅

39. 知章访友

作者：钟瑞轩

年代：1903

款识：知章访友。青萝峰半醉山人笔法，瑞轩偶绘。

位置：黄埔区官洲村陈氏大宗祠中厅

40. 醉酒图

作者：钟瑞轩

年代：1903

款识：醉酒图。青萝峰半醉山人笔法，瑞轩偶画。

位置：黄埔区官洲村陈氏大宗祠中厅

41. 叱石成羊

作者：陈蒲石

年代：1915

款识：叱石成羊。蒲石氏。

位置：黄埔区文冲街文冲社区兰泉陆公祠后堂右侧正立面顶部

42. 晒腹图

作者：陈蒲石

年代：1915

款识：□□□。有名闲富贵，无事散神仙。□月中浣，蒲石□。

位置：黄埔区文冲街文冲社区兰泉陆公祠前厅背立面右侧顶部

44. 往听黄鹂

作者：黎蒲生

年代：1904

款识：往听黄鹂。黎蒲生居士。

位置：黄埔区文冲街文冲社区绍山书院门头右侧侧立面

43. 赏菊图

作者：陈蒲石

年代：1915

款识：赏菊图。陶公在后园，□花□酒，至尽□□。陈蒲石。

位置：黄埔区文冲街文冲社区兰泉陆公祠前厅右侧背立面顶部

45. 知章访道

作者：黎蒲生

年代：1904

款识：知章访道。黎蒲生戏墨。

位置：黄埔区文冲街文冲社区绍山书院门头左侧侧立面

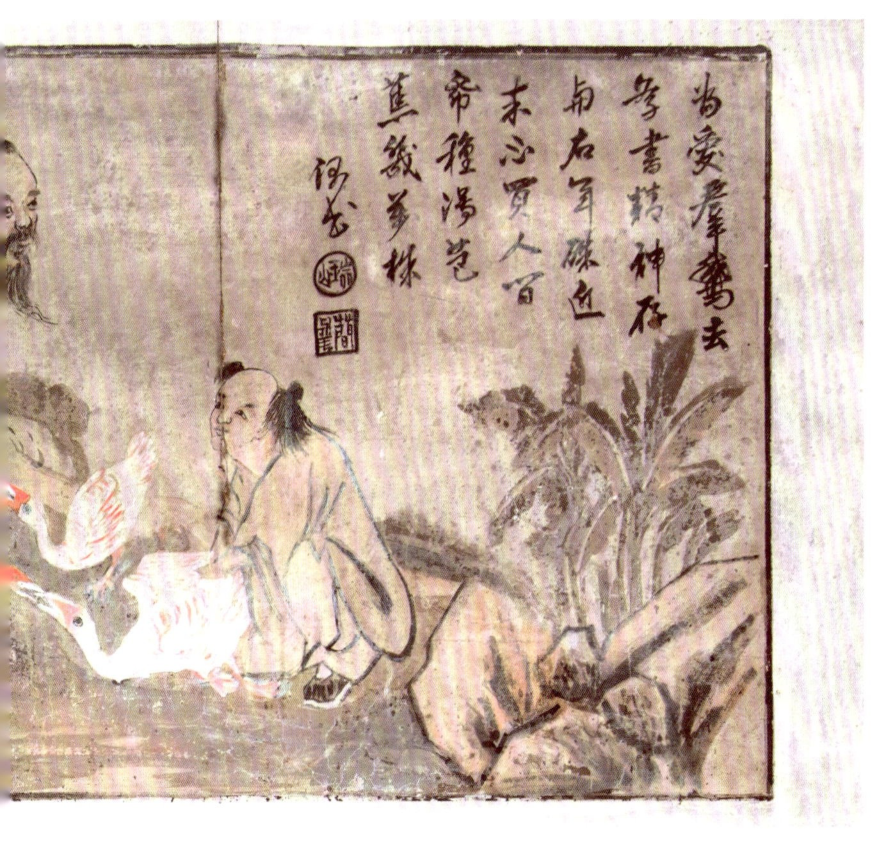

46. 白鹅换字

作者：瑞山

年代：1836

款识：为爱群鹅去学书，精神存与右军殊。近来不买人间纸，种得芭蕉几万株。偶书。

位置：黄埔区萝岗街萝岗圩公路街菊圃祖祠头门右侧正立面顶部

47. 靖节先生

作者：曹瑞轩

年代：1882

款识：靖节先生，其性好菊。时九月重阳，在于东篱采橘，无酒，郡守王弘知其意，使白衣人送酒，以后醉饮而归。岁在壬午蒲节后。曹瑞轩画。

位置：黄埔区萝岗街萝岗圩公路街云谷祖祠头门右侧外檐正立面顶部

49. 赏菊图

作者：杨带龙

年代：不详

款识：赏菊图。

位置：黄埔区九龙镇九佛埔心村汤氏宗祠头门心间正立面顶部

48. 陆绩怀橘

作者：曹瑞轩

年代：1882

款识：汉陆绩于九江见袁术，出橘赏之。绩怀其二，及归，坠于地。术见之而曰："陆郎作客而怀橘乎？"绩云："吾母之所嗜，欲归以遗亲。"术大奇之。岁在壬午蒲节后数日作画，以笑□□耳。曹瑞轩画。

位置：黄埔区萝岗街萝岗圩公路街云谷祖祠头门心间外檐正立面顶部

50. 赏酒图

作者：杨带龙

年代：不详

款识：赏酒图。

位置：黄埔区九龙镇九佛埔心村汤氏宗祠头门心间正立面顶部

51. 李白汝阳斗酒图

作者：王晓山

年代：1899

款识：李白汝阳斗酒图。时于光绪之岁已亥之冬日，偶并湖溪居士王晓山笔。

位置：黄埔区九龙镇莲塘村时四陈公祠头门右侧正立面顶部

52. 白衣送酒

作者：杨瑞石

年代：清末

款识：陶渊明素性爱菊，九月九日静坐于东篱，时郡守王弘知其故，遣白人与之，陶得酒，采花赏之，尽饮而归。杨瑞石画。

位置：番禺区石楼镇茭塘东村表海黄公祠头门左次间外檐正立面顶部

携柑送酒

東坡賞琴

53. 携蛮带素

作者：杨瑞石

年代：清末

款识：白居易为江州司马，每日而餐，无妾相伴，泣而不食。今小蛮与繁素娉婷俊丽相爱，当年曾以赋江州，若得歌姬共远游，是以携蛮带素。

位置：番禺区石楼镇茭塘东村表海黄公祠头门右次间外檐正立面顶部

54. 携柑送酒

作者：韩炽山

年代：1919

款识：携柑送酒。时在民国岁次己未仲冬上浣。偶，韩炽山画。

位置：番禺区沙头街沙头村月堂王公祠头门心间外檐正立面顶部

55. 东坡赏琴

作者：罗倚之

年代：1874

款识：东坡赏琴。罗倚之并书。

位置：番禺区沙头街横江村胜惠何公祠头门左次间外檐正立面顶部

56. 五柳归庄

作者：韩兆轩

年代：1917

款识：五柳归庄。岁在于民国丁巳麦月朔后之五日，粉壁墙中，韩兆轩画。

位置：番禺区新造镇北约村贵达家塾后堂前檐轩廊左侧隔墙内侧顶部

57. 红旗捷报

作者：韩兆轩

年代：1917

款识：红旗捷报。青萝峰樵子、韩兆轩画。

位置：番禺区新造镇北约村贵达家塾后堂前檐轩廊右侧隔墙内侧顶部

南山添壽啚

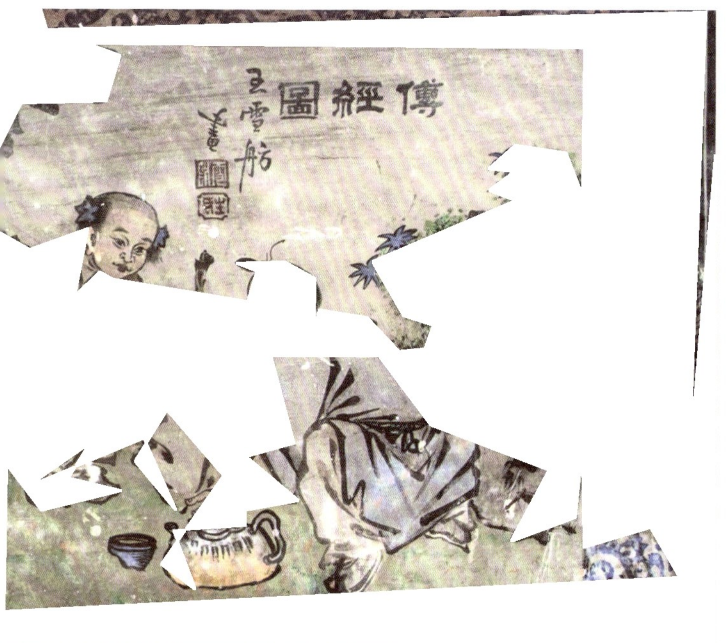

58. 传经图

作者：王雪舫

年代：清末

款识：传经图。王雪舫画。

位置：花都区赤坭镇田心村麦氏大宗祠后天井左侧廊左山墙内侧顶部

59. 南山添寿

作者：不详

年代：1874

款识：南山添寿图。

位置：花都区赤坭镇心和村黄氏宗祠后堂右次间后墙内侧顶部

60. 公孙福庆

作者：不详

年代：1874

款识：公孙福庆图。

位置：花都区赤坭镇心和村黄氏宗祠后堂左次间后墙内侧顶部

62. 商山四皓

作者：李鉴泉

年代：1900

款识：商山四皓。时于光绪岁次庚子季冬，赏梅，时在仿前人翁笔，李鉴泉画。

位置：花都区赤坭镇下连珠村超远张公祠头门右次间外檐正立面顶部

61. 福禄寿全

作者：黎安

年代：1872

款识：福禄寿全。

位置：花都区赤坭镇莲塘村泉石骆公祠头门心间外檐正立面顶部

63. 赏菊图

作者：李林石

年代：1859

款识：赏菊图。绿槐李林石，偶画。

位置：花都区赤坭镇莲塘村卢氏大宗祠头门左次间外檐正立面顶部

64. 汝阳醉酒图

作者：李林石

年代：1859

款识：汝阳醉酒图。时于咸丰岁次己未望后之二，以应一笑云耳。绿槐李林石，并书。

位置：花都区赤坭镇莲塘村卢氏大宗祠头门右次间外檐正立面顶部

66. 公孙图

作者：杨贯亭

年代：1895

款识：公孙图。

位置：花都区新华街道三华村水仙古庙山门心间外檐正立面顶部

65. 洞里乾坤

作者：林锦辉

年代：1925

款识：洞里乾坤。时在于民国十四年仲冬中澣，粉壁墙上之中，重修。林锦辉画。

位置：花都区炭步镇文二村谢氏宗祠天井与天井左侧廊隔墙顶部

67. 寻梅图

作者：杨贯亭

年代：1895

款识：寻梅图。贯亭氏。

位置：花都区新华街道三华村水仙古庙山门心间外檐正立面顶部

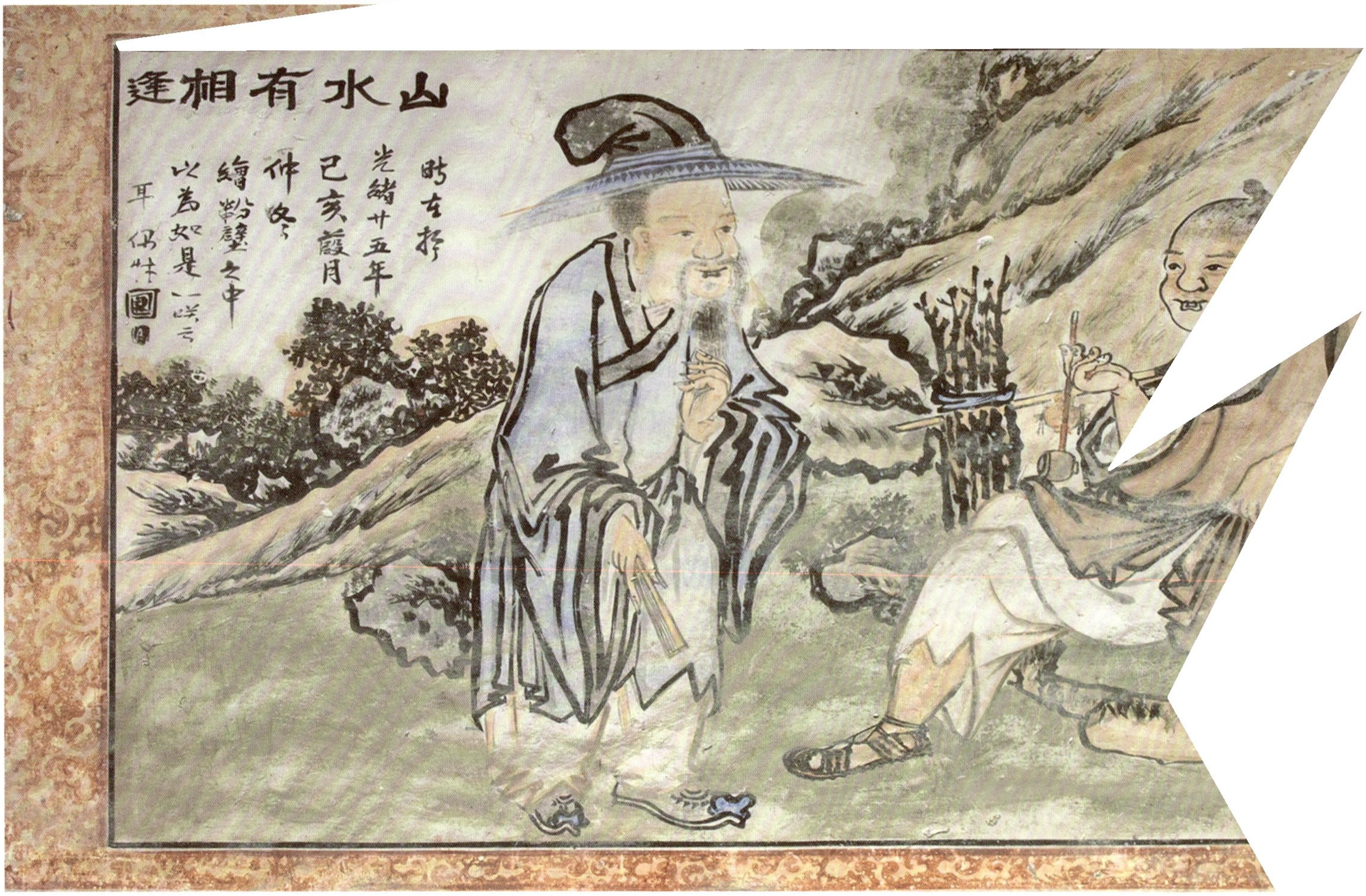
山水有相逢
光緒廿五年
己亥

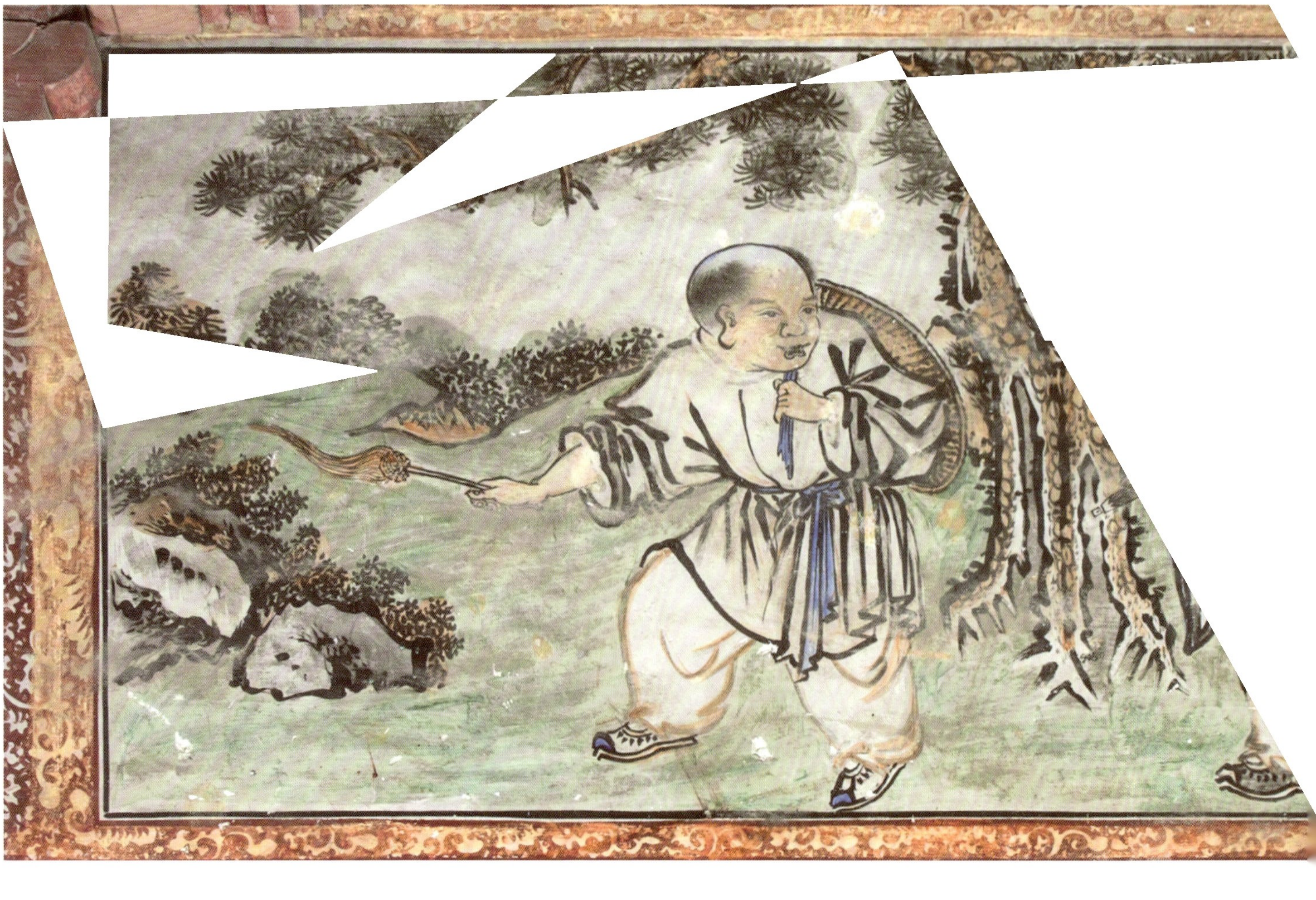

68. 山水有相逢

作者：黄南山

年代：1899

款识：山水有相逢。时在于光绪廿五年，己亥葭月仲冬，绘粉壁之中，以为如是，一笑云耳，偶草。

位置：花都区雅瑶镇三向村联英张公祠头门右次间外檐正立面顶部

69. 藩戊名问路图

作者：黄南山

年代：1899

款识：藩戊名问路图。时在于光绪廿五年，己亥重冬葭月上浣，偶草。

位置：花都区雅瑶镇三向村联英张公祠头门左次间外檐正立面顶部

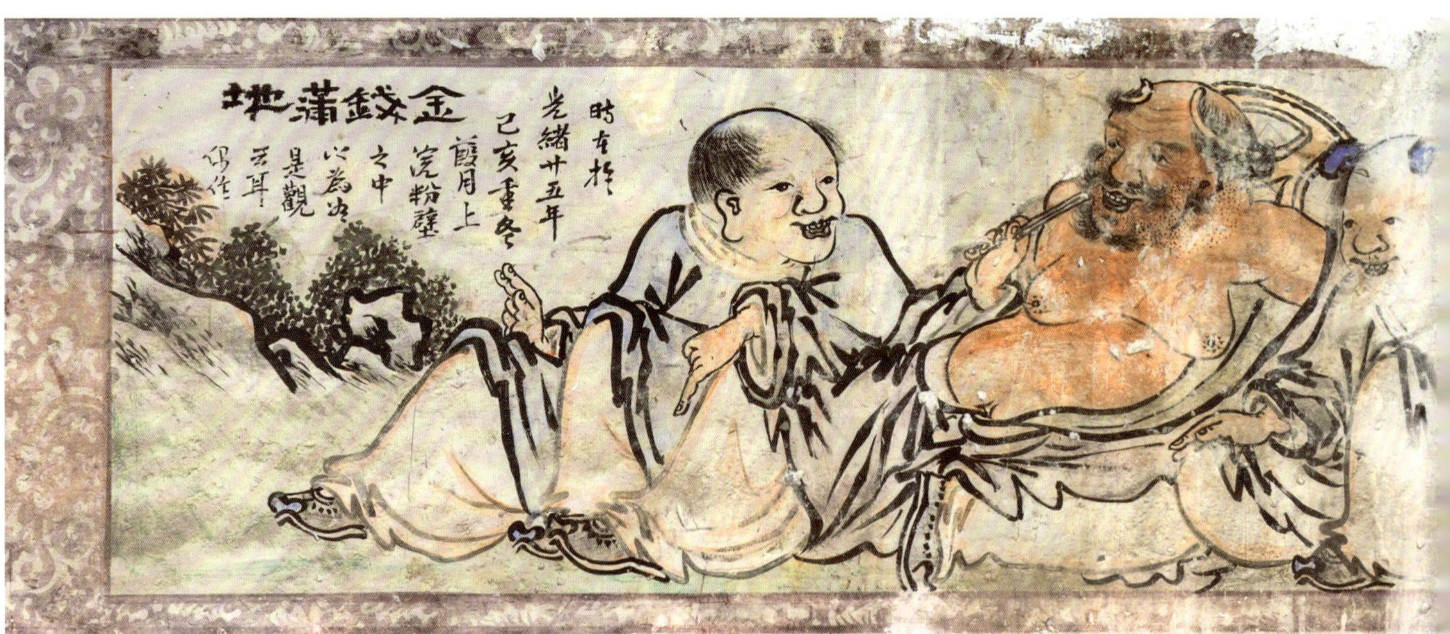
金錢蒲地
時在於
光緒廿五年
己亥季冬
蝦月上
浣粉壁
之中
以為消
是觀
云耳
仍作

70. 一气高升

作者：黄南山

年代：1899

款识：一气高升。己亥重冬葭月，偶草。

位置：花都区雅瑶镇三向村联英张公祠头门右次间与天井右侧廊隔墙顶部

71. 金钱满地

作者：黄南山

年代：1899

款识：金钱满地。时在于光绪廿五年己亥重冬葭月上浣，粉壁之中，以为如是观云耳，偶作。

位置：花都区雅瑶镇三向村联英张公祠天井右侧廊右山墙内侧顶部

72. 汝阳醉酒图

作者：黄南山

年代：1899

款识：汝阳醉酒图。时在于光绪廿五年季秋下浣，南山偶草。

位置：花都区雅瑶镇三向村联英张公祠后堂右次间后墙内侧顶部

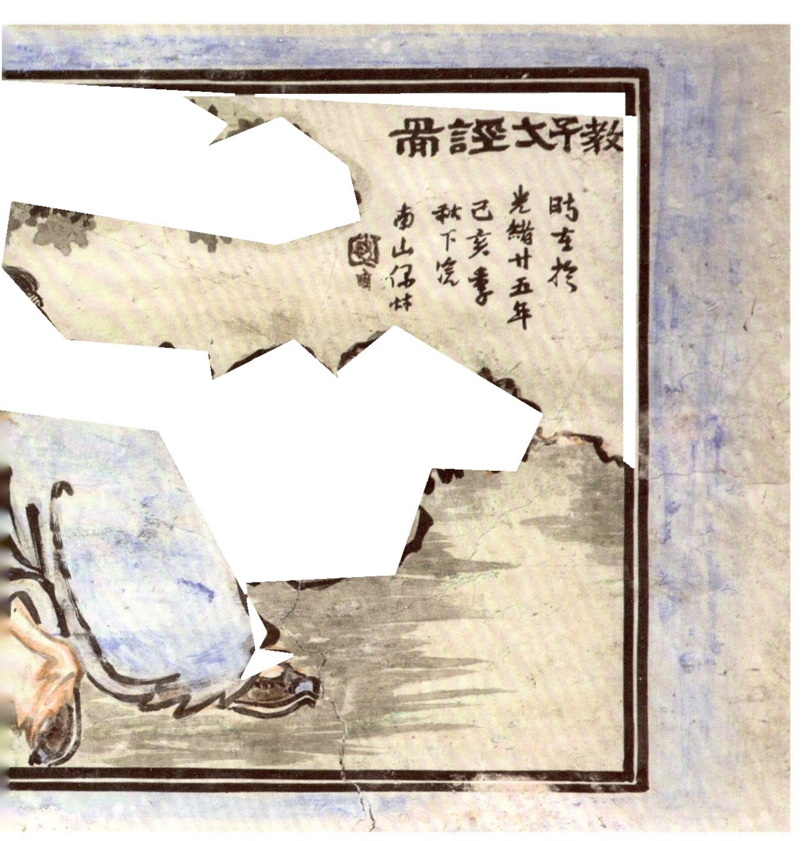

73. 教子一经图

作者：黄南山

年代：1899

款识：教子一经图。时在于光绪廿五年己亥季秋下浣，南山偶草。

位置：花都区雅瑶镇三向村联英张公祠后堂左次间后墙内侧顶部

74. 谪仙论酒

作者：关梦常

年代：1896

款识：谪仙论酒。李白，字长庚。母梦长庚星现，有逸才洲即道，不疏客城居，初会稽，遇贺知章，称为谪仙。玄宗召见，翰林院供奉，赏酒谈诗，乐之于幽野。关梦常画。

位置：花都区新华街道广塘村陈氏宗祠头门右次间外檐正立面顶部

75. 风尘三侠

作者：王雪舫

年代：1909

款识：风尘三侠。王雪舫画。

位置：花都区新华街道岐山村道显黄公祠头门右次间外檐正立面顶部

76. 诗礼传家

作者：王雪舫

年代：1909

款识：诗礼传家。王雪舫画。

位置：花都区新华街道岐山村道显黄公祠头门左次间外檐正立面顶部

77. 白居易评诗

作者：梁锦轩

年代：1903

款识：白居易评诗。梁锦轩。

位置：花都区炭步镇鸭湖村朝伯张公祠头门右次间内檐正立面顶部

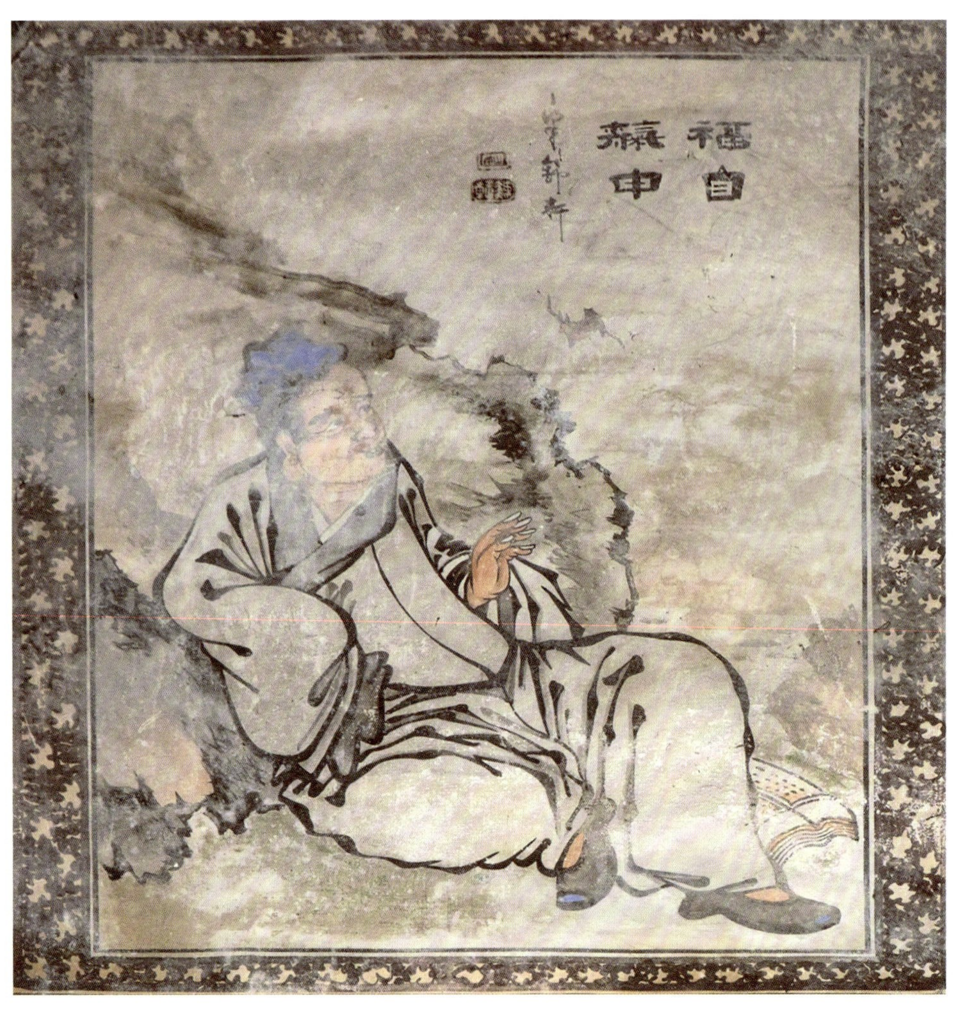

78. 福自天申

作者：梁锦轩

年代：1903

款识：福自䄙（天）申。梁锦轩。

位置：花都区炭步镇鸭湖村朝伯张公祠头门内檐右山墙内侧顶部

79. 长斋绣佛

作者：梁锦轩

年代：1903

款识：梁锦轩画。

位置：花都区炭步镇鸭湖村朝伯张公祠后堂二层心间与右次间隔墙顶部

80. 福自天申

作者：梁锦轩

年代：1882

款识：福自天申。锦轩画笔。

位置：花都区炭步镇新太村水园庚公祠头门右次间与天井右侧廊隔墙顶部

81. 赏梅图

作者：梁锦轩

年代：1882

款识：赏梅图。锦轩氏。

位置：花都区炭步镇新太村水园庾公祠后堂左次间与天井左侧廊隔墙顶部

82. 烟波钓徒

作者：王雪舫

年代：1889

款识：唐张志和自称烟波老钓叟，垂纶不饵，意不在鱼。肃宗赐童、婢各一名，曰渔童、樵青。浮家泛宅于湖上，以此为乐。童婢和后成夫妇。王雪舫画。

位置：花都区炭步镇石南村渔隐汤公祠后堂右次间与天井右侧廊隔墙顶部

竹林七賢
陳友山繪

83. 四相图

作者：不详

年代：1866

款识：同治六年季春，偶抄。

位置：花都区炭步镇石南村林氏宗祠头门右次间内檐正立面顶部

84. 渔樵耕读图

作者：不详

年代：1866

款识：渔樵耕读图。

位置：花都区炭步镇石南村林氏宗祠头门左次间内檐正立面顶部

85. 竹林七贤

作者：陈友山

年代：1925

款识：竹林七贤。时于乙丑岁初冬之吉，陈友山绘。

位置：花都区狮岭镇东边村万全叶公祠头门左次间外檐正立面顶部

86. 道经图

作者：杨湛泉

年代：1932

款识：道经图。

位置：花都区狮岭镇前进村东坑南枝王公祠中堂左次间前檐顶部

87. 王子求仙

作者：杨湛泉

年代：1927

款识：王子求仙。民国丁卯年，岁次孟春花月，偶氏杨湛泉绘涂。

位置：花都区狮岭镇西头村邱氏宗祠头门左次间外檐正立面顶部

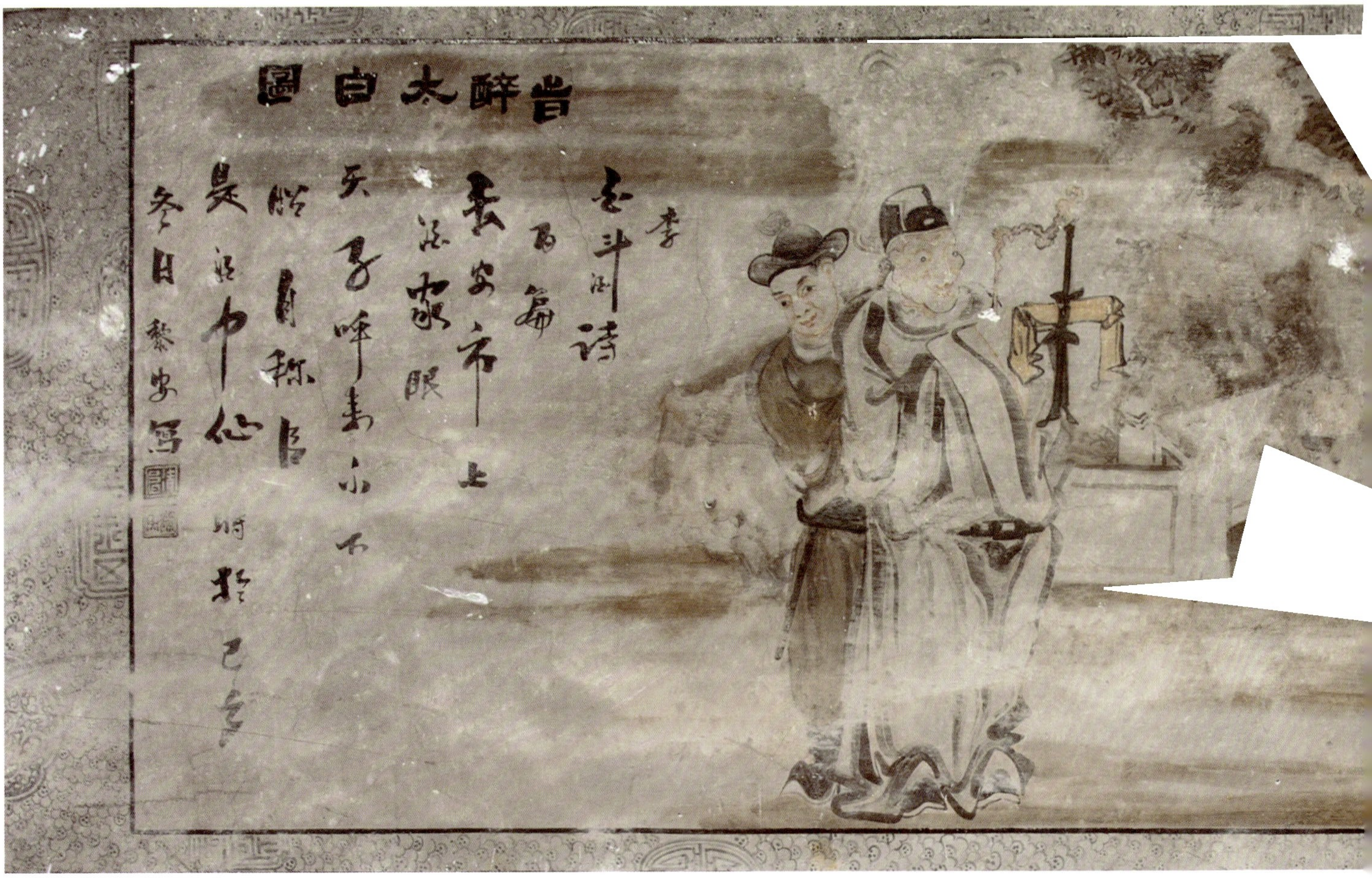

88. 三星耍乐

作者：不详

年代：1893

款识：三星耍乐。光绪癸巳重阳节□□□□□□□□□□□。

位置：花都区狮岭镇中心村横西社翠琳李公祠头门心间外檐正立面顶部

89. 旨醉太白

作者：黎安

年代：1839

款识：旨醉太白图。李白斗酒诗百篇，长安市上酒家眠。天子呼来不上船，自称臣是酒中仙。时于己亥冬日，黎安写。

位置：花都区狮岭镇中心村横西社建亭李公祠头门右次间外檐正立面顶部

90. 渔樵耕读

作者：张文川

年代：1880

款识：渔樵耕读。时于光绪岁次庚辰望清之十四日，以笑云耳，张文川偶绘。

位置：花都区赤坭镇黄沙塘村湛经家塾后堂前檐右山墙内侧轩廊顶部

91. 旨召高升

作者：张文川

年代：1880

款识：旨召高升。张文川偶绘。

位置：花都区赤坭镇黄沙塘村湛经家塾后堂前檐左山墙内侧轩廊顶部

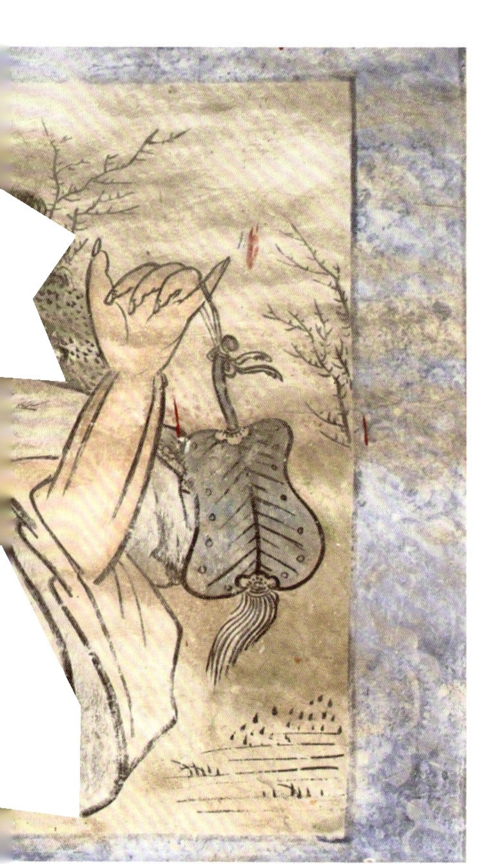

92. 最乐瑶池

作者：李鉴泉

年代：1899

款识：最乐瑶池。时于光绪廿五年，岁次己亥阳春烟景上元佳节，访前人翁笔，李鉴泉画。

位置：花都区赤坭镇莲塘村卿品骆公祠头门左次间外檐正立面顶部

93. 风尘三侠

作者：杨贯亭

年代：1910

款识：风尘三侠。宣统二年庚戌岁次腊月中旬上浣，偶书，半痴氏。

位置：花都区赤坭镇乌石村黄氏大宗祠头门右次间外檐正立面顶部

94. 竹林七贤

作者：石文瑞

年代：1868

款识：竹林七贤图。山水绿回竹一林，中藏茅屋缘云深。避俗有心皆作者，风流千古仰知音。戊辰岁，要邑石文瑞题。

位置：从化区太平镇颜村陆氏大宗祠头门右次间外檐正立面顶部

95. 英雄聚会

作者：石文瑞

年代：1868

款识：英雄聚会图。三分辅汉非他日，八百兴周岂异人。大桓英雄当来遇，何妨游□暂传神。□□□题。

位置：从化区太平镇颜村陆氏大宗祠头门左次间外檐正立面顶部

96. 商山四皓图

作者：周恒山

年代：1910

款识：商山四皓图。周恒山氏作。

位置：从化区太平镇上塘村羽善西公祠中堂右次间与后天井右侧廊隔墙顶部

97. 烂柯图

作者：半行子

年代：1893

款识：栏柯图。一局妙棋栏斧朽，心中甲子景如何。偶书，半闲子弄笔书，癸巳年孟冬月造。

位置：从化区街口街大凹村石峰冯公祠中堂左次间后檐墙内侧顶部

98. 醉酒图

作者：周恒山

年代：1892

款识：醉酒图。太白斗酒诗百篇，长安市上酒家眠。天子呼来不上船，自称臣是酒中仙。时在光绪壬辰年偶作，周恒山笔意。

位置：从化区城郊街东风村殷氏宗祠头门左次间外檐正立面顶部

99. 公孙耍乐

作者：周恒山

年代：1892

款识：公孙耍乐胜无穷，五子连登带庆丰。老人笑问缘何故。福禄双全富贵同。光绪壬辰年夏日，偶书，周恒山作。

位置：从化区城郊街东风村殷氏宗祠头门右次间外檐正立面顶部

100. 大乔小乔

作者：周恒山

年代：1892

款识：大乔小乔。

位置：从化区城郊街东风村殷氏宗祠头门左次间内檐隔墙顶部

101. 和合富贵

作者：周恒山

年代：1892

款识：和合富贵图。人间喜富贵，天上□神仙。时在光绪壬辰年夏日，偶作，周恒山氏。

位置：从化区城郊街东风村殷氏宗祠中堂左次间与后天井左侧廊隔墙顶部

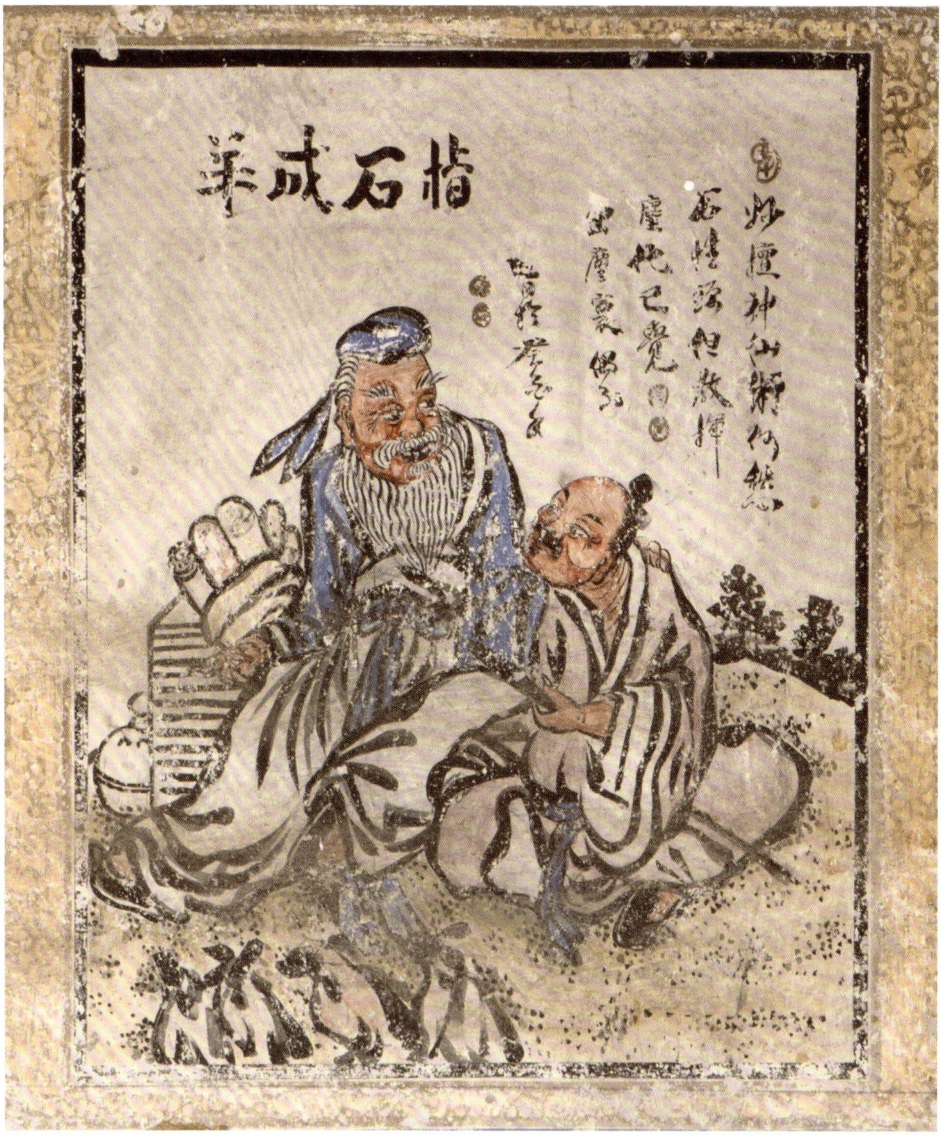

102. 指石成羊

作者：半间子

年代：1873

款识：指石成羊。妙擅神仙术，何愁石性头。但教挥尘化，已觉出尘寰。偶为。时于癸酉年。

位置：从化区温泉镇南星村镇韶萧宗祠头门心间外檐正立面顶部

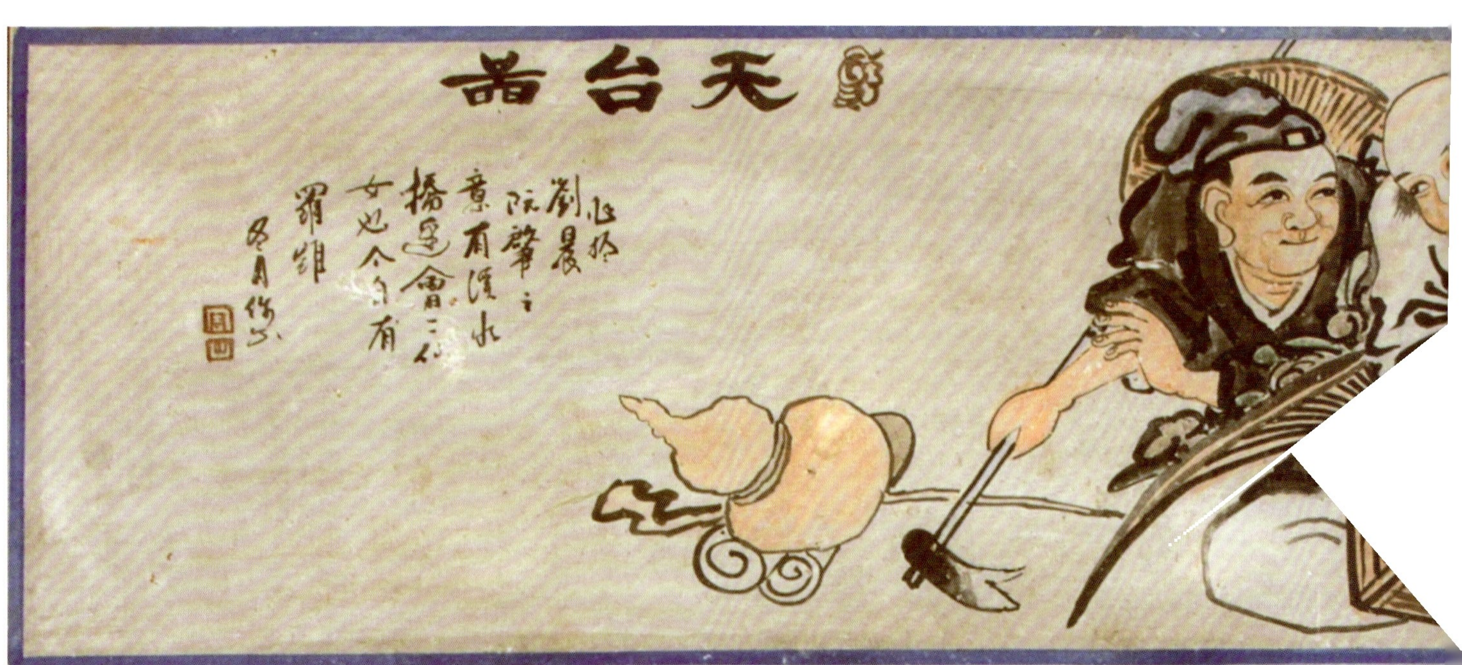

103. 三多有如图

作者：周恒山

年代：1894

款识：三多有如图。岁在光绪甲午年，恒山笔法。

位置：从化区温泉镇源湖村存珍叶公祠头门心间外檐正立面顶部

104. 天台图

作者：周恒山

年代：1894

款识：天台图。作于刘晨阮肇之意，有溪水桥边会二仙女也。今日有罗维，冬月偶书。

位置：从化区温泉镇源湖村存珍叶公祠头门心间内檐正立面顶部

105. 四相图

作者：不详

年代：1920

款识：四相图

位置：从化区鳌头镇铺锦炮楼前厅右次间后墙内侧顶部

106. 烂柯图

作者：邓芳亭

年代：1920

款识：山中方七日，世上已千年。偶氏。

位置：从化区鳌头镇铺锦炮楼前厅前檐左山墙内侧轩廊顶部

107. 五桂图

作者：李雨圃

年代：1945

款识：五桂图。李雨圃。

位置：增城区新塘镇白石村涓钓遗风门楼头门心间外檐正立面顶部

108. 木兰从军

作者：张寿田

年代：1905

款识：木兰从军图。寿田墨。

位置：增城区石滩镇三江水口三益别墅头门侧室后墙外侧顶部

110. 金丹换蟠桃

作者：半痴子

年代：1845

款识：乙巳春三月□于金丹换番桃，绘于壁中，以博一笑，半痴子。

位置：增城区石滩镇土江村卜氏宗祠头门心间内檐正立面顶部

109. 和合富贵

作者：柳溪氏

年代：1905

款识：和合富贵图。时光绪乙已年重阳后，柳溪氏画。

位置：增城区石滩镇三江水口三益别墅头门侧室后墙内侧顶部

山水画

中国山水画，以描绘山川自然景观为主体，形成于魏晋南北朝时期，最初主要作为人物画的陪衬，隋唐时开始独立。五代、北宋时，山水画趋于成熟，形成了以禅、道为立境，以诗义为喻示，以“三远”（指高远、平远、深远）为空间，以皴擦为笔墨，以自然为观照，以心源为师法的一个完整的表述系统。山水画的本质和功能在于文人士大夫所追求的“林泉之志”。元明清时期，人物画退居山水、花鸟画之后，山水画成为画坛主流。明清时期山水画在精神和意境方面难以超越宋元时期，因此前者往往通过或临，或仿，或抚，或摹后者，来标识自己的传统渊源，确立自己的艺术价值。这也成为明清绘画的时代印记和特色。这在广州传统建筑上的壁画可见一斑。

按传统画法风格，中国山水画分为青绿山水、金碧山水、水墨山水、浅绛山水、小青绿山水、没骨山水等。广州传统建筑上的山水壁画主要以水墨设色、水墨、青绿山水最为多见。

中国山水画是中国人情思中最为厚重的沉淀，寄托着人格、理想，以个体生命体验天地宇宙的永恒，体味人在此中的自由。从现存的广州传统建筑上山水类的壁画也可以感悟“远观山有色，近听水无声”，“水抱孤村远，山通一径斜。不知深树里，住有几人家”，“远上寒山石径斜，白云生处有人家”诸如此类的高远境界。

1. 雁塔题名颂九如

作者：梁子楠

年代：不详

款识：雁塔题名颂九如。仿唐解元画法，芸桥梁子楠。

位置：海珠区黄埔村紫霞居头门外檐心间顶部

2. 山水

作者：钟瑞轩

年代：1920

款识：水去千峰远，寒山石径斜。未知深树里，还有几人家。粉壁墙中一笑云耳，青罗峰居士、半醉轩画。

位置：海珠区黄埔村禄贤梁公祠头门左侧山墙

3. 山水

作者：钟瑞轩

年代：1920

款识：高山流水天然调，带得琴来不用弹。青罗峰居士、颖川氏半醉轩偶画。

位置：海珠区黄埔村禄贤梁公祠头门右侧山墙

4. 山水

作者：韩昌

年代：1932

款识：岁次壬申。

位置：白云区钟落潭镇白沙村曹氏宗祠头门外檐心间右侧正立面顶部

5. 秋寒古塔图

作者：韩昌

年代：1932

款识：秋寒古塔图。在于壬申写。

位置：白云区钟落潭镇白沙村曹氏宗祠头门外檐心间左侧正立面顶部

6. 山水

作者：梁锦轩

年代：1894

款识：携琴访友去游西，一路花香衬马蹄。时于并在岁次光绪甲午年澣在冬日浣，于粉壁之中，以笑云耳。木泉山人梁锦轩画氏。

位置：白云区石井街鸦岗村萧氏大宗祠头门右侧外檐山墙

7. 山水

作者：梁锦轩

年代：1894

款识：时于并在岁次光绪甲午澣于季冬中浣，粉壁之中，以笑云耳。半墨子木泉山人梁锦轩氏画，氏书。

位置：白云区石井街鸦岗村萧氏大宗祠头门正立面顶部

8. 山水

作者：不详

年代：不详

款识：千峰连烟暗，一径入云斜。偶作。

位置：白云区白马村东庄黎公祠头门右侧山墙

9. 山水

作者：钟瑞轩

年代：1903

款识：远观山有色，近听水□□。半醉山人笔法，偶画。

位置：黄埔区官洲村陈氏大宗祠中厅

10. 山水

作者：钟瑞轩

年代：1903

款识：水去千峰远，寒山一径，未知深树里，有几人家。
时在癸卯冬月之日上浣，半醉山人笔法，瑞轩画。

位置：黄埔区官洲村陈氏大宗祠中厅

11. 山水

作者：曹瑞轩

年代：1882

款识：不知深里处，还住几人家。偶题古诗作画，仿石田翁笔法，岁在壬午蒲节后，曹瑞轩画。

位置：黄埔区萝岗街萝岗圩公路街云谷祖祠头门左侧山墙

12. 山水

作者：杨带龙

年代：不详

款识：带龙写并画。

位置：黄埔区九龙镇九佛埔心村汤氏宗祠头门左侧侧立面顶部

13. 山水

作者：杨带龙

年代：不详

款识：带龙写并画。

位置：黄埔区九龙镇九佛埔心村汤氏宗祠头门右侧侧立面顶部

14. 桃花溪

作者：张寿田

年代：1909

款识：隐隐飞桥隔野烟，石矶西畔问渔船。桃花尽日随流水，洞在清溪何处边。第七洞逸史。南山张寿田仿古。

位置：黄埔区萝岗街萝枫坑村青紫社学头门右侧外檐侧立面顶部

15. 山水

作者：杨瑞石

年代：清末

款识：碧涧恍随千里泻，绿林隐翠半溪烟。并书。

位置：番禺区石楼镇茭塘东村表海黄公祠头门外檐左山墙内侧顶部

16. 山水

作者：杨瑞石

年代：清末

款识：青（空）山新雨后，天气晚来秋。明月松间照，清泉石上流。（唐·王维《山居秋暝》）。偶书，杨瑞石画。

位置：番禺区石楼镇茭塘东村表海黄公祠头门外檐右山墙内侧顶部

17. 山水

作者：韩柱石

年代：1906

款识：松下问童子，言师采药去。（唐·贾岛《寻隐者不遇》）偶书，柱石画。

位置：番禺区石楼镇赤山东村蓝田戴公祠后堂心间后墙内侧顶部

18. 山水

作者：杨瑞石

年代：清末

款识：碧涧恍从千里泻，绿林隐翠半溪烟。杨瑞石画。

位置：番禺区石碁镇新桥村观澜周公祠后堂左次间前檐隔墙内侧顶部

19. 春山得志图

作者：冯林轩

年代：1925

款识：春山得志图。时在民国乙丑夏月，写于粉壁之中，半醉子后学元人笔法，冯林轩学画。

位置：番禺区沙头街沙头村王氏大宗祠头门左次间外檐正立面顶部

20. 中秋月美图

作者：冯林轩

年代：1925

款识：中秋月美图。半醉子后学仿元人笔法，始平林轩学画。

位置：番禺区沙头街沙头村王氏大宗祠头门右次间外檐正立面顶部

21. 山水

作者：韩炽山

年代：1919

款识：远上寒山石影斜，白云深（生）处有人家。（唐·杜牧《山行》）

位置：番禺区沙头街沙头村月堂王公祠头门心间外檐正立面顶部

22. 山水

作者：韩炽山

年代：1919

款识：远山观有色，近水听无声。

位置：番禺区沙头街沙头村月堂王公祠头门心间外檐正立面顶部

23. 山水

作者：韩柱石

年代：1930

款识：远上寒山石影斜。偶书，韩柱石画。

位置：番禺区钟村镇谢村延载马公祠头门心间外檐正立面顶部

24. 山水

作者：何丽生

年代：1921

款识：仿米南宫画法，丽生写，画意。

位置：番禺区钟村镇谢村培桂家塾头门外檐右山墙内侧顶部

25. 山水

作者：半间子

年代：1846

款识：古寺隐何处，冷月响梵钟。依稀东半岭，缥缈隔层峰。岁在丙午冬日，并写，半间子。

位置：花都区花山镇五星村欧阳氏宗祠后堂右次间与后天井右侧廊隔墙顶部

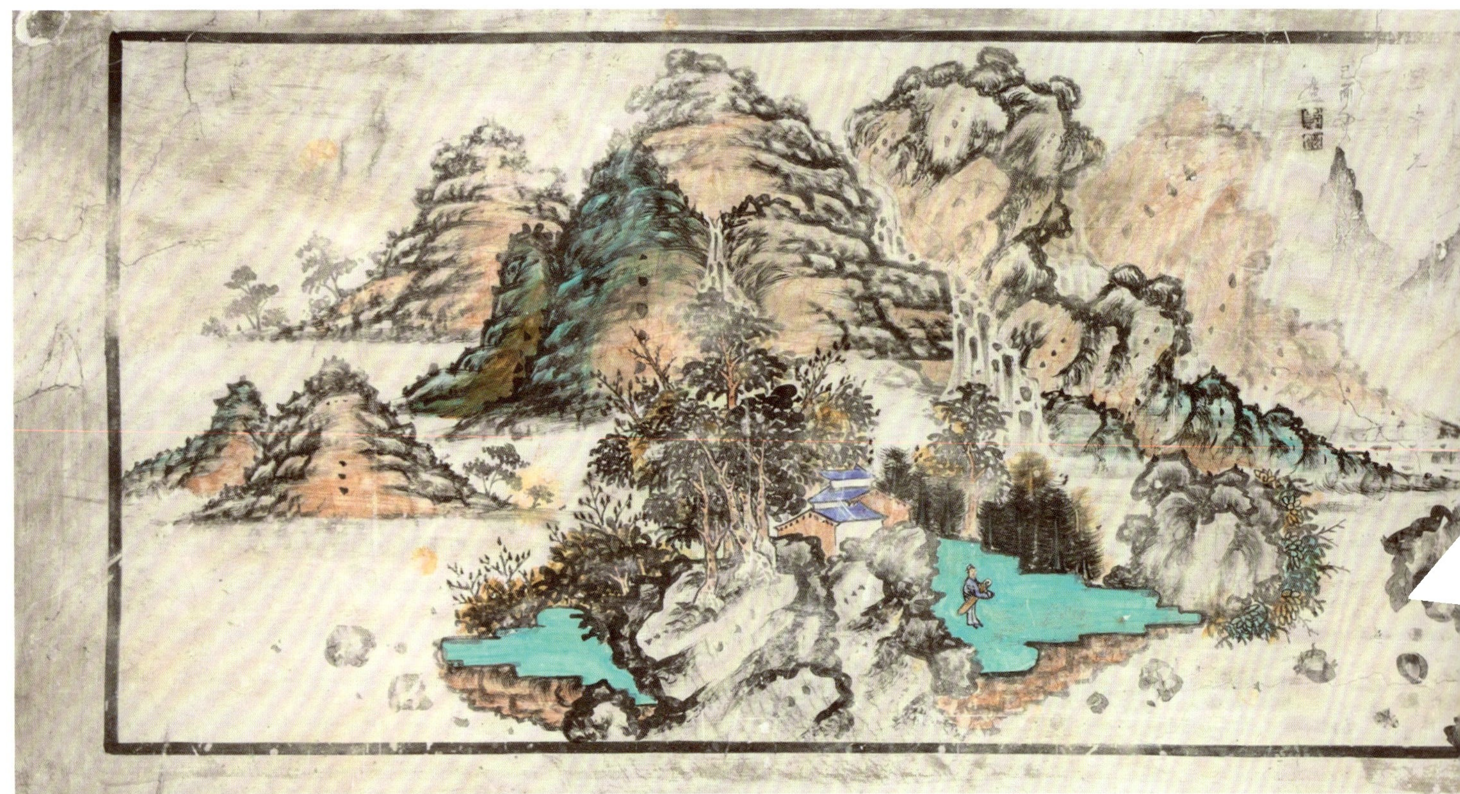

26. 山水

作者：半行子

年代：1909

款识：山水有情千里会，满天星斗照文光。时在己酉年画。

位置：花都区赤坭镇竹洞村邝氏宗祠中堂右次间与后天井右侧廊隔墙顶部

27. 山水

作者：半行子

年代：1909

款识：时在宣统元年桂月之上浣，并书。

位置：花都区赤坭镇竹洞村邝氏宗祠中堂左次间与后天井左侧廊隔墙顶部

28. 山水

作者：半行子

年代：1909

款识：西楼池上接东楼，山色风飞水色浮。岁在己酉年，于暑月，半行子写。

位置：花都区赤坭镇竹洞村邝氏宗祠后堂右次间与后天井右侧廊隔墙顶部

29. 山水

作者：半行子

年代：1909

款识：空山新雨后，天气晚来秋。（唐·王维《山居秋暝》）于己酉仲秋，半行子写。

位置：花都区赤坭镇竹洞村邝氏宗祠后堂左次间与后天井左侧廊隔墙顶部

30. 山水

作者：李林石

年代：1859

款识：携琴寻访友，阻雨驻幽亭。偶得□荒处，棉红柳色青。绿槐李林石偶墨。

位置：花都区赤坭镇莲塘村卢氏大宗祠头门心间外檐正立面顶部

31. 山水

作者：李林石

年代：1859

款识：昨夜花开露井桃，未央前殿月轮高。平阳歌舞新承宠，门外春寒赐锦袍。绿槐李林石，偶画。

位置：花都区赤坭镇莲塘村卢氏大宗祠头门心间外檐正立面顶部

32. 山水

作者：李春秾

年代：1894

款识：不详

位置：花都区赤坭镇蓝田新村廷芳李公祠头门心间外檐正立面顶部

33. 雨后初晴

作者：黄植棠

年代：1921

款识：雨后初晴。白云秋色海天长，欲（玉）树风生花自香。山水有情千里近，丹桂飘时万里香。辛酉□□。黄植棠。

位置：花都区新雅街道石塘村黄氏宗祠头门外檐右山墙内侧顶部

34. 山水

作者：杨贯亭

年代：1895

款识：客路青山外，行舟绿水前。潮平两岸阔，风正一帆悬。（唐·王湾《次北固山下》）贯亭氏。

位置：花都区新华街道三华村水仙古庙山门心间外檐正立面顶部

35. 山水

作者：黄南山

年代：1899

款识：山水有情千里会（近），满天星斗照文光。（明·陈子壮《七绝·一首》）己亥季秋下浣，偶绘。

位置：花都区瑶镇三向村联英张公祠后堂右次间与天井右侧廊隔墙顶部

36. 山水

作者：黄南山

年代：1899

款识：闲爱孤云静爱松，偶思俊马赴桥东。山深谁放春光入，一枝梨花带雨浓。时在己亥季秋重阳月下浣，南山偶草。

位置：花都区瑶镇三向村联英张公祠后堂左次间与天井左侧廊隔墙顶部

37. 山水

作者：梁锦轩

年代：1903

款识：松风涧水天然调，带得琴来不在弹。岁次癸卯秋日，山人氏书。

位置：花都区炭步镇鸭湖村朝伯张公祠中堂前檐右山墙内侧顶部

38. 山水

作者：不详

年代：1893

款识：光绪癸巳重阳后十日，写于羊城图恪。

位置：花都区狮岭镇中心村横西社翠琳李公祠头门心间外檐正立面顶部

39. 三多九如图

作者：黎宏

年代：1831

款识：三多九如图。道光岁次辛卯年，画于桂月下浣之二日，以博一笑云耳，西溪子戏墨。

位置：花都区赤坭镇赤坭村进士第头门外檐右山墙内侧顶部

40. 秋江图

作者：黎宏

年代：1831

款识：秋江图。道光岁次辛卯年，画于菊月之八日，以博一笑云耳，半闲子戏墨。

位置：花都区赤坭镇赤坭村进士第头门外檐左山墙内侧顶部

41. 青山叠翠

作者：不详

年代：1868

款识：青山叠翠。溪边树树梅初放，门外山山雪已飘。日上三竿寒未散，问童冬至几多朝。同治戊辰孟夏吉日。

位置：从化区太平镇颜村陆氏大宗祠头门左山墙内侧顶部

42. 雁答题名

作者：不详

年代：1868

款识：雁答题名。风满楼，风满楼，白云岭上写横秋。若问幽人何处去，垂杨绿水一轻舟。时于同治戊辰孟夏吉日偶书。

位置：从化区太平镇颜村陆氏大宗祠头门左山墙内侧顶部

43. 山水

作者：周恒山

年代：1910

款识：首（守）朴忘晨夕，烟霞自吞吐。泉飞万仞山，风送四时雨。清溪。

位置：从化区太平镇上塘村羽善西公祠中堂右次间与后天井右侧廊隔墙顶部

44. 山水

作者：周恒山

年代：1910

款识：远观山有色，近看水无声。

位置：从化区太平镇上塘村羽善西公祠中堂右次间与后天井右侧廊隔墙顶部

45. 山水

作者：不详

年代：1873

款识：癸酉年偶书。远望寒山石（径）斜，白云深（生）有处有人家。停车坐爱枫林晚，霜叶红于二月花。

位置：从化区温泉镇南星村镇韶萧宗祠头门心间外檐正立面顶部

46. 山水

作者：不详

年代：1945

款识：民国三十四年春月作。

位置：从化区温泉镇平岗村帅保莫公祠头门左次间外檐正立面顶部

47. 山水

作者：不详

年代：清末

款识：不详

位置：从化区鳌头镇铺锦村琼峰书舍头门前檐右山墙内侧顶部

48. 山水

作者：邓芳亭

年代：1920

款识：雨气弥天云气浓，大米小米拨（泼）墨同。山飞海立来黑风，瀑泻岩崖垂白红。楼台木米有无中，归舟行客各西东。时庚申岁仲春，偶画并题，清邑芳亭邓华芬。

位置：从化区鳌头镇铺锦炮楼前厅左次间后檐墙正立面顶部

49. 山水

作者：不详

年代：清末

款识：不详

位置：增城区派潭镇旧高埔村昌华公祠中堂右次间与后天井右侧廊隔墙顶部

花鸟画

花鸟画以花卉、禽鸟、鱼虫、竹石、器物等为描绘主体。北宋《宣和画谱·花鸟叙论》："诗人六义，多识于鸟兽草木之名，而律历四时，亦记其荣枯语默之候；所以绘事之妙，多寓兴于此，与诗人相表里焉。"

花鸟画画法有"工笔""写意""兼工带写"三种。工笔花鸟画，即用浓、淡墨勾勒对象，再深浅分层次着色；写意花鸟画即用简练概括的手法绘写对象；介于工笔和写意之间的称为兼工带写。唐五代和两宋，花鸟画形成高峰，清代花鸟画因循明代以后的写意与工笔两大流派发展，后来写意画逐步取代了宋以后一度统治中国花鸟画的工笔流派。明清时期，上至宫廷，下至民间，皆讲究图必有意，意必吉祥，无论画工还是文人，花鸟画体现出民间吉祥、道德品评、理想祈求等隐喻。广州传统建筑上的花鸟画便是如此。

中国花鸟画，并非照抄自然，仅仅为描花绘鸟而描花绘鸟，而是紧紧抓住动植物的特点，与人们的期望相勾连。它既重视真，要求花鸟画具有"识夫鸟兽草木之名"的认识作用，又非常注意美与善的观念的表达，强调其"夺造化而移精神遐想"的怡情作用。花鸟画的立意，往往关乎人事，有寓意存焉。如喜鹊站立梅花枝头，是广州传统建筑上的花鸟类壁画常用的题材，取"喜上眉梢"之意。通过花鸟画的创作与欣赏，影响人们的志趣、情操与精神生活，这也是广州传统建筑上的花鸟壁画为何常出现"三友图""寻梅图""福自天来图""太狮少狮"等，展示"花中四君子"（梅兰竹菊）、鹿（谐音"禄"）、蝙蝠（谐音"福"）、喜鹊（取"喜"之意）、孔雀（取"富贵"之意）等缘由所在。中国传统文化中的"福禄寿喜全"，在广州传统建筑空间得到婉转而形象的表达。

1. 花鸟

作者：铭山道人

年代：清末

款识：不详

位置：白云区钟落潭镇华坑村冯氏宗祠头门正厅左侧侧立面顶部

2. 花鸟

作者：铭山道人

年代：清末

款识：不详

位置：白云区钟落潭镇华坑村冯氏宗祠头门正厅右侧侧立面顶部

3. 指日高升

作者：李鉴泉

年代：1899

款识：指日高升。光绪廿十五岁次己亥夏日作。

位置：白云区太和镇大源村扬浩徐公祠天井左侧廊墙壁顶部

4. 花鸟

作者：李鉴泉

年代：1899

款识：时于光绪廿五年岁次己亥，仿前人笔。

位置：白云区太和镇大源村扬浩徐公祠后堂右侧墙壁顶部

5. 花鸟

作者：关镒恢

年代：1948

款识：停停葩轩起危岑，细雨苍茫黛色深。绘入丹青图画里，与他同托岁寒心。南邑联镳居士关镒恢写于粉壁之中。

位置：白云区石井街大朗村刘氏大宗祠头门右侧山墙

6. 花鸟

作者：关镒恢

年代：1948

款识：三春杨柳枝枝绿，二月桃花朵朵红。右录二句，以应见笑云耳，半醉子、南邑联镳居士五传壁画关镒恢涂。

位置：白云区石井街大朗村刘氏大宗祠头门左侧山墙

7. 花鸟

作者：关恢利

年代：1948

款识：日晴花晒锦，风静鸟飞鸣。右录二句，难免大方见笑矣。恢利氏。

位置：白云区石井街大朗村刘氏大宗祠左偏房游廊正立面顶部

8. 英雄相会

作者：关镒恢

年代：1948

款识：英雄相会。半醉山人绘意。

位置：白云区石井街大朗村刘氏大宗祠左偏房游廊背立面顶部

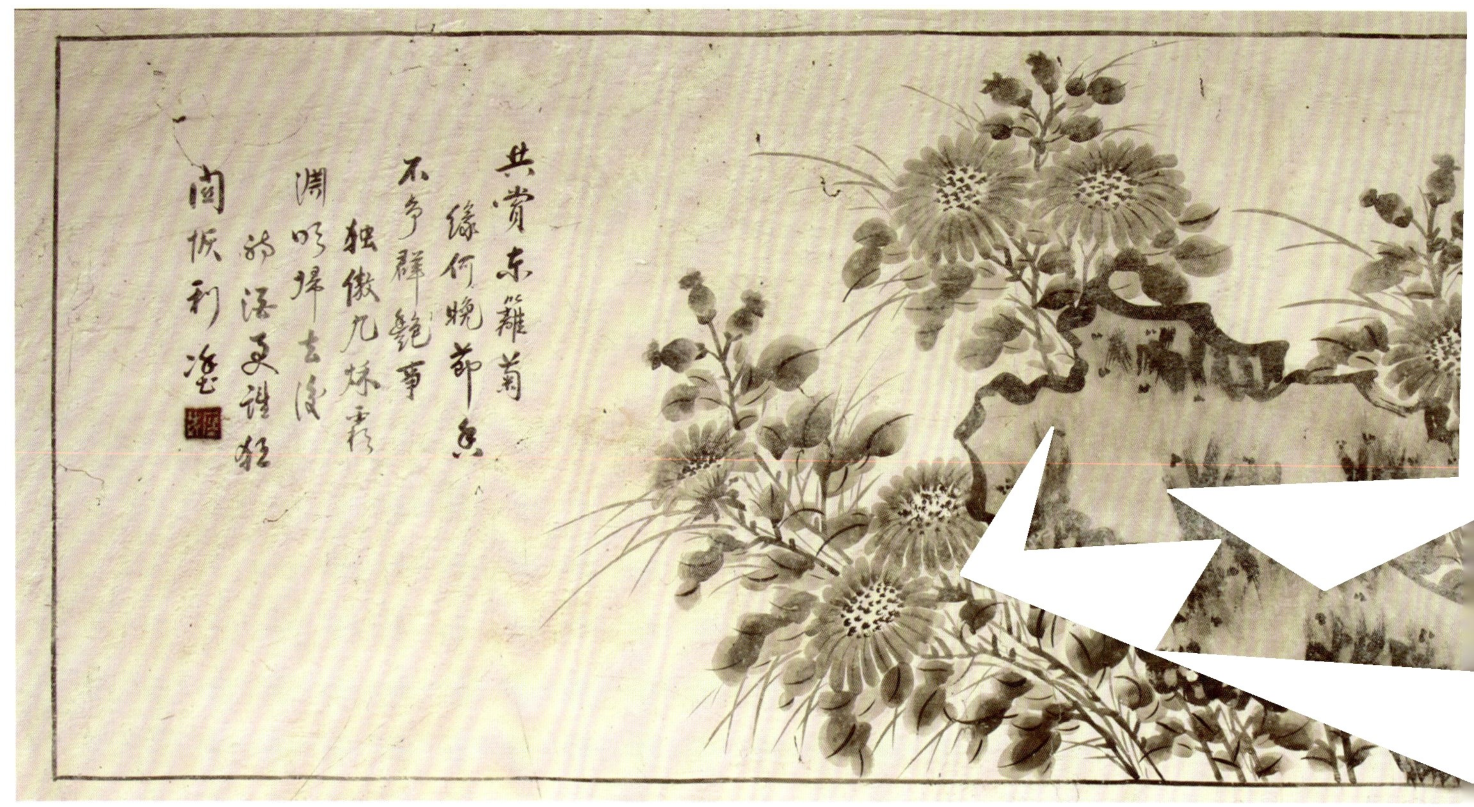

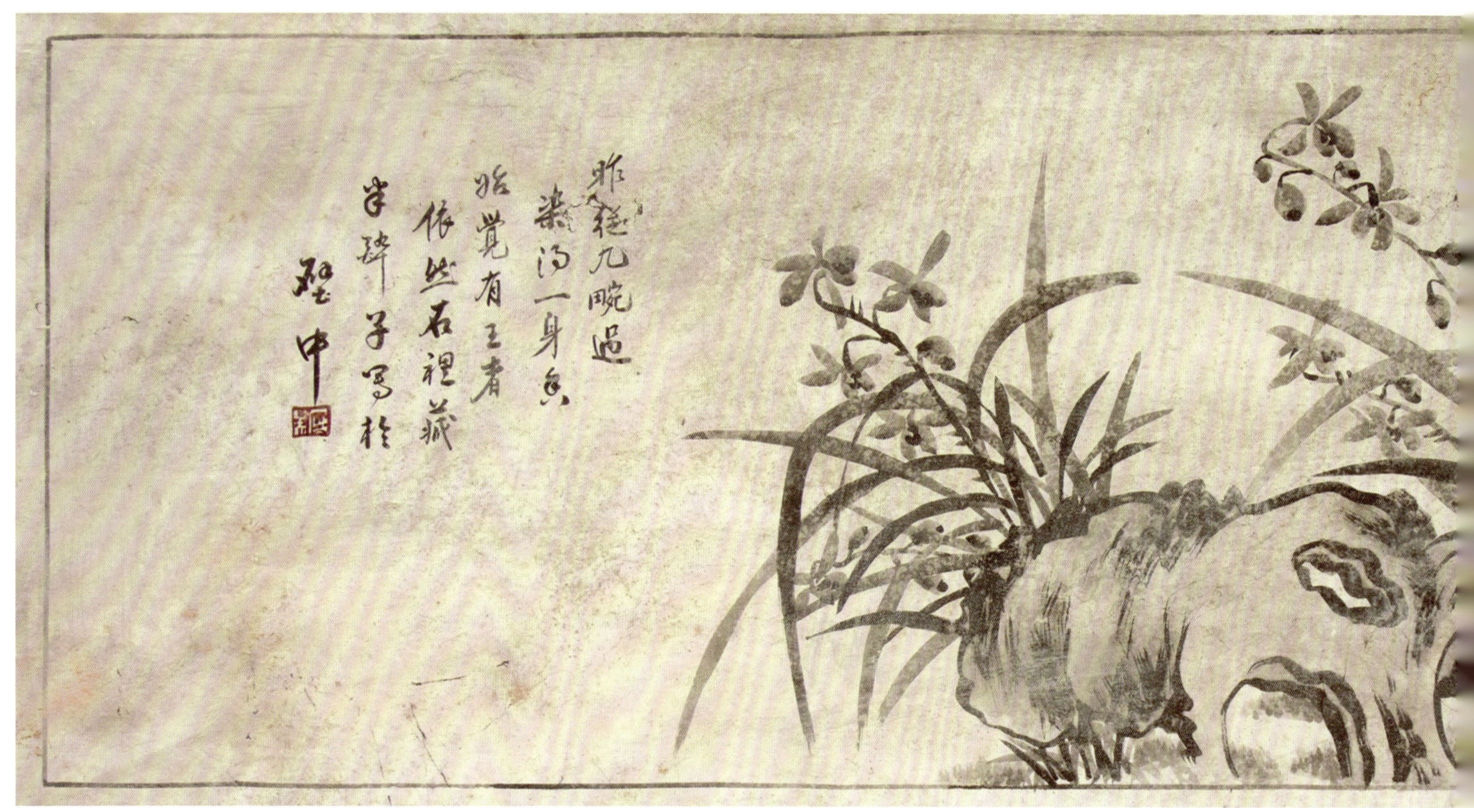

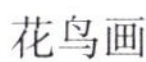

9. 花鸟

作者：关恢利

年代：1948

款识：共赏东篱菊，缘何晚节香。不争群艳事，独傲九秋霜。渊明归去后，诗酒更谁狂。关恢利涂。

位置：白云区石井街大朗村刘氏大宗祠左偏房游廊右立面顶部

10. 花鸟

作者：关镒恢

年代：1948

款识：昨从九畹过，染得一身香。始觉有王者，依然石里藏。半醉子写于壁中。

位置：白云区石井街大朗村刘氏大宗祠右偏房游廊右立面顶部

11. 闲居自述

作者：王雪舫

年代：1895

款识：白发偏添寿，黄花不笑贫。（唐·顾况《闲居自述》）

位置：白云区江高镇两上村黄氏宗祠前厅左边侧立面顶部

12. 锦上添花

作者：韩昌

年代：1932

款识：锦上添花。在于壬申仲秋吉旦，韩昌画。

位置：白云区钟落潭镇白沙村曹氏宗祠头门右侧山墙顶部

13. 花鸟

作者：陈蒲石

年代：1915

款识：兰为王者之香也。

位置：黄埔区文冲街文冲社区兰泉陆公祠前厅右侧正立面顶部

14. 花鸟

作者：曹瑞轩

年代：1882

款识：罗浮仙子饮流霞，醉倒西湖处士家。几度东风吹不醒，至今颜色似桃花。偶录唐诗□□□□，岁在壬午蒲节后数日。仿新罗先生笔法，以笑□□耳。曹瑞轩书。

位置：黄埔区萝岗街萝岗圩公路街云谷祖祠头门右侧山墙

15. 花鸟

作者：冯林轩

年代：1925

款识：招平氏后学元人笔法。

位置：番禺区沙头街沙头村王氏大宗祠头门左次间外檐正立面顶部

16. 花鸟

作者：冯林轩

年代：1925

款识：半醉子画。

位置：番禺区沙头街沙头村王氏大宗祠头门右次间外檐正立面顶部

17. 花鸟

作者：张彬山

年代：1904

款识：仿古道人戏墨。

位置：番禺区东环街龙美村张氏宗祠头门心间外檐正立面顶部

18. 花鸟

作者：张彬山

年代：1904

款识：彬山氏画意。

位置：番禺区东环街龙美村张氏宗祠头门心间外檐正立面顶部

19. 花鸟

作者：韩柱石

年代：1930

款识：江南留下种，富贵亦青王。偶书青萝峰居士。

位置：番禺区钟村镇谢村延载马公祠头门外檐左山墙内侧顶部

20. 花鸟

作者：韩柱石

年代：1930

款识：三月残花落更开，（小檐）日日燕飞来。（宋·王令《送春》）偶书，青萝峰居士。

位置：番禺区钟村镇谢村延载马公祠头门外檐右山墙内侧顶部

21. 花鸟

作者：韩兆轩

年代：1917

款识：牡丹原是江南种，留后广东富贵花。萝峰居士，古溪韩兆轩画意。

位置：番禺区新造镇北约村贵达家塾后堂心间后墙内侧顶部

22. 花鸟

作者：颍川子

年代：1874

款识：静中□□树，动处舞凌云。时在同治十三年，岁次甲戌寅月。

位置：花都区赤坭镇心和村黄氏宗祠后堂心间后墙内侧顶部

23. 花鸟

作者：半行子

年代：1909

款识：不详

位置：花都区赤坭镇竹洞村邝氏宗祠后天井右侧廊与中堂右次间隔墙顶部

24. 花鸟

作者：半行子

年代：1909

款识：不详

位置：花都区赤坭镇竹洞村邝氏宗祠后天井左侧廊与中堂左次间隔墙顶部

25. 高官留子图

作者：王寿泉

年代：1908

款识：高官留子图。

位置：花都区赤坭镇荷塘村云史曾公祠后堂前檐右山墙内侧顶部

26. 花鸟

作者：王寿泉

年代：1908

款识：不详

位置：花都区赤坭镇荷塘村云史曾公祠后堂后檐左山墙内侧顶部

27. 触手成春图

作者：王雪舫

年代：1908

款识：触手成春图。王雪舫写。

位置：花都区赤坭镇荷塘村云史曾公祠后堂前檐左山墙内侧顶部

28. 花鸟

作者：梁锦山

年代：1911

款识：喜雀声声，来报吉兆。绘在辛亥岁孟冬后五日。偶书，氏。

位置：花都区赤坭镇瑞岭村朱氏大宗祠后堂后檐右山墙内侧顶部

29. 花鸟

作者：梁锦山

年代：1911

款识：冷露无声湿桂花。偶书。

位置：花都区赤坭镇瑞岭村朱氏大宗祠后天井右侧廊右山墙内侧顶部

30. 岁寒三友

作者：黎文泉

年代：1870

款识：岁寒三友。雪满山中高士卧，月明花下美人来。偶书，黎文泉写。

位置：花都区赤坭镇东升村钟氏大宗祠头门外檐右山墙内侧顶部

31. 一品高冠百子图

作者：黄南山

年代：1888

款识：一品高冠百子图。近来多仲（种）皇候第，德入时人眼便佳，怪得人青百子莲，时在于贵符盛祠，偶于光绪十四年戊子岁季夏蒲节中浣，偶绘粉壁之中，疑为如是，一笑云耳，南山氏。

位置：花都区雅瑶镇邝家庄李氏宗祠头门外檐左山墙内侧顶部

32. 花鸟

作者：王雪舫

年代：1893

款识：抚包山老人笔法。

位置：花都区新华街道三华村郁山徐公祠头门心间外檐正立面顶部

33. 花鸟

作者：王雪舫

年代：1893

款识：桃花流水鳜鱼肥。（唐·张志和《渔歌子》）

位置：花都区新华街道三华村郁山徐公祠头门心间外檐正立面顶部

34. 花鸟

作者：王雪舫

年代：1893

款识：须作繁秀枝头茂，在得人间学士名。半痴氏写。

位置：花都区新华街道三华村郁山徐公祠头门外檐右山墙内侧顶部

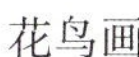

35. 花鸟

作者：黄南山

年代：1899

款识：好鸟奇花集画屏，花无香气鸟无声。任君折取任君爱，花不凋零鸟不惊。时在于己亥重冬上浣，绘粉壁之中，以为如是，一笑云耳，南山偶作。

位置：花都区雅瑶镇三向村联英张公祠头门外檐左山墙内侧顶部

36. 花鸟

作者：黄南山

年代：1899

款识：时在于光绪廿五年己亥仲冬葭月中浣，绘粉壁之中，以为如是，一笑云耳，偶草。

位置：花都区雅瑶镇三向村联英张公祠头门右次间内檐正立面顶部

37. 花鸟

作者：梁锦轩

年代：1882

款识：老松风大夫，皆结何松上，须要鸟声里。时于光绪岁次并在壬午年冬日，半愚子以笑云耳，山人如泉锦轩墨氏。

位置：花都区炭步镇新太村水园庾公祠头门内檐右山墙内侧顶部

38. 花鸟

作者：不详

年代：1896

款识：杏林富贵。时于光绪丙申岁次冬日，偶书。

位置：花都区炭步镇新太村西园庾公祠头门外檐右山墙内侧顶部

39. 花鸟

作者：王雪舫

年代：1889

款识：抚包山老人笔法。半痴子。

位置：花都区炭步镇石南村渔隐汤公祠后堂心间后墙内侧顶部

40. 花鸟

作者：关钻

年代：1887

款识：花有鲜妙鸟有形，花无香气无鸟声。
任君着眼任君看，花不凋零鸟不惊。
右录诗句并作，以应云尔。

位置：花都区赤坭镇横沙村帝王古庙山门内檐右山墙内侧顶部

41. 花鸟

作者：黎宏

年代：1831

款识：昔人得古刻数行，专心而学之，便可名世。况兰亭是右军得意书，学之不已，何患不过人耶。时于仲秋之六日，偶草。

位置：花都区赤坭镇赤坭村进士第头门左次间内檐隔墙顶部

42. 花鸟

作者：半间子

年代：1831

款识：道光岁次辛卯年，画于仲秋之六日，以博一笑云耳，山人偶草。

位置：花都区赤坭镇赤坭村进士第头门左次间内檐隔墙顶部

43. 花鸟

作者：周恒山
年代：1892
款识：不详
位置：从化区城郊街东风村殷氏宗祠头门心间外檐正立面顶部

44. 花鸟

作者：周恒山
年代：1892
款识：不详
位置：从化区城郊街东风村殷氏宗祠头门心间外檐正立面顶部

45. 花鸟

作者：半间子

年代：1873

款识：半间子。从来多种王侯地，怪得人称富贵花焉。癸酉年夏日。

位置：从化区温泉镇南星村镇韶萧宗祠头门外檐左山墙内侧顶部

46. 三友图

作者：不详

年代：1861

款识：三友图。大夫君子共同林，翠影交如匝地阴。非独繁华于映艳，岁寒依旧结知音。春日并书。

位置：从化区城郊街麻一村仁卿李公祠头门外檐左山墙内侧顶部

47. 花鸟

作者：陈蒲石

年代：1933

款识：时在于民国廿二年。

位置：增城区永宁街白水村显宗黄公祠天井左侧廊与头门左次间隔墙顶部

48. 梅红柳绿

作者：袁云川

年代：清末

款识：梅红柳绿。只道梅花发，谁知柳更新。枝枝总到地，叶叶尽开春。夏日偶时。

位置：增城区石滩镇三江水口三益家塾头门心间外檐右侧隔墙顶部

49. 蝴蝶图

作者：袁云川

年代：清末

款识：图成百蝶试新妆，绿草南园仔细商。墨晕浓时魂亦艳，笔花开处梦犹香。却嫌漠殿金千点，不藉秦楼粉一囊。

位置：增城区石滩镇三江水口三益家塾头门右次间隔墙门洞顶部

50. 花鸟

作者：张寿田

年代：1905

款识：光绪乙巳中秋后，偶画此壁，以博一笑云耳，张寿田戏墨。

位置：增城区石滩镇三江水口三益别墅头门外檐右侧隔墙顶部

51. 花鸟

作者：张寿田

年代：1905

款识：寿田氏戏墨。

位置：增城区石滩镇三江水口毓基书室头门外檐左山墙内侧顶部

52. 花鸟

作者：竹溪山人

年代：1936

款识：玉雪为骨我为云，占喜魁高官一品。重阳仿古人笔法，以博一笑，半樵子弄墨。

位置：增城区石滩镇龙地村万祥杜公祠中堂前檐左山墙内侧顶部

53. 花鸟

作者：竹溪山人

年代：1936

款识：好鸟枝头亦朋友，落花水面皆文章。竹溪山人□笔。

位置：增城区石滩镇龙地村万祥杜公祠中堂后檐右山墙内侧顶部

54. 花鸟

作者：不详

年代：清末

款识：无

位置：增城区朱村街道山角村吴伯雄民居头门外檐左侧隔墙内侧顶部

55. 花鸟

作者：不详

年代：清末

款识：无

位置：增城区朱村街道山角村吴伯雄民居头门外檐右侧隔墙内侧顶部

56. 双鹿图

作者：李鉴泉

年代：1899

款识：不详

位置：白云区太和镇大源村扬浩徐公祠天井右侧廊墙壁顶部

57. 双羊图

作者：李鉴泉

年代：1899

款识：光绪廿五年岁在已亥，访（仿）前人翁笔。

位置：白云区太和镇大源村扬浩徐公祠天井左侧廊墙壁顶部

58. 鸳鸯图

作者：不详

年代：不详

款识：毛羽依然成幻化，要将笔墨细传神。

位置：白云区白马村东庄黎公祠头门正立面顶部

59. 狮

作者：老粹溪

年代：1926

款识：老粹溪涂。

位置：番禺区沙湾镇鳌山古建筑群先师古庙山门外檐右山墙内侧顶部

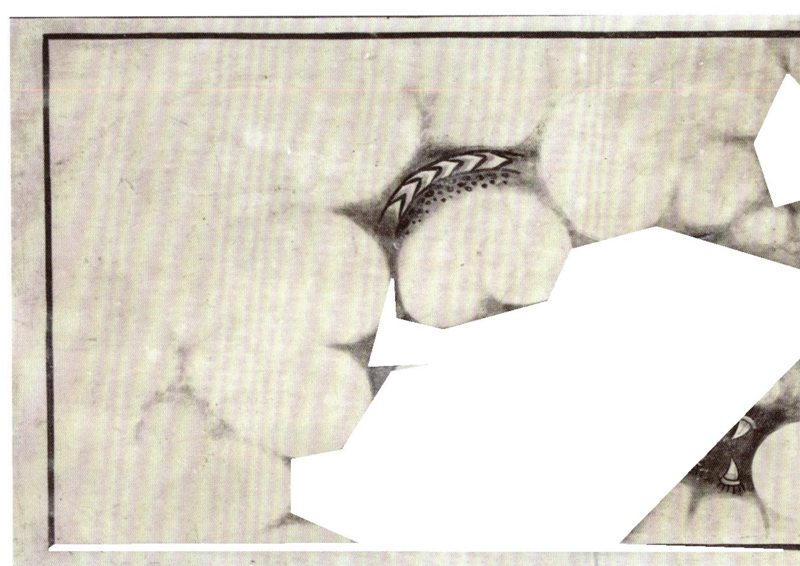

60. 教子朝天

作者：陈蒲石

年代：1915

款识：教子朝天。

位置：黄埔区文冲街文冲社区兰泉陆公祠前厅背立面顶部

61. 日近龙颜图

作者：颍川子

年代：1874

款识：囯（日）近龙颜图。寅月颍川子画。

位置：花都区赤坭镇心和村黄氏宗祠头门心间内檐正立面顶部

62. 教子腾云

作者：梁锦轩

年代：1882

款识：教子腾云。时于光绪岁次并在壬午年冬日，山人画，梁锦轩画笔。

位置：花都区炭步镇新太村水园庚公祠头门心间内檐正立面顶部

63. 马

作者：关梦常

年代：1896

款识：斑马不鸣红月静，更无烟雨绕疏星。以二句之以应白壁之中。关梦常画。

位置：花都区新华街道广塘村陈氏宗祠头门心间外檐正立面顶部

64. 雀鹿风侯

作者：杨湛泉

年代：1932

款识：雀鹿风侯。民国廿一年，孟夏下浣画。

位置：花都区狮岭镇前进村东坑南枝王公祠后堂左次间与后天井左侧廊隔墙顶部

65. 功名富贵

作者：不详

年代：1868

款识：功名富贵。五更早起精神倦，但得天明快活仙。春日偶书。

位置：从化区太平镇颜村陆氏大宗祠头门心间后檐正立面顶部

66. 马

作者：不详

年代：1945

款识：不详

位置：增城区新塘镇白石村涓钓遗风门楼头门心间外檐正立面顶部

诸葛大名垂
宇宙宗臣肃
像为清高
三分割据纡筹
策万古云霄
一羽毛之德抄
辛亥岁画之
于柳州风雨
唐句何笔

诗词书法

作为中国传统建筑装饰之一，诗词书法在广州传统建筑中多有展现。内容大多为历代诗词歌赋，以唐宋诗词为主，凝聚传统文化精华。如诗仙李白的《清平调》之一：“云想衣裳花想容，春风拂槛露华浓。若非群玉山头见，会向瑶台月下逢”，朗朗上口；北宋邵雍的“月到天心处，风来水面时。此种真意味，料得少人知”同样脍炙人口；孟浩然的《春晓》、王之涣的《登鹳雀楼》、杜牧的《山行》等“点击率”颇高。也有不少诗词今已少为人知，其中有些是画工自创或在传统诗词歌赋的基础上，进行“二度创作”的。

中国书法是中华民族文化发展过程中逐渐形成的汉字书写艺术。自中国甲骨文开始，文字不断发展。由于各历史时期的社会背景不同，人们的意愿、追求和情趣相应有差异，书法书体内涵和寓意也表现出一定的时代特征。“晋人尚韵，唐人尚法，宋人尚意，明人尚姿，清人尚变”。最终形成篆、隶、楷、行、草等笔画、结构、字形特点各异的字体。

广州传统建筑中的诗词书法是民间艺人吸收前人经验，又加以自身领悟及知识存储凝结而成，融篆、隶、楷、行、草各种书体，蔚为大观。

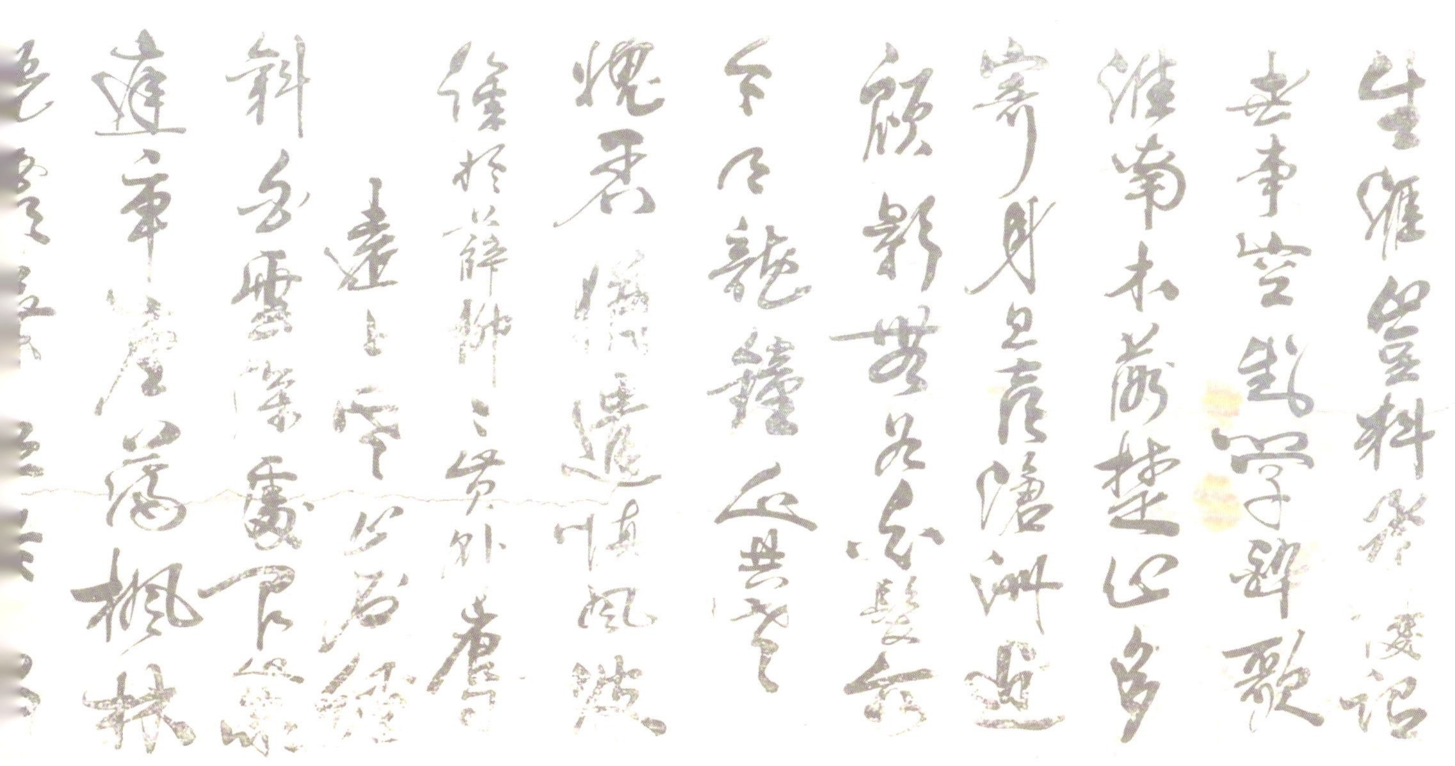

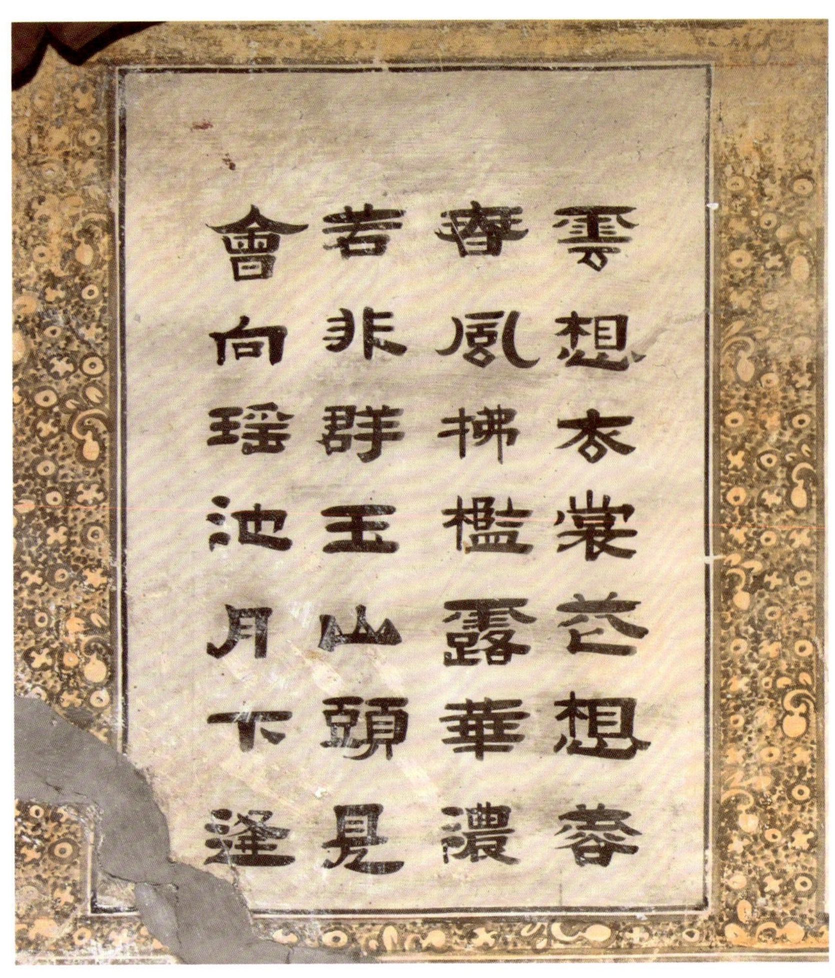

1.《清平调》（李白）

作者：梁锦轩

年代：1913

款识：云想衣裳花想容，春风拂槛露华浓。若非群玉山头见，会向瑶台月下逢。

位置：海珠区新滘南路上涌村梁氏宗祠头门外檐顶部

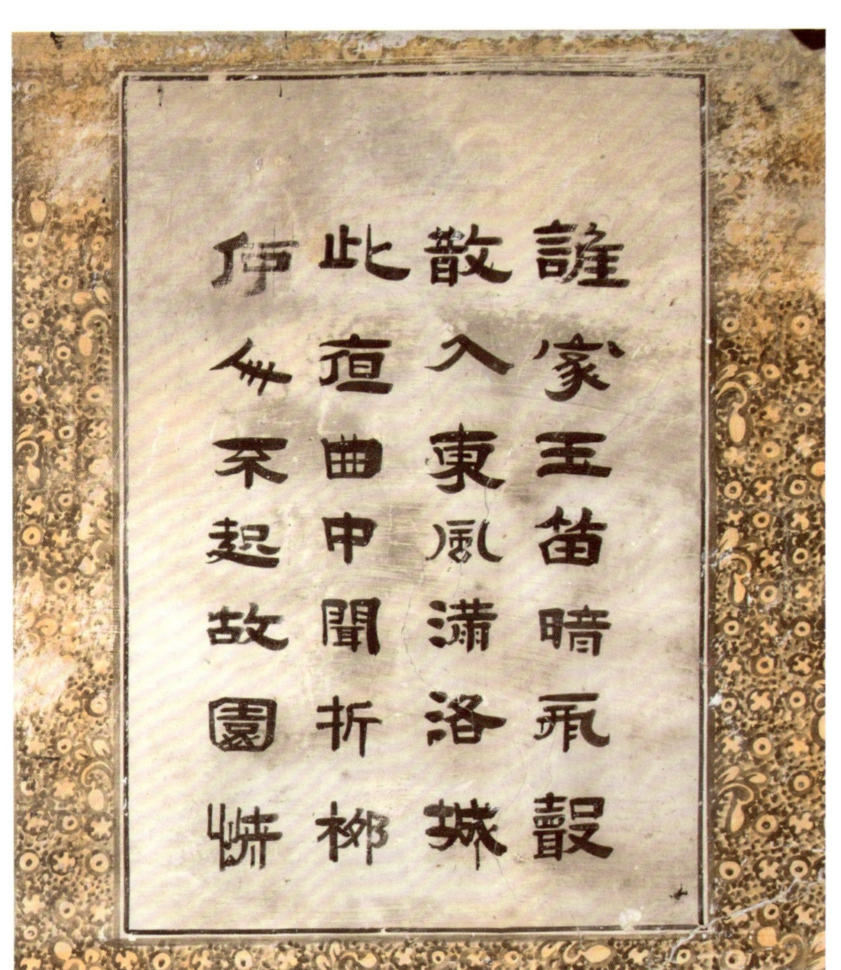

2.《春夜洛城闻笛》（李白）

作者：梁锦轩

年代：1913

款识：谁家玉笛暗飞声，散入春风满洛城。此夜曲中闻折柳，何人不起故园情。

位置：海珠区新滘南路上涌村梁氏宗祠头门外檐心间顶部

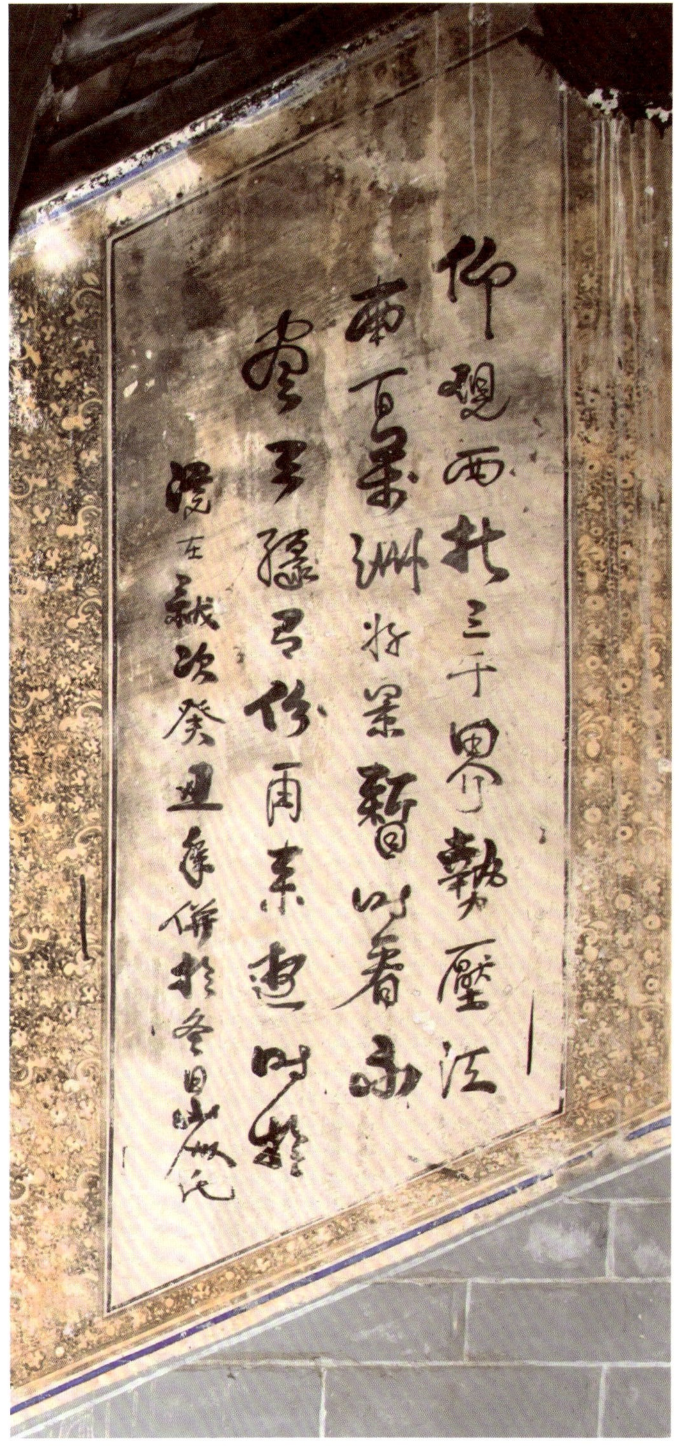

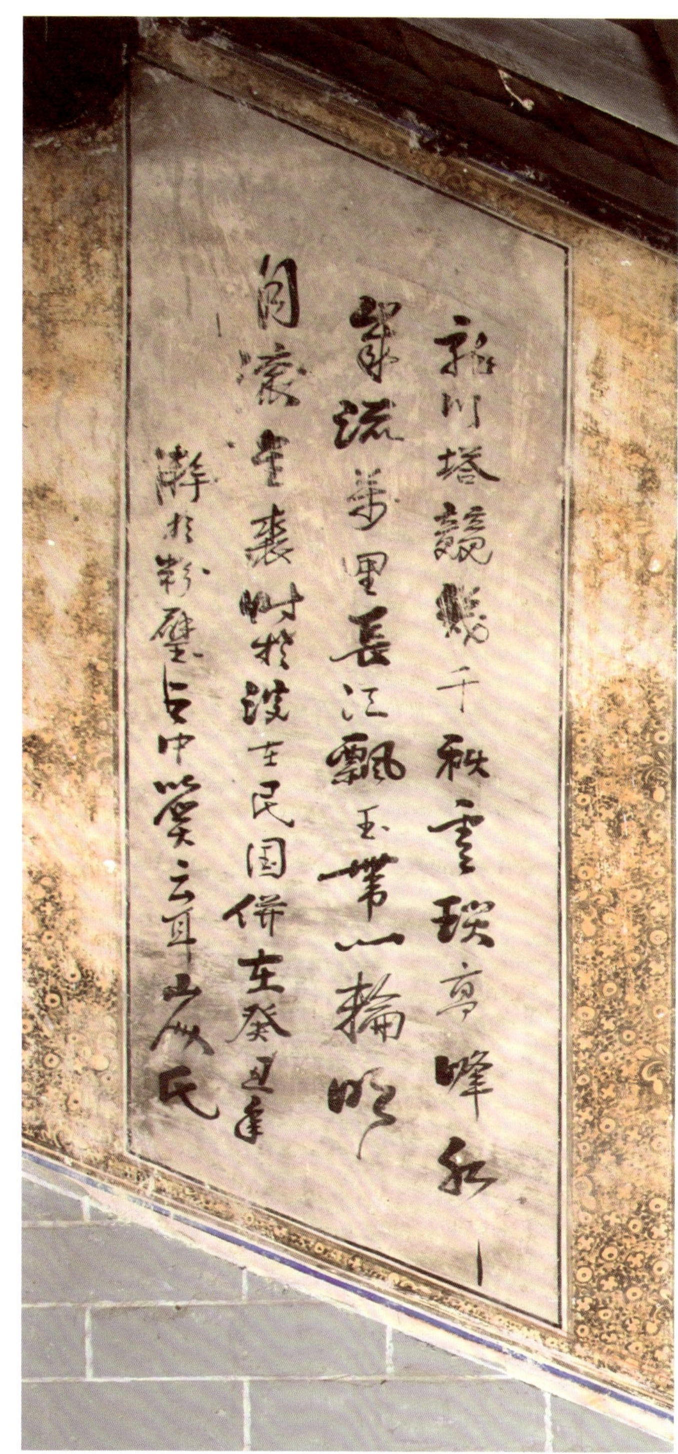

3.《游江南》（乾隆）

作者：梁锦轩

年代：1913

款识：仰观西北三千界，势压江南百万洲。好景暂时看不尽，天缘有份再来游。时于浣在岁次癸丑年并于冬日，山人氏。

位置：海珠区新滘南路上涌村梁氏宗祠头门右侧山墙

4.《游江南》（乾隆）

作者：梁锦轩

年代：1913

款识：龙川塔影几千秋，云锁高峰水自流。万里长江飘玉带，一轮明月滚金裘。时于浣在民国并在癸丑年瀞，于粉壁中，以笑云耳。山人氏。

位置：海珠区新滘南路上涌村梁氏宗祠头门左侧山墙

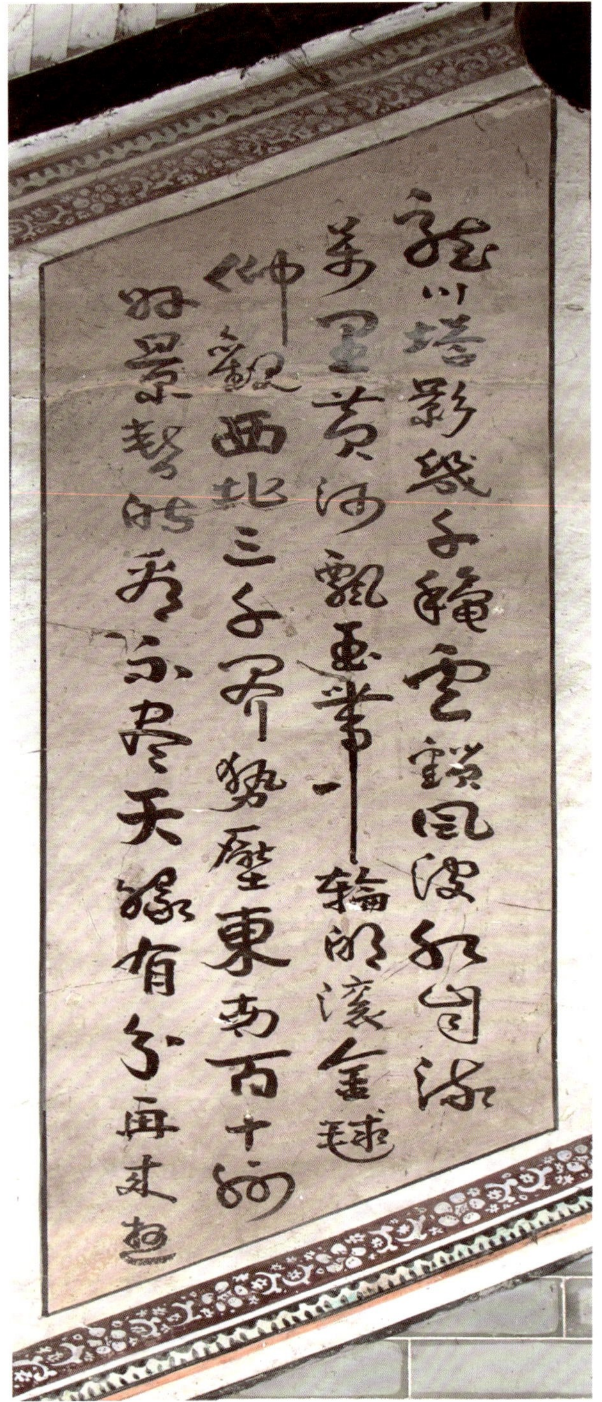

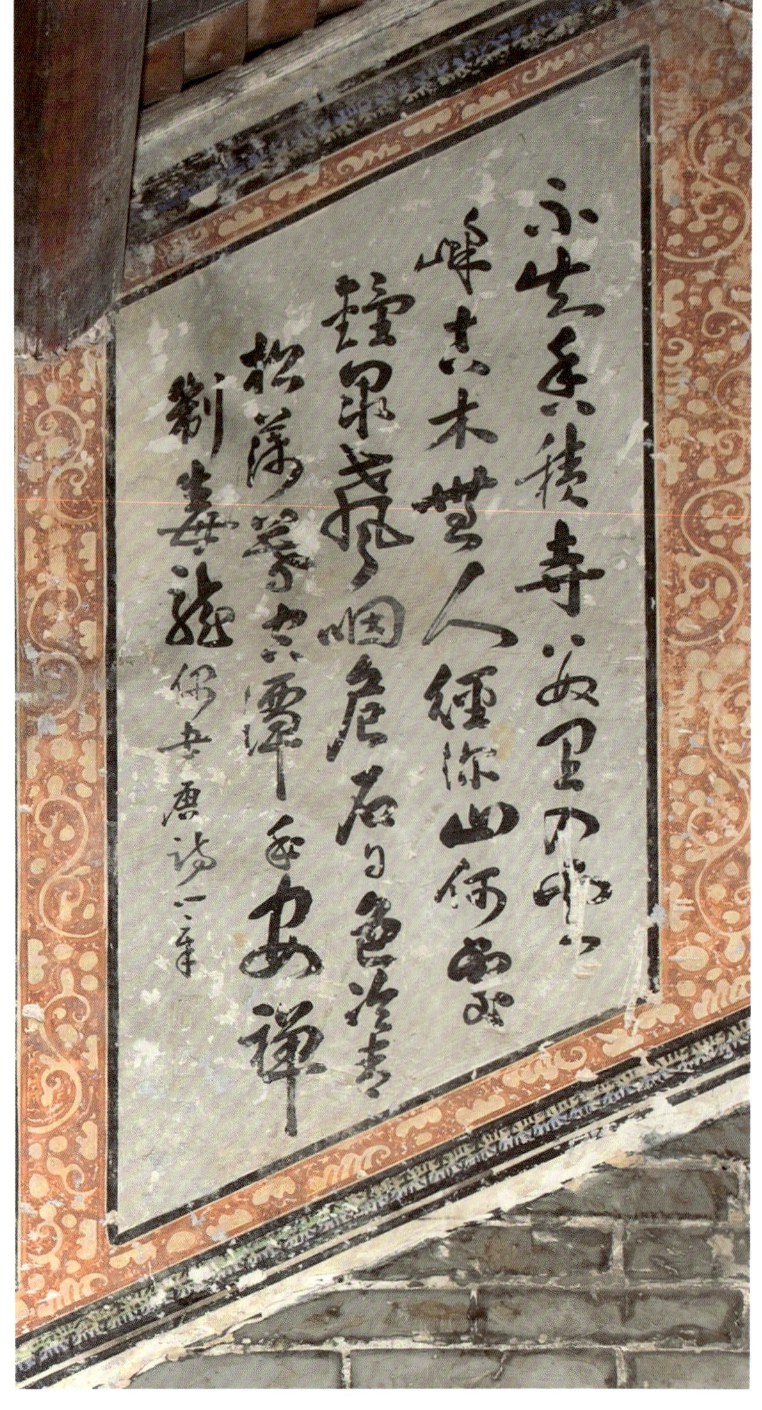

5.《游江南》（乾隆）

作者：钟瑞轩

年代：1920

款识：龙川塔影几千秋，云锁风波水自流。万里黄河飘玉带，一轮明（月）滚金毬。仰观西北三千界，势压东南百十州，好景顿时看不尽，天缘有分再来游。

位置：海珠区黄埔村禄贤梁公祠头门右侧山墙

6.《过香积寺》（王维）

作者：杨瑞石

年代：1884

款识：不知香积寺，数里入云峰。古木无人径，深山何处钟。泉声咽危石，日色冷青松。薄暮空潭曲，安禅制毒龙。偶书唐诗一章。

位置：天河区长兴街道周总理视察岑村纪念旧址头门外檐右山墙内侧顶部

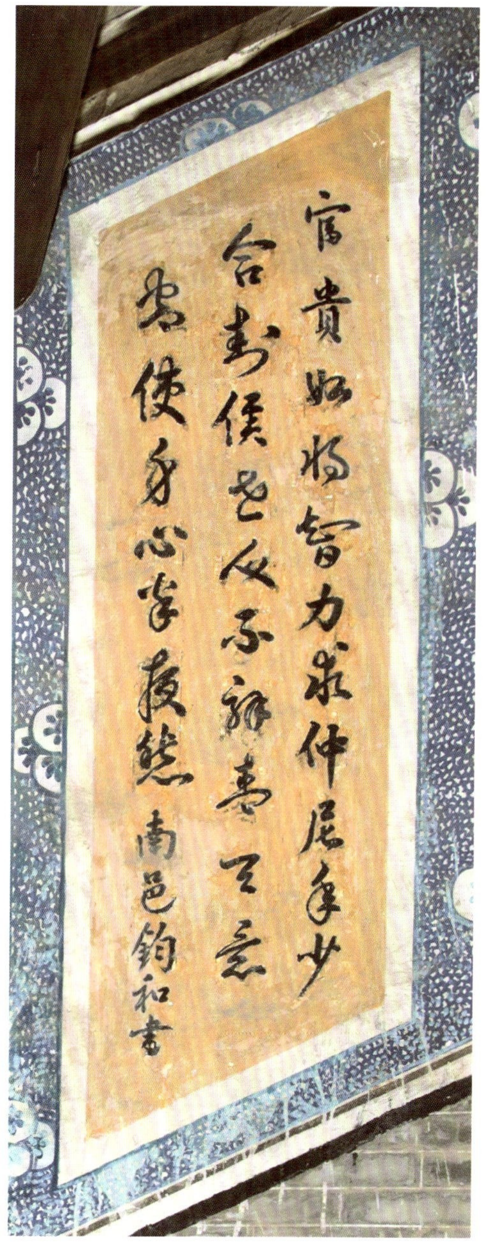

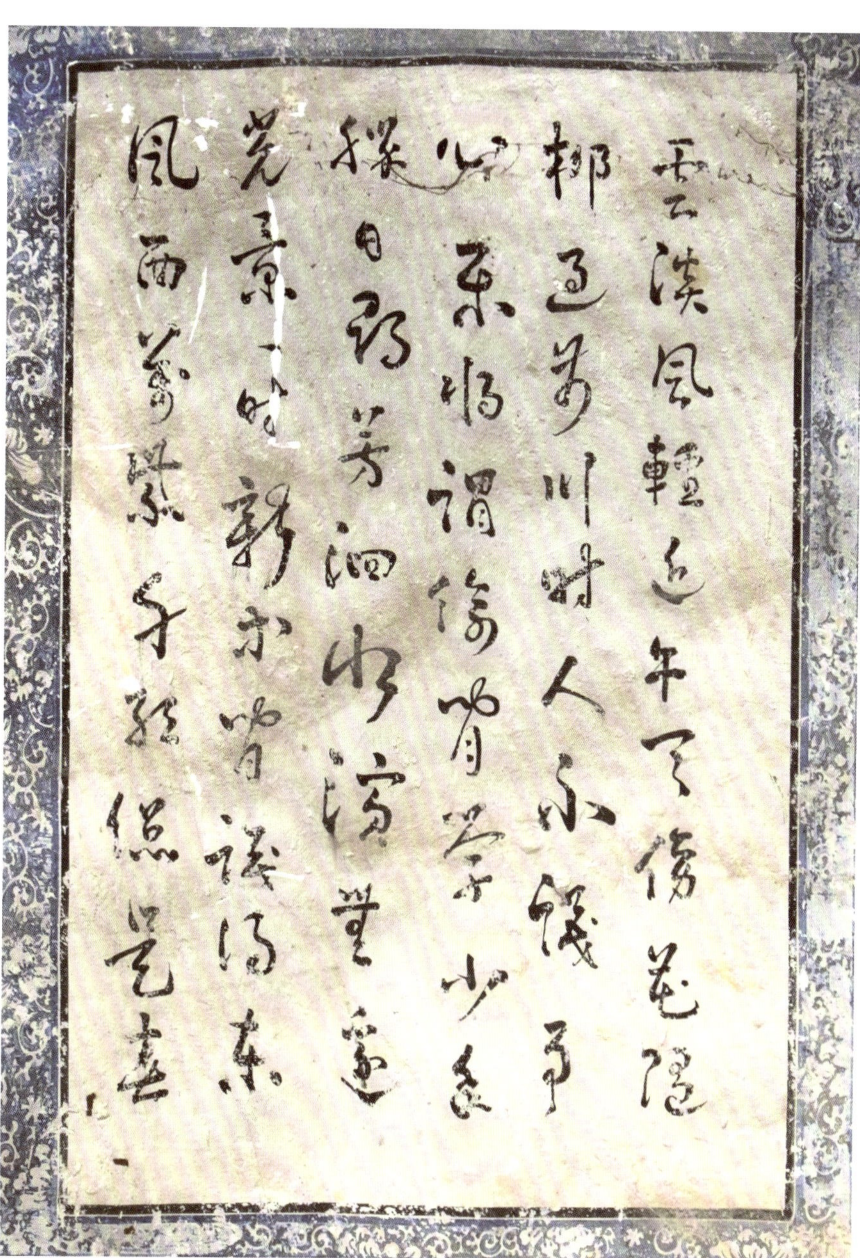

7.《富贵》（邵雍）

作者：关钧和

年代：1948

款识：富贵如将智力求，仲尼年少合封侯。世人不解青天意，空使身心半夜愁。南邑钧和书。

位置：白云区石井街大朗村刘氏大宗祠头门右侧山墙

8.《春日偶成》（程颢）

作者：郑松鹤

年代：1872

款识：云淡风轻近午天，傍花随柳过前川。时人不识余心乐，将谓偷闲学少年。胜日寻芳泗水滨，无边光景一时新。等闲识得东风面，万紫千红总是春。

位置：白云区石马村仕安黎公祠头门正立面顶部

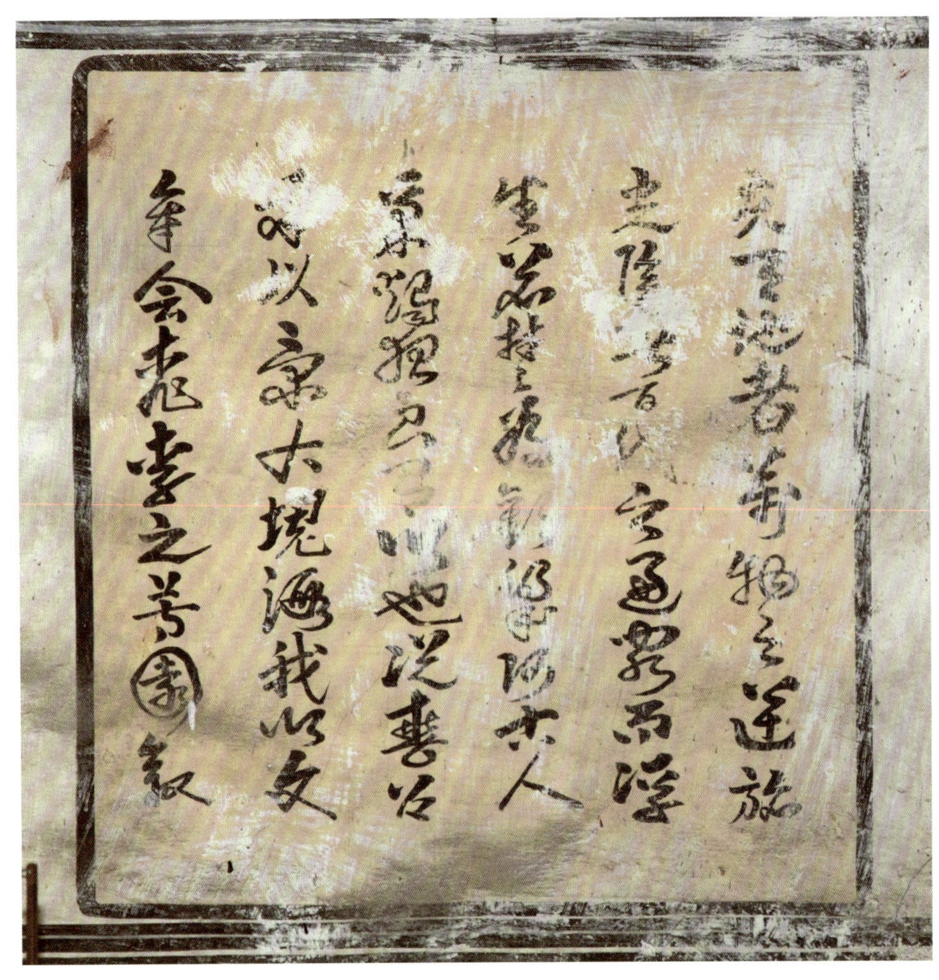

9.《春夜宴从弟桃花园序》（李白）

作者：杜锦澜

年代：1908

款识：夫天地者，万物之逆旅也。光阴者，百代之过客［也］。而浮生若梦，为欢几何？古人秉烛夜［游］，良有以也。况［阳］春召我以［烟］景，大块假我以文章。会桃李之芳园，叙

位置：白云区石井街杨梅自然村水月宫头门正立面顶部

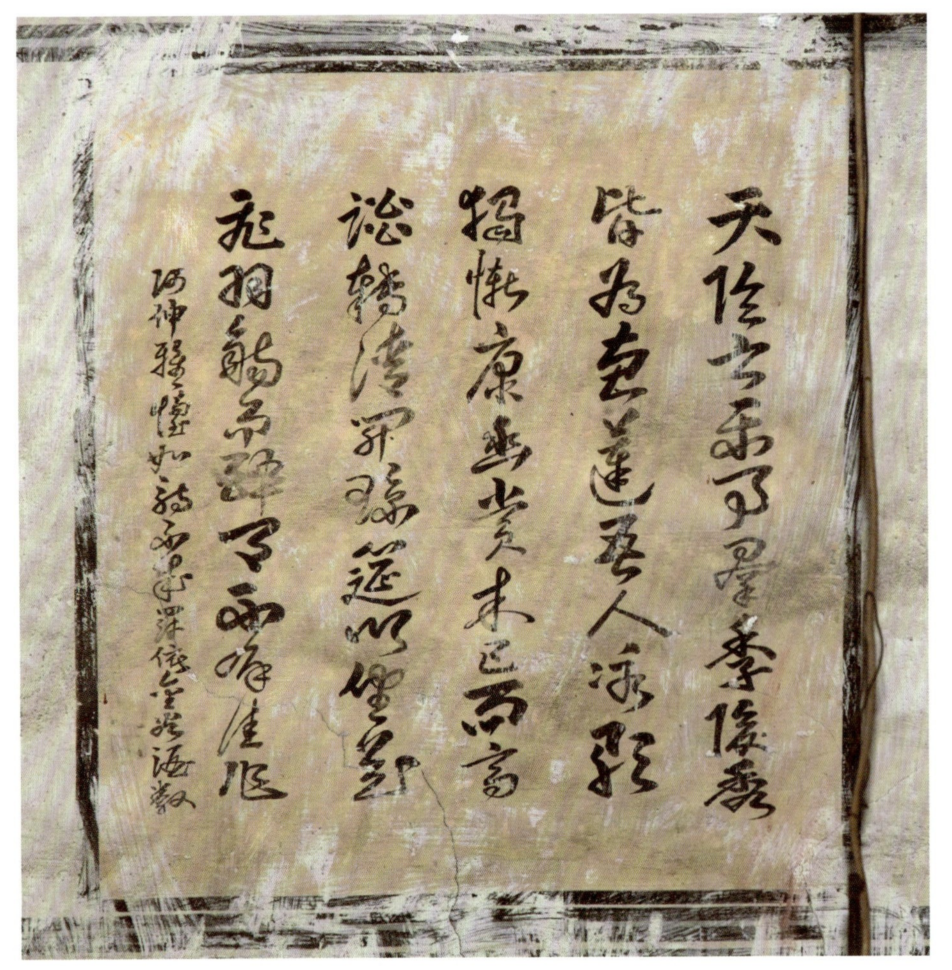

10.《春夜宴从弟桃花园序》（李白）

作者：杜锦澜

年代：1908

款识：天伦之乐事。群季俊秀，皆为惠莲（连）；吾人咏歌，独惭康［乐］。幽赏未已，而高谈转清。开琼筵以坐花，飞羽觞而醉月。不有佳作，何伸雅怀？如诗不成，罚依金谷酒数。

位置：白云区石井街杨梅自然村水月宫头门正立面顶部

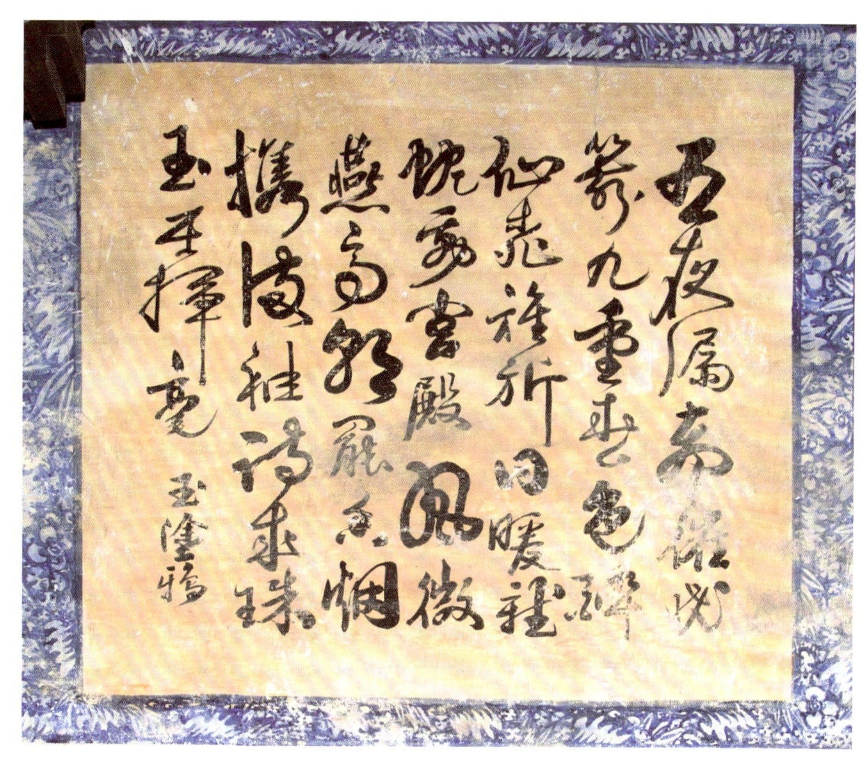

11.《和贾舍人早朝》（杜甫）

作者：江玉舟

年代：1885

款识：五夜漏声催晓箭，九重春色醉仙桃。旌旗日暖龙蛇动，宫殿风微燕雀高。朝罢香烟携满袖，诗成珠玉在挥毫。玉涂鸦。

位置：白云区石马村洪圣古庙头门正立面顶部

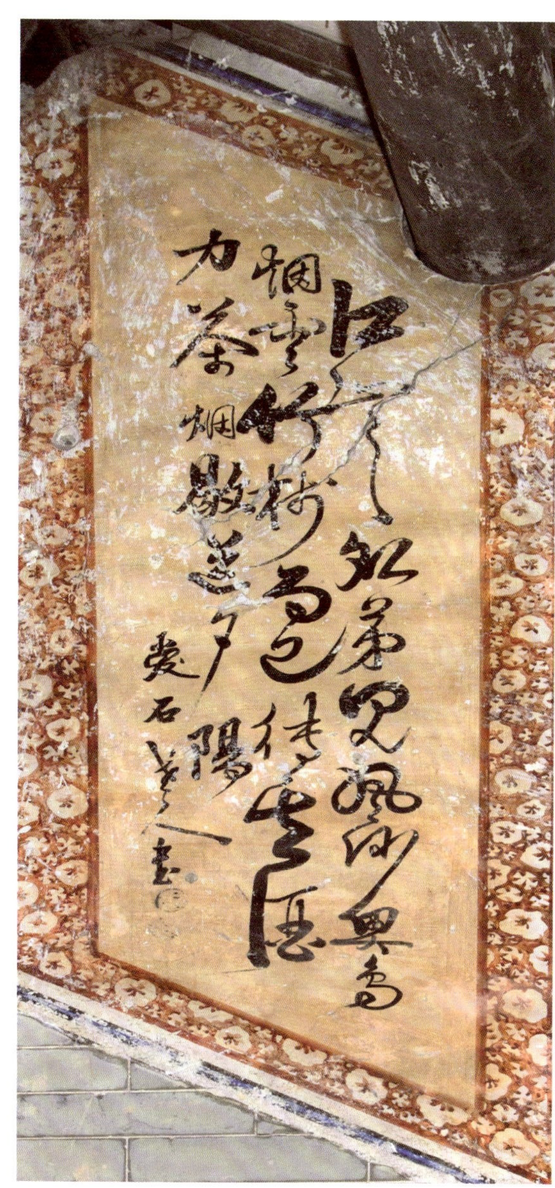

12.《黄冈竹楼记》（王禹偁）

作者：江玉舟

年代：1885

款识：江山之外，第见风沙鱼鸟、烟云竹树而已。待其酒力，茶烟歇，送夕阳。爱石老人书。

位置：白云区石马村洪圣古庙头门左侧山墙

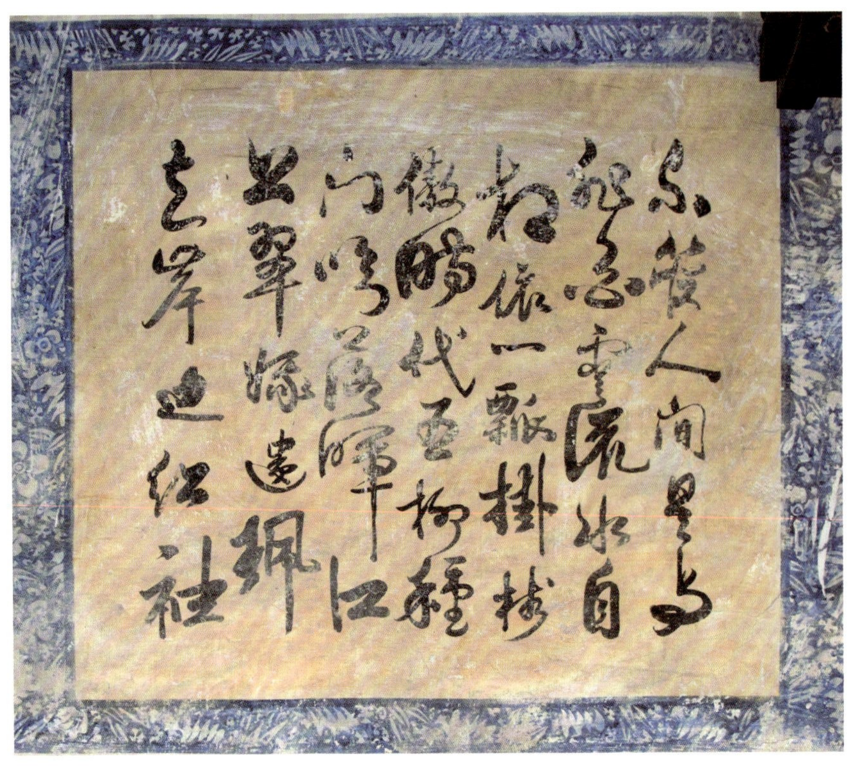

13.《闲》（徐寅）

作者：江玉舟

年代：1885

款识：不管人间是与非，白云流水自相依。一瓢挂树傲时代，五柳种门吟落晖。江上翠娥遗珮去，岸边红袖（后文为：采莲归，客星辞得汉光武，却坐江东旧薜矶）

位置：白云区石马村洪圣古庙头门正立面顶部

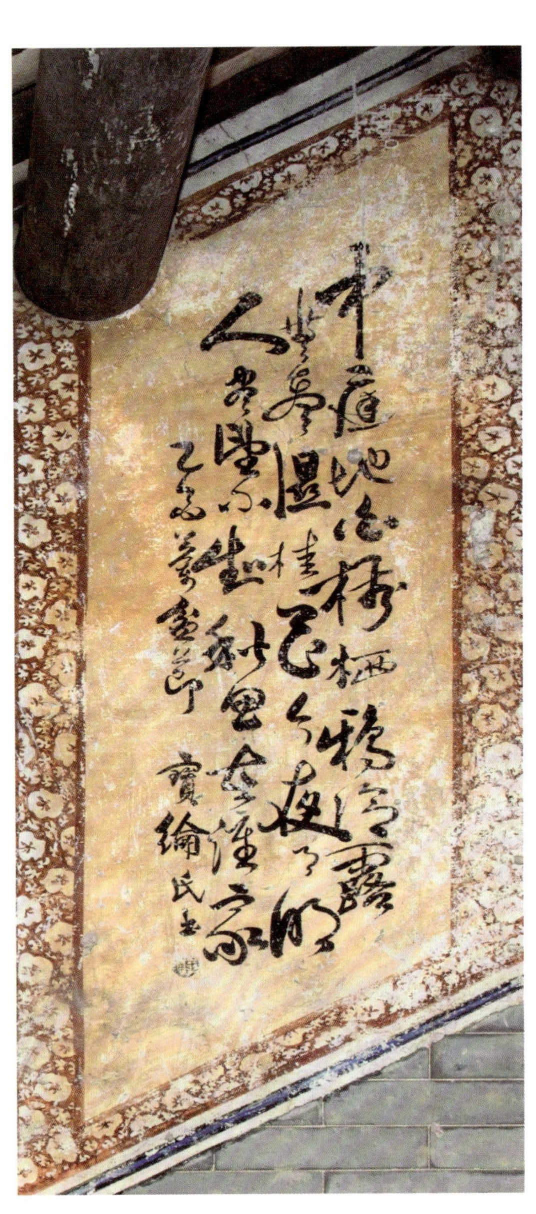

14.《十五夜望月》（王建）

作者：江玉舟

年代：1885

款识：中庭地白树栖鸦，冷露无声湿桂花。今夜月明人尽望，不知秋思落谁家。乙酉兰盆节，宝纶氏书。

位置：白云区石马村洪圣古庙头门右侧山墙

15.《春日偶成》（程颢）

作者：郭耀石

年代：1944

款识：云淡风轻过（近）午天，傍花随柳过前川。时人不识予心乐，将谓偷闲学少年。

位置：白云区石井街唐阁村何氏宗祠头门左侧山墙

16.《寒食》（韩翃）

作者：郭耀石

年代：1944

款识：春城无处不飞花，寒食东风御柳斜。日暮寒（汉）宫传蜡烛，轻烟散入五侯家。

位置：白云区石井街唐阁村何氏宗祠头门右侧山墙

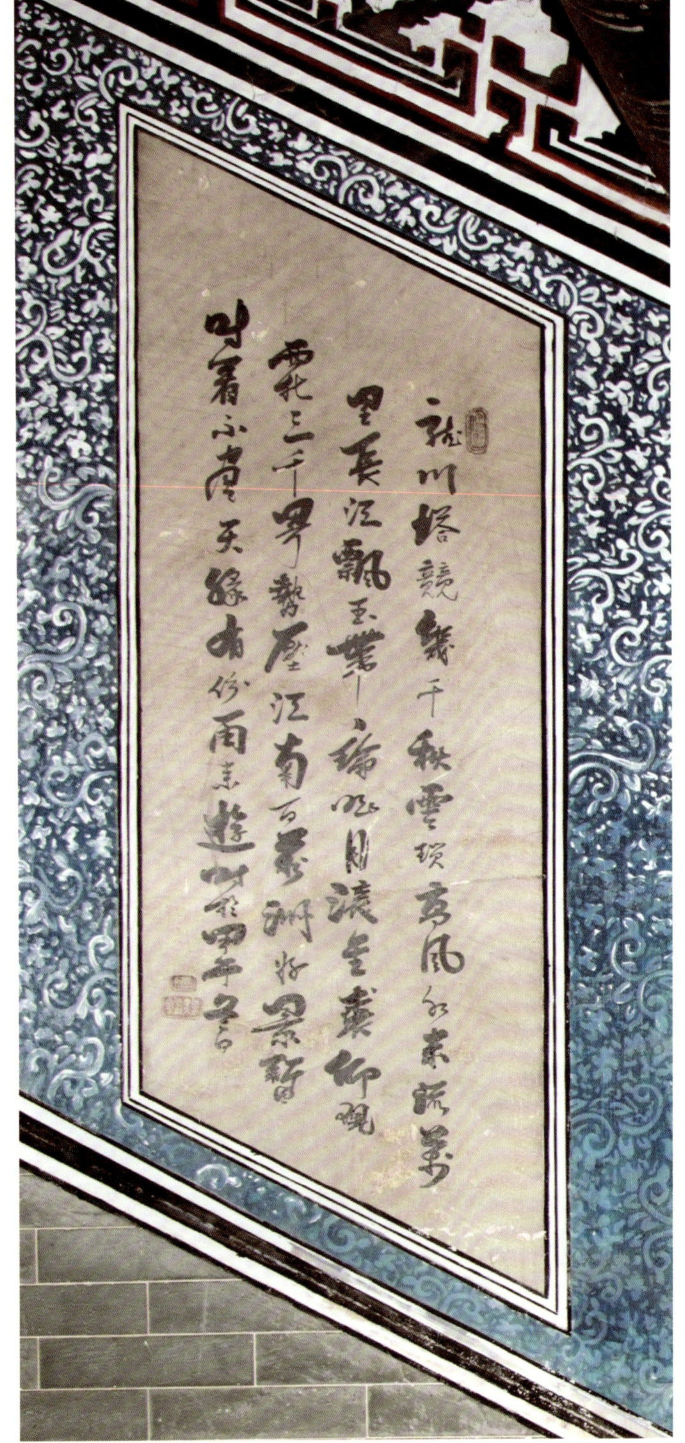

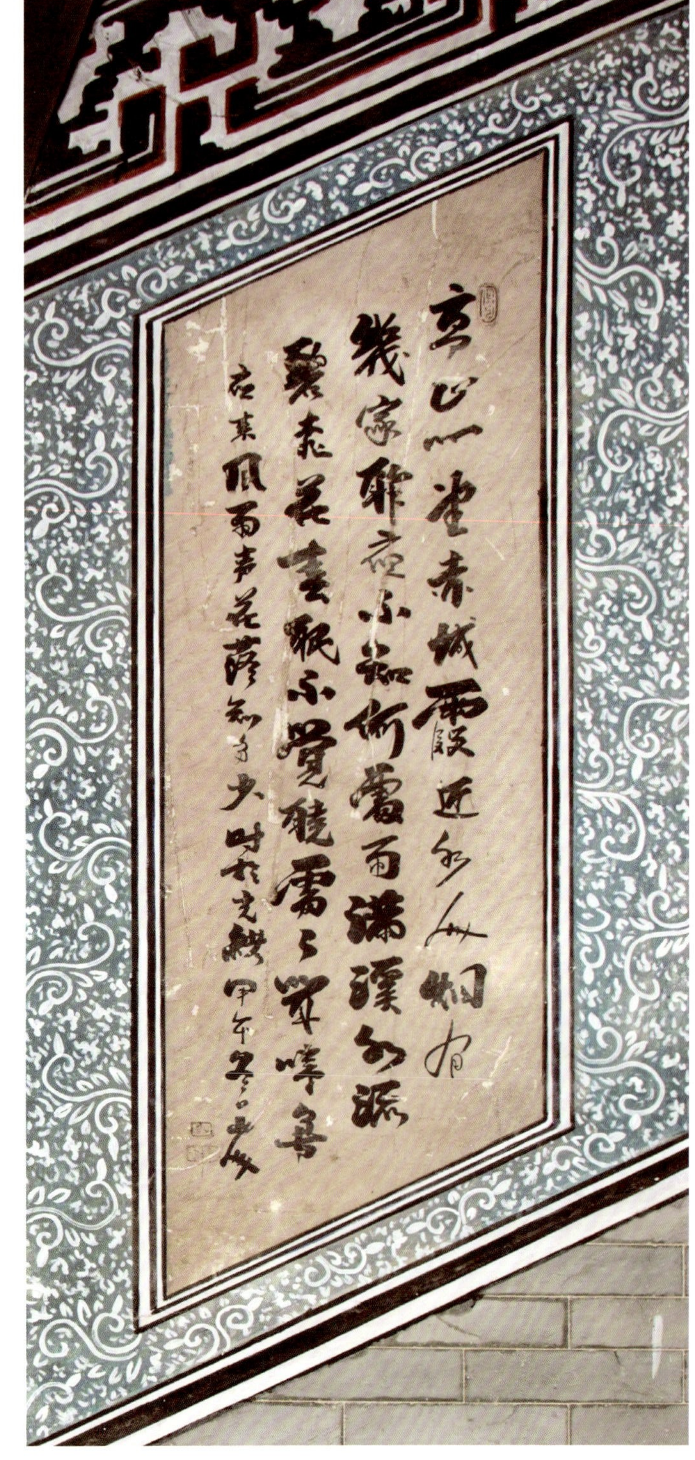

17.《游江南》（乾隆）

作者：梁锦轩

年代：1894

款识：龙川塔影几千秋，云锁高峰水自流。万里长江飘玉带，一轮明月滚金球。仰观西北三千界，势压江南百万洲。好景暂时看不尽，天缘有份再来游。时于甲午冬日。

位置：白云区石井街鸦岗村萧氏大宗祠头门左侧外檐山墙

18.《春晓》（孟浩然）等

作者：梁锦轩

年代：1894

款识：高山一望赤城霞，近水人烟有几家。昨夜不知何处雨，满溪水流碧桃花。春眠不觉晓，处处闻啼鸟，夜来风雨声，花落知多少。时于光绪甲午冬日，山人。

位置：白云区石井街鸦岗村萧氏大宗祠头门右侧外檐山墙

19. 谚语

作者：关钧和

年代：1948

款识：每事让三分，天空海阔。心田留一点，子种孙耕。

位置：白云区石井街大朗村刘氏大宗祠左偏房游廊背立面顶部

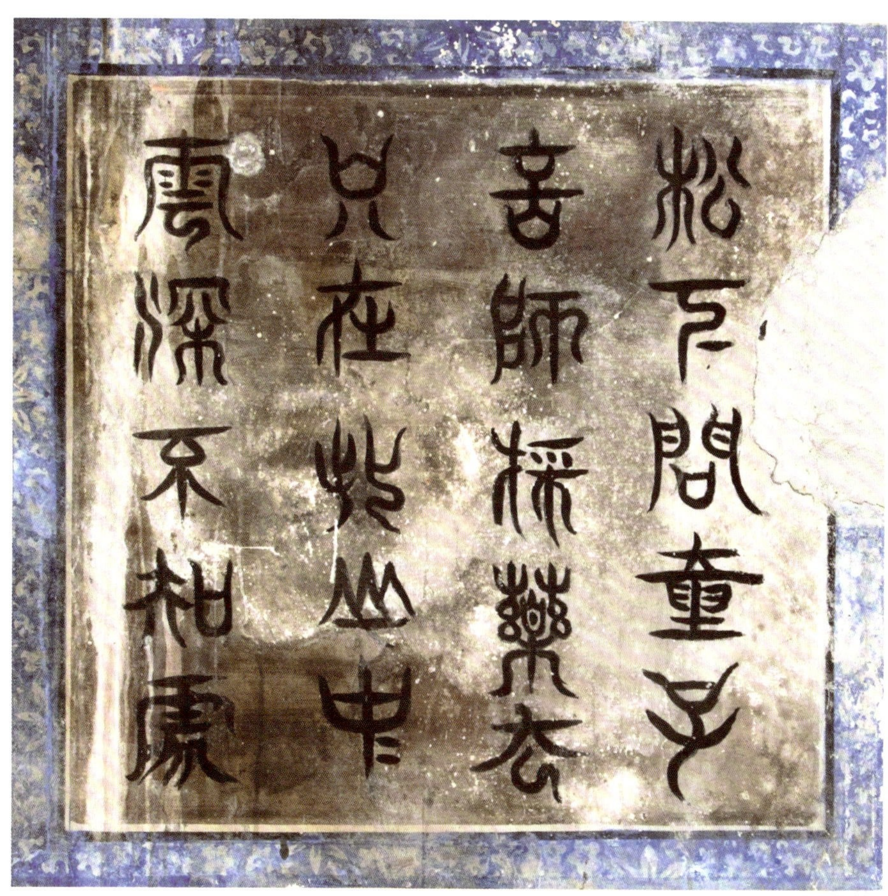

20.《寻隐者不遇》（贾岛）

作者：王雪舫

年代：1895

款识：松下问童子，言师采药去。只在此山中，云深不知处。

位置：白云区江高镇两上村黄氏宗祠后堂正立面墙壁顶部

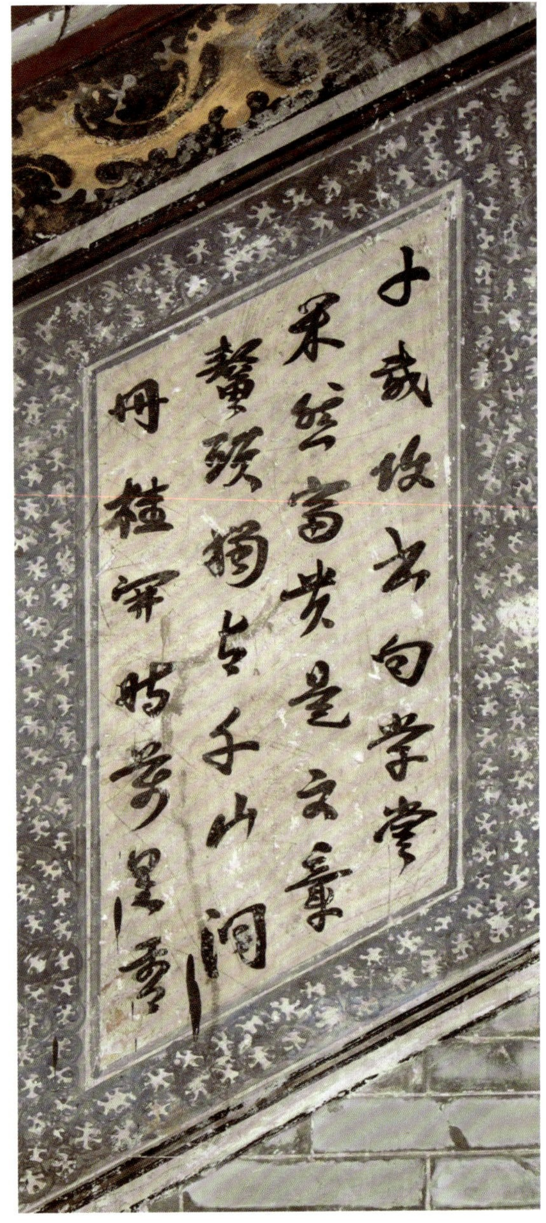

21.《无题》（黄暄桂）

作者：韩昌

年代：1932

款识：十载攻书向学堂，果然富贵是文章。鳌头独占千山洞，丹桂开时万里香。

位置：白云区钟落潭镇白沙村曹氏宗祠头门右侧山墙顶部

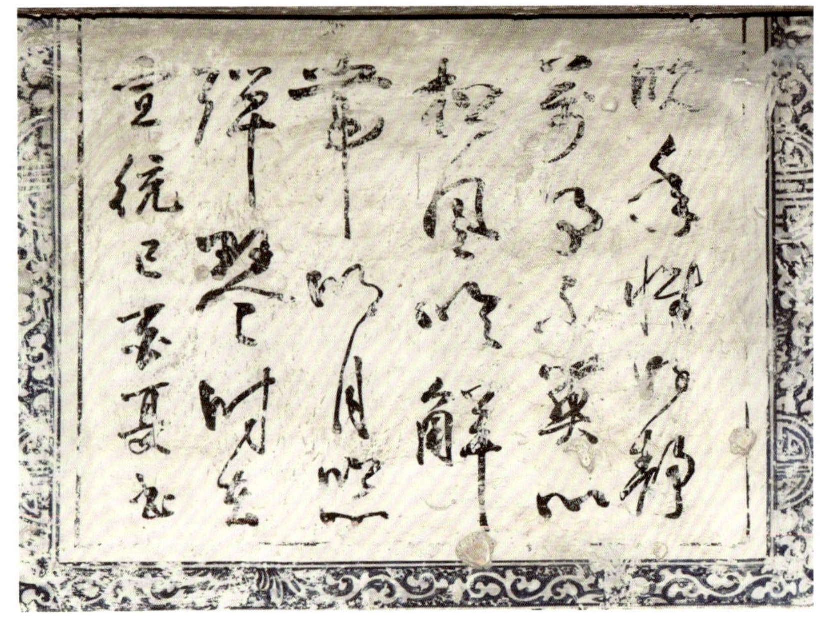

22.《酬张少府》（王维）

作者：张寿田

年代：1909

款识：晚年性好静，万事不关心。松风吹解带，明月照弹琴。时在宣统乙酉年夏书。

位置：黄埔区萝岗街萝枫坑村青紫社学头门心间外檐正立面顶部

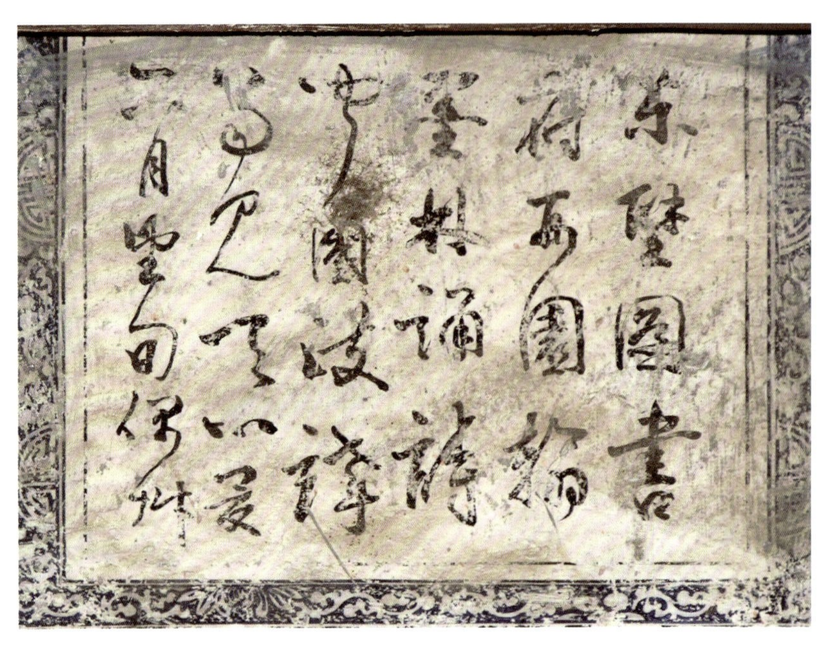

23.《恩制赐食于丽正殿书院宴赋得林字》（张说）

作者：张寿田

年代：1909

款识：东壁图书府，西园翰墨林。诵诗闻国政，讲易见天心，夏六月望旬偶草。

位置：黄埔区萝岗街萝枫坑村青紫社学头门心间外墙正立面顶部

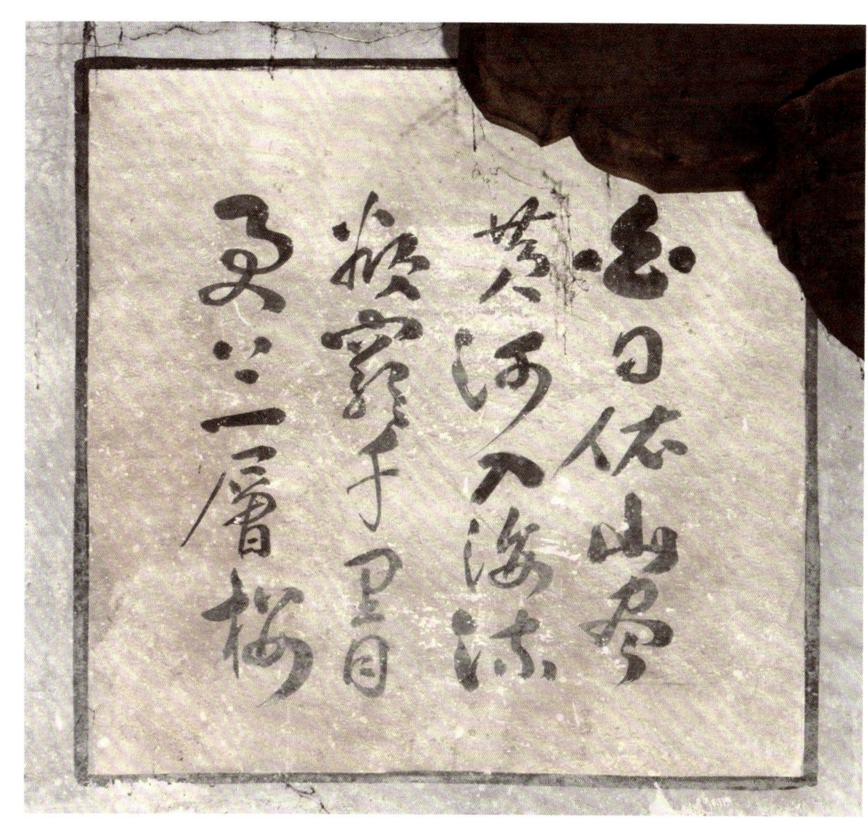

24.《登鹳雀楼》（王之涣）

作者：杨瑞石

年代：清末

款识：白日依山尽，黄河入海流。欲穷千里目，更上一层楼。

位置：番禺区石碁镇新桥村观澜周公祠头门心间内檐正立面顶部

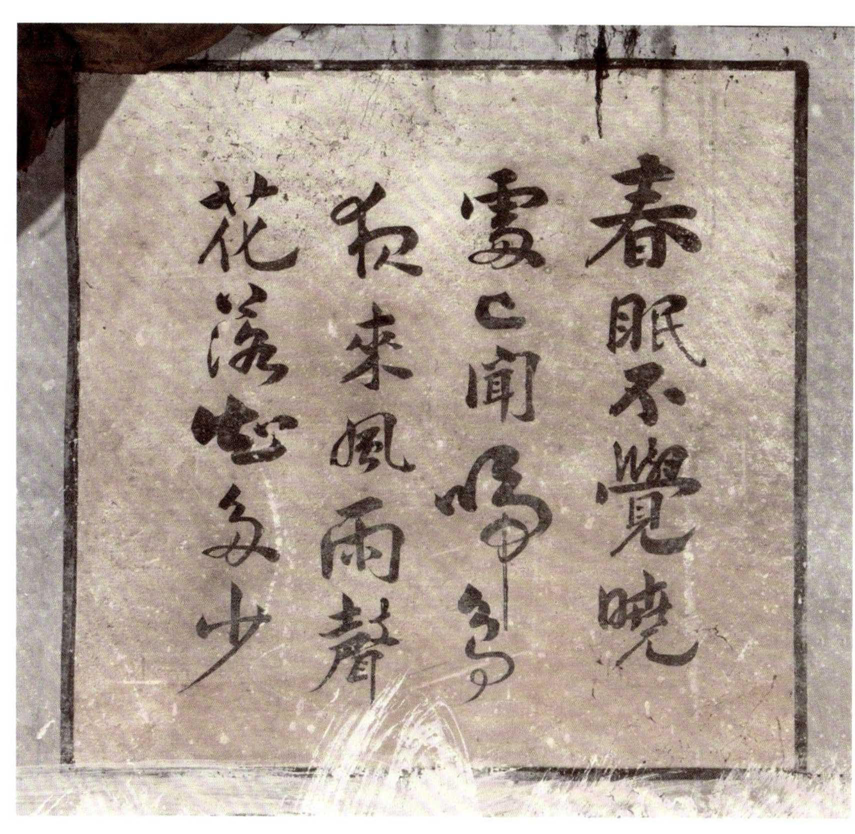

25.《春晓》（孟浩然）

作者：杨瑞石

年代：清末

款识：春眠不觉晓，处处闻啼鸟。夜来风雨声，花落知多少。

位置：番禺区石碁镇新桥村观澜周公祠头门心间内檐正立面顶部

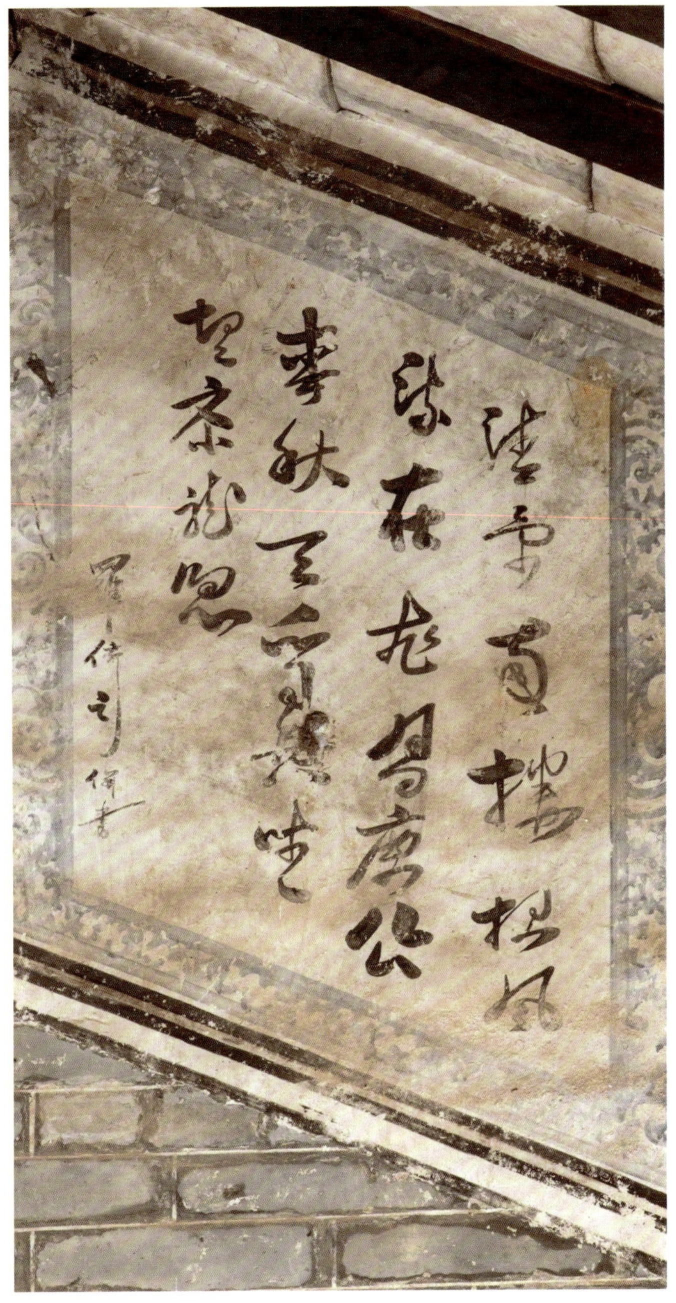

26.《陪宋中丞武昌夜饮怀古》（李白）

作者：罗倚之

年代：1874

款识：清景南楼夜，风流在武昌。庾公爱秋月，乘兴坐胡床，龙笛（后文为：吟寒水，天河落晓霜。我心还不浅，怀古醉余觞）。罗倚之并书。

位置：番禺区沙头街横江村胜惠何公祠头门外檐左山墙内侧顶部

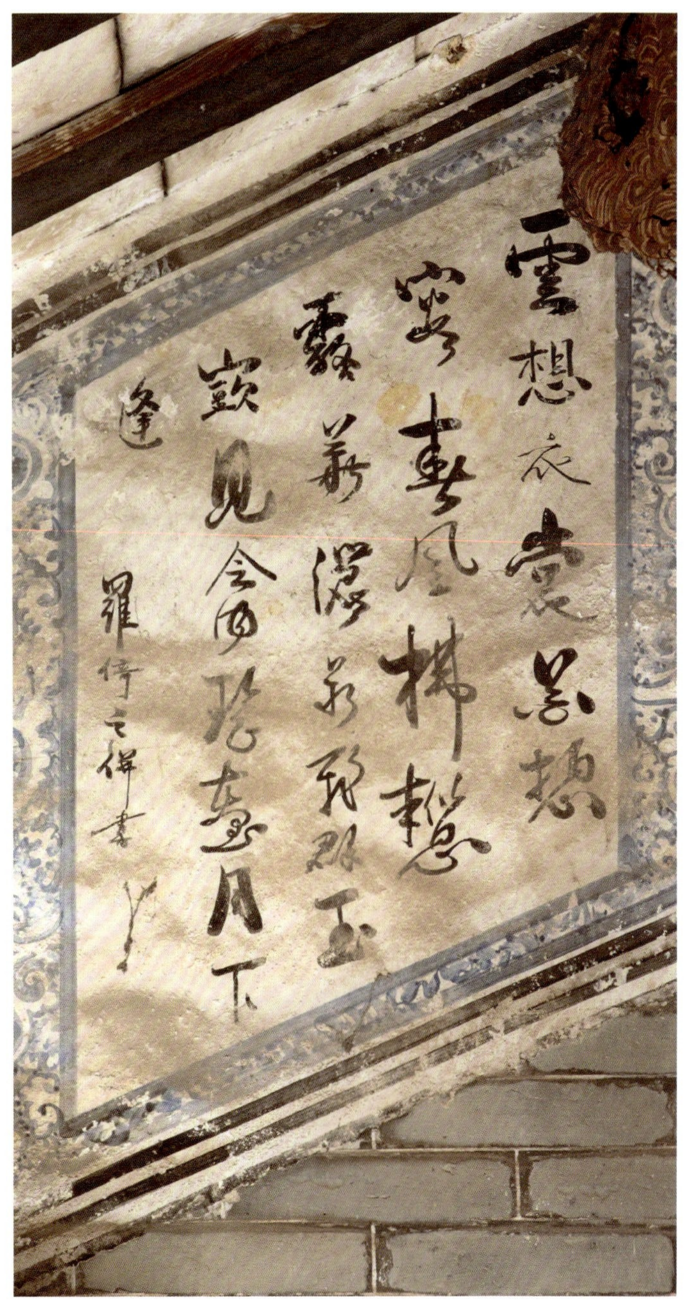

27.《清平调》（李白）

作者：罗倚之

年代：1874

款识：云想衣裳花想容，春风拂槛露华浓。若非群玉山头见，会向瑶台月下逢。罗倚之并书。

位置：番禺区沙头街横江村胜惠何公祠头门外檐右山墙内侧顶部

28.《陋室铭》（刘禹锡）

作者：罗倚之

年代：1874

款识：山不在高，有仙则名。水不在深，有龙则灵。斯是陋室，惟不（吾）德馨。罗倚之并书。

位置：番禺区沙头街横江村胜惠何公祠头门心间内檐正立面顶部

29.《陋室铭》（刘禹锡）

作者：罗倚之

年代：1874

款识：苔痕上阶绿，草色入帘青。谈笑有鸿儒，［往］来无白丁。可以调素琴，阅金经，无丝（竹之乱耳。）罗倚之并书。

位置：番禺区沙头街横江村胜惠何公祠头门心间内檐正立面顶部

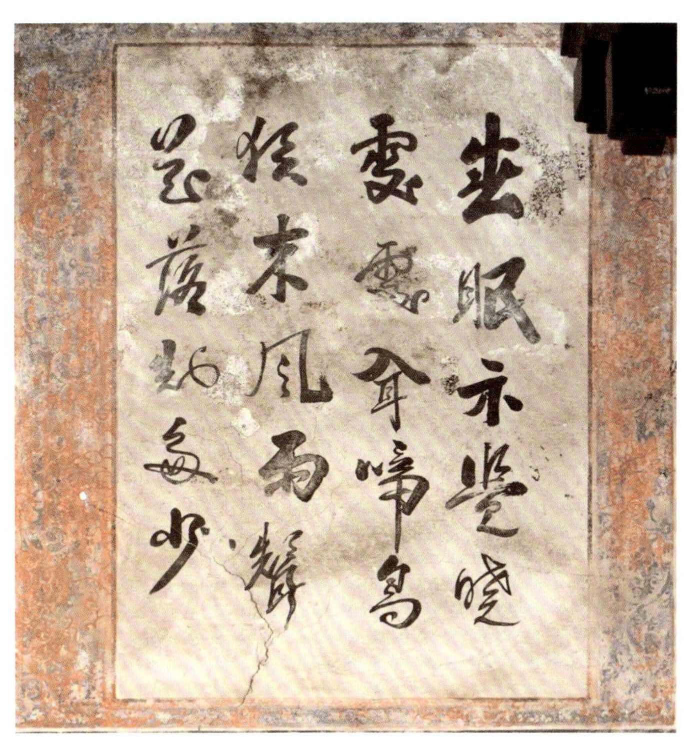

30.《春晓》（孟浩然）

作者：韩翠石

年代：1892

款识：春眠不觉晓，处处闻啼鸟。夜来风雨声，花落知多少。

位置：番禺区石楼镇茭塘东村文武庙头门心间外檐正立面顶部

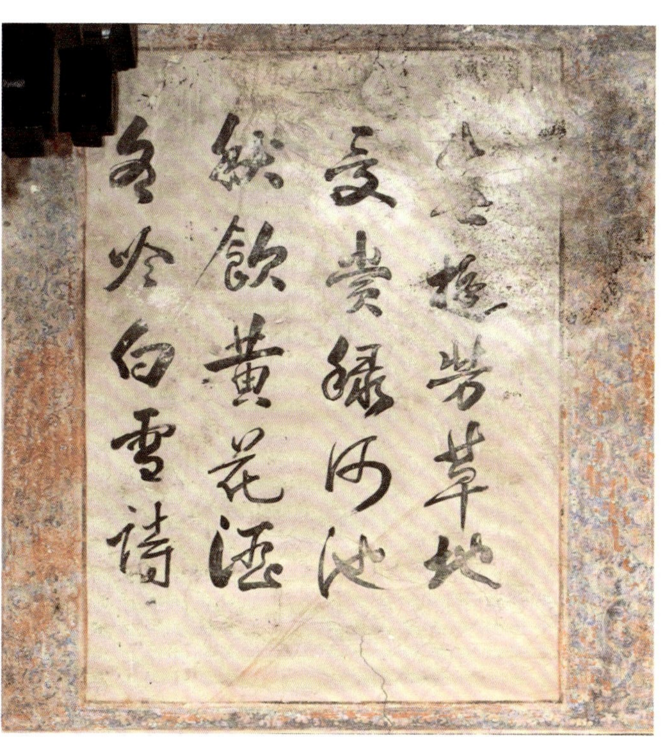

31.《神童诗》（汪洙）

作者：韩翠石

年代：1892

款识：春游芳草地，夏赏绿荷池。秋饮黄花酒，冬吟白雪诗。

位置：番禺区石楼镇茭塘东村文武庙

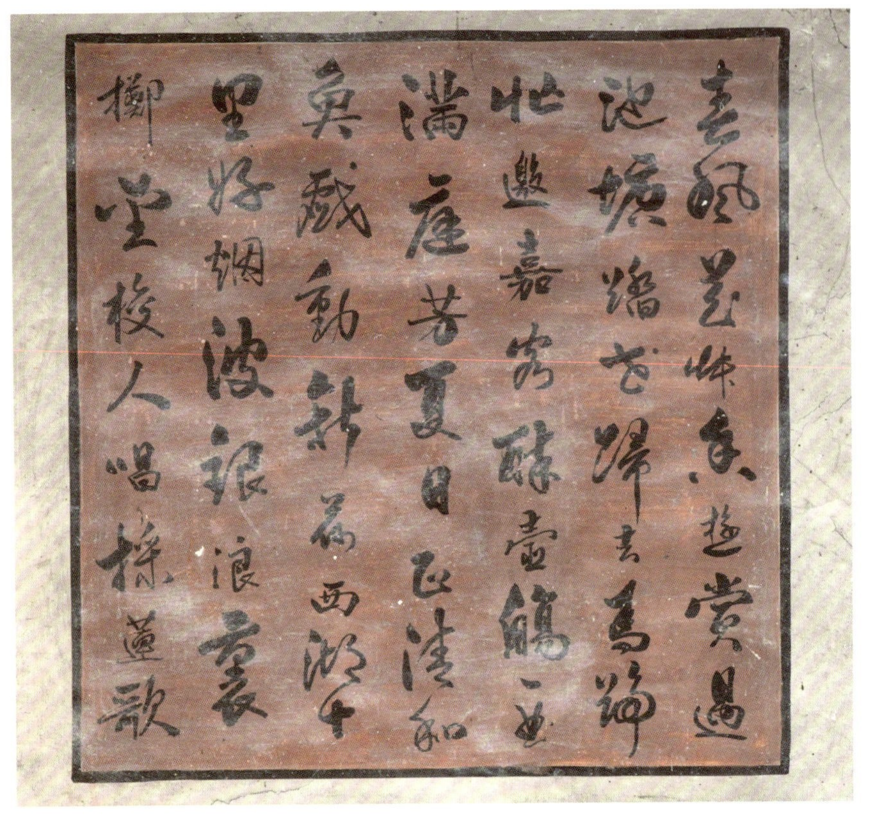

32.《四时景词》（节录）

作者：不详

年代：1874

款识：春风花草香，游赏过池塘，踏花归去马蹄忙。邀嘉客，醉壶觞，一曲满庭芳。夏日正清和，鱼（渔）戏动新荷。西湖十里好烟波，银浪里，掷金梭，人唱采莲歌。

位置：花都区赤坭镇心和村黄氏宗祠头门心间内檐正立面顶部

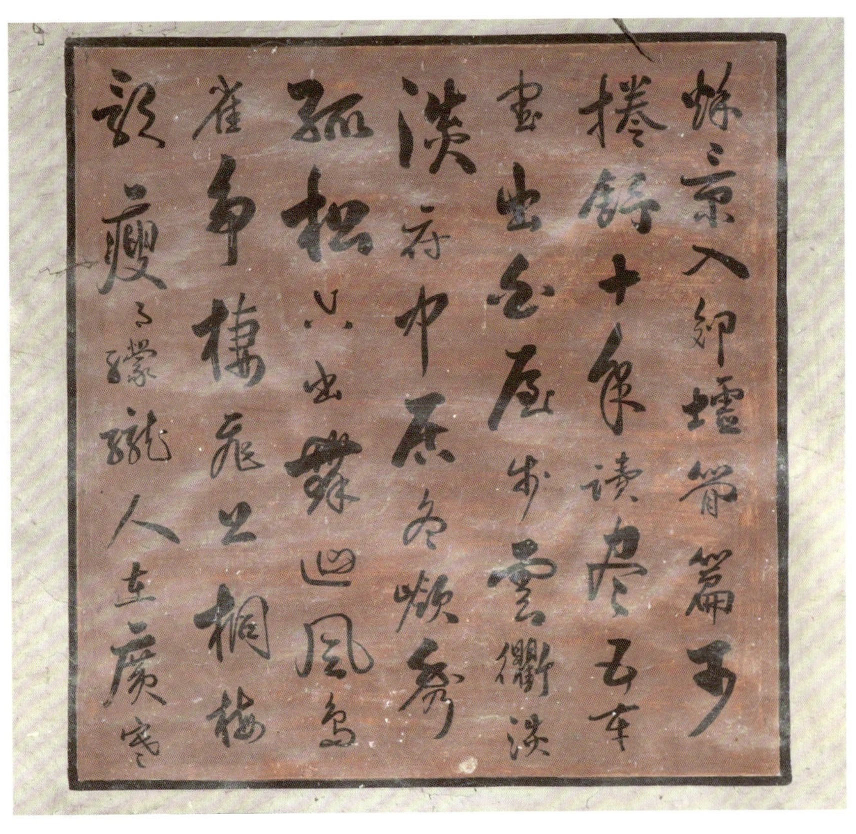

33.《四时景词》（节录）

作者：不详

年代：1874

款识：秋景入郊墟，简编可卷舒，十年读尽五车书。出白屋，步云衢，淡淡府中居。冬岭秀孤松，六出舞回风。鸟雀争栖飞上桐。梅影瘦，月朦胧，人在广寒。

位置：花都区赤坭镇心和村黄氏宗祠头门心间内檐正立面顶部

34.《枫桥夜泊》（张继）《芙蓉楼送辛渐》（王昌龄）

作者：不详

年代：1874

款识：月落乌啼霜满天，江枫渔火对愁眠。姑苏城外寒山寺，夜半钟声到客船。（《寒桥夜泊》）寒雨连江夜入吴，平明送客楚山孤。洛阳亲友如相问，一片冰心在（玉壶）。（《芙蓉楼送辛渐》）

位置：花都区赤坭镇心和村黄氏宗祠后堂后檐右山墙内侧顶部

35.《山居秋暝》（王维）

作者：杨贯亭

年代：1910

款识：江（空）山新雨后，天气晚来秋。明月松间照，清泉石上流。庚戌，偶氏。

位置：花都区赤坭镇乌石村黄氏大宗祠后堂前檐左山墙内侧顶部

36.《寻隐者不遇》（贾岛）

作者：杨贯亭

年代：1910

款识：松下问童子，言师［采药］去。只在此山中，云深不知处。半痴氏。

位置：花都区赤坭镇乌石村黄氏大宗祠后堂后檐左山墙内侧顶部

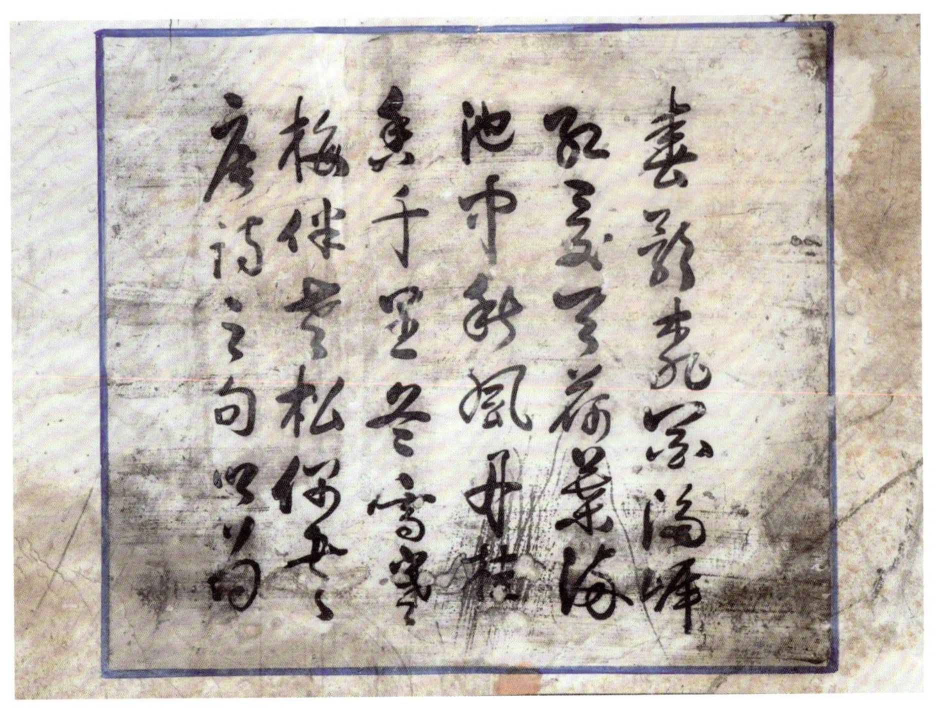

37.《四季吟》（无名氏）

作者：刘兰甫

年代：1914

款识：春影桃花隔岸红，夏天荷叶满池中。秋风丹桂香千里，冬雪寒梅伴老松。偶书唐诗之句以为。

位置：花都区炭步镇文二村谢氏宗祠后堂心间后墙内侧顶部

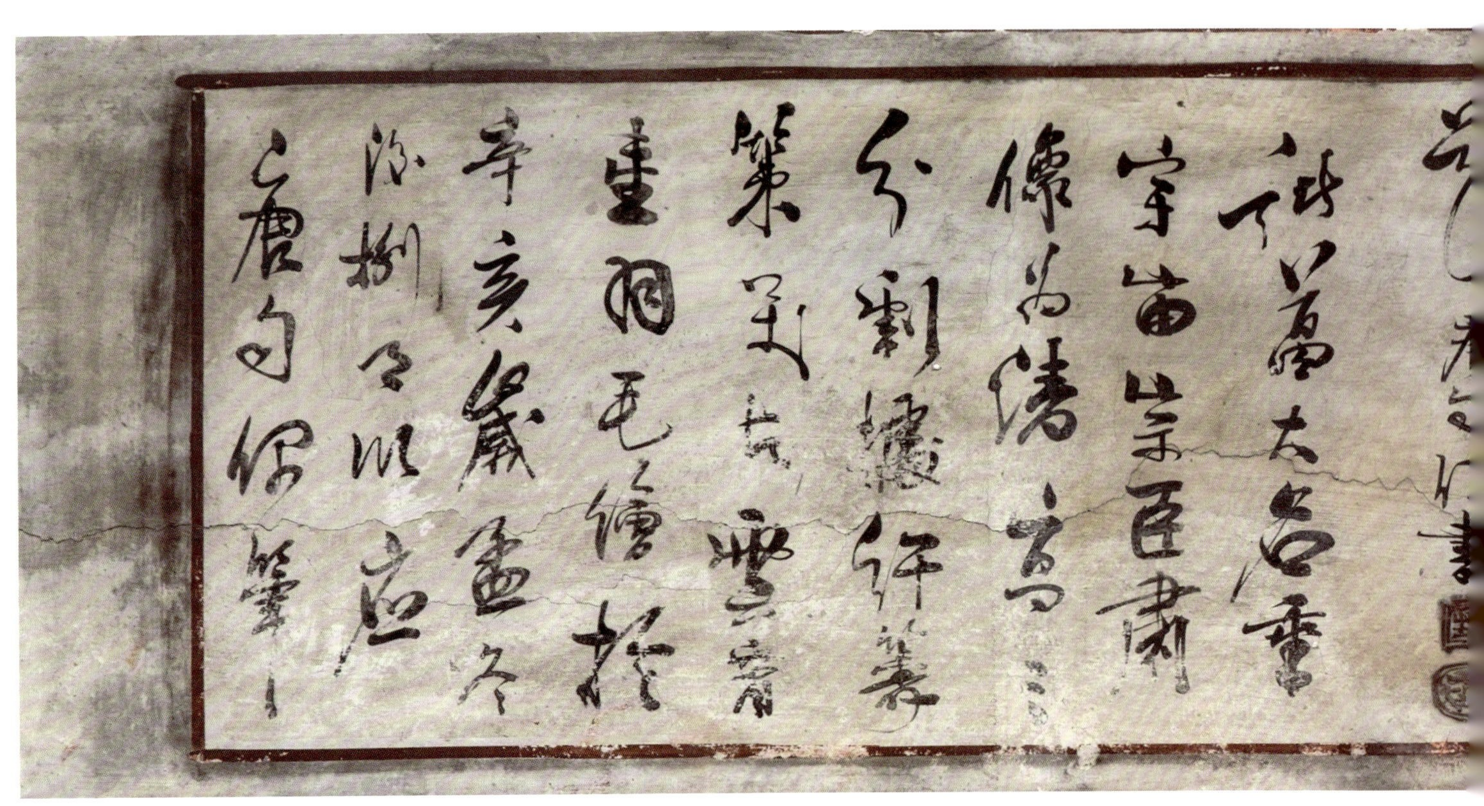

39.《江州重别薛六柳八二员外》（刘长卿）《山行》（杜牧）《咏怀古迹·其五》（杜甫）

作者：梁锦山

年代：1911

款识：生涯岂料承优诏，世事空知学醉歌。淮南木落楚山多。寄身且喜沧洲近，顾影无如白发何。今日龙钟人共老，愧君犹遣慎风波。（《江州重别薛六柳八二员外》）集于薛柳二员外，唐句。

38.《贫居自述·其七》（李孔修）

作者：王焯

年代：清末

款识：年过年来不记年，天寒天暖总由天。心无事扰迟迟起，身怯衣单早早眠。酒可消愁多饮酒，钱能招祸少求钱。从来富贵天生定，何必区区为利牵。

位置：花都区赤坭镇田心村麦氏大宗祠后天井右侧廊与后天井隔墙顶部

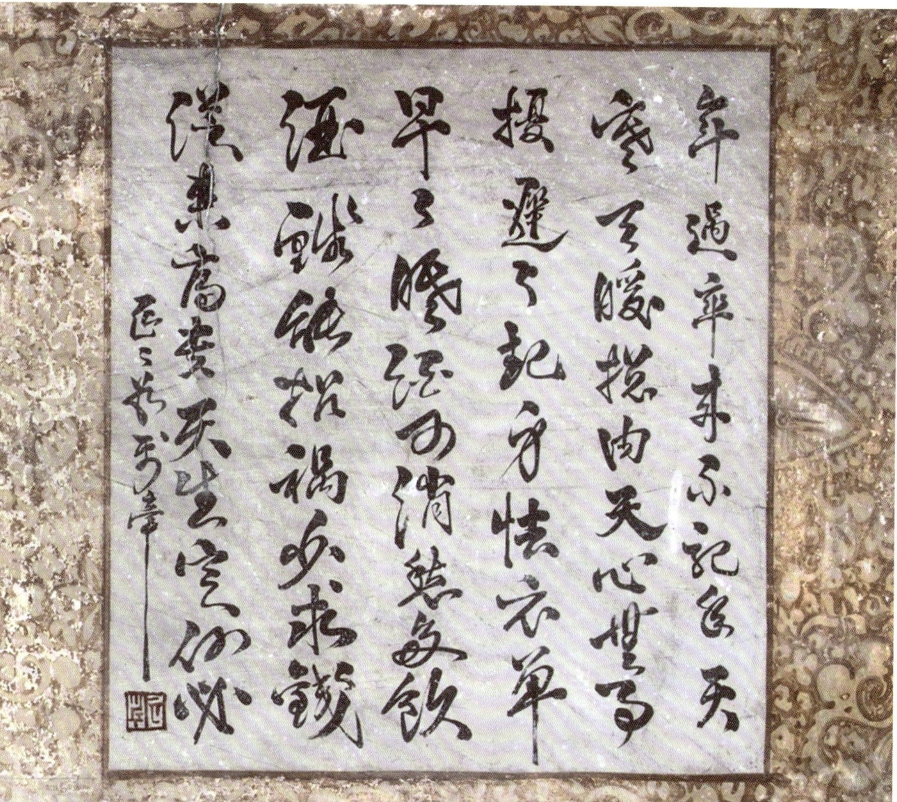

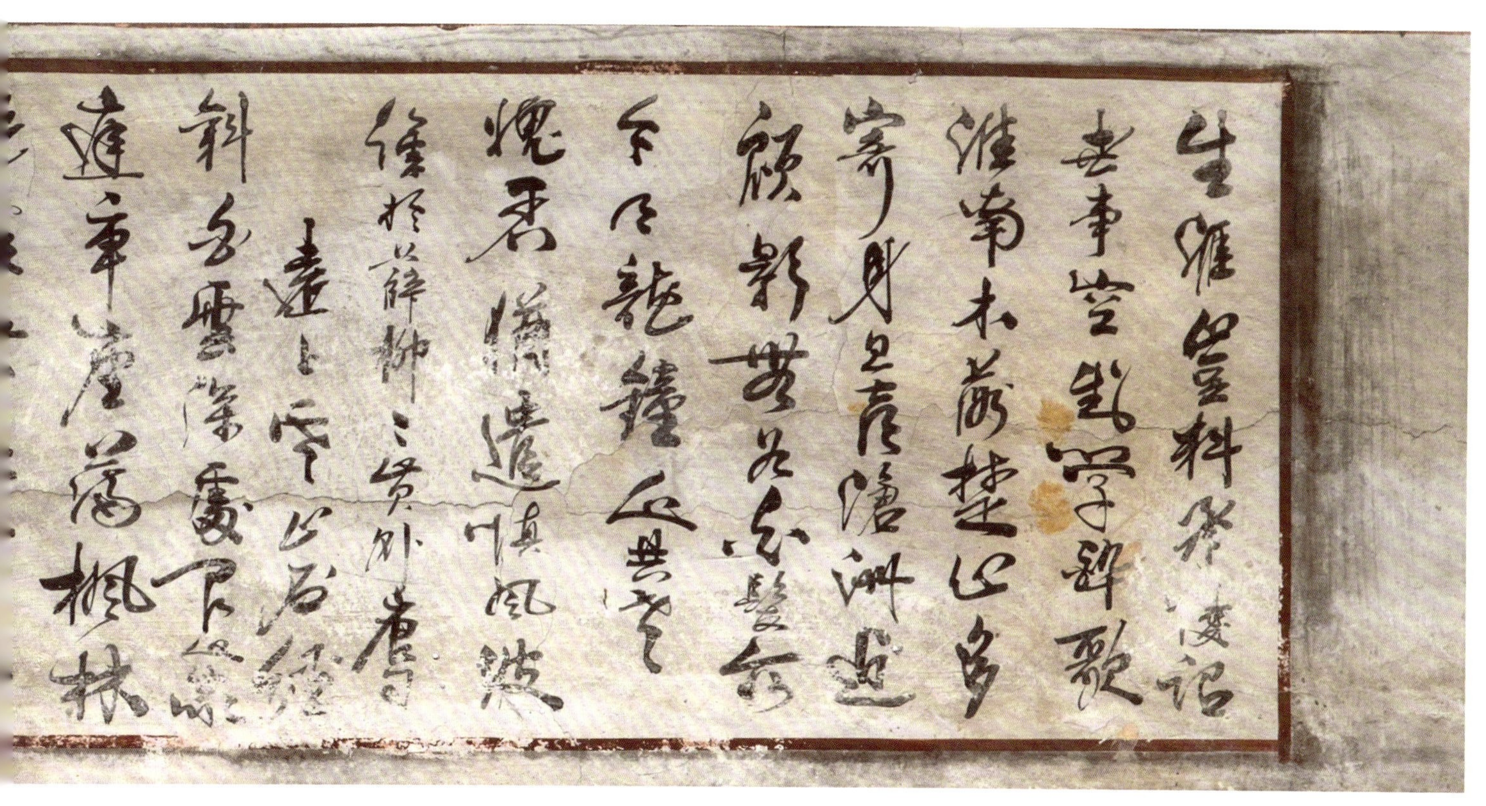

远上寒山石径斜，白云深（生）处有人家。停车坐爱枫林晚，霜叶红于二月花。唐句，偶书。（《山行》）诸葛大名垂宇宙，宗臣肃（遗）像为（肃）清高。三分割据纡筹策，万古云霄一羽毛。（《咏怀古迹·其五》）绘于辛亥岁孟冬后八月（日），以应唐句，偶笔。

位置：花都区赤坭镇瑞岭村朱氏大宗祠后堂心间后墙内侧顶部

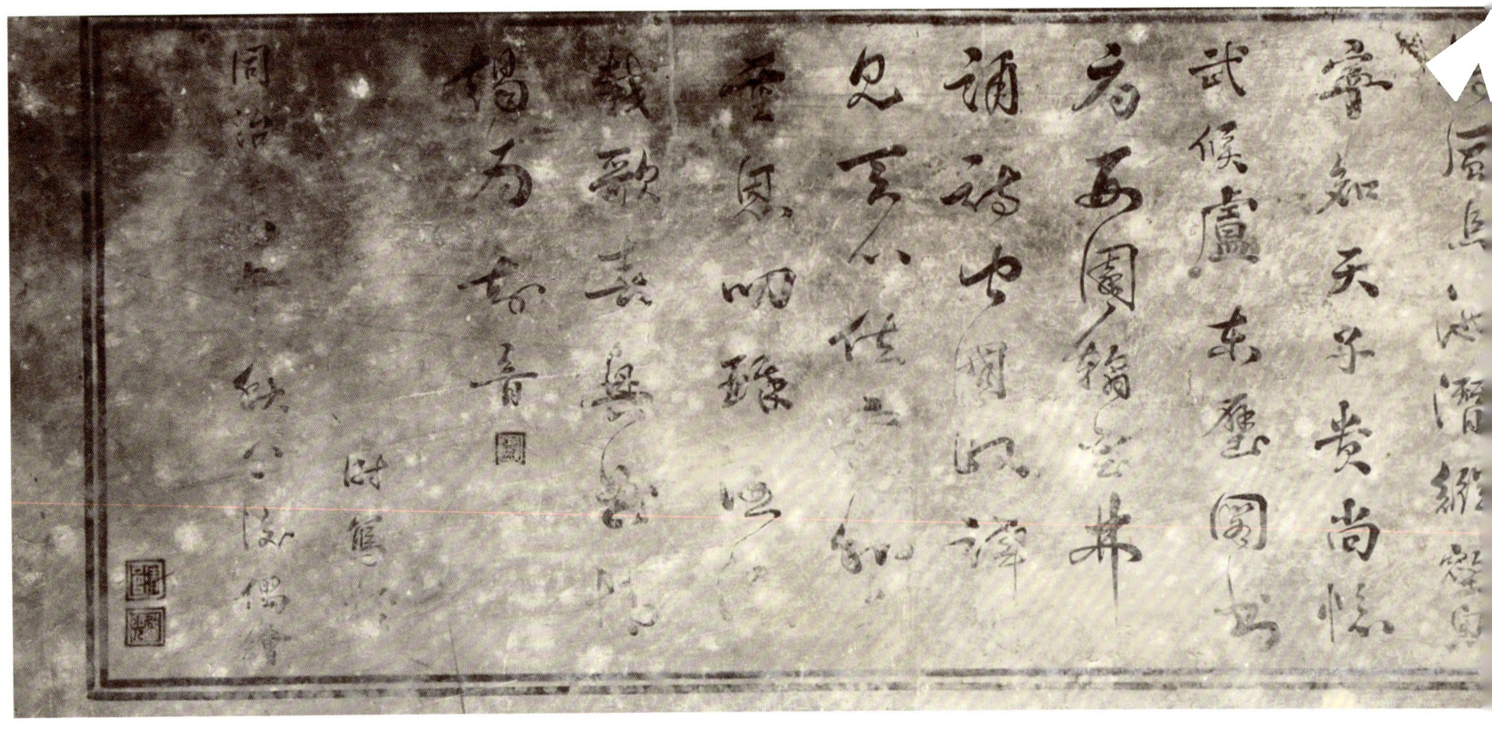

40.《奉和幸韦嗣立山庄侍宴应制》（李峤）《恩制赐食于丽正殿书院宴赋得林字》（张说）

作者：黎文泉

年代：1870

款识：南洛师臣契，东岩王佐居。幽情遗绂冕，宸眷属樵渔。制下峒山跸，恩回灞水舆。松门驻旌盖，薜幄引簪裾。石磴平黄陆，烟楼半紫虚。云霞仙路近，瑟（琴）酒俗尘疏。乔木千龄外，悬泉百丈余。崖深经炼药，穴古旧藏书。树宿抟风鸟，池潜纵壑鱼。宁知天子贵，尚忆武侯庐；（《奉和幸韦嗣立山庄侍宴应制》）东壁图书府，西园翰墨林。诵诗闻国政，讲易见天心。位窃和羹重，恩叨醉酒深。载歌春兴曲，情竭为知音。（《恩制赐食于丽正殿书院宴赋得林字》）时写于同治庚午秋半后，偶绘。

位置：花都区赤坭镇东升村钟氏大宗祠头门右次间内檐正立面顶部

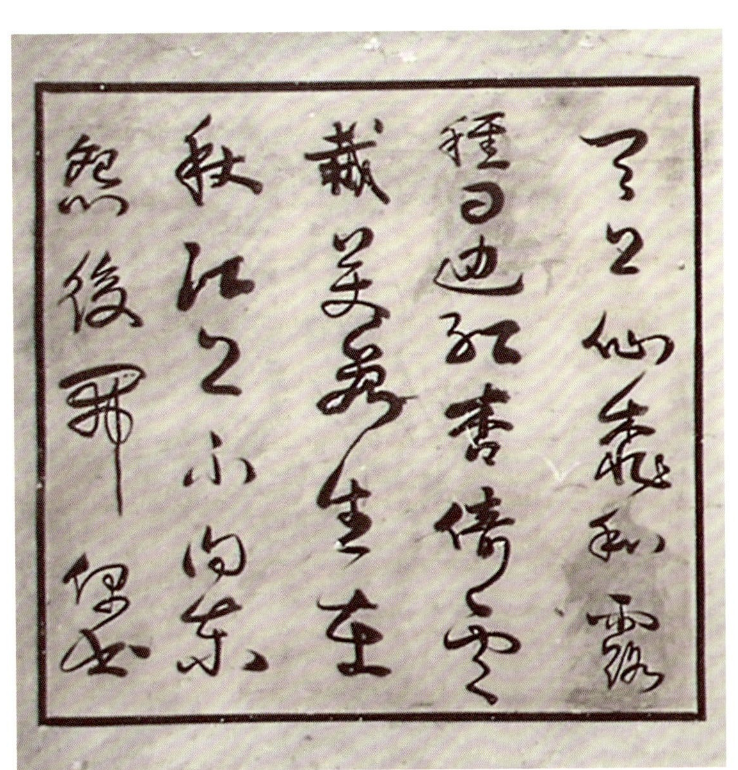

41.《上高侍郎》（高蟾）

作者：不详

年代：清末

款识：天上仙桃利露种，日边红杏倚云栽。芙蓉生在秋江上，不向东（风）怨后开。偶书。

位置：花都区炭步镇塱头村台华公书院头门心间内檐正立面顶部

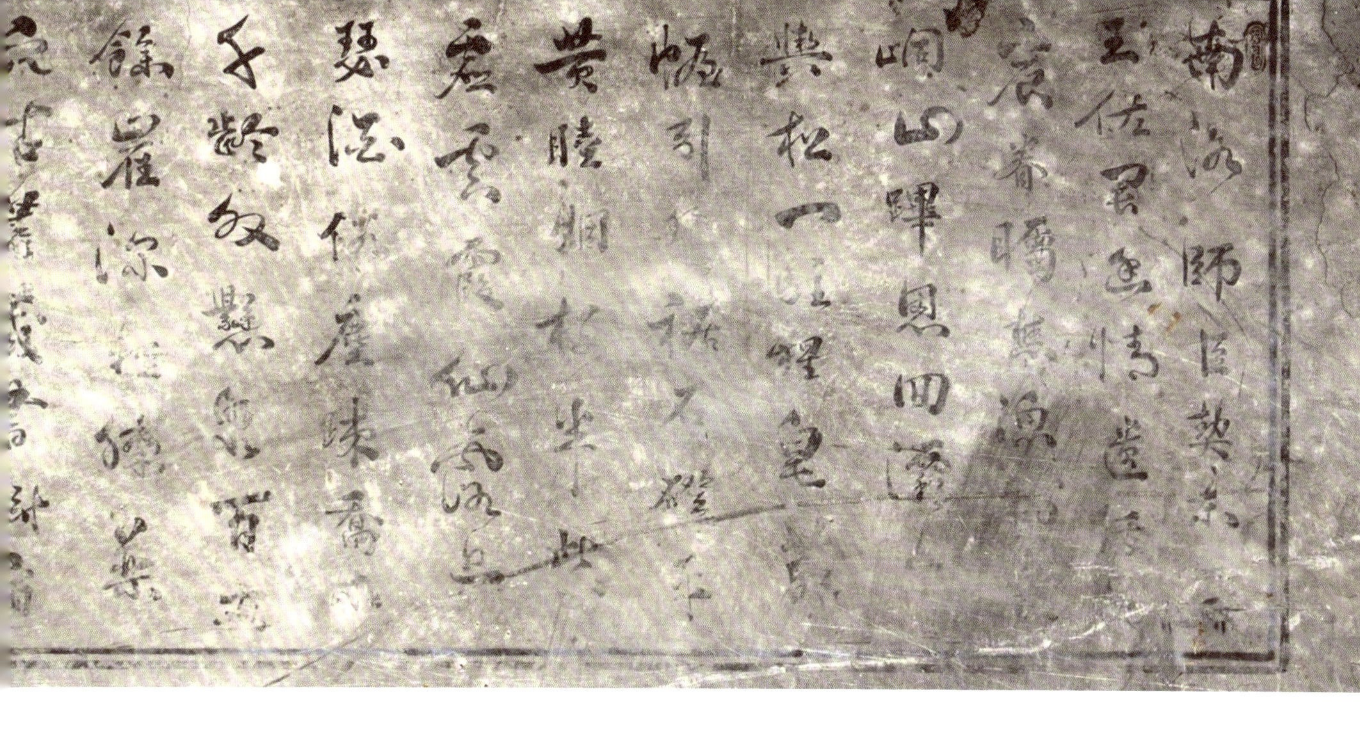

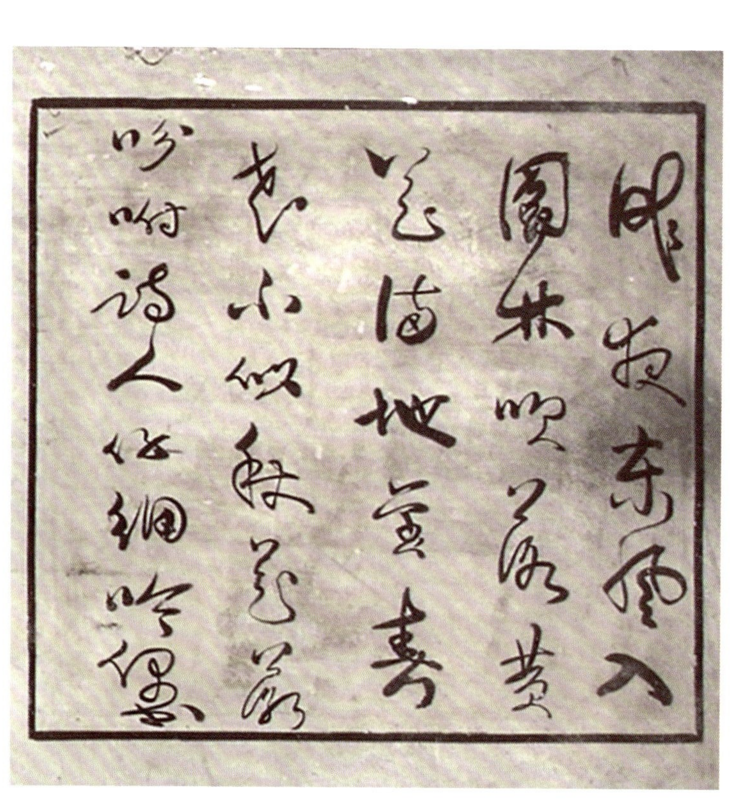

42.《咏菊》

作者：不详

年代：清末

款识：昨夜东风入园林，吹落黄花满地金。春花不似秋花落，吩咐诗人仔细吟。（注：诗句部分节自明·冯梦龙《警世通言》）偶书。

位置：花都区炭步镇塱头村台华公书院头门心间内檐正立面顶部

43.《金菊对芙蓉·花则一名》（无名氏）

作者：罗炎

年代：1840

款识：携酒自挹蟾光。问花神何属，离兑中央。引骚人乘兴，广赋诗章。许多才子争攀折，嫦娥道，三种清香。状元红是，黄为榜眼，白乃（“乃”为衍字）探花郎。罗炎书。

位置：花都区狮岭镇联合村新屋天衢毕公祠头门心间外檐正立面顶部

44.《春宵》（苏轼）

作者：杨湛泉

年代：1932

款识：春宵一刻值千金，花有清香月有阴。歌管楼台声细细，秋千院落夜沉沉。如痴。

位置：花都区狮岭镇前进村东坑南枝王公祠中堂前檐右山墙内侧顶部

45.《十五夜望月寄杜郎中》（王建）

作者：杜柏洲

年代：1841

款识：中庭地白树栖鸦，冷露无声湿桂花。今夜月明人尽望，不知秋思在谁家。十五夜望月。岭南龙岩山柏洲居士偶临。

位置：花都区狮岭镇西头村新林庄玉山林公祠头门心间外檐正立面顶部

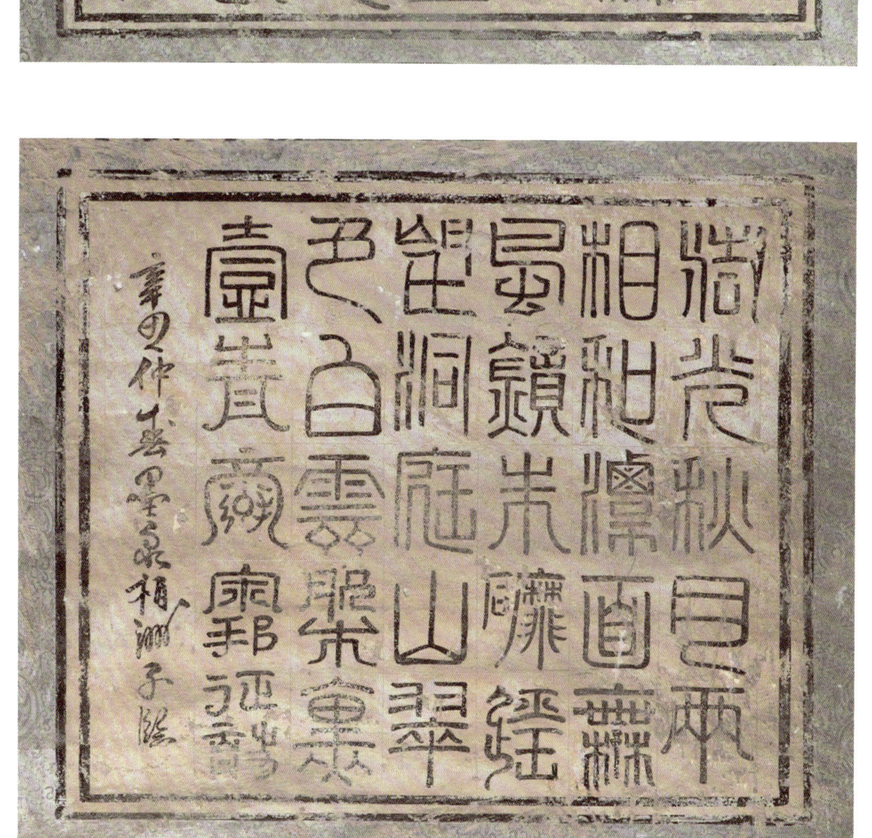

46.《望洞庭》（刘禹锡）

作者：杜柏洲

年代：1841

款识：湖光秋月两相和，潭面无风镜未磨。遥望洞庭山翠色，白云盘里一青螺。宋邦征诗。辛丑仲春，墨泉柏洲子临。

位置：花都区狮岭镇西头村新林庄玉山林公祠头门心间外檐正立面顶部

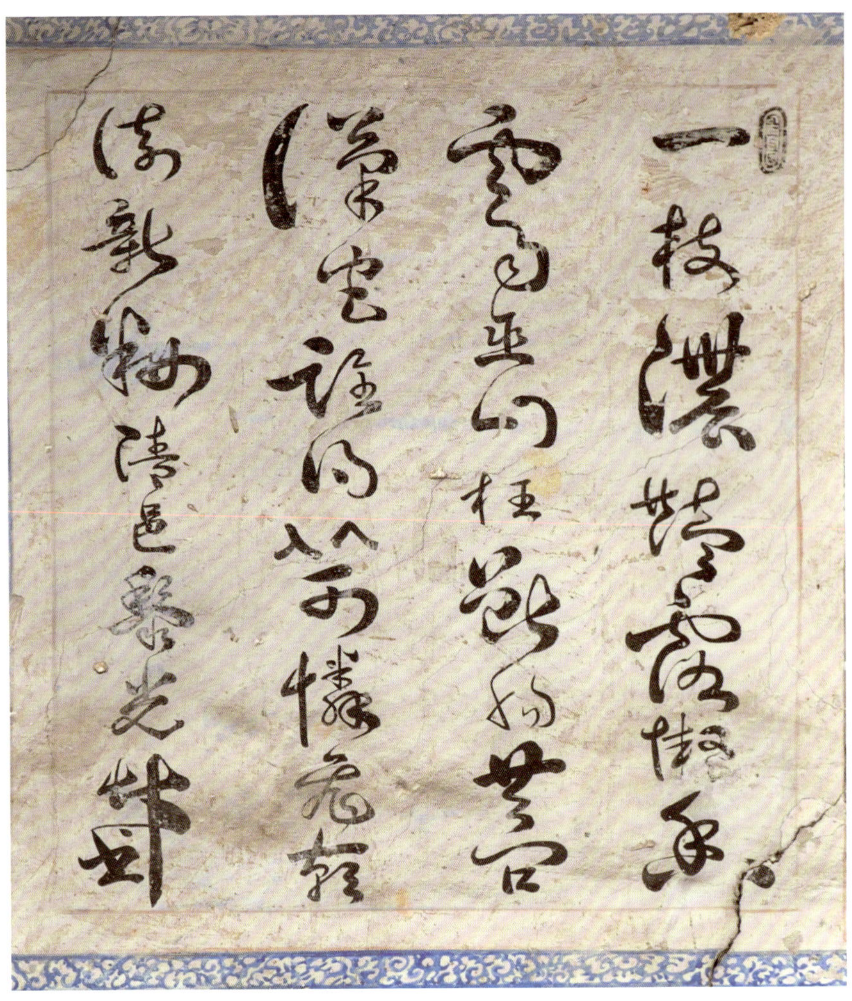

47.《清平调·其二》（李白）

作者：黎光

年代：1862

款识：一枝浓（红）艳露凝香，云雨巫山枉断肠。昔问汉宫谁得似，可怜飞燕倚新妆。清邑，黎光草书。

位置：花都区狮岭镇中心村静轩宋公祠头门心间外檐正立面顶部

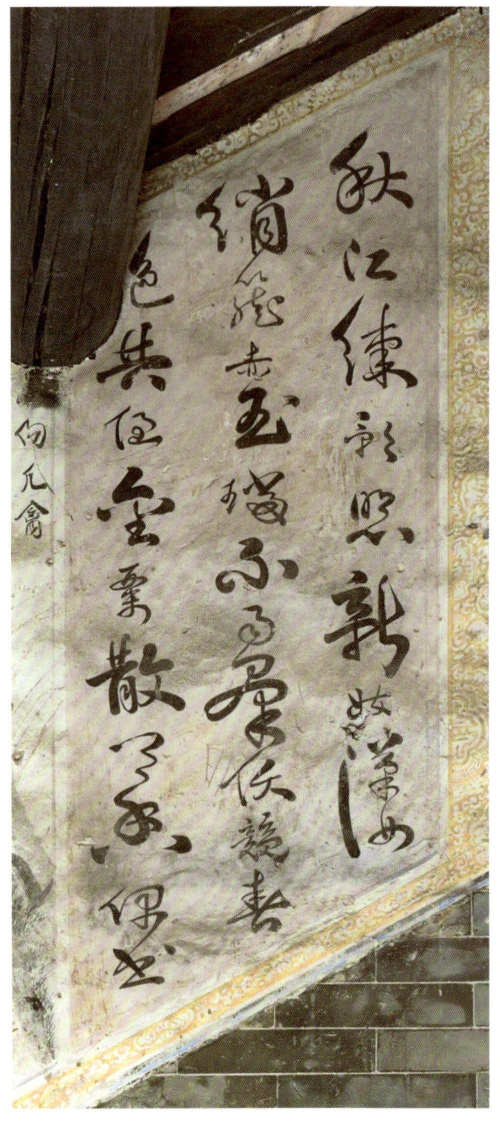

48.《题蓉桂》（徐竑）

作者：黎光

年代：1862

款识：秋江练影照新妆，汉女绡笼赤玉珰。不与群妖竞春色，共随金粟散天香。偶书。

位置：花都区狮岭镇中心村静轩宋公祠头门外檐右山墙内侧顶部

49.《秋兴八首·其五》（杜甫）《奉同王浚川海上杂歌》（薛蕙）

作者：杜柏洲

年代：清末

款识：蓬莱宫阙对南山，承露金茎霄汉间。西望瑶池降王母，东来紫气满函关。云移雉尾开宫扇，日绕龙鳞识圣颜。一卧沧［江］惊岁晚，几回青琐点朝班。（《秋兴》）右录唐诗一章，龙岩子书；天鸡啼处夜生朝，东望蓬莱翠雾消。紫贝高为云外阙，青龙盘作日边桥。录明句之一章，柏洲子临。

位置：花都区花山镇和郁村王氏大宗祠头门心间外檐正立面顶部

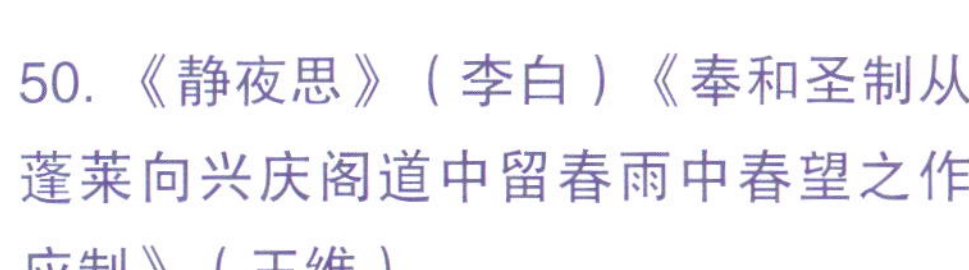

50.《静夜思》（李白）《奉和圣制从蓬莱向兴庆阁道中留春雨中春望之作应制》（王维）

作者：杜柏洲

年代：清末

款识：床前对月光，疑是地上霜。举头望明月，低头思故乡。李太白《静夜思》。平素不能记，而喜诵渊明之诗，以其淳古淡泊，足以而陶情怡性也。渭水自萦秦塞曲，黄山旧绕汉宫斜。銮舆迥出千门柳，阁道回看上苑花。云里帝城双凤阙。半题唐句。

位置：花都区花山镇和郁村王氏大宗祠头门心间外檐正立面顶部

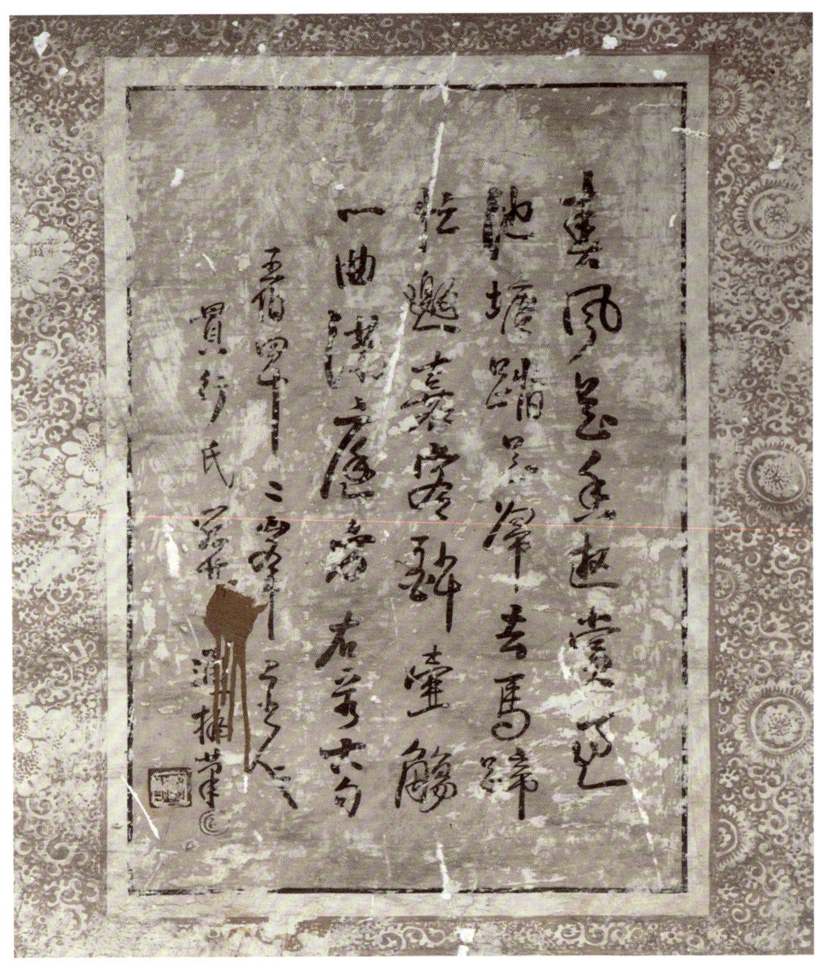

51.《四时景词》（节录）

作者：关通

年代：1919

款识：春风花（草）香，游赏过池塘。踏花归去马蹄忙。邀嘉客，醉壶觞，一曲满庭芳。右录古句。五百四十二峰主人，贯行氏关通执笔。

位置：花都区赤坭镇荷溪村赖氏宗祠头门心间外檐正立面顶部

52.《四时景词》（节录）

作者：关通

年代：1919

款识：夏日正清和，渔气动新荷。西湖十里好烟波。银浪里，掷金梳，人唱采莲歌。右录古句。民国岁次已未年仲春上浣偶。山南后素轩关贯行书。

位置：花都区赤坭镇荷溪村赖氏宗祠头门心间外檐正立面顶部

53.《兰亭集序》（王羲之）

作者：逍遥山人

年代：1892

款识：此地有崇山峻岭，茂林修竹；又有清流激湍，映带左右，引以为流觞曲水，列坐其次。虽无丝竹管弦之盛，一觞一咏，亦足以畅叙幽情。壬辰之春，逍遥山人书。

位置：从化区城郊街城康村圣堂古庙头门心间外檐正立面顶部

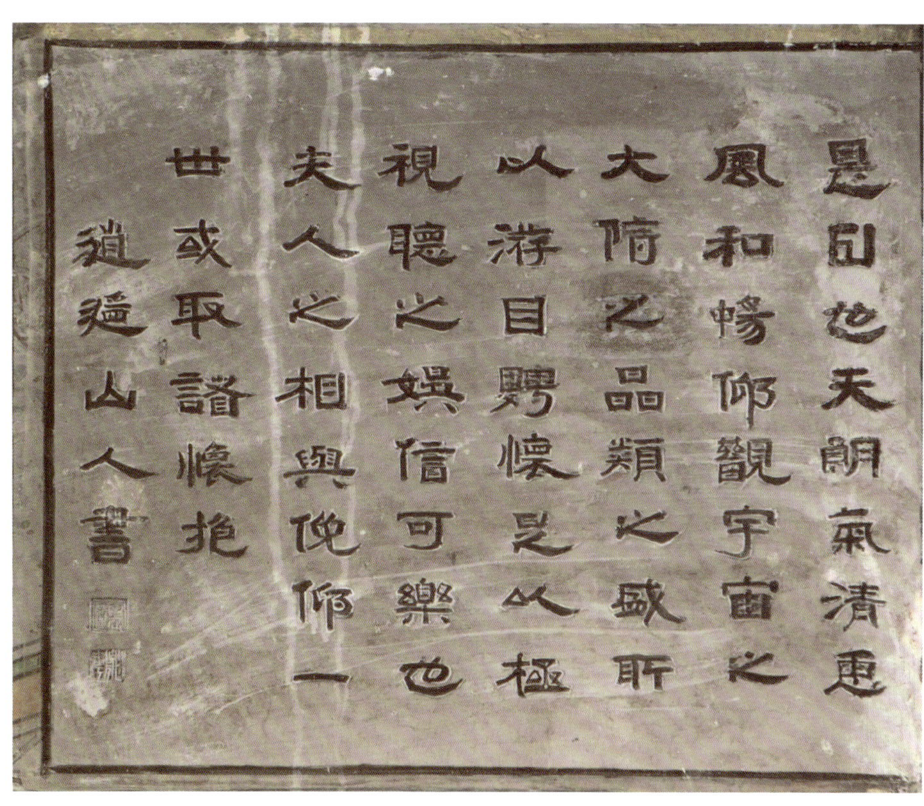

54.《兰亭集序》（王羲之）

作者：逍遥山人

年代：1892

款识：是日也，天朗气清，惠风和畅，仰观宇宙之大，俯之品类之盛，所以游目骋怀，足以极视听之娱，信可乐也。 夫人之相与，俯仰一世，或取诸怀抱。逍遥山人书。

位置：从化区城郊街城康村圣堂古庙头门心间外檐正立面顶部

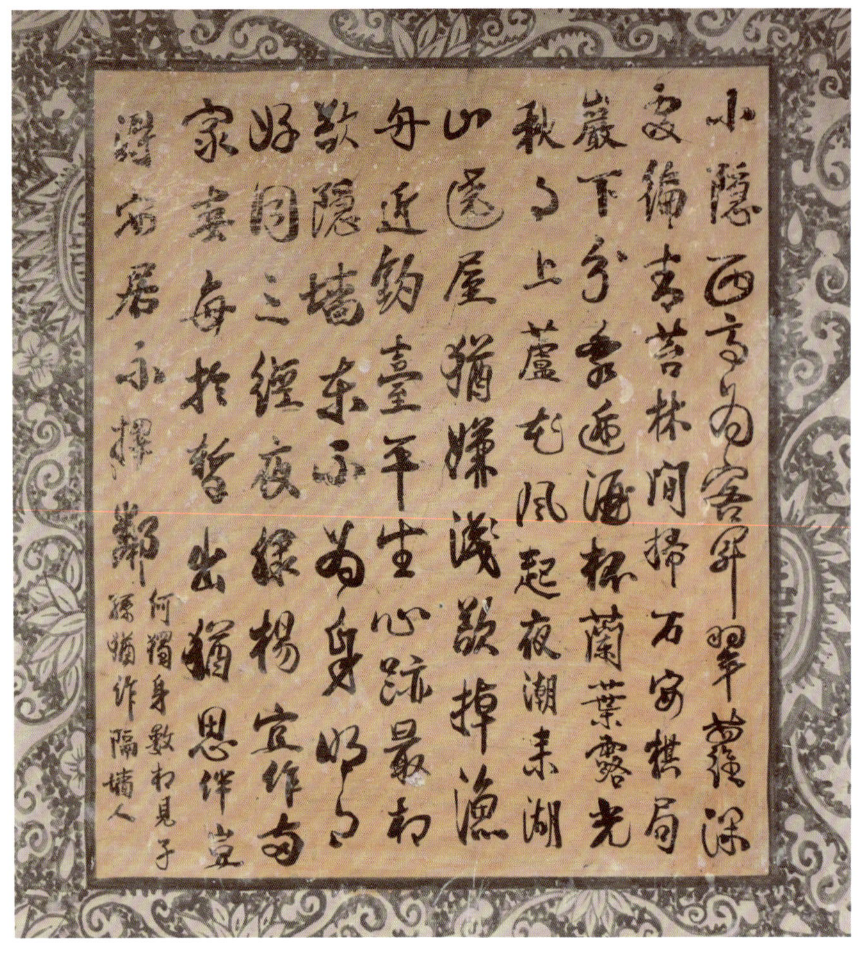

55.《游钱塘青山李隐居西斋》（许浑）《欲与元八卜邻，先是有赠》（白居易）

作者：邓芳亭

年代：1920

款识：小隐西亭为客开，翠萝深处遍青苔。林间扫石安棋局，岩下分泉递酒杯。兰叶露光秋月上，芦花风起夜潮来。湖山绕屋犹嫌浅，欲棹渔舟近钓台；（《游钱塘青山李隐居西斋》）平生心迹最相（亲），欲隐墙东不为身。明月好同三径夜，绿杨宜作两家春。每于暂出犹思伴，岂得安居不择邻。何独（终）身数相见，子孙长作隔墙人。（《欲与元八卜邻，先是有赠》）

位置：从化区鳌头镇铺锦炮楼前厅左次间后檐墙正立面顶部

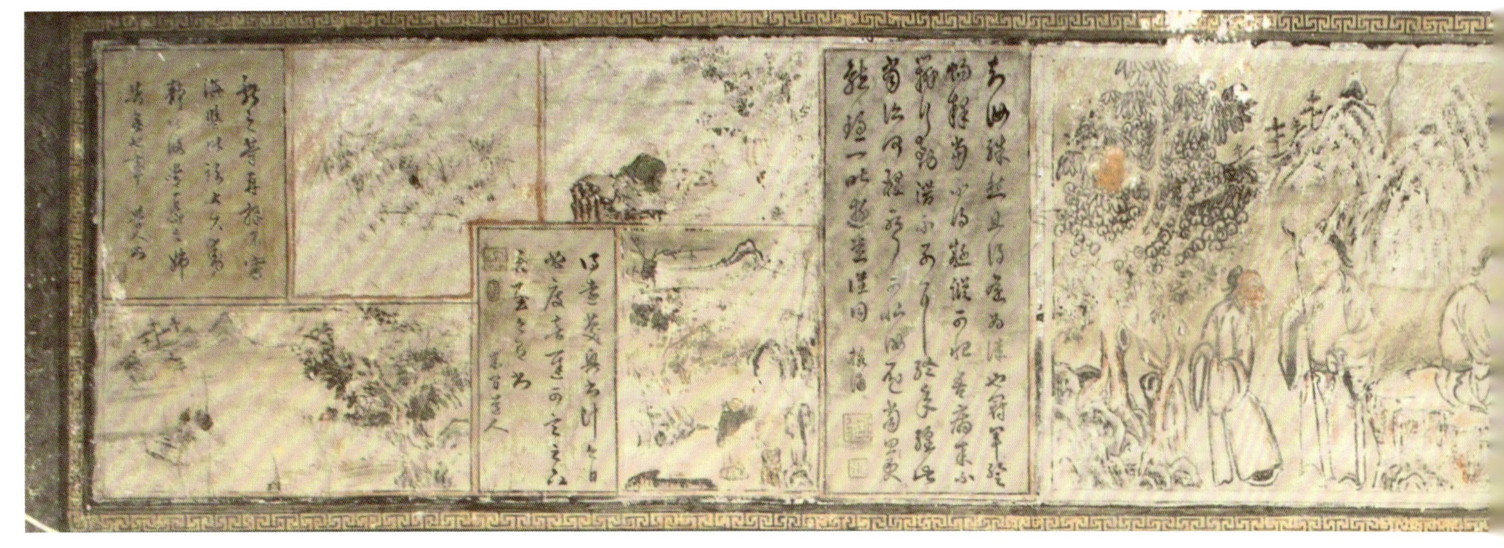

57.《天冠山题咏·龙口岩》（赵孟頫）等

作者：大雅主人

年代：1884

款识：从右往左依次为：峭石立四壁，寒泉飞两龙。人间苦炎热，仙山已秋风。大雅主人。羲之白：奉告慰，反侧，伏想比安和。伯态过，见之悲酸。大都可耳。（按：节录王羲之《淳化阁帖》）时甲申初春书。

数往虎丘，不此甚萧索，祖希时面，因行药，欲数处看过。还复，共集散耳。不见奴，粗悉书。（按：节录张芝《冠军帖》）

知汝殊愁，且得还为佳也。冠军暂畅，释当不得极踪。可恨吾病来，不辨行动，

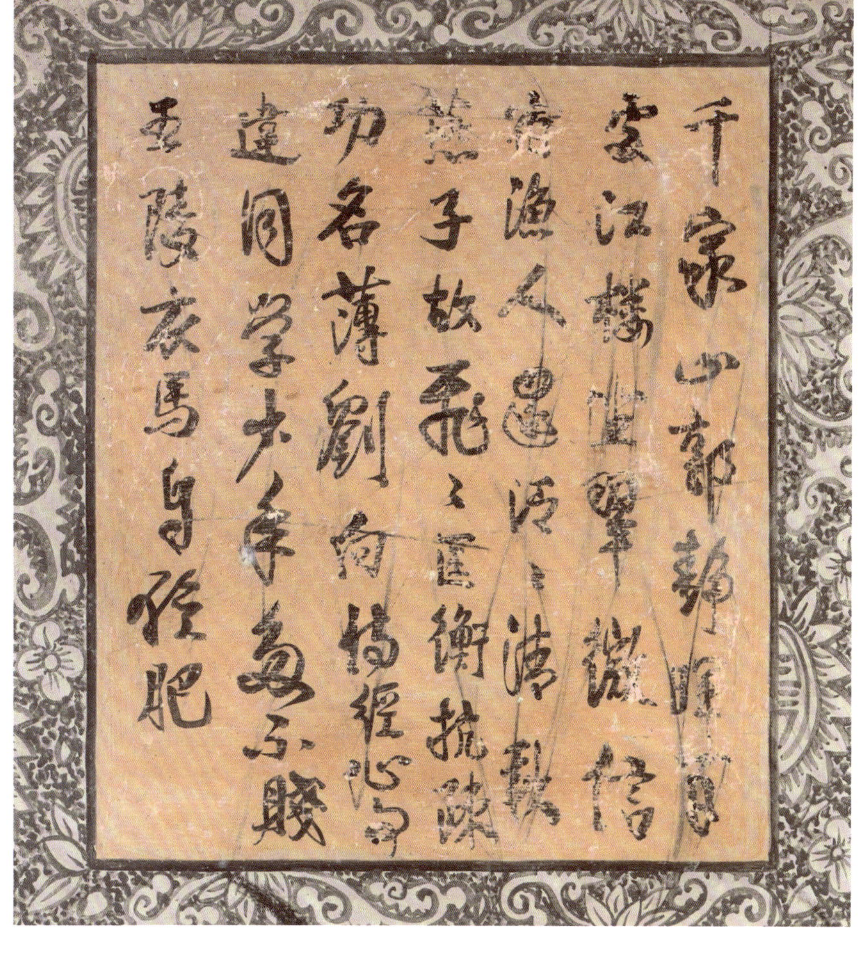

56.《秋兴八首·其三》（杜甫）

作者：邓芳亭

年代：1920

款识：千家山郭静［朝］晖，日处江楼坐翠微。信宿渔人还泛泛，清秋燕子故飞飞。匡衡抗疏功名薄，刘向传经心事违。同学少年多不贱，五陵衣马自轻肥。

位置：从化区鳌头镇铺锦炮楼前厅左次间后檐墙正立面顶部

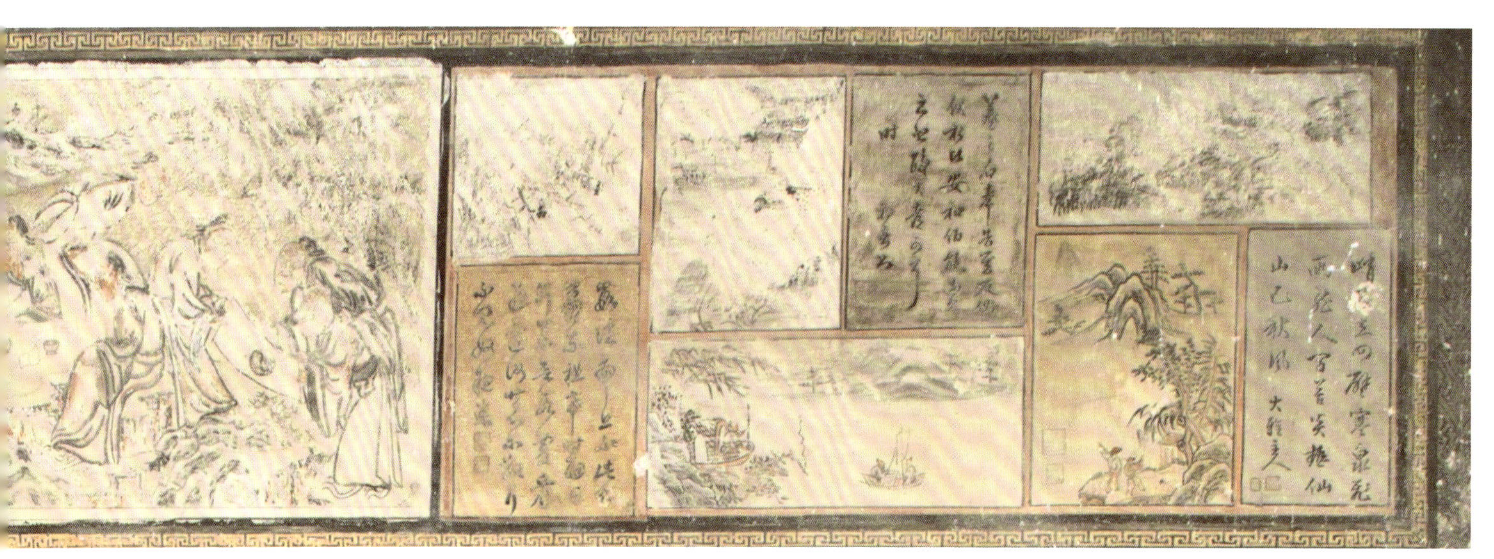

潜不可耳。终年经此，当议何理耶？（且方友诸分张，不知以去复得一会。不讲忘不忘，）可恨汝还，当思更就理。一所游迷，谁同。（按：节录张芝《冠军帖》）榕浦。

得远庆兴书，计今日必度，喜迟可言，足下至慰，今有书。（按：节录王羲之《淳化阁帖》）爱闲道人。

献之等再拜。不审海监比诸（舍）上下动静，比复常忧之。姊告无他事。（按：节录王献之《鹅群帖》）学人书。

位置：增城区朱村街道山角村吴伯雄民居头门心间外檐正立面顶部

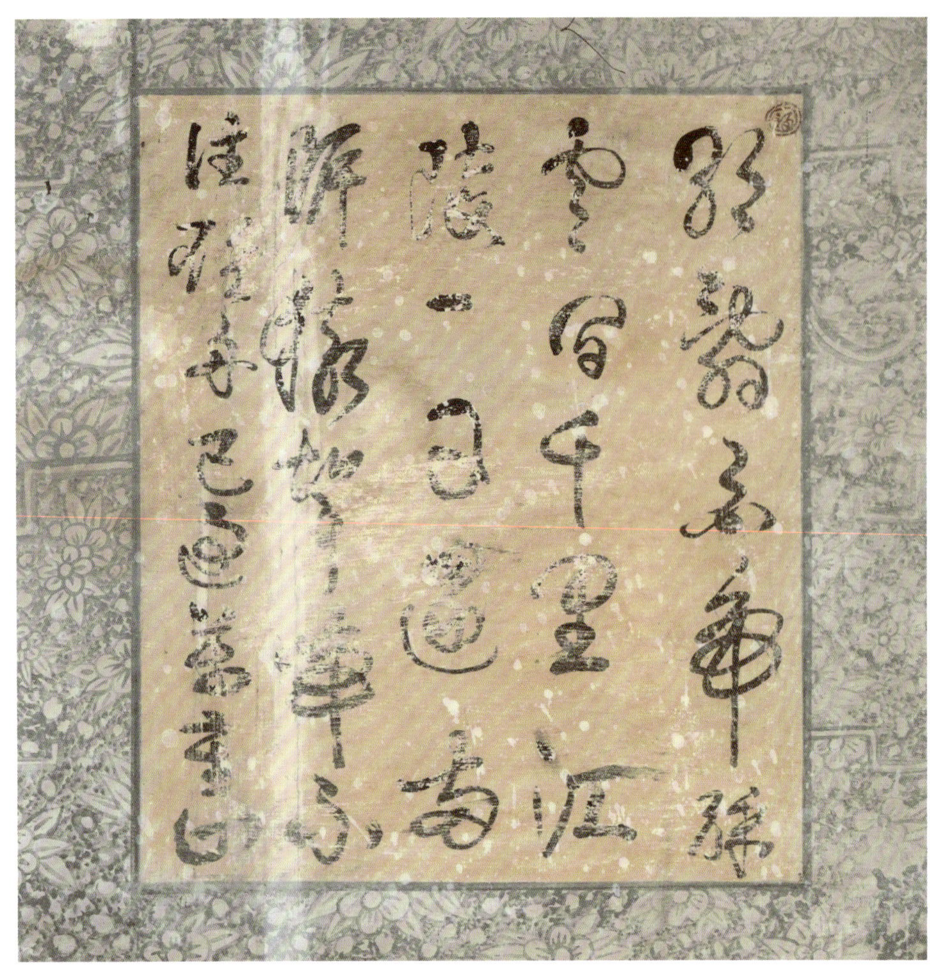

58.《早发白帝城》（李白）

作者：邓芳亭

年代：1920

款识：朝辞白帝彩云间，千里江陵一日还。两岸猿声啼不住，轻舟已过万重山。

位置：从化区鳌头镇铺锦炮楼前厅右次间后墙内侧顶部

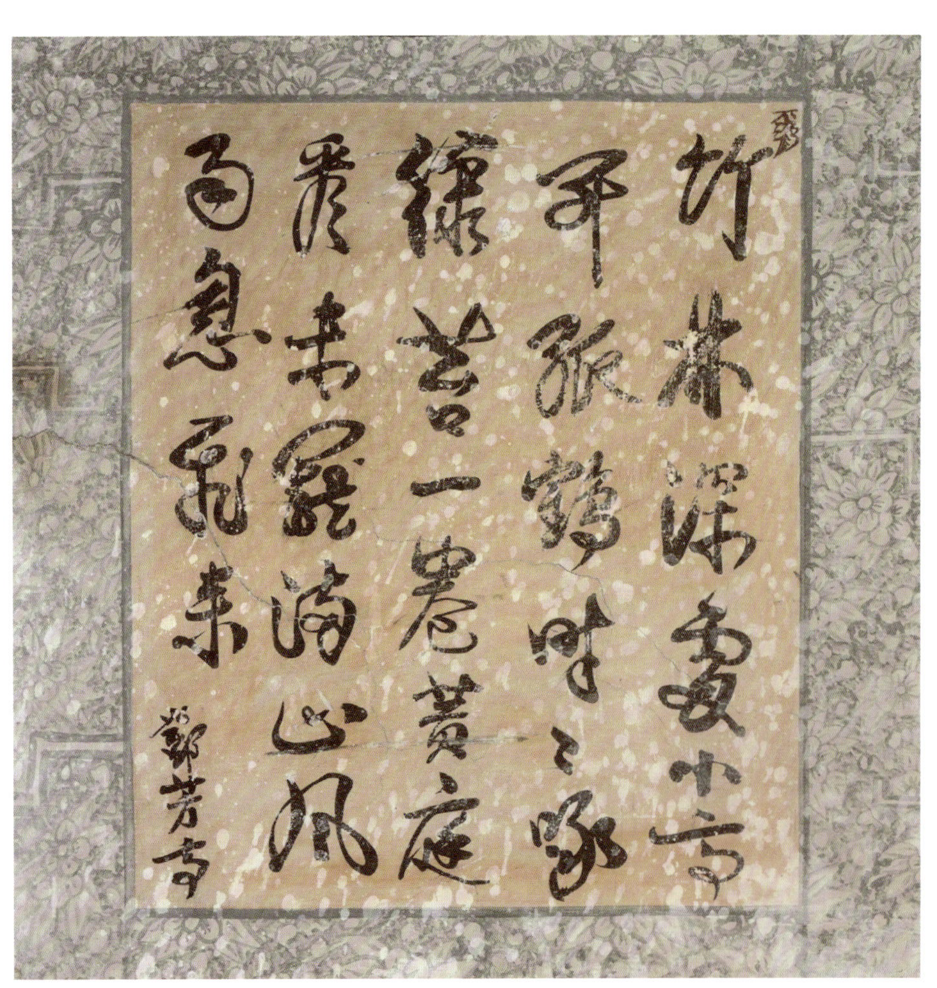

59.《无题》（无名氏）

作者：邓芳亭

年代：1920

款识：竹林深处小亭开，孤鹤时时啄绿苔。一卷黄庭看未罢，满山风雨忽飞来。邓芳亭。

位置：从化区鳌头镇铺锦炮楼前厅右次间后墙内侧顶部

后 记

在广州市文物局的大力支持下，2015 年 9 月，我院正式启动“广州传统建筑壁画调查及数据采集项目”，项目负责人为韩维龙，参与成员有朱海仁、张强禄、朱明敏、李克义、闫晓青、范欣智、劳楚静、吕良波、关舜甫、韩炜师等。项目成果于 2016 年 8 月通过专家组验收，随后便开始了成果转化即本书的编辑、出版工作。

本书分为上、下两册。凡例、概述由李克义执笔；上册中越秀区、海珠区、荔湾区、花都区、南沙区的内容由劳楚静执笔；白云区前半部分、从化区、番禺区的内容由范欣智执笔；白云区后半部分、天河区、黄埔区、增城区的内容由朱明敏执笔。下册中典型实例分析由劳楚静执笔；各类壁画精选及文字由李克义执笔。劳楚静负责书内表格制作、文字合成、调整及校正。韩维龙为全书统稿、定稿。

在壁画调查、数据采集及书稿编写过程中，广州美术学院吴慧平教授、广州市南沙区虎门炮台管理所黄利平研究馆员、广州市地方志办公室龚伯洪研究馆员、广东财经大学李慕君副教授提出了许多宝贵意见；各区文物部门同仁提供了很大的支持和协助；我院的全体同仁也给予了各个方面的支持。

在此，谨向所有对本次广州传统建筑壁画调查、数据采集、成果转化工作给予关心、支持和帮助的领导、专家和同仁致以诚挚的谢意！

囿于水平，错漏难免，尚祈方家批评指正。

编 者

2021 年 2 月